A LIBRARY OF
DOCTORAL
DISSERTATIONS
IN SOCIAL SCIENCES IN CHINA

中国
社会科学
博士论文
文库

南宋士人与
地方公益事业之研究

A Study on the Scholars and
Regional Public Welfare in Southern Song Dynasty

宋燕鹏 著

导师 刘秋根

中国社会科学出版社

图书在版编目（CIP）数据

南宋士人与地方公益事业之研究／宋燕鹏著 . —北京：
中国社会科学出版社，2019.12
（中国社会科学博士论文文库）
ISBN 978 – 7 – 5203 – 5753 – 1

Ⅰ.①南… Ⅱ.①宋… Ⅲ.①知识分子—研究—中国—南宋
②公用事业—研究—中国—南宋 Ⅳ.①D691.71②F299.294.42

中国版本图书馆 CIP 数据核字（2019）第 270163 号

出 版 人 赵剑英
责任编辑 刘志兵
责任校对 赵雪姣
责任印制 李寡寡

出 版 中国社会科学出版社
社 址 北京鼓楼西大街甲 158 号
邮 编 100720
网 址 http://www.csspw.cn
发 行 部 010 – 84083685
门 市 部 010 – 84029450
经 销 新华书店及其他书店

印 刷 北京明恒达印务有限公司
装 订 廊坊市广阳区广增装订厂
版 次 2019 年 12 月第 1 版
印 次 2019 年 12 月第 1 次印刷

开 本 710×1000 1/16
印 张 19.25
插 页 2
字 数 312 千字
定 价 89.00 元

总　　序

在胡绳同志倡导和主持下，中国社会科学院组成编委会，从全国每年毕业并通过答辩的社会科学博士论文中遴选优秀者纳入《中国社会科学博士论文文库》，由中国社会科学出版社正式出版，这项工作已持续了12年。这12年所出版的论文，代表了这一时期中国社会科学各学科博士学位论文水平，较好地实现了本文库编辑出版的初衷。

编辑出版博士文库，既是培养社会科学各学科学术带头人的有效举措，又是一种重要的文化积累，很有意义。在到中国社会科学院之前，我就曾饶有兴趣地看过文库中的部分论文，到社科院以后，也一直关注和支持文库的出版。新旧世纪之交，原编委会主任胡绳同志仙逝，社科院希望我主持文库编委会的工作，我同意了。社会科学博士都是青年社会科学研究人员，青年是国家的未来，青年社科学者是我们社会科学的未来，我们有责任支持他们更快地成长。

每一个时代总有属于它们自己的问题，"问题就是时代的声音"（马克思语）。坚持理论联系实际，注意研究带全局性的战略问题，是我们党的优良传统。我希望包括博士在内的青年社会科学工作者继承和发扬这一优良传统，密切关注、深入研究21世纪初中国面临的重大时代问题。离开了时代性，脱离了社会潮流，社会科学研究的价值就要受到影响。我是鼓励青年人成名成家的，这是党的需要，国家的需要，人民的需要。但问题在于，什么是名呢？名，就是他的价值得到了社会的承认。如果没有得到社会、人民的承认，他的价值又表现在哪里呢？所以说，价值就在于对社会重大问题的回答和解决。一旦回答了时代性的重大问题，就必然会对社会产生巨大而深刻的影响，你也因此而实现了你的价值。在这方面年轻的博士有很大的优势：精力旺盛，思维敏捷，勤于学习，勇于创新。但青年学者要多向老一辈学者学习，博士尤其要很好地向导师学习，在导师的指导下，发挥自己的优势，研究重大问题，就有可能出好的成果，实现自己的价值。过去 12 年入选文库的论文，也说明了这一点。

什么是当前时代的重大问题呢？纵观当今世界，无外乎两种社会制度，一种是资本主义制度，另一种是社会主义制度。所有的世界观问题、政治问题、理论问题都离不开对这两大制度的基本看法。对于社会主义，马克思主义者和资本主义世界的学者都有很多的研究和论述；对于资本主义，马克思主义者和资本主义世界的学者也有过很多研究和论述。面对这些众说纷纭的思潮和学说，我们应该如何认识？从基本倾向看，资本主义国家的学者、政治家论证的是资本主义的合理性和长期存在的"必然性"；中国的马克思主义者，中国的社会科学工作者，当然要向世界、向社会讲清楚，中国坚持走自己的路一定能实现现代化，中华民族一定能通过社会主义来实现全面的振兴。中国的问题只能由中国人用自己的理论来解决，让外国人来解决中国的问题，是行不通的。也许有的同志会说，马克思主义也是外来的。但是，要知道，马克思主义只是在中国化了以后才解决中国的问题的。如果没有马克思主义的普遍原理与中国革命和建设的实际相结合而形成的毛泽东思想、邓小平理论，马克思主义同样不能解决中国的问题。教条主义是不行的，东教条不行，西教条也不行，什么教条都不行。把学问、理论当教条，本身就是反科学的。

在 21 世纪，人类所面对的最重大的问题仍然是两大制度问题：这两大制度的前途、命运如何？资本主义会如何变化？社会主义怎么发展？中国特色的社会主义怎么发展？中国学者无论是研究资本主义，还是研究社会主义，最终总是要落脚到解决中国的现实与未来问题。我看中国的未来就是如何保持长期的稳定和发展。只要能长期稳定，就能长期发展；只要能长期发展，中国的社会主义现代化就能实现。

什么是 21 世纪的重大理论问题？我看还是马克思主义的发展问

题。我们的理论是为中国的发展服务的，决不是相反。解决中国问题的关键，取决于我们能否更好地坚持和发展马克思主义，特别是发展马克思主义。不能发展马克思主义也就不能坚持马克思主义。一切不发展的、僵化的东西都是坚持不住的，也不可能坚持住。坚持马克思主义，就是要随着实践，随着社会、经济各方面的发展，不断地发展马克思主义。马克思主义没有穷尽真理，也没有包揽一切答案。它所提供给我们的，更多的是认识世界、改造世界的世界观、方法论、价值观，是立场，是方法。我们必须学会运用科学的世界观来认识社会的发展，在实践中不断地丰富和发展马克思主义，只有发展马克思主义才能真正坚持马克思主义。我们年轻的社会科学博士们要以坚持和发展马克思主义为己任，在这方面多出精品力作。我们将优先出版这种成果。

2001 年 8 月 8 日于北戴河

序

刘秋根

  2010 年宋燕鹏同学以"南宋士人与地方公益事业之研究"为题的毕业论文，通过审查及答辩，于河北大学宋史研究中心中国古代史专业获得历史学博士学位，经过数年修改、提高，同名的学术专著即将出版，命我写序。推脱不能，写了与书的内容无关的三千字，不知能应命否？

  指导博士生，可能有两种情况：一是在自己研究的、十分熟悉的领域，在自己非常有把握的课题上，让研究生入手；二是在自己没有多少研究，但又觉得很有学术发展潜力的领域，让学生独立探讨。我从 2001 年开始招收博士生至今已有 17 年，如果从研究领域上分，前期研究生选题以宋元社会经济史、传统金融借贷为主，近十年以来逐渐转向民间契约文书、碑刻资料整理及问题研究，研究内容也扩展到商业、商人、华北区域社会经济史方向，总体来说，虽以社会经济史为主，但进入了不少我不太熟悉的领域。[①] 宋燕鹏同学的博士学位论文就是以上说的第二种情况，是一个我觉得有发展潜力，但研究还很薄弱的问题，但出乎我意料的是，宋燕鹏同学却很好地达到了我的要求，完成了一篇研究时段较长，内容相当丰富的博士毕业论文。以这篇论文为基础加以修改、增补的同名专著马上就出版了。

  由此书所论可见：唐代开始，江南士族开始"中央化"的进程，逐渐离开本土，经过唐末五代的战乱，最终退出历史舞台。安史之乱到五代之间，北方士人大量南迁。南迁士人对南方文化的变迁有重要影响。在唐末战乱的情势下，江南地方势力开始崛起。

  科举制带来社会阶层一定程度上的流动，在唐代中期开始形成以科举

[①] 尤其是有些学生前期有研究基础，他要选一个你不甚熟悉的领域，你也只能由他，因为如果要硬掰过来，代价可能更大，也不符合自由意志、独立精神的原则。

为业的阶层，这个阶层覆盖到江南地区。北宋发展科举制，在地方推广官学教育，致使社会知识群体继续膨胀。南宋士人的身份的自我认同比较一致，士人的形成方式开始趋同，出现了基本的社会分层。

作为南宋社会的一个重要阶层，因士人自身社会地位的优势，富民对士人地位的追捧，以及地方官员对士人的礼遇和互动，士人进而在参与公益事业过程中通过与政府官员及富民等阶层的互动，获得一定的"文化权力"。士人"文化权力"所控制的范围从家庭到宗族，再超越宗族到邻里，然后进入乡里"公共领域"。而地方官员首先所面对的是这一"公共领域"。在"公共领域"内士人与官员发生互动。士人参与的公益事业领域众多，如：经济救助活动，包括社仓、赈济、义役；公共工程修建，如桥梁修建、水利工程；文化设施如官学修建、祠庙修建等活动。

从长时段来看，唐代以降至明清长江流域及以南地区参与公益事业的地方势力除了宗教势力外发生一些明显的变化。唐后期主要是庶民地主，南宋是士人和富民，明清是士绅和富民。北宋与元代可说是过渡期。南宋士人奠定了近八百年政府之外知识群体（士人与士绅）参与地方公益事业的实施模式。同时，南宋"士人社会"形成，士人成为"士族"与"士绅"之间的过渡阶段。

此书水平怎么样？这里不做评论。这里仅就作者的学术历程及历史研究所表现出来的方法论问题谈一点看法。

2010 年至今已有八年，如果加上攻读博士学位的三年，可谓十年磨一剑。这十年，可以说是宋燕鹏同志学术走向成熟的十年，可能也是他最为忙碌的十年。先是拿下了博士学位，后来又找工作，做了两届博士后。除了比较繁重的出版工作，学术研究也没有落下，甚至可以说成果还相当丰硕。这当然反映出他学术触角敏锐、精力充沛，但是否也可以说，这是他在学术的道路上方法恰当、路径准确的结果呢？

这一点由其专著便可见其一端，他的专著已有数种，大体可分为两类：一是 2011 年出版的《籍贯与流动：北朝文士的历史地理学研究》，2016 年出版的《北朝社会文化史研究》，还有即将出版的这本《南宋士人与地方公益事业之研究》。二是于 2015 年出版的《南部太行山区祠神信仰研究：618—1368》与《马来西亚华人史：权威、社群与信仰》。

前面三部，可以说是传统史学方法的代表，它们是伏案多年、呕心沥血写成的，用的是传世文献所提供的材料；但是后面两种，虽然也使用传世文献材料，但显然是以在大量田野调查的基础上获得的碑刻等类民间文献为主体写成的，如关于南部太行山区祠神的研究，就是他在对河北、山西相关地区庙宇、碑刻文献做了大量调查基础上写就的。至于对马来西亚华人史的研究，就更是如此了，据他两次认真的聊天告诉我，这是他去马来西亚访问，看到大量反映马来西亚华人历史的中文碑刻资料无人利用时，才临时决定要做的研究。没想到短短数年，他在工作忙碌的前提下，竟在这一领域做出了成果，甚至可以说成了这一领域的专家，对华人华商历史做出了不少新的研究。

我没有细听宋燕鹏同志详谈过他选定这些研究领域的详细原因及过程，只从表面上看，就能发现，他的研究一会儿在魏晋南北朝，一会儿又到了唐宋，今天在中国，明天到了马来西亚，而这又与西方各国一些中国历史研究者颇有相似之处。时常听说西方学者研究中国史与中国学者似乎很不相同：一是经常做非常宏观、时段也很长、地域也非常广阔的研究，甚或中西比较研究。二是研究课题跳跃性很大。今天在做文化史研究，也许明天做起了经济史研究，后天可能思索起哲学课题了；也许今年写古代史论文，过两年却见到了他写的近现代史专著。

总而言之，宋燕鹏同志似乎有点三心二意，很不专心，有点"这山望着那山高"，或者是"吃着碗里的，看着锅里的"，如果依传统史学研究路径，似乎不是做学问的正途。

但我并没有说他什么，因为中国历史的研究发展到今天，此又有说焉。我们可以就中国历史研究的宏观趋势做一点考察。

我们这一代是新旧转换的一代，也就是说，是大规模电子技术应用，使各学科尤其是人文社会科学学术研究工具大大进步的一代是多学科交叉运用于史学的时代，是国际交流大为便利频繁的一代。但受到的教育却是相当传统的，前辈对我们的告诫是：作为历史学者，尤其是古代史，要谨守一个朝代，甚至要谨守一个课题，以宋史为例，就要谨守两宋一朝，甚至是要谨守官职史、经济史、王安石研究、朱熹研究等，孜孜矻矻，皓首多年。我们当然可以恪守传统，在一个朝代史中讨生活，这样应该也是可能推动历史学进步，使之能够穷尽一代之史料，对自己选定的课题做出更为微观的研究、深入的发掘。但是，既然有了以上所述这样的学术研究条件的变革，传统的方法应该可以做一些改变了，或者说，是要做出深刻的变革了。

我们可以从宋燕鹏同志转换这么快的原因说起，当然这与他个人勤奋、思想敏锐，对历史研究有着强烈兴趣有关系，但也与新历史条件下，历史研究材料的获取因为电子索引的发达，大批史籍报纸杂志及档案、民间文书材料的出版而节省了时间精力有关，原来需要80%以上的精力来搜集资料，现在可能只需20%的精力了。加上研究文献索引及学术交流的便利化，我们发现问题、解决问题的能力大为提高。这样，有意无意之间，我们能发现新的材料，也就有可能跟着个人感觉走、跟着个人内心走，也就是说跟着个人学术研究的内在理路走，即跟着新材料①走，即：根据材料安排个人的学术路径，从而能够更正确地解读材料，直接从材料中概括出反映历史真实、认识历史发展规律性的问题，做出更创新的研究。在新的历史时代，我想这样的路子是正确的。

此书现已入选2018年"中国社会科学博士文库"，在等待出版，接到燕鹏同志写序之命，迟迟许久才"交卷"，写了这么几段文字，愿与燕鹏同志共勉，以便知天命之年的我不要太落后，至少还能跟得上时代，还能做点什么。

2019年3月9日于保定市七一路迎宾小区宅

---

① 所谓"新材料"，有些是现有的常人所能见到的材料，但有了新的思路、新的理论，这些材料也被发掘出了新的意蕴，于是做出了新的研究。自20世纪90年代后期或21世纪以来的二十年，随着工业化的接近完成，民间及政界的对历史文化的重视，中国民间材料、档案材料、稀见传世文献材料，还有碑刻、考古材料海量涌现，大量历史发展的微观世界显现出来。史学界所谓的"新材料"，即是指此；而所谓的"跟着新材料走"，就是要跟着这样的新材料走。

摘　　要

　　唐代开始，江南士族开始"中央化"的进程，逐渐离开本土，并且经过唐末五代的战乱，最终退出历史舞台。安史之乱到五代之间，北方士人大量南迁。到唐末，南方经济明显盛于北方，而文化上，则呈现出相对平衡，南方稍具优势的形势。南迁士人对南方文化的变迁有重要影响。在唐末战乱的情势下，江南地方势力开始崛起。

　　科举制带来社会阶层一定程度上的流动，并且在唐代中期开始形成以科举为业的阶层，这个阶层也覆盖到江南地区。北宋发展科举制，并且在地方推广官学教育，致使社会知识群体继续膨胀。靖康之难后，北人再次大量南迁，这就增加了南方的士人群体。北方士人迁入南方后，经历了本土化的过程，加上科举制继续发展，从而增加了南宋士人群体的数量。这源于南宋地方公私教育的普及，以及印刷出版技术的发达。南宋士人的身份的自我认同比较一致，士人的形成方式开始趋同，并且该阶层还出现了基本的分层。

　　作为南宋社会的一个重要阶层，因士人自身社会地位的优势，富民对士人地位的追捧，以及地方官员对士人的礼遇和互动，士人进而在参与公益事业过程中通过与政府官员和富民等阶层发生互动，从而获得一定的"文化权力"。士人"文化权力"所控制的范围从家庭到宗族，再超越宗族到邻里，然后进入乡里的"公共领域"。而地方官员首先所面对的是这一"公共领域"。在"公共领域"内士人与官员发生互动。

　　士人参与的公益事业领域众多，如：经济救助活动，包括社仓、赈济、义役；公共工程修建，如桥梁修建、水利工程；文化设施如官学、祠庙修建等活动。士人都积极参与其中。参与的方式基本分两种，一种是资金参与，另一种是劝募舆论参与。

　　南宋大部分公益事业依然是地方官员为主导，士人仅是参与力量，并未达到控制地方事务的程度。由于士人社会地位的影响，富民一般也会紧随士人之后而参与公益事业。在佛教徒参与的公益事业中，士人也经常参与其中。

从长时段来看，唐代以降至明清长江流域及其以南地区参与公益事业的地方势力，除了宗教势力外发生一些明显的变化。唐后期主要是庶民地主，南宋是士人和富民，明清是士绅和富民。北宋与元代各是过渡期。

南宋士人也奠定了近八百年政府之外知识群体（士人与士绅）参与地方公益事业的实施模式。但公益事业实施情况具有明显的不确定性，很少有制度化的设计。所以从南宋到明清，随着地方财政所决定的政府行政能力的强弱，演绎出公益事业领域内古代版的"国进民退"与"国退民进"之交替。随着南宋"士人社会"的形成，士人也成为"士族"与"士绅"阶层之间的过渡阶段。

关键词：南宋；士人；文化权力；公益事业

Abstract

The scholars in Jiangnan had embarked on the process of centralization since the Tang Dynasty, who gradually left their original place and exited the stage of history in the wake of warring Five Dynasties of Late Tang Dynasty. Plenty of scholars migrated to southern China from north between An Shi Rebellion and Five Dynasties. In late Tang Dynasty the economy in the southern China was obviously more prosperous than the north, while culturally the north was on a par with the south with a slight competitive advantage in the south. The arrival of those northern scholars had a significant impact on the changes in the culture of the southern China. The local forces began to rise in Jiangnan during the warring years of the late Tang Dynasty.

The Imperial Examination System of China contributed to social mobility in the social ladder, and a class that engaged in imperial examination as pivotal business was formed in the middle periods of Tang Dynasty, which even reached the Jiangnan region. The Northern Song Dynasty developed the imperial examination system and promoted official education at the local levels, thus contributing to the expansion of the scholars. Following the Jingkang Incident, residents in the northern China migrated to the south on an enormous scale, which also helped to increase the number of scholars in the South. The arrival of Northern scholars, the process of localization and the consistent development of imperial examination system boosted the number of scholars in the Southern Song Dynasty. This is thanks to the popularity of public and private education at the local levels as well as the advances of printing and publishing technologies. The self-identity of scholars was consistent, and the formation patterns of them became similar. There was even a basic hierarchy in this class.

As a crucial class in the Southern Song Dynasty, the advantage of their social status and worship from the affluent, the respect and interaction between local officers and the scholars, in addition to those factors, the scholars interacted frequently with government officers and wealthy people during public charity activities, thereby gaining the power of culture to some extent. The areas controlled by this power ranged from family to clan, even transcended clan to the neighborhood, eventually entered the public sector. Local officers had to face this public sector in the first place, where the scholars interacted with government officers.

The scholars participated in a wide range of public charity activities, such as economic aid, includingfood aid, financial aid and tax; public infrastructure such as the construction of bridges and water conservancy projects; cultural facilities like building public schools and temples. The scholars took an active part in all the activities. They participated in those activities in two forms: one was to donate money, and another was to admonish others to participate.

The public charity in the Southern Song Dynasty was mainly led by the local officers. The scholars only contributed their forces without controlling these events. Influenced by the scholars, the wealthy usually followed suit and devoted their power to public charity. Particularly in the public charity attended by Buddhists, the scholars also joined them.

In the long term, from Tang Dynasty to Ming and Qing Dynasty, there were some evident changes in the local forces that participated in public charity except the religious forces in the Yangtse River region and its south. They were common people and landlords in the latter periods of Tang Dynasty; the scholars and the affluent in the Southern Song Dynasty; the gentlemen and the affluent in the Ming and Qing Dynasty. Northern Song Dynasty and Yuan Dynasty were the transitional periods.

The scholars in the Southern Song Dynasty laid a solid foundation in the implementation mode of how the educated (the scholars and gentlemen) participated in the local charity along with the government for eight hundred years. However, there were apparent uncertainties in the implementation and the lack of systematic design about public charity. Therefore, from Southern Song Dynasty

to Ming and Qing Dynasty, as the administrative capacity was determined by lo-
cal economy, two modes-government in people out and government out people in
alternated in terms of pubic charity in ancient times.

Keywords: Southern Song Dynasty; Scholars; the power of culture; pub-
lic charity

目　　录

绪　论 ……………………………………………………………… (1)

第一节　研究对象 ………………………………………………… (1)

　　一　士人 ……………………………………………………… (1)

　　二　社会公益事业 …………………………………………… (4)

第二节　选题目的及意义 ………………………………………… (5)

第三节　学术史回顾 ……………………………………………… (7)

　　一　国内研究 ………………………………………………… (8)

　　二　国外研究 ………………………………………………… (12)

第四节　研究内容及方法 ………………………………………… (14)

　　一　研究内容 ………………………………………………… (14)

　　二　研究方法 ………………………………………………… (16)

第一章　宋代士人的形成与发展 ………………………………… (18)

第一节　科举制下的唐后期、北宋士人 ………………………… (18)

　　一　唐代后期南方地区社会阶层的变动 …………………… (18)

　　二　唐后期应科举阶层与地域的扩大 ……………………… (27)

　　三　北宋科举制下士人阶层的崛起 ………………………… (36)

第二节　南宋士人阶层的成熟 …………………………………… (44)

　　一　南宋时科举制继续促进士人群体增长 ………………… (44)

　　二　南宋时士人阶层的基本成型 …………………………… (55)

　　三　南宋士人阶层发育的地域差异 ………………………… (63)

第二章　南宋士人之"文化权力" ……………………（77）

　第一节　南宋士人获取"文化权力"之先天条件 ………（78）

　　一　士人在社会上的地位优势 …………………………（78）

　　二　富民阶层对士人身份的追捧 ………………………（81）

　　三　地方官员对士人的礼遇 ……………………………（84）

　　四　地方官员与士人的日常互动 ………………………（89）

　第二节　南宋士人之"文化权力"的获得 ………………（94）

　　一　南宋地方士人的生平个案 …………………………（94）

　　二　南宋士人获得"文化权力"的途径 ………………（98）

第三章　地方公益事业中的南宋士人 ………………（104）

　第一节　经济救助实施中的南宋士人 …………………（104）

　　一　灾前防范措施中的南宋士人 ………………………（105）

　　二　赈济活动中的南宋士人 ……………………………（116）

　　三　义役实施中的南宋士人 ……………………………（126）

　第二节　公共工程实施中的南宋士人 …………………（133）

　　一　桥梁修建中的南宋士人 ……………………………（133）

　　二　水利修建中的南宋士人 ……………………………（152）

　第三节　文化设施实施中的南宋士人 …………………（158）

　　一　官学修建中的南宋士人 ……………………………（158）

　　二　祠庙修建活动中的南宋士人 ………………………（173）

第四章　地方公益事业中的南宋士人之诸关系 ……（184）

　第一节　南宋士人与政府官员之关系 …………………（184）

　　一　现任官员与地方士人的关系 ………………………（185）

　　二　地方士人参与公益事业的原因 ……………………（189）

　第二节　南宋士人与其他社会群体之关系 ……………（201）

　　一　公益事业中南宋士人与富民的关系 ………………（203）

　　二　公益事业中南宋士人与佛教僧人的关系 …………（209）

第五章　南宋在公益事业领域中之历史地位 ……………………（219）

第一节　承上启下:南宋公益事业参与主体的时代特征 …………（219）

一　唐(7—9 世纪):政府之外庶民地主与宗教势力
参与公益事业的时代 ………………………………………（219）

二　北宋(10—11 世纪):政府之外士人、富民与宗教
势力参与公益事业的时代 ………………………………（224）

三　南宋、元(12—14 世纪):士人、富民与宗教势力
参与公益事业的时代 ………………………………………（232）

四　明清(14—19 世纪):士绅与富民、宗教势力参与
公益事业的时代 ……………………………………………（234）

五　结论 ……………………………………………………（235）

第二节　南宋奠定了南宋以降公益事业的实施模式 …………（236）

一　政府官员倡议,士人参与 ……………………………（238）

二　现任地方官员任命士人主持 …………………………（239）

三　士人请示,官员首肯后实施 …………………………（241）

四　士人自发实施 …………………………………………（244）

结　论 …………………………………………………………（249）

附录　南宋"士人社会"的成立及其意义 ………………………（252）

第一节　南宋"士人社会"是"士族社会"崩溃后科举制下的
必然产物 …………………………………………………（253）

第二节　南宋士人阶层是明清士绅阶层的前身 ………………（259）

参考文献 …………………………………………………………（262）

索　引 …………………………………………………………（276）

后　记 …………………………………………………………（281）

Contents

Introduction ·· (1)

**Chapter 1　The Formation and Development of Scholars
　　　　　 in Song Dynasty** ·· (18)

　1. 1　Scholars in the Late Tang and Northern Song Dynasty
　　　　under the Imperial Examination System ···················· (18)

　　1. 1. 1　Changes of Social Classes in Southern Areas in the Late
　　　　　　Tang Dynasty ··· (18)

　　1. 1. 2　The Expansion of the Class and Region Participating
　　　　　　in the Imperial Examinationduring the Late Tang
　　　　　　Dynasty ·· (27)

　　1. 1. 3　The Rise of the Scholars Class under the Imperial Examination
　　　　　　in the Northern Song Dynasty ······················· (36)

　1. 2　The Maturity of Scholars in the Southern Song Dynasty ······ (44)

　　1. 2. 1　The imperial Examination System continued to Promote
　　　　　　the Growth of Scholars Groups in the Southern Song
　　　　　　Dynasty ·· (44)

　　1. 2. 2　The Basic Formation of the Scholars Class in the Southern
　　　　　　Song Dynasty ··· (55)

　　1. 2. 3　The Regional Differences in the Development of Scholars
　　　　　　Class in the Southern Song Dynasty ················· (63)

Chapter 2　The"Cultural Power" of Scholars in the Southern Song Dynasty ·· (77)

2. 1　The Innate Conditions for Scholars in the Southern Song Dynasty to Obtain "Cultural Power" ························ (78)

2. 1. 1　The Position of Scholars in Society ···················· (78)

2. 1. 2　The pursuit of Scholars Identity by the Wealthy Class ······ (81)

2. 1. 3　Courtesy of Local Officials to Scholars ····················· (84)

2. 1. 4　Daily Interaction between Local Officials and Scholars ·· (89)

2. 2　The Acquisition of "Cultural Power" of Scholars in the Southern Song Dynasty ····································· (94)

2. 2. 1　The Life Cases of Local Scholars in the Southern Song Dynasty ··· (94)

2. 2. 2　Ways for Scholars in the Southern Song Dynasty to Obtain "Cultural Power" ·· (98)

Chapter 3　Southern Song Scholars in Local Public Welfare ······ (104)

3. 1　Scholars of Southern Song Dynasty in the Implementation of Economic Relief ·· (104)

3. 1. 1　Scholars of Southern Song Dynasty in Precautionary Measures before the Disaster ···························· (105)

3. 1. 2　Scholars of Southern Song Dynasty in Relief Activities ······ (116)

3. 1. 3　Scholars of Southern Song Dynasty in the Implementation of Yiyi ·· (126)

3. 2　Scholars of Southern Song Dynasty in the Implementation of Public Works ·· (133)

3. 2. 1　Scholars of Southern Song Dynasty in Bridge Construction ·· (133)

3. 2. 2　Scholars of Southern Song Dynasty in Water Conservancy Construction ·································· (152)

3. 3   Scholars of Southern Song Dynasty in the Implementation
of Cultural Facilities ·· (158)

   3. 3. 1   Scholars of Southern Song Dynasty in the Construction
of Official School ·· (158)

   3. 3. 2   Scholars of Southern Song Dynasty in the Construction of
Temples   ·· (173)

**Chapter 4   Scholars' Relations in Local Public Welfare during
the Southern Song** ·································· (184)

4. 1   The Relationship between Scholars and Government
Officials in the Southern Song Dynasty   ··················· (184)

   4. 1. 1   Relationship between Current Officials and Local
Scholars   ··· (185)

   4. 1. 2   Reasons for Local Scholars to Participate in Public
Welfare Undertakings   ································· (189)

4. 2   The Relationship between Scholars and Other Social
Groups in the Southern Song Dynasty ··················· (201)

   4. 2. 1   The Relationship between Scholars and Wealthy
People in the Southern Song Dynasty   ··················· (203)

   4. 2. 2   The Relationship between Scholars and Buddhist
Monks in the Southern Song Dynasty   ··················· (209)

**Chapter 5   The Historical Position of the Southern Song Dynasty
in the Field of Public Welfare Undertakings** ············ (219)

5. 1   Connecting the Previous and the Next: The Characteristics
of the Times of the Participants in Public Welfare
Undertakings in the Southern Song Dynasty ·············· (219)

   5. 1. 1   Tang Dynasty(7th – 9th Century): The Era of Common
People's Landlords outside the Government and Religious
Forces Participating in Public Welfare Undertakings ······ (219)

   5. 1. 2   Northern Song Dynasty(10th – 11th Century): The Era of

Non-government Scholars, Wealthy People, and
Religious Forces Participating in Public Welfare
Undertakings ·· (224)

5.1.3 Sorthern Song & Yuan Dynasty(12th – 14th Century):
The Era of Scholars, Wealthy People, and Religious
Forces Participating in Public Welfare Undertakings ······ (232)

5.1.4 Ming & Qing Dynasty (15th – 19th Century: The
Era of Gentry, Wealthy People, and Religious Forces
Participating in Public Welfare Undertakings ··············· (234)

5.1.5 Conclusion ·· (235)

5.2 The Southern Song Dynasty Laid the Foundation for
the Implementation of Public Welfare Undertakings
since the Southern Song Dynasty ························· (236)

5.2.1 Government Officials' Initiative, Scholars'
Participation ·· (238)

5.2.2 Current Local Officials Appoint Scholars to Chair ········· (239)

5.2.3 Scholars ask For Instructions and Implement after Official
Approval ·· (241)

5.2.4 Scholars Voluntarily Implement ·························· (244)

Conclusion ·· (249)

Appendix   The Establishment and Significance of the "Scholars
Society" in the Southern Song Dynasty ··············· (252)

References ·· (262)

Index ·· (276)

Postscript ·· (281)

绪　　论

第一节　研究对象

士人是南宋时期重要的一个社会阶层，并且在南宋的地方公益事业中有比较广泛的参与。为此，本书在正式展开讨论之前，拟对有关概念进行界定，以及对学术史作一回顾，兼及阐明本书思路。

一　士人

"士人"是学者耳熟能详的词汇，可对其理解却是仁者见仁，智者见智。余英时先生在《士与中国文化》中使用了一个较为宽泛的定义。他认为"士"为"士农工商"四民之首，是一个社会阶层，包含出仕与未出仕的知识分子。[①] 高明士先生认为"所谓'士人'，一般是指读书人而言，不拟广义解释为今日所谓的知识人"[②]。这两个定义比较宽泛。而针对宋代，邓小南先生是"把具备一定经济实力与文化背景、参加过科举考试（'业进士'）或曾出仕做官（特别是文官）者称作'士人'"[③]。梁庚尧先生认为"至于士人，则包括曾经通过解试的解举人，曾经入官私学校肄业的学生，以及其他曾经以读书自业的读书人"[④]。这些定义我们暂且放到一边，先来看南宋洪迈的《夷坚志》。其中，有大量事例的主人

---

① 余英时：《士与中国文化》，上海人民出版社 2003 年版。

② 高明士：《东亚古代士人的共通教养》，《台大历史学报》第 30 期，2002 年 12 月。

③ 邓小南：《宋代士人家族中的妇女：以苏州为例》，《国学研究》第五辑，北京大学出版社 1998 年版。

④ 梁庚尧：《豪横与长者：南宋官户与士人居乡的两种形象》，载氏著《宋代社会经济史论集》，台北允晨文化实业股份有限公司 1997 年版，第 474 页。

公是"士人",我们先看哪些人被洪迈称为"士人"。

首先,各级学校的学生可以说得上是"士人"。"大观中,宿州士人钱君兄弟游上庠。"① "游上庠"者可以称为士人。"上庠"即是太学,"游上庠"就是入太学学习的太学生。"临安于潜县士人阮公明,幼聪敏,为太学生,不事拘检。"② 由此看"太学生"即是"士人"。"鄱阳士人沈传,早游学校,乡里称善人。"③ 州学学生自然也是士人。

其次,以科举为目的的读书人都可以称为"士人",其中获得参加科举省试资格的自然也是士人。"黄左之,福州人,为太学生,预淳熙七年(1180)荐书。是岁冬,池阳士人王生亦赴省试,其家甚富,以钱百千与黄,招之结课。"④ "刘暐、黄则,皆宜黄士人。乾道戊午,黄冠乡书,刘免举,偕赴己丑省试。"⑤ 通过府州选拔者,亦是"士人"。"南城人饶郊,大观间预贡西上,遂留近京,馆于士人胡质夫家。胡亦贡士也。"⑥ "贡士"应为"乡贡进士"的简称。这是南宋士人通向进士及第的一个重要关卡,亦即通过路级选拔者。这些人也是"士人"。通过乡荐的也可称为"举人",自然也是"士人"。"崇仁士人黄文明、吴如松二人相与友善,皆获乡荐。绍熙辛亥,黄居家卧病……历数月,不觉胜常,梦与吴同抵一处,遇黄衣走卒持官文书来追逮。取视之,其上有黄文明、吴如松姓名,相顾愠怒,谓州县不应无故呼举人,又斥诲如此。"⑦ 可知获得乡荐的即是"举人",这就获得了一定的政治身份,因此对州县无故追逮而"愠怒",但此时还是"士人"。当然,没有获得乡贡的也是士人。如"临川士人詹烨,淳熙丙午春,梦人告云:'汝欲获乡贡,须遇当世之贤者乃可'"⑧。"番阳士人黄安道,治诗,累试不第。"⑨ "福州闽清士人林子元,屡应乡试,未登名。"⑩

---

① (宋)洪迈:《夷坚志·甲志》卷二《玉津三道士》,中华书局2006年版,第14页。
② (宋)洪迈:《夷坚志·支丁》卷三《阮公明》,第988页。
③ (宋)洪迈:《夷坚志·乙志》卷一九《沈传见冥吏》,第351页。
④ (宋)洪迈:《夷坚志·支甲》卷七《黄左之》,第767页。
⑤ (宋)洪迈:《夷坚志·支乙》卷一〇《刘暐做官》,第873页。
⑥ (宋)洪迈:《夷坚志·丁志》卷一八《史翁女》,第686页。
⑦ (宋)洪迈:《夷坚志·支甲》卷五《黄文明》,第745页。
⑧ (宋)洪迈:《夷坚志·支志》卷四《詹烨兄弟》,第741页。
⑨ (宋)洪迈:《夷坚志·丁志》卷一六《黄安道》,第670页。
⑩ (宋)洪迈:《夷坚志·支丁》卷四《林子元》,第993页。

　　最后，一般的读书人，亦可称为士人。"赵缩手者，不知其名，本普州士人。少年时，父母与钱，令买书于成都……"① "宣和中，临川董秀才在州学，为鬼物所凭而得疾，教授责问他说：'士人而为异类所凭，何至此？'"② 永嘉徐秉钧寻女儿托梦投胎之处，"正得一米肆，其邻若士人居。询之，云：'叶子羽秀才宅。'"③ "朱仲仙者，鄱阳人，本宪台小吏，后谢役读书为士，称五十秀才，居于上巷。"④ 南宋将读书人俗称为"秀才"，由此可知"秀才"亦为士人。

　　每个人都可能考中进士，这是一个人身份的分水岭。那些官员在没有进士及第之前，依然只是士人。"浏阳汤璹君宝，为士人时，游学于清江"⑤，他后来为殿试第一，亦即状元。"缙云管枢密师仁为士人时，正旦夙兴，出门遇大鬼数辈"云云，与汤璹一样，管师仁未中第时的身份即是士人，言外之意中第之后有了差遣即不再是"士人"。"齐三杰为士人时，习业于灵芝门东桂林野圃……及秋试揭榜，独齐预荐，明年登科。"⑥ 所以说士人是科举考试重要的后备军，而是否考中科举就成为一个重要的界限。

　　回过头看前面的几个定义。笔者认为余英时先生和高明士先生的定义相对宽泛，余先生认为"士"为四民之首，既然为民，那就是相对"官"来说的概念，则出仕之"士"为"官"，已非民；高先生的定义则没有区分出仕与未出仕，没有注意到此点对宋代士人来说是有很大差别的。⑦ 而邓小南先生的定义又相对狭窄，将没有参加过科举考试的读书人排除在士人之外。借鉴前辈学者的看法，从南宋的实际出发，本书使用的"士人"群体主要指身在民间的知识分子，包含四个层次：一是曾经出仕为官，因年老退职、"待阙"和"丁忧"等原因回家乡没有差遣者，这些人恢复到士人的生存状态；二是曾经通过

---

① （宋）洪迈：《夷坚志·丙志》卷二《赵缩手》，第 377 页。
② （宋）洪迈：《夷坚志·丙志》卷一一《白衣妇人》，第 458 页。
③ （宋）洪迈：《夷坚志·丙志》卷五《徐秉钧女》，第 406 页。
④ （宋）洪迈：《夷坚志·支乙》卷三《朱五十秀才》，第 818 页。
⑤ （宋）洪迈：《夷坚志·甲甲》卷五《汤省元》，第 748 页。
⑥ （宋）洪迈：《夷坚志补》卷一《汉卿丹桂》，第 1548 页。
⑦ "士"的内涵和外延在不同时代是不同的。余先生和高先生为了将"士"涵盖中国古代的知识分子，只能将"士"的外延尽量放大，否则无法涵盖春秋战国的"士"、魏晋隋唐的"士族"、宋代的"士人"、明清的"士绅"。

初级科举选拔者，有"乡贡进士"或"漕贡进士"等称呼；三是参加过各级学校的学习，连科举初级选拔也未通过者，这部分滞留乡里；四是没有参加过科举考试，但有一定的文化知识，在乡里享有声望者。①

　　在廓清"士人"的内涵之后，再看"士人"与"士大夫"的关系。陶晋生先生认为士人就是读书人，一般来说，做了官有差遣的和没有入仕的读书人都通称为士、士人，甚至士大夫。从具有文化的角度看，确实无论是士人还是士大夫都属于读书的知识分子。② 但是从出仕与未出仕来看，"士大夫"为出仕有官位差遣者，"士人"则未出仕。总体来看，除了少数宦途显达、遍历中外者，大多数官员可能只是在任时间不多的小官。加之南宋官僚数目众多，造成等待赴任，即"待次里闲"的时间延长，再加上丁忧居丧、奉祠、贬斥、辞官等因素，使南宋官僚"居官之日少，闲居之日多"。在非居官即没有差遣的时候，这些普通官员和士人生活的差异并不大：可能同样维持着读书的习惯，尽管较无应举的压力；同样访友问道，以及从事士人的文化活动；同样进行教学的工作，同样有经济的需要或个人的志趣。这可以说是"士大夫"阶层之身份特质所造成的。因为士人是士大夫的基础，绝大多数的官员和"士大夫"都可以说是出自士人。因此当一般官员没有差遣时，他的本质也就回到士人的状态。③ 因此，是否具有"差遣"就成为判断"士人"与官员生活状态的主要依据。

二　社会公益事业

　　中国古代没有"公益"一词。现代"公益"一词是近代由日本传入。明治年间的日本学者留冈幸助，曾著有《慈善问题》一书，书中将英文之 Charity 和 Philanthropy 译为"慈善"，Public Welfare 译为"公益"。后

---

　　① 详细阐述见第一章第三节。

　　② 陶晋生：《北宋士族：家族·婚姻·生活》，"中央研究院"历史语言研究所专刊之一〇二，2002 年，第 5—7 页。陶先生接着又说："'衣冠读书赴举'的个人，赴举得官后，就成为'士大夫'。而他的家族就成为士族。"见该书第 28 页。其实陶先生还是意识到了是否科举及第对士人个人的人生阶段的重要性。及第前为士人，及第为官有差遣后为士大夫。

　　③ 陈雯怡：《从官学到书院——从制度与理念的互动看宋代教育的演变》，联经出版事业股份有限公司 2004 年版，第 306—310 页。

来该词汇传入我国，就是现在所使用的内涵。① 改革开放之后"公益事业"一词得到广泛使用。"公益"从字面的意思来看是为了公众的利益，它的实质应该说是社会财富的再次分配。但社会公益不是现代社会才具有的内容。在中国的传统阶级社会里，政府是唯一的"公共部门"②，尽管此时的"公共"与现代含义差距甚远，但此时它的存在对"公共性"的实现是非常必要的。马克思认为，国家在本质上"是和人民大众分离的公共权力"，在国家运用公共权力进行阶级统治时必须以为社会公众提供服务为基础，以执行社会性职能为基础，"政治统治只有在它执行了它的这种社会职能时才能持续下去"③。可见，即使在阶级社会里，"公共性"也并非仅仅局限于统治阶级范围内，它至少在表面上或在一定程度上"代表"了各阶级的共同利益，因此仍未完全丧失"公共"的内涵。南宋政府亦不能例外。

　　参考《〈中华人民共和国公益事业捐赠法〉释义》④ 所列"公益事业"的内涵，笔者对南宋时期社会公益事业的内涵的界定是：（1）救助因灾害、贫困等而困难的社会群体和个人的活动。这是我们一般认为的慈善活动的内容。（2）教育、文化事业。在南宋主要体现在学校与祠庙的建设与运行。（3）社会公共设施建设。在南宋主要体现在桥梁、道路、水利设施等的修筑与养护。

第二节　选题目的及意义

　　唐代中叶开始，经济社会结构开始发生重大变化，士族阶层全面衰

---

① 秦晖：《政府与企业以外的现代化——中西公益事业史比较研究》，浙江人民出版社1999年版，第168—169页。五四运动前是很少用到"公益"一词的。最早的大家用例见于鲁迅的文章。鲁迅《准风月谈·外国也有》："只有外国人说我们不问公益，只知自利，爱金钱，却还是没法辩解。"洪深《少奶奶的扇子》第一幕："王太太有两位姓张的内侄女，很热心公益，在霞飞路一个什么妇女改良会尽义务。"

② 公共管理学认为"公共部门"是指处理社会的各种公共事务、提供各种公共物品的部门，其中政府居于核心地位。与"公共部门"相对立的是"私人部门"，即私人企业。政府管理公共事务所采用的方式是行政手段，与市场机制相对。参见曹现强、王佃利主编《公共管理学概论》，中国人民大学出版社2005年版，第40—50页。

③ 《马克思恩格斯选集》第3卷，人民出版社1995年版，第523页。

④ 张春生主编：《〈中华人民共和国公益事业捐赠法〉释义》，法律出版社2000年版，第6—8页。

退，庶族为代表的地方势力逐渐上升。经五代十国，新兴的地主阶级全面兴起，为此宋代出现与前代截然不同的社会面貌。不过，这种转变，并不像政治上改朝换代一样，变化迅速而且明显，而是需要一个酝酿与改变的过程，在政治环境改变之后，仍需要有一段相当长的时间来重新调整和建构社会组织，塑造社会秩序。科举制下社会掀起读书热潮，来源各不相同的士人成为社会上一个全新的社会阶层，到南宋社会对士人身份开始加以推崇。①"士人社会"在南宋大体形成。总的来看，"乡居的官员或在乡谋生的士人，都是地方的精英群体。他们有着共同的成长环境，科举是共同追求的目标；因乡谊、同学等关系，交流互动频繁，在交往过程中，逐渐使他们彼此对身为'士人'的身份有所认同，并成为社会的主流价值观。这在社会诸多方面上都能体现出来"②。"他们虽然在科举上际遇不同，在仕途上荣枯有别；但对乡里的共同关怀，使他们彼此联系，互相援引，而且习于以乡里事务为话题。一旦辞官回乡，乡里成为他们生活的中心，以彼此认同的身份、共同的文化为基础，不论年齿、穷达，结成一个群体，以诗文结社，相互游赏酬唱。更重要的，他们是地方的表率，在推动文艺活动之外，还负有教化的责任，于是，他们或以个人或借群体的力量，从事慈善救济、公共建设，推动公益活动或排纷解难，成为乡里长者。"③所以宋代江南地区的经济实力与文化建设，并不因财政中央化而萎缩、衰退，反而呈现相当蓬勃、极具活力的景象，这是士人能够积极参与社会公益事业的重要经济因素。

　　近来越来越多的学者认识到南宋与北宋的差别，以及其重要性。④ 而对公益事业的研究就是其中重要的一项内容。南宋的社会公益事业中，政府依然是主导力量。但是当大量州县财赋集中到中央后，州县的负担越来越重。⑤ 地方财政不足的情势，使得州县官员面对诸多社会公益事业难以

---

　　① 社会对士人身份加以推崇，例如在社会婚姻关系上以富人的"子当读书"和"女必嫁士人"为典型；在法律上，官员对待士人亦甚为宽松，甚至连粗通文墨者也会被当作士人加以优待，可参见本书第二章第一节。

　　② 黄宽重：《科举社会下家族的发展与转变——以宋代为中心的观察》，《唐研究》第十一卷，北京大学出版社 2005 年版。

　　③ 黄宽重：《从中央与地方关系互动看宋代基层社会演变》，《历史研究》2005 年第 4 期。

　　④ 参见刘子健《略论南宋的重要性》，载氏著《两宋史研究汇编》，联经事业出版有限公司 1987 年版，第 79—85 页。自此提倡，学界对南宋史的研究逐渐增多。

　　⑤ 包伟民：《宋代地方财政史研究》，浙江大学出版社 2001 年版，第 165—169 页。

有更多的作为。如果官员打算有所作为，只能依靠地方势力的支持（其中士人占有重要的地位），这就为地方势力提供了发展的空间。除了商业发达造就一批在基层社会能够贡献财力、发挥影响的富民之外，从当时的社会环境看来，大批致力举业、跻身仕宦的士人，更是基层社会最具影响力与代表性的群体。

南宋士人对地方公共事务的参与，体现了南宋社会上民间力量的兴起。当地方官员无法对地方公益事业提供积极的参与和协助，民间对于地方公益事业的态度便表现出主动的一面，从而这些人在地方上便有了越来越多的发言权。斯波义信先生将之概括为"中间领域"社会的登场。① 南宋时期民间势力即在部分政府缺位的情况下在"公共领域"展现出了它的力量。如同钱穆先生所言："世族门第消灭，社会间日趋平等，而散漫无组织。社会一切公共事业，均须有主持领导之人。"② 尽管南宋地方势力对于地方公共事务的参与，最主要还是地方上的士人或富人所为，却体现着新的地方势力的发展方向。虽然对于南宋士人阶层是否达到地域精英的程度学术界尚有分歧，但是南宋士人在社会公益事业中的作为却成为展现其势力的一面镜子。士人阶层积极主动参与社会公益事业中，部分填补了政府在该领域的缺位，也由此构建了士人阶层在基层社会的"文化权力"。③ 从宋元明变革的角度看，"南宋士人为代表的这种领导权缺乏晚些时候的科举制度可能使地方精英得到的那种政治资源，但某种程度上它是晚明士绅领导现象的先驱"。或者我们也可以说，南宋士人是明清士绅阶层的滥觞。本书就针对南宋士人阶层的形成，以及对地方公益事业的参与，以及诸社会关系进行分析，进而探讨公益事业视域下南宋士人的历史地位。

第三节　学术史回顾

南宋士人是随着北宋科举制的发展完善而逐步形成的一个特殊的社会

---

① ［日］斯波义信：《南宋における"中間領域"社會の登場》，收入佐竹靖彦编《宋元時代史の基本問題》，汲古書院1996年版，第185—203页。

② 钱穆：《国史大纲》第四十一章"社会自由讲学之再兴起"，商务印书馆1991年版，第812页。

③ 此处参考美国学者杜赞奇的观点，所谓"文化权力"包含两层含义：一是文化本身具有的规范性；二是士人通过对文化资源的垄断而获得对社会事务的解释支配权。

群体，在南宋的社会生活中具有重要的地位和影响。从 20 世纪 80 年代起，伴随着对明清"士绅"研究的逐步深入，"士人"的研究也逐渐成为中外学者深入探究南宋社会结构的重要切入点。兹按国别地区，对这些研究的历史和现状作一简要回顾。

一　国内研究

（一）大陆地区

关于本课题大陆学者相关研究较少。相关研究主要有张文的《宋朝社会救济研究》，这是近年来在宋代政府的社会救济研究中较为全面讨论的一部著作。在具体的研究内容上，该书着眼于自上而下，主要是对宋代仓制荒政的区域特点进行了较有深度的讨论；对以往研究中较少注意的流民、官员、士人、皇族等群体的救济，进行了初步的探究；另外，针对少数民族也首次集中地清理，并提出了宋代对于少数民族的社会救济问题；最后，对于宋代社会救济的功能、特点、历史地位和社会救济思想，进行了比较研究以及较为全面的论析，等等。该书也讨论到政府如何运用民间的力量来完成社会救济的工作，这对本课题的研究是很有价值的。其《宋代民间慈善活动研究》则着眼于民间自发的救济行为，其中不少篇幅涉及士人的救济等慈善活动，但是对士人参与社会救济的具体措施、历史作用及其对基层社会的影响却阐述较少。[1] 周扬波《宋代士绅结社研究》[2] 则用专章探讨了宋代经济互助会社以及民间救济组织，但可惜的是篇幅较短，没有全面展开阐述。该书亦未区分北宋与南宋之间的差别。

其他相关研究有，林文勋、谷更有所著《唐宋乡村社会力量与基层控制》[3] 是自上而下从乡村控制的角度提出问题。该书由上篇《唐宋"富民"阶层的崛起》和下篇《唐宋基层社会力量与基层控制》组成。《唐宋"富民"阶层的崛起》从崭新的角度揭示了唐宋时期富民阶层迅速崛起的历史背景及其与当时社会的政治、经济、文化等多方面的关系。《唐宋基

---

① 张文：《宋朝社会救济研究》，西南师范大学出版社 2001 年版；《宋朝民间慈善活动研究》，西南师范大学出版社 2005 年版。

② 中华书局 2008 年版。

③ 云南大学出版社 2004 年版。

层社会力量与基层控制》对唐宋社会的下层——乡村户的若干问题进行
了深入的研究，并对富民社会下的乡村控制问题做了较深入的学术探讨。
持相似观点的另有刁培俊《宋代乡村精英与社会控制》① 等。漆侠先生在
对宋元时期浦阳郑氏的研究中，也提到了郑氏对邻里乡党的救济。② 陈智
超《南宋二十户豪横的分析》③ 研究了在地主阶级中占绝大多数的民庶地
主，探讨了如何划分田主、豪民、豪横的问题。邓小南《北宋苏州的士
人家族交游圈》认为苏州地区聚居许多衣冠侨寓的士人官员，习于干请，
被认为是地方难治的根源。④ 她还有《龚明之与宋代苏州的龚氏家族：兼
谈南宋昆山士人家族的交游与沉浮》⑤ 一文，主要从社会史的角度对研究
南宋前期苏州昆山之士人交游圈做了有益的尝试。邹重华《士人学术交
游圈：一个学术史研究的另类视角》则详细考证四川地区士人的学术交
游，并做了学术史的总结。他还对宋代民间私学的一个重要教育角色——
乡先生做了完整的研究。⑥

　　学位论文方面，主要有廖寅《宋代两湖地区民间强势力量与地域秩
序》⑦，作者虽然不是专门论述地方士人，但却在强势力量中论述了豪强
向士人的转化，并认为宋代民间强势力量已不如前代的精英阶层那么关心
在全国政治中建功立业，而是将注意力更多地转向了地方的安定和家族的
发展，以及地域社会内的公共工程，他们对地方事务有了越来越多的发言
权，并积极介入地方事务。

　　史江《宋代会社研究》⑧ 中用一章的篇幅论述了经济性会社，包括经
济互助会社、行会等经济和商业团体。经济互助会社源起于民间的互助习

---

① 《社会科学辑刊》2004 年第 3 期。
② 漆侠：《宋元时期浦阳郑氏家族之研究》，氏著《知困集》，河北教育出版社 1992 年版。
③ 见邓广铭、徐规主编《宋史研究论文集》，浙江人民出版社 1987 年版。
④ 邓小南：《北宋苏州的士人家族交游圈》，《国学研究》第 3 卷，北京大学出版社 1995
年版。
⑤ 文载《中国近世家族与社会学术研讨会论文集》，"中央研究院"历史语言研究所 1998
年版。
⑥ 邹重华：《"乡先生"——一个被忽略的宋代私学教育角色》。以上二文并载邹重华、粟
品孝主编《宋代四川家族与学术论集》，四川大学出版社 2005 年版。该书收录多篇论述四川家族
的论文，对本研究有一定帮助。
⑦ 博士学位论文，武汉大学，2005 年。该书已于 2011 年由人民出版社出版。
⑧ 博士学位论文，四川大学，2002 年。

俗及其以丧葬互助为目的的丧葬社邑，明显带有经济互助的特征。在宋代，这类互助性团体已经有了会、社的名称。

（二）台湾地区

台湾学者梁庚尧教授的研究成果对本书的帮助最大。其《南宋农村经济》则给予本书以宏观背景研究的支持。《豪横与长者：南宋官户与士人居乡的两种形象》①分析了南宋官户与士人居乡的两种形象，其中长者往往成为地方社会公益事业积极的参与者。《家族合作、社会声望与地方公益：宋元四明乡曲义田的源起与演变》②从个案的角度探讨了家族合作在社会公益事业中的地位和作用。《宋代的义学》③则全面阐述了宋代的义学，并指出地方士人在其中所发挥的作用。

黄宽重先生的多篇论文都从家族个案的角度对本书予以支持。《人际网络、社会文化活动与领袖地位的建立——以宋代四明汪氏家族为中心的观察》④《宋代四明士族人际网络与社会文化活动：以楼氏家族为中心的考察》⑤《宋代四明楼氏家族的兴盛衰程》⑥，分别以四明汪氏、楼氏为例阐述了地方人际网络、社会文化活动对家族地位的影响，其中也涉及家族士人成员对地方公益事业的参与。其所著《从中央与地方关系互动看宋代基层社会演变》⑦从中央与地方互动的角度全面阐述了宋代基层社会的演变，也论述到地方士人势力在参与社会公益事业时的成长，对本书启发甚大。他的《宋代的家族与社会》⑧是其这方面研究的总结。另外，刘子健有《刘宰与赈饥——申论南宋儒家的阶级性限制社团发展》⑨通过刘宰的个案探讨了士人个人赈济行为的意义和影响。

学位论文方面，台湾地区明显要多一些。方俪璇《宋代浙东沿海的

---

① 《新史学》第4卷第4期，1993年12月；另载氏著《宋代社会经济史论集》，新文丰出版有限公司1997年版。

② 载《中国近世家族与社会学术研讨会论文集》，"中央研究院"史语所出版品编辑委员会，1998年。

③ 《台大历史学报》第24期，台湾大学历史学系，1999年12月。

④ 《台大历史学报》1999年第24期。

⑤ 《"中央研究院"历史语言研究所集刊》第70本第3分，1999年9月。

⑥ 载台湾大学历史系主编《史学：传承与变迁学术研讨会论文集》，1998年。

⑦ 《历史研究》2005年第4期。

⑧ 东大图书股份有限公司2006年版。

⑨ 刘子健：《两宋史研究汇编》，联经出版事业有限公司1987年版。

士大夫社会——以明、台、温三州为中心》① 认为本区士人或士大夫在本地所拥有的势力相当庞大与深厚，从地方公共事务的参与上，能见到地方士人在地方上的主动性与领导地位。他们除了以"士人阶层"作为共同合作的方式外，更常以"家族"的形式来参与，这也显示了地方士人家族在地方的影响力。此外，他们也会与地方豪族、邻里、宗教团体共同合作。地方士人及其家族在地域社会间，彼此的人际网络是相当密切的。洪诚志《宋代地方公共事务：以台州、温州为例》② 认为民间的社会救济主体中，士人或者说士大夫扮演了重要的角色，这是由于宋代士人对于社会关怀的扩大。所以以往在讨论民间的社会救济时，士人或士大夫成为研究之重点，而且所讨论的对象大多是在地方上有名的家族或者官宦人士。朱开宇《科举社会、地域秩序与宗族发展——宋明间的徽州，1100—1644》③ 旨在以宋明间徽州社会经济史上的资料尝试论证中国近世宗族发展的萌生契机与转变定型的社会因素。其中用专节阐述了家族士人对地方公益事业的参与。何晋勋《宋代地方士大夫家族势力的构成——以鄱阳湖地区为例》④ 全面论述了宋代地方士大夫在新的社会环境下是如何运用家族策略来建构自身的发展，以及在地方上的势力构成。蔡惠如《南宋的家族与赈济：以建宁地区为中心的考察》⑤ 以福建建宁地区为中心，考察了南宋时期家族与赈济的关系，用一定篇幅探讨了家族、士人与地方官之间的关系。曾小璎《南宋地方社会势力的研究——以福建路佛教与地方菁英为中心》⑥ 以福建路地区的佛教与地方菁英的关系作为探讨重心，研究此地社会团体彼此势力的消长，其中有交融也有冲突。就整体而言，一方面，佛教资产由私转公，补充国家财政之不足；另一方面，也提供地方社会稳定的力量。同样，地方菁英也是稳定地方社会的力量，其中仍以地方官员的主导力较强，其余的地方士人是辅佐的力量。地方菁英透过科举与政权结合，获得自身保障与力量，除了可以推广自身信念外，也可以避免自身资产被国家侵夺，甚至有功名的道学家还可以借此攻击佛教。在

---

① 硕士学位论文，台湾大学，1999 年。
② 硕士学位论文，台湾"清华大学"，1994 年。
③ 硕士学位论文，台湾大学，1994 年。
④ 硕士学位论文，台湾"清华大学"，1983 年。
⑤ 硕士学位论文，台湾政治大学，2004 年。
⑥ 硕士学位论文，台湾政治大学，1994 年。

地方社会中，地方精英的势力上升，而佛教却走向弱化，最后地方精英取得主导优势，为之后士绅社会预留伏笔。

二　国外研究

（一）日本

斯波义信先生的《宋代江南经济史研究》① 篇幅宏大，其研究对本书支持甚大。在论述江西袁州水利时，他已经注意到士人在地方水利建设中的作用，并且作了初步阐述。他在《南宋における"中間領域"社會の登場》中进一步阐述了对"中间领域"的观点。另一位著名学者柳田節子《宋元鄉村制の研究》② 与《宋元社會經濟史研究》③ 从宋代乡村社会的角度对本书提供帮助。長守瀬《宋元水利史研究》④ 则给予本书以水利史研究的相关背景。《宋代史研究会研究报告集》多篇论文对本书有帮助。如第一集《宋代の社會と文化》⑤ 中的近藤一成《知杭州蘇軾の救荒策——宋代文人官僚政策考》考察了元祐四年秋到五年春、元祐五年夏到六年春两段时间苏轼在知杭州时的救荒政策，由此来考察宋代文人官僚的相关政策，揭示了地方官在救荒过程中与地方势力的关系。第二集《宋代の社會と宗教》⑥ 中的石田肇《南宋明州の高氏一族について——高閌、高文虎、高似孫のこと——》则论述了明州高氏家族的发展，其中涉及高氏对地方公益事业的参与。⑦

（二）美国

美国学者的研究应该引起我们的重视。郝若贝（Robert Milton Hart-

---

① 方健、何忠礼译，江苏人民出版社 2001 年版。

② 東京創文社 1986 年版。

③ 東京創文社 1995 年版。

④ 東京國書刊行會 1983 年版。

⑤ 東京汲古書院 1983 年版。

⑥ 東京汲古書院 1985 年版。

⑦ 另外，对本书有帮助的论文尚有戸田裕司《救荒・荒政研究と宋代在地社會への視角》（《歴史の理論と教育》1992 年第 7 期）、藤正彦《"義役"——南宋期における社會的結合の一形態》（京都大學史學研究會，《史林》1992 年第 5 期）、寺地遵《義役・社倉・郷約——南宋期台州黄岩縣情素描》（《広島東洋史學報》1996 年第 11 期）、金井德幸《宋代の村社と宗族——休寧県と白水県における二例——》（《酒井忠夫先生古希祝賀紀念論集》國書刊行會，《歴史における民眾と文化》，1982 年）、竺沙雅章《宋代官僚の寄居について》（京都大學文學部内東洋史研究會，《東洋史研究》，1982 年）等。

well）曾撰有《750—1550 年期间中国的人口、政治和社会变迁》①，认为中国主要统治阶层由唐代的世袭精英阶层发展到北宋的职业精英（官僚）阶层，再到南宋地域精英（士绅家族）。其后史乐民（Paul Jakov Smith）、万志英（Richard von Glahn）编辑《中国历史上的宋元明变迁》②，该书收录论文的领域不仅仅是在社会、经济、政治史的领域，而且还进入了思想史、哲学史、文学史诸领域内。在前言中，作者归纳了唐宋社会政治史领域内的主要变化。作者把这一变化明确地分成了三个过程（Process）来理解。第一个过程是由施坚雅提出的人口增长与政府控制力下降理论。第二个过程是唐宋间经历了经济、科学技术与社会的发展，而这也导致了财富精英可以通过科举进入政府。第三个过程是郝若贝所提出的北宋到南宋的精英地方化理论。而这三个过程也成为该书各篇文章作者的一个基本共识。我们可以看到，这实际反映出了这些文章是在郝若贝所设立的模式的基础上进行研究的。

　　对南宋地域社会进行深入探讨的有郝若贝之高徒韩明士（Robert Hymes）之《官僚与绅士：两宋江西抚州精英研究》。该书微观分析抚州的士绅在两宋间的地方化，如何从朝廷的系统中剥离出来，通过关系网络中的土地和商业经营，获得"帝力于我何有哉"的独立的地方家族的经济地位，并通过办义庄、义学等，救死扶伤，老幼鳏寡皆有所养，又设地方武装，保卫乡里，乃成为小区中的国中之国的权力中心。作者认为绅士不再必须做官，或者以做官为指归。也就是说，做官或准备做官不再是进入绅士阶层的必备条件。当然，读书还是必备前提，但读到怎样程度、具备怎样的学识却并无一定之规。这使得"绅士阶层"的边界趋向于模糊化，其范围也大幅度扩大，比如，粗通文墨而热心地方公益的乡村土豪和商人就可能因此而被纳入"绅士阶层"。在这个意义上，"士的地方化"不仅意味着绅士阶层的扩展，更重要的在于它实际上已成为"地方精英"的同义词。换言之，士不再仅仅是国家（朝廷）的官僚和候选官僚，而主

---

① Robert Milton Hartwell, "Demographic, Political and Social Transformation of China 750 – 1550", *Harvard Journal of Asiatic Studies*, 42.2 ［1982］, pp. 365 – 442.

② Paul Jakov Smith and Richard von Glahn, editors, *The Song-Yuan-Ming Transition in Chinese History*, Cambridge: Harvard University Press, 2003.

要是地方社会的"精英分子"。①

另外，与本书有关的研究尚有伊霈霞《中国宋代的家族与财产：袁采对社会生活的训诫》②。伊霈霞在宋代家族研究领域已经有许多成果，她曾翻译过《袁氏世范》，在此书中她对袁采的家族世系和《袁氏世范》做了全面的研究，认为《袁世氏范》是宋代"精英"家族的重要史料。她还曾主编《中国唐宋时期的宗教与社会》③，该书以唐、宋时代的中国社会的宗教和信仰为研究核心，系统地分析在中国中世纪时代宗教的作用和存在价值等。

第四节　研究内容及方法

一　研究内容

通过上述情况来看，以往的研究虽然成果斐然，但也存在几点不足：

首先，对南宋社会阶层的认识处于粗放认识的阶段。因为从不同角度观看社会人群，会有不同的分类。"官""民"是从政治统治与被统治来看；"士农工商"是从社会声望来看"民"内部；"富民"是从财富角度来看整个社会阶层。人的身份是复杂多变的，不是一两种就可以固化的。"士人"就是从具有文化的角度来划分，并且符合当时的历史事实。学术界尚少专门从此角度做专门研究者。

其次，从"公益事业"的角度来观照南宋地方事务的学者非常罕见。现在学者有的站在政府立场上讲"社会保障"，有的则提出"慈善活动"和"社会救济"等观点，都是对学术研究的积极推动。但是这些无法完全涵盖地方事务，都只是研究了地方公益事业的部分内容。

最后，专门研究南宋士人与地方公益事业之间关系的论著亦不多。南宋士人对地方公益事业的参与逐渐增加，在这些原本是政府全面负责的领

---

① Robert Hymes, *Statesmen and Gentlemen：The Elite of Fu-Chou，Chiang-His*, Cambridge：Cambridge University Press，1986.

② Patricia Buckley Ebrey, *Family and Property in Sung China：Yuan Ts'ai's Precepts for Social Life*, Princeton，N. J.：Princeton University Press，1984.

③ Patricia Buckley Ebrey, and Peter N. Gregory. *Religion and Society in T'ang and Sung China*, Honolulu：University of Hawaii Press，1993.

域与地方政府官员发生了互动。这种互动既表现了士人在地方上的影响，也建构了士人与地方官员之间的关系。

基于上述不足，本书立足于分析南宋士人形成的过程，以及其参与公益事业的能量所在，由于此方面的研究不多，故而用一定的篇幅交代这个变迁的过程。地方公益事业中多数的研究都是站在政府立场上，很少站在士人的角度来观照，故而亦用一定笔墨来描述。本书计划分九部分：

第一部分绪论，主要交代本书概念界定和研究目的与意义，并且对国内外的研究现状进行概括性论述。

第二部分对宋代士人的形成与发展进行阐述。唐代中期开始，士族社会开始走向没落，经由五代，到北宋开始科举制全面盛行的时期。读书参加科举成为进入仕途的主要途径，社会上也逐渐形成重视读书的氛围。士人群体随着时间的流逝愈加壮大。南宋起社会对士人身份的推崇尤为明显，士人群体的自我认知亦逐渐增强，最终形成"士人社会"。同时越来越多的士人因各种原因滞留乡里，遂对诸多社会公益事业有所参与。

第三部分论述南宋士人获得"文化权力"的优势条件，并通过个案分析获得的路径。通过参与公益事业，南宋士人获得社会声望，也获得了对基层社会的控制权。

第四部分论述南宋士人对社会公益事业诸领域的参与。主要阐述了士人在经济救助活动如社仓、赈济、义役中的参与，公共工程实施如桥梁修建、水利修建中的参与，以及官学修建与祠庙活动中的参与。着重考察士人参与公益事业的基本模式。

第五部分论述在社会公益事业中士人之诸关系。从士人与政府和士人与非士人之关系两个方面进行阐述，由此分析士人是如何获得地方社会的"文化权力"。南宋很多地方政府因为财政困难，不得不从众多社会公益事业中退出，留下很大的社会真空，这就为南宋士人在地方发挥自己的作用提供了舞台。总的来看，士人除了资金参与外，更多的是以参与管理发挥自己的作用和影响，这与南宋"士人社会"中政府官员在基层社会的角色是有密切关系的。

第六部分主要从公益事业视域考量南宋士人的时代特征。该部分从唐代以降政府之外的参与势力来长时段看南宋士人的历史地位，以及南宋士人参与的基本类型。南宋士人更多的是依靠文化，血缘和财产倒是其次的，在社会公益事业面前多是以"公"的理念指导自己的行为。任何事物只要制度化都会出现僵化，所以在这个不稳定的南宋士人群体中，反而存在很强的社会活力。可以说南宋士人在中国古代基层社会发展史上具有承上启下的重要作用。

第七部分从长时段考察南宋"士人社会"形成，展现了南宋"士人社会"在"士族社会"与"士绅社会"之间的过渡意义。

第八部分是余论部分，总结全书的主要观点，并且做进一步的阐述。

第九部分是参考文献。

二　研究方法

本书主要使用一般历史学的文献分析法进行相关研究，除相关史籍外，并参酌后人的论著。

另外，也会使用社会史的理论与概念。社会史的概念现在依然存在分歧。多数人认为社会史即运用各种社会科学，特别是社会学的理论和方法对历史上的社会结构整体及其运动、社会组织（氏族部落、家庭、家族、社区、邻里、各种社会集团）及其运动、社会行为及社会心理进行研究，是历史学的重要分支。在社会学中，人们不是作为个体，而是作为一个社会组织、群体或机构的成员存在。社会学理论中影响历史研究最大的是社会阶层理论。在研究过程中，可以采用多元分层标准，如收入、职业、教育、技术、种族、性别和宗教信仰等，将社会成员进行不同的分层。在结构功能主义者看来，社会分层是客观存在的，它对维持社会的稳定和发展是有益的。①

社会学中的结构功能理论学派还认为社会是一个各种组织机构及其制度的动态平衡系统。在这一个系统中，每一个构成要素都与其他部分保持

① 西方社会学中，对社会分层研究影响最大的一个理论源头，是马克斯·韦伯的"三位一体"分层理论。韦伯认为，对社会成员进行阶层划分有三重标准，即经济标准（财富）、政治标准（权力）和社会标准（声望）。采用不同分层标准对社会成员进行阶层划分时，一些社会群体或职业在不同分层体系中的位置排列顺序可能是一致的或大体相同的，这种情况称为地位一致；一些社会群体或职业在不同分层体系中的位置排列顺序可能不一致甚至完全相反，这种情况称为地位相悖。地位一致，它实际上意味着各种社会资源在不同社会群体中的分配是相对集中的，即各种资源优先被某些群体所占有，另一些群体可能很少占有这些资源。所以，高度的地位一致可能蕴含着社会冲突，特别是在社会资源分配不公时尤其如此。地位相悖的情况则说明各种社会资源在不同社会群体中的分配是比较分散的，它使得不同的社会群体可以在不同的资源分配体系中各得其所，它意味着社会结构的多元化。

着相互依存的关系，每一部分的变化也会同时对其他各部分和系统整体的存在状态发生影响。士人是南宋社会中的群体之一，人数尽管不占南宋人口主体，但却有着很重要的社会地位。士人在社会生活中和其他群体发生各种各样的关系，并且互相影响。

第 一 章

宋代士人的形成与发展

众所周知，"安史之乱"以降，唐代社会发生了极其明显的变动。这种变动一直持续到北宋为止，被作为中国中世与近世的分水岭。这些影响体现在政治、经济、文化、思想等诸多领域，对社会面貌的塑造起到了重要的推动作用。而士人的形成与发展就是其中的一个重要内容。

第一节　科举制下的唐后期、北宋士人

经过"安史之乱"，高度繁荣的唐朝逐渐走向衰落。从经济的角度说，在实际上失去黄河下游的控制权后，唐朝在后期更多地依赖于江淮地区的财赋，这成为支撑唐朝后期上百年的经济基础。这主要得益于江南地区经济的发展与繁荣，而经济的繁荣必然造成社会阶层的变化。①

一　唐代后期南方地区社会阶层的变动

随着王朝统一，旧有的士族逐渐离开江南本土，向政治中心转移，以致逐渐衰亡，此即学界熟知的士族"中央化"。② 在旧士族离开本土的同时，人口流动的增速，促使江南本土社会构成发生一些变化。地方主要势力逐渐由

---

① 江南经济的发展经历了漫长的过程。一般认为，永嘉南渡后人口的大量迁移，对江南经济的发展有重要的促进作用，东晋南朝江南经济在诸多方面都有了长足的进步，比如单位面积的产量、耕作技术的提高、农田灌溉的陂塘化等。江南有的地区经济发展已经非常繁荣，如南朝沈约就曾称赞道："会土带海傍湖，良畴亦数十万顷，膏腴上地，亩值一金，鄠、杜之间不能比也。荆城跨南楚之富，扬部有全吴之沃，渔盐杞梓之利，充仞八方，丝绵布帛之饶，覆衣天下。"《宋书》卷五四《孔季恭等传》末"史臣论"，中华书局 1974 年版，第 1540 页。

② 毛汉光：《中国中古社会史论》，上海书店出版社 2002 年版，第 234—333 页；韩昇：《南北朝隋唐士族向城市的迁徙与社会变迁》，《历史研究》2003 年第 4 期。

士族变为地方豪强大姓，而这些大姓就是唐代后期江南地区主要的地方势力。

（一）"安史之乱"后北方士人的大量南迁

"安史之乱"爆发，中原沦为战场，北方人民为避战乱，纷纷南迁，所谓"三川北虏乱如麻，四海南奔似永嘉"①，便是这种情况的真实写照。但"安史之乱"后人口南迁的过程、分布和影响极为复杂，这一移民过程，差不多持续 200 余年。②"安史之乱"引起北方人口南迁。当时长安陷没，玄宗为避难逃亡四川，士人和百姓们纷纷南迁江南地域。不过"安史之乱"平静以后相当数量士人归还北方。藩镇割据时期、"安史之乱"以后藩镇割据时代发生了大小规模战乱，中原变成战乱地域，为避难北方人口南迁。唐末黄巢起兵后中原和淮河一带变为战场，大规模人口向南方移动。五代十国时期也同样引起北方人口南迁，而且有些十国君主积极欢迎从中原地域来的士人。③

1. "安史之乱"时的南迁

长江下游地区由于远离战事中心，加之社会环境相对稳定，因而也成为这次北人南迁，特别是士人避乱的重要地区。此即"中国新去乱，士多避处江淮间"④，"时荐绅先生，多游寓于江南"⑤。

从文献记载来看，当时北人南迁最多的地区是苏州。"天宝末，安禄山反，天子去蜀，多士奔吴为人海。"⑥"自艰难以来，军士得以气加之，商贾得以财侮之，不能自奋者多栖于吴土。"⑦ 就具体的士族而言，"寿昌令赵郡李莹，同堂妹第十三未嫁。至德初，随诸兄南渡。卒，葬于吴之海盐"⑧。

---

① （唐）李白著，（清）王琦注：《李太白全集》卷八《永王东巡歌（其二）》，中华书局1977 年版，第 427 页。

② 吴松弟：《中国移民史》卷三《隋唐五代时期》，福建人民出版社 1997 年版，第 233 页。

③ ［韩］李锡炫：《江南으로의 人口移動——唐宋時期의 戰爭과 避難史》，《東洋史學研究》第 103 辑，2008 年 6 月，第 117—143 页。

④ （唐）韩愈著，马其昶校注：《韩昌黎文集校注》卷六《考功员外卢君墓铭》，古典文学出版社 1957 年版，第 204 页。

⑤ （唐）权德舆：《权载之文集》卷一四《唐故太子右庶子集贤院学士王公神道碑铭》，《四部丛刊》初编本。

⑥ （唐）顾况：《送宣歙李衙推八郎使东都序》，（清）董浩等编《全唐文》卷五二九，中华书局 1983 年版，第 6 册，第 5370 页。

⑦ （唐）杜牧著，陈允吉校点：《樊川文集》卷一一《礼部尚书崔公行状》，上海古籍出版社1978 年版，第 210 页。

⑧ 《太平广记》卷三三六《李莹》，中华书局 1961 年版，第 2670 页。

杨遗直，同州冯翊人，遇安史之乱南迁，"客于苏州，讲学为事，因家于吴"①。殷侯一家亦因战乱"徙居吴郡"②。迁居苏州的北方士人又以吴县为多。"自京口南，被于浙河，望县十数，而吴为大。国家当上元之际，中夏多难，衣冠南避，寓于兹土，参编户之一。"③ 浙东越州是北人南迁长江下游区的又一重要之地。吴筠"字贞节，鲁中儒士也。……中原大乱，江淮多盗，乃东游会稽，常于天台剡中往来……终越中"④。齐抗"少值天宝乱，奉母夫人隐会稽"⑤。所以唐朝人说，"自中原多故，贤士大夫以三江五湖为家，登会稽者如鳞介之集渊薮"⑥。"安史之乱"造成了黄河流域大量人口南迁，致使长江中下游的人口流动加速。

2. 藩镇割据后的南迁

自德宗建中元年（780）起，在局部的藩镇之间争夺地盘和藩镇与朝廷之间的战争时有发生，有时还发生唐军将领叛变事件。一方面，战乱之地人民生命财产受到严重威胁，发生频繁的人口迁徙。由于河北、山东等不服从朝廷的藩镇牢牢控制自己统治区内的人民，不允许人民往外迁移。另一方面，朝廷与藩镇作战的主要战场在今河南一带，在此期间关中因灾荒和江南漕粮不继常闹饥荒，关中和河南就成为主要的移民迁出地。如长庆元年（821）的淮西战争便引起这些地区的一些人民向南迁移。"岁次辛丑（即长庆元年）春正月，东诸侯之师有事于淮西。是役也，以蜂虿

---

① 《旧唐书》卷一七七《杨收传》，中华书局1975年版，第4595页。
② （唐）冯宿：《太平军节度使殷公家庙碑》，《全唐文》卷六二四，第7册，第6304页。
③ （唐）梁肃：《吴县令厅壁记》，《全唐文》卷五一九，第6册，第5273页。
④ （唐）权德舆：《吴尊师传》，《全唐文》卷五〇八，第5册，第5164页。
⑤ 《新唐书》卷一二八《齐抗传》，中华书局1975年版，第4471页。
⑥ （唐）穆员：《鲍防碑》，《全唐文》卷七八三，第8册，第8190页。此外例子甚多。梁肃，本为安定人，"父远，止于司御率府兵曹参军事，安卑于燕蓟，避乱于吴越"。[（唐）崔元翰：《左补阙翰林学士梁君墓志》，载《文苑英华》卷九四四] 他自己亦"衅身东下，旅于吴越。转徙厄难之中者，垂二十年"。[（唐）梁肃：《过旧园赋》，《全唐文》卷五一七，第6册，第5249页] 崔翰，博陵安平人。"父倚，举进士，天宝之乱，隐居而终。君既丧厥父，携扶孤老，托之大江之南。"[（唐）韩愈著，马其昶校注：《韩昌黎文集校注》卷六《崔评事墓铭》，第202页] 萧颖士，颍州汝阳人。他自述："某自中州隔越，流播汉阴，遂至江左。" [（唐）萧颖士：《与崔中书圆书》，《全唐文》卷三二三，第4册，第3271页] 王质，太原祁人，五代祖为隋末大儒王通，"寓居寿春，躬耕以养母，专以讲学为事，门人受业者大集其门"。（《旧唐书》卷一六三《王质传》，第4267页）安史之乱使许多宫廷艺术家亦颠沛流离，漂寓江介，如李龟年，杜甫《江南逢李龟年》："岐王宅里寻常见，崔九堂前几度闻。正是江南好风景，落花时节又逢君。"又如梨园弟子等，白居易《江南遇天宝乐叟》："白头病叟泣且言，禄山未乱入梨园。能弹琵琶和法曲，多在华清随至尊……从此漂沦落南土，万人死尽一身存。"

窃发，华夷震惊，执事者匪遑启居，亦既播越。"①

据黄玫茵研究，唐代南方在藩镇割据阶段长期和平，经济日益发展，遂成为移民的主要迁入地。长江中游的江西、湖南遵循交通线开发而渐兴，北人南下者到达湖北石首、东抵浔阳，南行穿越江西，由鄱阳可达五岭；若不东行，而西入湖南，循湘江穿越湖南，亦可抵岭南。沿交通线或近交通线的区域，开发程度早于其他地区，也高于其他地区。唐代后期北方政治混乱，自安史之乱至黄巢之乱，长江中游皆受侵扰。唐宋间，相对地北乱南安，过岭交通线渐以江西路线为主，带动吉、信、洪州兴起；湖南南部也渐渐繁荣。②

为了躲避赋役和战争，不少官僚士大夫在南方任满之后于任官之州或其他州占田置产寄住，称为寄庄户、寄住户或衣冠户。会昌五年（845）唐武宗的一篇赦文说他们："或因宦游，遂轻土著，户籍既减，征徭难均。……或本州百姓、子弟才沾一官，及官满后移住邻州，兼于诸军诸使假职，便称衣冠户，广置资产，输税全轻，便免诸色差役，其本乡家业渐自典卖，以破户籍。"③对于许多官僚士大夫来说，寄庄必然导致在故乡以外的地方定居。在晚唐的江陵，"境内多有朝士庄产，子孙侨寓其间"④。这已经成为实际上的移民。众多士庶避乱之后不再全数返回两京故乡，间或留部分族人经营退路。北宋王禹偁在讨论东南文化发达的原因时，追溯到唐代大批南迁的北方士大夫。他说："有唐以武戡乱，以文化人，自宰辅公卿至方伯连帅，皆用儒者为之……于时宦游之士，率以东南为善地，每刺一郡，殿一邦，必留其宗属子孙，占籍于治所，盖以江山泉石之秀异也。至今吴越士人多唐之旧族耳。"⑤

3. 五代时期的南迁

自唐中期开始，中国北方出现极大的动荡与不安，探究其原因，不可忽视黄河流域所发生的变化，黄河自此成为水患而难以治理，当时许多灾害的发生，都因于这条河流的溃决；而因黄河所引起的祸患，也一直延续

---

① （唐）独孤及：《豫章冠盖盛集记》，《全唐文》卷三八九，第 4 册，第 3952 页。

② 黄玫茵：《唐宋间长江中下游新兴官僚研究（755—960A. D.）》，博士学位论文，台湾大学，2006 年，第 102 页。

③ （唐）唐武宗：《加尊号后郊天赦文》，《全唐文》卷七八，第 1 册，第 820 页。

④ （唐）孙光宪：《北梦琐言》卷三，上海古籍出版社 1981 年版，第 16 页。

⑤ （宋）王禹偁：《小畜集》卷三〇《建溪处士赠大理评事柳府君墓碣铭》，《四部丛刊》本。

到北宋。① 除了天灾，最重要的是人祸。战争的频发使得战争发生地人口大量外逃。

由于唐末五代时中原之战乱，部分原籍北方的士人迁徙至南方江浙一带。② 又关中地区为唐朝政治中心，在唐朝末年也遭到极大破坏，由于地理位置的接近，当地居民往往迁往四川盆地避难。如黄巢攻入长安后，许多原住在京兆地区的居民，乃纷纷举家随着唐僖宗逃至四川。③ 因北方乱事，也有不少人避地江淮一带。④ 有自洛阳迁徙至广陵者⑤，还有部分官员文士至江西地区定居。⑥ 五代后期，后周与南唐交战，有部分人因此随

---

① 参见黄若惠《唐玄宗时期黄河流域中下游水患》，硕士学位论文，台湾文化大学，2001 年。

② 如范仲淹之"先始居河内，后徙于长安……四代祖随，唐末为幽州良乡主簿，遭乱奔两浙，家于苏之吴县，自尔，遂为吴人"。[（宋）富弼：《范文正公仲淹墓志铭》，载杜大珪编《名臣碑传琬琰集》卷一二，文海出版社 1969 年版，第 587 页]"华氏出齐平原。唐季之乱，一枝徙吴，居常州之晋陵者讳勋，为郡著姓。"[（宋）苏颂著，王同策点校：《苏魏公文集》卷五六《殿中丞华君墓志铭》，中华书局 1988 年版，第 876 页]唐僖宗时，皮日休也因乱而至南方，后仕吴越钱氏，尹洙撰皮子良墓志铭载："公讳子良，字汉公，其先襄阳人。曾祖日休，避广明之乱，徙籍会稽，及钱氏王其地，遂依之，官太常博士，赠礼部尚书。祖光业，佐吴越国，为其丞相。"[（宋）尹洙：《河南先生文集》卷一五《故宣德郎守大理寺丞皮公墓志铭》，《四部丛刊》本]

③ 如宋代张浚"本唐宰相张九龄弟节度使九皋之后，自九皋徙家长安……（张）璘即公五世祖，仕僖宗时为国子祭酒，从幸蜀，因居成都"。[（宋）朱熹：《朱熹集》卷九五《少师保信军节度使魏国公致仕张公行状上》，四川教育出版社 1996 年版，第 4798 页]张锡"其先京兆长安人也。其祖山甫，从僖宗入蜀，留不返。蜀遭王孟再乱，绝于中国。中国更五代，天下为宋而蜀平，张氏留蜀盖亦五世矣！"[（宋）欧阳修：《欧阳文忠公集》卷三〇《翰林侍读学士右谏议大夫张公墓志铭》，《四部丛刊》本]陈希亮"字公弼，其先京兆人。唐广明中，违难迁眉州青神之东山"。（《宋史》卷二八九《陈希亮传》，中华书局 1977 年版，第 9918 页）

④ 如印氏："其先京兆人也，因官徙谍（牒），遂居建康。"（宋）徐铉：《骑省集》卷一六《唐故印府君墓志》，文渊阁《四库全书》本。

⑤ 如周延构"字正材，洛阳人也。……祖潜，深州乐寿县令，避乱南徙，因家广陵。考延禧，明经擢第，有吴之霸，受辟为淮南巡官"。[（宋）徐铉：《骑省集》卷一五《唐故客省使汝南县开国男周公墓志铭》]又如高越"燕人也。少举进士，清警有才思，文价蔼于北土。时威武军节度使卢文进有女美而慧，善属文，时称女学士，越闻而慕焉，往谒文进，文进以妻之。晋高祖即位，文进南奔，越与之俱来……遂至广陵，烈祖爱其词学。时齐立制，凡祷词燕饯之文，越多为撰之"。[（宋）马令：《南唐书》卷一四《儒者传》，《丛书集成初编》本]

⑥ 如《资治通鉴》助修者之一的刘恕，"其先京兆万年人。六世祖度，唐末为临川令，遇乱不能归，遂葬筠，今为筠州人"。（宋）范祖禹：《范太史集》卷三八《秘书丞刘君墓碣》，文渊阁《四库全书》本。

后主自金陵南迁。① 由于时代的局限，文献大多只提到官员和士大夫的迁徙，很少提及普通民众，但他们却是迁徙浪潮的主体部分。因此"自幽蓟兵兴"以后，便出现"人无土著，士者、农者迁徙不常，慕政化则来，苦苛暴则去"② 的局面。这些人都成为当时社会变动的主要驱动力。

（二）唐后期南方文化的初步普及

盛唐以来，社会风气开始尊崇进士科，书生士子往往学诗学文，以应进士科举。同时，六朝以来骈文盛行，华而不实，亟须加以改革。韩愈、柳宗元、李翱、皇甫湜等人掀起一场古文运动，倡导古代散文体，反对骈文。这场古文运动最突出的是它的政治目的——文以"传道""明道"。古文运动所提倡的"道"，是儒家的政治伦理道德。这样，韩、柳等人就把教育以明道的政治目的扩大到文学领域，把文学当成维护封建纲常名教政治伦理的重要手段，使崇圣尊儒文教政策在文学教育中体现出来。③ 唐代南方文化得到普及的表现主要是南方学校的基本建立，科举制度的推动，以及士人流动所带来的文化冲击。

地方各级各类学校是唐代官学教育的两大组成部分之一，它的兴衰与唐代政治有着极为密切的关系。当唐朝统一天下后，武德七年（624）二月，李渊诏令"诸州有明一经以上未仕者，咸以名闻；州县及乡皆置学"。这是唐代普遍、大规模开展地方教育的开始，并且在其后几十年内陆续发布学校设置的诏书。④《唐会要》卷三五《学校》记："古者，乡有序，党有塾，将比宏长儒教，诱进学徒，化民成俗，率由于是。其天下

---

① 如黄庭坚叙述其先祖："黄氏自婺州来者，讳瞻，以策干江南李氏，不用，用为著作佐郎，知分宁县，分宁吴、楚地，犬牙相入处也，著作为县，使两地民不得相侵陵，水旱相移食故。其后湖南马氏亦授以兵马副使，将楚兵者二十年。其后吴、楚政益衰，著作乃去，游湖、湘间，久之，念山川重深可以避世，无若分宁者，遂将家居焉。"（宋）黄庭坚著，刘琳等校点：《黄庭坚全集·正集》卷三二《叔父和叔墓碣》，四川大学出版社2000年版，第861页。

② （唐）庞严：《对贤良方正能言直谏策》，《全唐文》卷七二八，第8册，第7511页。

③ 李国钧、王炳照：《中国教育制度通史》第二卷《魏晋南北朝隋唐》，山东教育出版社2000年版，第276页。

④ 贞观三年（629），唐太宗设立地方医学，使地方教育形成经学、医学双重并举的格局。开元二十五年（737）五月，唐玄宗下敕："诸州县学生，年二十五已下，八品九品子，若庶人生年二十一已下，通一经已上及未通经，精神通悟，有文词史学者，每年铨量举选，所司简试，听入四门学，充俊士。"州县学生入四门学，为庶人阶层接受高等教育开拓了一条崭新的道路。直到开元末，唐代的地方教育仍是州、县、乡三级制。开元二十六年（738）正月，唐玄宗又令"天下州县，里别置学"。《资治通鉴》卷二一四《唐纪三十》，中华书局1956年版。

州县，每乡之内，各里置一学，仍择师资，令其教授。"可以说，从武德初到开元末，经过 100 多年的发展，唐代的地方教育形成了州、县、乡、里四级制和经学、医学双轨制的完整制度。

唐代地方官学教育的发展是不平衡的，内地与边州、中央辖区与藩镇割据地区的教育发展程度有很大差别。[①] 并且在"安史之乱"后，藩镇割据，经济独立，唐中央集权制受到极大的冲击和削弱。地方教育与中央教育一样，由于政治动荡、经济窘迫和文化心理的迁移而渐至颓衰。[②]

唐代私学亦有大幅度的发展，并且南方私学比北方更盛，对社会文化的影响更大。据吴霓的研究，唐代，私学的发展已逐渐达到一定规模，出现日后更加制度化、规范化的私学高级形式——书院。不过，这一时期的书院，发展规模都还比较小。但至少已具有了藏书、讲学等功能。[③] "安史之乱"使得中国社会经济文化北盛南衰的态势被打破。之后，南方得以从被动到主动的迅速、飞跃的发展，到唐末，南方经济明显盛于北方，而文化上，则呈现出相对平衡，南方稍具优势的形势。

对于北方南迁士人对南方文化的具体影响，研究者甚多，不拟详述。[④] 大批有知识、有文化、有专业修养的人才的南迁，提高了南方的人才数量和诗文与艺术水平。有的移民以诗书治家，子孙走读书当官之路，甚至成为著名的仕宦之家。北方文人由于他们的知识和名望，迁入以后一般都得到迁入地人民的尊敬，在他们的影响下地方上的重文读书之风和文化水平得到相应的提高。北宋的晁说之尝言："本朝文物之盛，自国初至昭陵（仁宗）时，并从江南来。二徐兄弟锴、铉以儒学，二杨叔侄纮、

---

① 李国钧、王炳照：《中国教育制度通史》第二卷《魏晋南北朝隋唐》，第 304 页。

② 这种情况在中唐时人的文集中多有记载，如《韩昌黎文集》卷七《处州孔子庙碑》载："郡邑皆有孔子庙，或不能修事；虽设博士弟子，或役于有司，名存实亡，失其所业。独处州刺史邺侯李繁至官，能以为先，既新作孔子庙，又令工改为颜子至子夏十人像。其余六十子，及后大儒公羊高、左丘明、孟轲、荀况、伏生、毛公、韩生、董生、高堂生、扬雄、郑玄等数十人，皆图之壁，选博士弟子……入学行释菜礼。"《柳宗元集》卷五《柳州文宣王新修庙碑》载："元和十年八月，州之庙屋坏，几毁神位。刺史柳宗元始至，大惧不任，以坠教基。丁未奠荐。法齐时事，礼不克施。乃合初、亚、终献三官衣布，泪于羸财，取土木金石，征工僝功，完旧益新。"在中兴的元和时期，柳州州学才有了祭孔的礼服，其他时期的状况可以想象。

③ 吴霓：《中国古代私学发展诸问题研究》，中国社会科学出版社 1996 年版，第 214 页。

④ 代表性的如吴松弟《中国移民史》第三卷，第 382—411 页。该章从音乐舞蹈、绘画、文学、思想、科技、生活习俗、家族制度等方面阐述了北人南迁对南方文化的影响。

亿以词章，刁衎、杜镐以明习典故，而晏丞相（殊）、欧阳少师（修）巍乎为一世龙门。纪纲法度，号令文章，灿然具备，有三代之风度。庆历间人材彬彬，号称众多，不减武、宣者，盖诸公实有力焉，然皆出于大江之南。"① 虽然此说有些夸张，但也能反映当时南方人才之盛的现状。这与唐末五代北方文士南迁有重要关系。

同时，唐末五代北方士人南下和融入南方社会，不仅改变了南方士人队伍的结构，也深刻地影响了整整一代的南方士风。戴显群先生认为这一时期，南方士人对仕途的进取心和政治参与意识增强了，在南方社会优越的物质条件下形成了一系列有别于传统士风的新风尚。②

南方诸国统治者大力招揽士人，不仅为北方南下士人提供了入仕的机会，而且影响了整个南方地区的士人博取功名的愿望。科举制度是士人进入仕途的主要途径。唐前朝，活动在科举舞台的士人主要以北方士人为主，他们对科举，尤其是进士科趋之若鹜，当时多少北方政治家都是通过科场登上了政治舞台。而当时的南方仍处在南选地区，虽然有一些南方士人千里迢迢来到中原参加北选，但为数甚少，且主要是接近中原的江淮地区士人。唐后期，这种局面开始有所变化，但总体来看，北方士人在科场上仍占有一定的优势。在唐末五代北方南迁士人的构成中，主要就是那些中原衣冠旧族和已取得功名的士人，他们是南方各政权的急需人才和延揽对象。南方各政权或称王或称帝，必须建立一套与之相适应的国家机构和典章制度，开科取士就是其中一项重要的内容，由于南下北方士人的直接参与，南方诸国的科举制度"如唐故事，岁以为常"。应该说，南方诸国的科举事业是在北方南迁士人的积极参与和指导下得以正常实行。它为南方地区选拔和造就了一大批经国济事人才。而更重要的是，南迁士人在推动南方科举事业发展的同时，也潜移默化地影响了南方士风，改变了汉唐以来多数南方士人闭塞保守、安土重迁的传统观念，从而增强了南方士人对仕途积极进取的精神。

（三）唐后期江南地方新兴势力的崛起

有唐一代，士人多流向南方，而江淮地区更是北方南迁士人的聚集之

---

① （宋）朱弁：《曲洧旧闻》卷一，文渊阁《四库全书》本。

② 戴显群、祁开龙：《唐末五代北方士人南迁及其对南方士风的影响》，《福建论坛》（人文社会科学版）2009 年第 11 期。

地。他们或者以亲民之官的身份为政一方，或者乐于南方山水而留居江淮，更多的则是因迫于战乱，背井离乡，迁居江南。在他们中间，不仅有著名的音乐家、画家，还有成就斐然的文学家、思想家、科学家。众多的中原士人移居江淮后，极大地改变了当地居民的地域构成，也极大地改变了当地文化圈的文化构成，又一次形成了对吴越文化的冲击波。在南迁士人的影响下，北方的一些风俗习惯在江淮地区开始渐趋流行，而南方的一些陈风陋习在北来士人的革除下也在慢慢地消亡，从而逐渐改变了当地的民风习俗，进一步减轻了儒家文化在江淮地区传播的阻力。南徙士人在当地读书习文的活动，不仅刺激了当地学风的兴盛，而且其作品在当地广为流布，更对当地的文风产生了深远的影响。①

　　唐末、五代至宋初这段时间，时局的混乱，加速了当时社会流动，明显例子之一，便是人口因战乱影响而大量迁徙。前已言及，许多人因南方较为安定故而向南发展，这股自北南来的力量，其性质往往与武力有关，如前文谈及迁徙者之类别时，就曾论及武夫军人及盗匪流寇，其往南方发展所凭借者，就是暴力与武力。当时南方因承平日久，少有武备，在面对此一力量冲击，自然也有所回应与挑战。其中最明显也最成功之例子，应属在南方立国之吴及吴越两王国，此两国之创建者，皆出身抵抗来自北方盗贼的地方民军领袖。尤其是黄巢等横行南方时，当地居民为保卫家园，往往也成立所谓的团练、土团等民兵组织与之对抗，这些地方团练军，最后有不少皆坐大成为割据一方之军阀，如钱镠、杜洪、钟传、雷满及危全讽等。危全讽，"临川南越人。世为农夫。……豪勇任气。乾符末，所在寇乱，乃招合同县少年，即其居为军营，乡里赖焉。……贼帅黄天感据龙安乡，朱从立据石牛洞，皆窃称名号，官军屡败。……全讽讨之，期年悉平"②。原有的士族社会瓦解后，地方土豪接手成为新的地方势力，甚至更进一步成为地方官，如前述江西抚州危全讽、鄂岳鄂州杜洪，豫章钟

---

①　姜修宪：《唐代士人的流迁与江淮文化的发展》，硕士学位论文，曲阜师范大学，2003 年。

②　（宋）路振：《九国志》卷二《吴·危全讽传》，《万有文库》第二集，商务印书馆 1937 年版。同书卷一一《楚·邓进忠传》亦载："进忠，湘阴人。世为土豪。兄进思，唐中和初为浏阳镇将。黄巢之乱，江湖荒馑，进思阴养死士千人，以防寇盗。会巢弟黄浩领恶少数千，剽劫江左，号浪宕军，转入湖外大掠。……进思患之，乃与进忠谋，率壮士伏山冢间，候浩军半，过，横出击之。浩军大败。"危全讽、邓进忠皆为在地本乡人，因乱招兵以保乡里，后趁势自立。

传、福建建州陈岩亦然。① 这些地方势力虽在初期皆能在南方某地雄霸一时，取得一定之成果，但最终结果仍属失败（钱镠为例外）。

唐宋之际，是中国社会史上之转折点，士族社会一去不返。严格说来，此类在地方上盘根错节数百年以上之士族，尤其以北方为重。中国南方，尤其是越往南，似乎就越少有这类大士族存在。而社会上则有一批新的豪强之家出现，他们不似士族，可以在地方存在数十年甚至百年以上之久，这些人或许只是因开垦或经商致富而雄踞一方，也可能就是当地土著民族领袖②，而因社会流动加速，其在地方之替代变动较士族快速许多。唐宋之际，南方这些由北方移民家族所建立之政权，其与当地豪强间，有着不少政治及经济利益上之纠葛及冲突，若无外力支持，在争斗中土豪往往可能是较劣势的一边，他们不似中古时代的士族，在地方上拥有较强大的力量。

二 唐后期应科举阶层与地域的扩大

隋朝建立之后，废除了九品中正制，并废除了州郡长官辟举佐官的制度，各级官吏包括地方佐官一律由中央任命，同时实行了科举制开科选人。唐代在继续实行官员门荫之外，同时继承了科举选人的制度，并且有了新的发展。③ 选官制度上的变化，逐渐在社会上激起社会底层参加科举

---

① 《资治通鉴》卷二五六"唐僖宗中和四年十二月"条云："中和五年，黄巢余党柳彦章攻破临川，逐郡守，大掠而去。全讽遂入之，诏即以全讽为抚州刺史。……悉心为理，招怀亡散，兴缉圮坏，不数年完复如故。时南平王钟传亦乘乱据有豫章，朝廷因命为帅。诸郡亦多自立者，皆不能恭承节度。""初，黄巢转掠福建，建州人陈岩聚数千保乡里，号九龙军，福建观察使郑镒奏为团练副使。……镒畏岩之逼，表岩自代，壬寅，以岩为福建观察使。"陈岩以团练副使逼退福建观察使自代，《新唐书》卷一九〇《杜洪传》云："杜洪，鄂州人。为里俳儿。乾符末，黄巢乱江南，永兴民皆亡为盗，刺史崔绍募民强雄者为土团军，贼不敢侵，于是人知兵。……洪乘虚入鄂，自为节度留后，僖宗即拜本军节度使。其治下永兴民吴讨据黄州，骆殷据永兴，二人皆隶土团者也。"还有福建建安之杨徽之："唐上元中刘展叛涣，吴会骚然，公之六代祖遂举族避地于建安之吴兴，因为著姓。自高曾以来，用财力雄于州里。唐季偃扰，乃祖鸠合义旅几乎千人，保境亢宗，一邑是赖，受署义军指挥使。烈考博通文史，为乡党所称。王氏之据有闽隅也……即日解褐置之幕府，未几赐五品服，拜本县令。"（宋）杨亿：《武夷新集》卷一一《故翰林侍读学士正奉大夫尚书兵部侍郎兼秘书监上柱国江陵郡开国侯食邑一千三百户食实封三百户赐紫金鱼袋赠兵部尚书杨公行状》，文渊阁《四库全书》本。

② ［日］伊藤宏明：《唐末五代期における江西地域の在地勢力について》，收入川勝義雄、礪波護編《中國貴族制社會の研究》，京都大學人文科學研究所1987年版，第276、303页。

③ 参见宁欣《唐代选官研究》，文津出版社1995年版，第129—146页。

考试的热情，并且促进了社会读书的风气。由此也造成了唐后期一个人数不多，但颇具社会声望的知识群体。经过五代的纷乱，北宋继承了唐代科举制的绝大多数成果，并且有新的发明。北宋一百多年的发展，"子当读书"已经成为一种被普遍认同的家族发展模式，由此社会上兴起读书之风，整个社会的识字率也大为提高。读书为"士"也成为很多人的职业选择。在"士族"阶层崩溃之后，"士人"成为一种新的社会身份。

（一）唐后期应科举阶层的扩大

唐后期，高官子弟应举者增加，许多贵族子弟抛开门荫，利用进士科和辟举结合，来作为世代担任高官的工具。此时，应举者之中出现了许多贫寒子弟，原来不能预于士族队伍的工商子弟和胥吏也有应举及第的。[①] 应举及第者的地区也从北方扩展到南方广大地区。这些都表明，平民和中下层官僚子弟应举及第的比重也存在扩大的趋势。

贫寒子弟的应举及第是贞元（785—805）时期一个突出的现象。[②] 韩愈、白居易都是这时进士及第的。韩愈自称其"家贫不足以自活"[③]，"在京八九年，无所取资，日求于人，以度时月。当时行之不觉也，今而思之，如痛定之人思当痛之时，不知何能自处也"[④]。王播"少孤贫，尝客扬州惠照寺木兰院，随僧斋飨，僧厌怠，乃斋罢而后击钟"[⑤]，这就是有名的"饭后钟"的故事。王播的处境相比韩愈以及稍后的寒士要更为艰难。

唐朝前期，虽然工商也列入"士农工商"四民之中，但直到开元年间，依然保持了"工商之家，不得预于士"[⑥] 的规定。州县胥吏虽然粗通

---

① 傅璇琮：《唐代科举与文学》，陕西人民出版社2003年版，第191—217页。

② 吴宗国：《唐代科举制度研究》，辽宁大学出版社1997年版，第268页。

③ （唐）韩愈撰，马其昶校注：《韩昌黎文集校注》卷二《上兵部李使君书》，第83页。

④ （唐）韩愈撰，马其昶校注：《韩昌黎文集校注》卷一六《与李翱书》，第104页。

⑤ 州县胥吏应举及第见于记载的，如贞元十二年进士及第的湛贲："彭伉、湛贲，俱袁州宜春人，伉妻即湛姨也。伉举进士擢第，湛犹为县吏。妻族为置贺宴，皆官人名士，伉居客之右，一座尽倾。湛至，命饭于阁，湛无难色。其妻忿然责之曰：'男子不能自励，窘辱如此，复何为容！'湛感其言，孜孜学业，未数载一举登第。"（五代）王定保撰，姜汉椿校注：《唐摭言》卷七《起自寒苦》，上海社会科学院出版社2003年版，第137页。

⑥ （唐）李林甫等撰，陈仲夫点校：《唐六典》卷三"户部郎中员外郎"条，中华书局1992年版。

文墨，但也算不得习学文武者，故也不能列入士类。尽管唐朝后期制度规定仍没有改变，但是应举者的身份限制实际上却宽松了很多。[1]

工商子弟应举及第的，有开成、会昌间进士及第的陈会，"家以当垆为业，为不扫街，官吏殴之。其母甚贤，勉以修进，不许归乡，以成名为期。每岁糇粮纸笔，衣服仆马，皆自成都赍致"。后及第。及第后"李相固言览报状，处分厢界，收下酒旆，阖其户，家人犹拒之，遂巡贺登第，乃圣善奖训之力也"[2]。作为酒家子，陈会因为没有扫街而被官吏殴打，地位之低下自不待言。而当陈会进士及第后，李固言命令陈家收下酒旆，关掉酒店，意思是陈会既已经进士及第，就是取得做官资格，因而不能再执工商之业。

工商子弟应举入仕还有更为深刻的社会背景。经济的发展和社会分工的扩大，使许多农民从农业中分离或半分离出来，从事工商业活动。这是唐代经济发展的一个突出现象。加之还有许多官僚从事商业，士、农和工、商已很难严格划分。

不言而喻，唐朝前期科举考试的中第者主要是北方人。整个唐前期，南方的许多地区都没有正式进入科举考试的范围。其任官采取特殊的方式，临时派官员，充使选补，多用土著，称"南选"。[3] 这些地区主要包括桂、广、交、黔、泉、建、福、韶、洪、荆等岭南、岭北地区。"南选"始于高宗上元三年（676）：

> 桂、广、交、黔等州都督府，比来所奏拟士人任官，拣选未甚得所，宜准旧例。至应选补时，差内外官五品以上清正官充使选补，仍令御史同往注拟，其有应任五品以上官者，奏取处分。[4]

终于文宗太和三年（829）：

① （五代）王定保撰，姜汉椿校注：《唐摭言》卷八《以贤妻激劝而得者》，第166页。

② （五代）孙光宪撰，贾二强点校：《北梦琐言》卷三《陈会螳螂赋》，中华书局2002年版，第62页。

③ 参见戴显群《唐朝的南选制度》，《福建师范大学学报》（哲学社会科学版）1998年第3期；王承文《唐代"南选"与岭南溪洞豪族》，《中国史研究》1998年第1期。

④ （唐）高宗：《更定选补桂广交黔等州选士例诏》，《全唐文》卷一三，第1册，第159页。

> 岭南选补，虽是旧制，远路行李，未免劳人。当处若有才能，廉
> 使宜委推择，待兵息事简，续举旧章，其南选便可更停一二年。①

这反映了当时以上地区尤其是岭南大大落后于北方的实际情况，直至
天宝末年始略有改观。《唐会要》卷七五《选部下·南选》：

> 天宝十三载七月敕：如闻岭南州县，近来颇习文儒，至今已后，
> 其岭南五府管内白身，有词藻可称者，每至选补时，任令应诸色乡
> 贡，仍委选补使准其考试，有堪及第者，具状闻奏。如有情愿赴京
> 者，亦听。其前资官并常选人等，有词理兼通、才堪理务者，亦任北
> 选，及授北官。②

唐前期科举出身的人物，江南道虽然也出现了不少人物，仅两《唐
书》有传的就有 63 人，但多数集中在润、苏、常三州。③ 江南其他地区
应举及第的就更少了，有的地方几十年才有一个及第的，还有的地方在
"安史之乱"前一百三十多年里没有及第的。

唐后期，情况发生了很大变化。润、苏、常三州进士及第者增加了，
前期没有出过进士的一些地方也出现了进士。就润、苏、常三州而言，后
期见于两《唐书》人物共 41 人，占江南道人物总数 90 人的 46%。其中
科举出身的共 23 人，占入传人数的 56%。入传的人物，一半以上具有科
举出身的资格，其中，以上三州两《唐书》有传的科举及第者主要集中
在苏州，共 18 人，占三州总数 22 人的 82%。④

应举及第增长幅度最大的是福建、江西和湖南。《唐语林》卷四说：

> 闽自贞元以前，未有进士。观察使李锜始建庠序，请独孤常州及
> 为《新学记》，云："缦胡之缨，化为青衿。"林藻弟蕴与欧阳詹睹之
> 叹息，相与结誓，继登科第。

---

① （唐）文宗：《暂停岭南选使敕》，《全唐文》卷七四，第 1 册，第 773 页。
② （唐）玄宗：《谕岭南州县听应诸色乡贡举诏》，《全唐文》卷三三，第 1 册，第 369 页。
③ 史念海：《两〈唐书〉列传人物籍贯地理分布》，《顾颉刚纪念学术论文集》，巴蜀书社
1990 年版。
④ 同上。

福建在贞元以前科举及第，见于文献记载的，据徐松《登科记考》所考，只有神龙二年（706）进士及第的姚仲豫、薛令之，天宝十二载（753）明经擢第的林披和大历二年（767）进士及第的贾翕等 4 人。因此"闽自贞元以前，未有进士"是不准确的。但贞元以后闽之进士激增却是事实。据《登科记考》，仅从贞元四年至十七年（788—801），科举及第的就有 10 人，其中进士 6 人，明经 4 人。元和元年（806）至光启二年（886）的八十年，仅进士及第者就有 33 人。在唐王朝苟延残喘的最后十六年（890—907），福建进士及第者共 17 人，平均每年 1 人，增加的趋势是很明显的。①

江西至唐末钟传主政时，政教文化始略有起色。《太平广记》卷一八四"钟传"载：

> 唐朝自广明庚子之乱，甲辰，天下大荒，车驾再幸岐梁。饥殍相望，郡国率不以贡士为意。江西节帅钟传起于义聚，奄有疆土，充庭述职，为诸侯表式，而乃孜孜以荐贤为急务，虽州里白丁，片文只字求贡于有司者，莫不尽礼接之。至于考试之辰，设会供帐，甲于治平，行乡饮之礼，尝率宾佐临视，拳拳然有喜色。后大会以饯之，筐篚之外，率皆资以桂王。解元三十万，解副二十万，其余皆不减十万。垂三十载，此志未尝稍息。时举子者以公卿关节，不远千里而求首荐，岁常不下数辈。

湖南在开元以前几无中举者，此后，各科及第的有 29 人，其中大多数也是在贞元以后考中的。②

另外值得一提的是，荆州（治今湖北江陵）自贞元五年（789）、十四年（798）李建、李逊兄弟进士及第后，五十年间几无及第者。③ 因此，大中四年（850）刘蜕进士及第，就成为"破天荒"的大事。

---

① 冻国栋：《唐代闽中进士登场与文化发展管见》，载氏著《中国中古经济与社会史论稿》，湖北教育出版社 2005 年版，第 322—339 页。

② 唐启淮：《唐五代时期湖南地区社会经济的发展》，《中国社会经济史研究》1985 年第4 期。

③ 《登科记考》卷一二至卷二二。

　　唐荆州衣冠薮泽，每岁解送举人，多不成名，号曰天荒解。刘蜕舍人以荆解及第，号为"破天荒"。尔来余知古、关图、常修，皆荆州之居人也，率有高文，连登上科。①

　　南方其他地区应举及第的也都有增加，特别是皖南的宣、歙、池，浙东的杭州，不仅本地应举者有所增加，还有一些外地举子到这里取解应举。如白居易就是被宣城守所贡，而白居易为杭州刺史时，江东士子也多至杭州取解。②

　　虽然从及第人数来看，在总数中比重仍然很小，但作为一种起步，一种趋势，却是值得注意的。这不仅反映了这些地区的经济发展进入一个新的阶段，也预示着南方政治人才群体的兴起。离群索居的士人是很难在科举考试中及第的。而交游广泛的士人则有更多的机会在长安看到自己的春天。进士及第人数多的地方，当地普通士人群体则具有一定势力；而进士及第人数少，甚至没有及第的地方，士人群体就显得比较弱小。所以从唐代后期开始，因科举考试的力量，更多的下层民众卷进读书的行列。江南地区就是其中最明显的代表。③

　　从图1—1可以发现，江南某些地区的进士及第人数并不少于北方的文化中心，以此可以推断江南地区知识群体已经开始逐渐增长。

　　（二）唐后期新的社会阶层的出现

　　科举登第者毕竟是少之又少，大量的落第士人因参加科举而成为一个新的社会阶层。贡举人，据《唐律疏议》卷九《职制上》"贡举非其人"条疏议："依令，诸州岁别贡人。若别敕令类，及国子诸馆年常送省者，为举人。"举人包括别敕令举的制举人和荐举人，以及由国子监保送参加常举的国子明经、国子进士。诸州岁贡之人即"其不在馆学而举者，谓之乡贡"④，包括乡贡明经、乡贡进士等。后来，凡取得应举资格的，均称为举人。国子明经、国子进士、乡贡明经、乡贡进

---

　　① （五代）孙光宪撰，贾二强点校：《北梦琐言》卷四《破天荒解》，第81页。

　　② "白乐天典杭州，江东进士多奔杭取解。"（五代）王定保撰，姜汉椿校注：《唐摭言》卷二《争解元》，第34页。

　　③ 傅璇琮：《唐代科举与文学》，第204—206页。

　　④ （唐）杜佑撰，王文锦等点校：《通典》卷一五《选举三·历代制下》，中华书局1982年版。

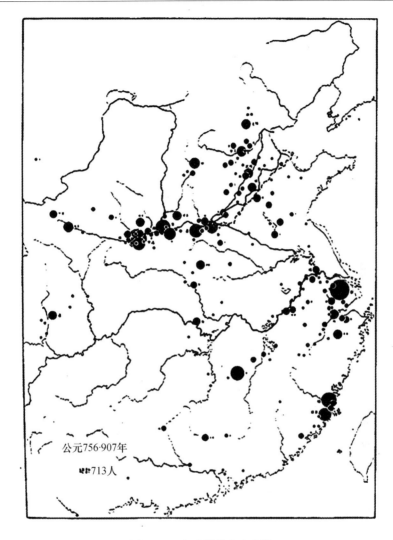

图1—1　唐后期进士分布①

士，凡是获得这些贡举人称号的，不过表明他们已取得了应举的资格，并不表明他们的社会身份，更不是一种头衔。而对于已经及第的前进士、前明经就不同了。他们既然已经及第，也就是取得了出身，即做官的资格。因此，在他们还没有获得官职就去世时，往往以他们这个仅有的身份作为

---

①　转引自陈正祥编著《中国历史·文化地理图册》，东京原书房1983年版。

头衔来书写他们的碑志。① 贡举人以所举科目作为头衔最初多见于墓志。但唐代前期这种情况当时还不多见。到开元、天宝（713—756）之际，在为别人撰书碑志时以"乡贡进士""乡贡明经"头衔的就多了起来。此外还有"国子进士""国子监进士"等头衔，这还不是进士，仅是国子监以参加科举为目的的学生。同样，"崇文馆进士"就是崇文馆以参加科举为目的的学生。当然，唐后期的墓志铭中出现的频率更高。另外在墓志铭的叙述中，对志主的子嗣参加科举也开始作为事迹陈述。② 正是因此，我们可以看到参加科举在时人心目中的地位。唐代出土的北方墓志在数量上要远远多于南方，所以所见墓志多是北方的"乡贡进士"，我们不难想象，这种观念在南方也会存在。③

此外，举进士的士子在行卷时也自称"乡贡进士"。《唐国史补》卷下：

> 进士为时所尚久矣。是故俊乂实集其中，由此出者，终身为闻人。故争名常切，而为俗亦弊。其都会谓之举场，通称谓之秀才。投刺谓之乡贡，得第谓之前进士。

总之，"乡贡进士""乡贡明经"这些原本是贡举人的名称，离开了原来的意义，而被作为一种表示身份的头衔，在社会上广泛使用。

这种情况，于贞元（785—805）之后"膏粱之族，率以学校为鄙事。

---

① 最初，还只是出现在志文中，如仪凤四年（679）杨炯所撰《从弟去盈墓志铭》中，志文就标明"国子进士杨去盈"。后来就直接冠在志题中的墓主姓名之上，如开元十一年（723）所书的《大唐故前乡贡明经上谷寇君墓志铭》。

② 兹举两例。《唐右金吾郎将马君夫人敦煌令狐氏墓志铭并序》："有子二人，伯曰文质，前乡贡明经；季曰文赡，幼而聪敏。"（周绍良编：《唐代墓志汇编》，上海古籍出版社1992年版，第1750页）《唐故衢州别驾王府君墓志》："先夫人有子曰堨，右内率府兵曹参军，早逝；曰□，左清道副率；曰㙫、曰坦、曰墇，并乡贡孝廉。"（周绍良编：《唐代墓志汇编》，第1780页）这两方墓志并将参加乡贡作为重要事迹描述，以此显示子嗣的成就。

③ ［日］爱宕元：《唐代の郷貢進士と郷貢明経——「唐代後半期における社合変質の一考察」補遺》，《東方學報》第45册，1973年9月。其实在唐代参加进士考试的人数占总人数的比例非常小。唐代士族尚有比较高的社会地位，除了血缘关系之外，士族成员很多也具备较高的文化素质。所以从整个社会来看，知识分子成分是比较复杂的，而且士族子弟可能也占了较高比例。至少我们不能对唐代科举制促进文化传播的评价过高。

若乡贡，益假名就贡而已"①。更重要的是，由于贡举者的不断增加，而能及第者终究有限，社会上积累了一批获得贡举资格而未能取得出身的人。贡举人不同于常人，至少从制度上来说，要取得乡贡进士、乡贡明经的称号，是要通过州府的考试的。考试合格，才能取解，才取得到中央参加考试的资格。因此，取得乡贡进士或乡贡明经的称号，意味着已经经过了一次淘汰，是州府考试的优胜者。这样，就把他们和一般士子区分了开来。

科举考试不及第的，根据开元二十一年五月敕："即诸州人省试不第，情愿入学者听。"可以申请进入四门学。② 学生属于内职掌，而准《赋役令》："内外六品以下官，及京司诸色职掌人，合免课役。"③ 一旦成为四门学学生，便可享受六品以下、九品以上官才能享受的免除课役的特权。

乡贡进士、乡贡明经虽然没有取得做官的资格，但是他们的身份是确定的。《唐六典》卷三户部郎中员外郎条关于"士"所下的定义是"凡习学文武者为士"，并规定工商之家不得预于士。作为良人的一部分，士居于士农工商四民之首。在社会上习文成风的情况下，加之唐后期取解不受籍贯限制，许多农家子弟乃至商人子弟都取得了贡举人的资格。这样，科举便成为四民身份变动的桥梁。农、商子弟只要取得贡举资格，士的身份也就确定了下来。

乡贡进士、乡贡明经作为士的一部分，人数越来越多，他们上面连着已经及第的进士、明经，而在他们后面，则是人数更多的连贡举人资格都没有取得的读书人。正是在及第者和读书人之间，出现了贡举人这样一个社会群体、社会层面。④

---

① （五代）王定保撰，姜汉椿校注：《唐摭言》卷一《乡贡》，第17页。

② （唐）杜佑：《通典》卷四〇《职官二十二·大唐官品》。

③ （宋）王溥：《唐会要》卷五八《户部侍郎》，第1012页。

④ 贡举人，尤其是其中应进士举者，是一个相当活跃的力量。玄宗时，"士子殷盛，每岁进士至省者，常不减千余人。在馆诸生更相造诣，互结朋党，以相渔夺，号之为'棚'。推声望者为棚头。权门贵戚，无不走谒，以此荧惑主司视听。其不第者率多喧讼，考功不能御。时应进士举者，多务朋游，驰逐声名；每岁冬，州府荐送后，唯以奉宴集，罕肆其业"。（《旧唐书》卷一四七《高郢传子高定附传》，第3976页）这虽然只是考试前后的活动，但是这些活动，不仅加强了贡举人之间的联系，而且也成为及第入仕者和不第者之间联系的纽带。这对提高贡举人的社会地位具有很大意义。

三　北宋科举制下士人阶层的崛起

承唐末余绪的五代十国时期，政局动荡，烽火连天。但是除了个别年份停举外，其他年份五代一如既往照样不断开科取士，同时还继续唐末科举的发展趋势，在某些方面还有所发展。十国也多数举办科举考试。①

北宋中期后官学教育得到推广，并且伴随着科举考试制度的完善，北宋参加科举考试的人数激增。在唐后期民间士人阶层增长的基础上，以读书为主要职业的知识分子在北宋民间继续增加，而多数参加科举考试的落第士子沉浮乡里，在民间积淀成为一个受到广泛关注的士人阶层，变作不可忽视的基层势力。

（一）北宋士人阶层崛起的条件

在科举制下，北宋士人阶层的崛起是必然的，但需要两个条件，这就是官学教育的兴盛以及知识的普及，加之北宋实行"右文"的基本政策，士人自然就成为社会饱受瞩目的阶层。

北宋官学教育的兴盛。仁宗庆历四年（1044）三月到五年（1045）三月范仲淹主持的庆历兴学、神宗熙宁四年（1071）到元丰八年（1085）王安石主持的熙丰兴学和徽宗崇宁元年（1102）到宣和三年（1121）蔡京主持的崇宁兴学，是为革除北宋中后期科举和官学的流弊，培养具有真才实学的经世致用人才而产生的，是北宋选举制度的一次重大改革。② 三次兴学实际时间共36年，若自庆历四年算起，到宣和三年为止，则前后近80年。总括三次兴学，全部内容尽在科举制度改革和振兴官学两个方面：

兴学规模巨大，学校制度完善。这首先表现于州县官学的普遍兴办。仁宗天圣五年（1027）正月晏殊兴学应天府后逐渐多起来。不过，自仁宗景祐元年至庆历三年，州府兴学也不过才15个，至于县学，还是空白。③ 庆历兴学时，这种状况得到很大改变，不仅诏令全国州县兴学，且

---

① 刘海峰、李兵：《中国科举史》，东方出版中心2004年版，第137—154页。

② 对宋代教育进行专门研究的代表有袁征《宋代教育》，广东人民出版社1991年版；李弘祺《宋代官学教育与科举》，联经出版事业有限公司1992年版；[日]寺田纲《宋代教育史概说》，东京博文社1965年版。[美]贾志扬《宋代科举》（东大图书公司1996年版）也涉及宋代的教育。

③ 李弘祺：《宋代官学教育与科举》，第117—120页。

规定各州"州若县皆立学，本道使者选部属官为教授，员不足，取于乡里宿学有道业者"充任，不过还有生徒二百人以上方许置县学的规定。①

崇宁时，取消了二百人以上方许置县学的限制，凡县皆须置学。后规定学额大县 50，中县 40，小县 30。每州教授设两员。在士子待遇上，规定州县学士子除由政府供给伙食外，还免除本身的徭役。此外，规定凡办学得力者奖，不力则"罚不少贷"。② 其次，表现于太学的整顿和扩大。原来国子监 70 人，庆历兴学仅太学即置 200 人，又广其斋舍，改锡庆院为太学，并修葺讲殿。同时，限其学时，规定生徒须在学五百日（曾充贡者百日）。并严格规定"凡入学授业，月旦即亲书到历，如遇私故或疾告、归宁，皆假，违程及期月不来参者，去其籍"③。

熙丰兴学，进一步扩大太学规模，将生徒增至 2400 人。分学舍 80 斋，每斋容学生 38 人。教员自主判官外，增设直讲 10 员。又增发经费，发赐婚钱二万五千，并取县田租、息钱之类增为学费。同时，扩充校舍，不仅尽赐锡庆院为斋舍，而且新建四讲书堂。在管理上，实行三舍法。所谓"三舍法"，就是将各地选送的太学生分为外舍生、内舍生和上舍生三等，层层培训选拔官员，其核心是改革单纯通过考试选拔官僚的体制，要求国家通过学校教育强化对官僚的职业培训。④ 自熙宁四年（1071）起"三舍法"施行，元丰时此法更详备。因此崇宁时，主要恢复熙丰时做法，而太学规模更大。还建辟雍专处外舍生，并设专职学官和教员。辟雍学生在升为太学内舍生之前，至少须经过一年的学习。在蔡京执政期间，太学生与辟雍学生的人数稳定地增长。在崇宁三年（1104）达到高峰。此时学生人数多达 3800 人。尽管蔡京的科举、学校政策最终失败，但对于北宋士人阶层的形成，却起到了重要作用。⑤

北宋科举取士人之多是超迈唐代的。据张希清先生的研究，唐代贡举、制举、童子举等共取士当为 20619 人，平均每年 71 人。宋代的科举

---

① 《宋史》卷一五七《选举三》，第 3660 页。

② （宋）陆游撰，李剑雄等点校：《老学庵笔记》卷二，中华书局 1979 年版，第 27 页。

③ 《宋史》卷一五七《选举三》，第 3660 页。

④ 吴铮强：《唐宋时期科举制度的变革与社会结构之演变》，《社会学研究》2008 年第 2 期。

⑤ ［日］近藤一成：《宋代科举社会的形成——以明州庆元府为例》，载刘海峰主编《科举制的终结与科举学的兴起》，华中师范大学出版社 2006 年版，第 334 页。

制中有贡举、武举、制举、词科、童子举以及宗室应举等。贡举又分进士、明经、诸科（包括九经、五经、三礼、三传、三史、开宝通礼、学究、明法等）。其登科者，除正奏名之外，还有特奏名。北宋贡举取士总计当为60035人，是唐朝的3倍。① 每次参加考试的人数更是巨大的。在取得进士头衔之外，还有数量巨大的各类学生，在12世纪初最多达到20万。总的来说，北宋时候读书人的人数相对于人口的其他部分也在增长着，不仅是与总人口同步增长而已。这种增长在东南部最为急剧。② 宋代每科参加京城省试的人数一般控制在一两万之间。历年增加不多因此中央对各地州郡初试录取的名额有明确规定，称为解额。解额一般是根据各地参加初试的人数按比例确定的。在宋初，这比例还相对宽裕，至道三年（997），规定解额为各地应试人数的1/5，至景德二年（1005）还放宽为2/5。此后解额就越来越紧，治平三年（1066）减为每十人取一名，崇宁年间（1102—1106）为每二十人取一名，南宋绍兴二十六年（1156）改为百人取一，到开禧末年（1207），更为每三百人取一③。这两百多年间解额的变化，说明各地参加科举考试的人数增加了一二百倍，而同时期人口的自然增长率不超过一倍。

雕版印刷术从唐代形成以来，到五代时逐渐推广，大致到宋代建国几十年后进入全面发展时期。从此印刷取代千百年来读书人手抄书籍的方式，书籍的数量大大增加，明显地创造了一个前所未有的机会使中国民众可以接触书本，以致参加科举考试的学生人数大量增多，在统治者的鼓励下，接受教育的机会增加。同时，印刷术的广泛应用也是促使社会的识字率提高的外在因素之一。④ 书籍的普及和识字率的提高，都代表了科举制兴盛下基层社会文化的普及，以及乡村知识分子群体的壮大。而这些是统治者在实行科举制的时候所没有意识到的。

---

① 张希清：《论宋代科举取士之多与冗官问题》，《北京大学学报》（哲学社会科学版）1984年第5期。

② ［美］贾志扬：《宋代科举》，东大图书公司1996年版，第54—65页。另参看 Kracke, *Rigion, Family and Individual in the Chinese Examination and System*, Chicago：Chicago University Press, 1967, p. 257.

③ 何忠礼：《北宋扩大科举取士的原因及与冗官冗吏的关系》，载氏著《科举与宋代社会》，商务印书馆2006年版，第115—126页。

④ 包伟民：《中国九到十三世纪社会识字率提高的几个问题》，《杭州大学学报》1992年第4期；李弘祺：《宋代官学教育与科举》，第30—32页。

（二）科举制度造成上下阶层的社会流动

士是一个职业身份，不是一个社会集团，是传统所谓"四民"之首，其余三种传统职业是农、工、商。就这一点而论，他们与社会中坚力量的关系在宋代已经发生变化。在宋朝初期社会尚未安定的年代，许多类型的人都在政府中积极活动，皇帝蓄意要使士成为社会中坚力量，因为好多类人（其中大多数是士的潜在竞争者）——政府吏员、工匠、商人、和尚、道士都不准参加考试。① 但这类禁令是不能阻止商人或其他职业的人令自己的儿子读书，从而进一步参加科举。苏辙就曾带有不快的情绪写道：

> 凡今农工商贾之家，未有不舍其旧而为士者也，为士者日多，然而天下益以不治。举今世所谓居家不事生产，仰不养父母，俯不恤妻子，浮游四方，侵扰州县，造作诽谤者，农工商贾不与也。②

这段话反映出北宋中后期士人阶层来源的广泛。青山定雄先生亦曾指出北宋士人起家的背景不一。从事商业的如茶商、海外贸易商、药商，从事工

---

① ［美］贾志扬：《宋代科举》，第83—84页。北宋前期僧道入贡举进士者亦不罕见，"淄褐之流，多弃释老之业，反袭褒博，来窃科名"，以致需要皇帝下诏来禁止。（《宋会要辑稿》选举三之四，中华书局1957年版，第5册，第4263页）在北宋前期太宗时"工商之子，亦登仕进之途"，引起朝廷重视，淳化三年（992）规定"如不是本贯及工商杂类，身有风疾、患眼目、曾遭刑责之人，并不在解送之限"，但又留下缺口，"如工商杂类人内有奇才异行、卓然不群者，亦许解送"。（《宋会要辑稿》选举一四之一五，第5册，第4490页）

② （宋）苏辙：《苏辙集》卷五〇《上皇帝书》，中华书局1990年版，第370页。因读书而为士人者自北宋时即有很多例子。以农为士者，"赠大监张公讳灿，本农家。年三十余，未知书。忽有同里举人相过，即公之姻表尔，因问曰：'某可学乎？'举人曰：'岂有年长立矣，尚未识一字。'（因此欲发奋读书）父虽田家，素长者，闻子言切，遂许之……一旦归，已儒服矣。"［（宋）张齐贤：《洛阳缙绅旧闻记》卷五《张大监正直》，李剑国点校《宋代传奇集》，中华书局2001年版，第91—92页］以僧道读书应举者，"庐山简寂观道士王告，好学有文……告后归本里，登科为健吏，至祠部员外郎、江南西路提点刑狱而卒"。［（宋）江少虞编：《宋朝事实类苑》卷六四《谈谐戏谑》，上海古籍出版社1981年版，第846页］以长工读书应举者，潭州程说，"家甚贫，说为工以日给其家，暇则就学舍授业。士君子闻之，颇哀其志。好义者与之米帛，以助其困，说益得以为学。庆历间，魁荐于潭，次举及登第，授郴州狱官"。［（宋）刘斧：《青琐高议》后集卷三《程说》，李剑国点校《宋代传奇集》，第265页］以杂役为业而读书应举者，袁名道，"益州市人。家甚窭，母织蒻为业，少供盐米醢醯之给，皆自专之。暇日则就邻学从役，以补束修。既久，师恤其勤，尽术海之。道乃益自勉励，厚自染磨。学成，求试于秋官，高捷乡书，得去于上都，待试南宫"。［（宋）刘斧：《青琐高议》前集卷二《慈云记》，李剑国点校《宋代传奇集》，第292页］

商业的如席帽行、制盐，以及放高利贷的家庭，都可以培养子弟从事举业。①

当然，放眼唐后期到近代，科举制确实造成了一种社会上下流动的现象。从唐代以后，便有许多人认为科举不问门第阀阅，正如《唐摭言》卷三后论所说的：“有其才者，縻捐于瓮牖绳枢；无其才者，讵系于王公子孙。”也就是说，科举取士遵循的是能力本位原则，能否及第主要取决于举子的才学。在科举时代，要想让子孙守住富贵，就必须使后代不断地参加科举以博取科第，否则祖宗的财富和地位就难以长期延续下去。至于平民子弟要想改变自己的命运，就更需通过科举阶梯从下层社会进入主流社会。正所谓“科第之设，草泽望之起家，簪绂望之继世。孤寒失之，其族馁矣；世禄失之，其族绝矣”②。科举时代也广泛流传着“朝为田舍郎，暮登天子堂”③“茅屋出公卿”等格言，给人的印象是科举具有很强的促进社会流动的功能。

到 20 世纪中叶，一些学者开始采用现代社会学中的社会流动理论，以实证的方法对科举是否真的使贫寒子弟出头的问题进行研究。1947 年10 月，潘光旦、费孝通在《科举与社会流动》一文，对科举与社会流动问题进行量化研究。他们的结论是：有十分之一强的贡生、举人和进士是从没有功名的人家中选拔出来的，这说明科举并不是完全由已有功名的世家所垄断，但科举成为社会流动的机构并不是宽大的。在与现代美国的情形作比较之后，他们认为，“美国的社会流动似大而实不太大，中国科举时代的社会流动似小而不太小，即科举之所以为人才登进的阶梯者似窄而实不太窄”④。

_____

① ［日］青山定雄：《北宋を中心とする士大夫 の起家 と生活倫理》，《東洋學報》57.1/2（1976），第36—46 頁。

② （五代）王定保撰，姜汉椿校注：《唐摭言》卷九《好及第恶登科》，第182 页。

③ （元）高明：《琵琶记》：“少小须勤学，文章可立身。满朝朱紫贵，尽是读书人。自小多才学，平生志气高。别人怀宝剑，我有笔如刀。朝为田舍郎，暮登天子堂。将相本无种，男儿当自强。神童衫子短，袖大惹春风。未去朝天子，先来谒相公。年少初登第，皇都得意回。禹门三级浪，平地一声雷。一举登科日，双亲未老时。锦衣归故里，端的是男儿。”

④ 潘光旦、费孝通：《科举与社会流动》，《社会科学》（清华大学）第 4 卷第 1 期。他们根据915 份清代的朱卷进行较精确分析，发现五代以内均无功名的贡生、举人和进士只有122人，占总数的13.33％。他们认为，凡是有资格读书应考，能利用科举阶梯上升的，必须有个经济的条件，就是可以不必依劳力为生，因此大多限于地主阶级。

　　1947 年美国学者柯睿格认为科举确实造成了较大的社会阶层流动，新增加的众多文官候选人大多来自城市里的商人、市民或文人等社会阶层，他们是城市社会流动迅速扩大的产物。① 何炳棣在 1962 年认为，明清时期获得低级功名的普通生员来自广泛的社会阶层，具有广泛的社会基础，但在获得高级功名和官员职位的道路上，竞争非常激烈，中高层官僚家庭的社会流动似有下降的趋势。②

　　还有一些学者的研究成果也可归为流动派。萧启庆指出元代进士出身者中也有不少平民家庭成分者，元统元年（1333）100 名进士中，有35% 的进士来自全无官宦传统的家庭。③ 当代中国大陆学者多数倾向于科举确实促成了较大社会流动这一派的观点。④

　　主张科举并未造成多大流动的也有一些学者。20 世纪 80 年代以后，非流动派的实证研究对流动派的观点造成强烈的冲击。郝若贝集中研究宋代官员的传记资料后认为，宋代朝廷经常由数个或数十个大家族所垄断，他们世代为官，相互通婚。兼考及第者的婚姻关系或交游关系，多数人的社会背景都不那么平凡，科举造成的社会流动并不大，并没有打破唐代以来世族垄断政府的局面。统治阶层依靠家族的势力及彼此互相通婚长期保其势力，可长达十余代之久，科举出身不过是锦上添花而已。⑤ 1986 年，韩明士在其师郝若贝观点的基础上，则完全否定柯睿格与何炳棣的观点。

---

　　① E. A. Kracke, "Family Vs. Merit in Chinese Civil Service Examination under the Empire", *Harvard Journal of Asiatic Studies*, 10, 1947, pp. 115 – 116. 他根据南宋绍兴十八年（1148）《题名小录》统计，在可考家庭背景的 279 名进士中，父祖二代中全无做官的有 157 人，占 56.3%；根据宝祐四年（1256）《登科录》统计，家庭背景可考的 572 名进士中，平民家庭出身的有 331 人，占 57.9%。

　　② Ho Pin-ti, *The Ladder of Success in Imperial China: Aspects of Social Mobility, 1368 –1911*, New York: Columbia University Press, 1962. 书中何炳棣总共统计了 1371—1904 年有履历可考的 12000 多位进士，1804—1910 年 22000 多名举人与贡生的履历。该书在对大量科名获得者家世资料进行定量和定性分析、综合的基础上，得出了如下结论：在宋代有 53%、明代有 46.7% 的进士出身寒微人家，至清末（1822—1904），前三代无功名或仅为生员者的进士也有 35.5%。

　　③ 萧启庆：《元代科举与菁英流动——以元统元年进士为中心》，《汉学研究》1987 年第 5 卷第 1 期。

　　④ 如吴建华根据抽样统计的结果指出，从唐至清科举一直促使社会下层向上层的流动，促使社会结构变化，其绝对流动比值在 10%—60%，平均值约 30%。吴建华：《科举制下进士的社会结构和社会流动》，《苏州大学学报》（哲学社会科学版）1994 年第 1 期。

　　⑤ Robert A. Hartwell, "Demographic, Political and Social Transformation of China, 750 – 1550", *Harvard Journal of Asiatic Studies*, Vol. 42, 1982, pp. 365 – 442.

他通过宋代抚州地区的进士和举人家族的具体分析，得出结论：出身名门望族对科举及第是应举并及第的一个条件。也就是说，从抚州地区来看，两宋科举制度下社会阶层流动率基本上等于零。①

艾尔曼（Elman）后来也采信了韩明士的观点，认为柯睿格与何炳棣所言科举促成的社会流动率过高，因为大大低估了家族、婚戚对向上社会流动的功能。官僚阶层内部存在优秀分子的轮转，即社会流动基本上发生在统治阶层内部，与社会整体无关。科举制度是一个好的政治和社会制度，但其初衷并非为了促进社会流动，而是为了公正地选拔或淘汰官员。这是一个复杂但又非纯粹地为确定社会地位而进行的社会、政治、文化再生产的过程。②

其实，科举与社会流动的实际情况，大概就在流动与非流动之间。科举促进社会流动的功能和结果既没有流动派说的那么大，也没有非流动派说的那么小。李弘祺的观点较为中立。他认为韩明士"过于自信"，所谓每一个上升的实例都显示科举出身者在应举前已经与地方绅士家族通了婚的"说法十分极端"，"一定有错用材料的情形"，"考试制度是宋代社会唯一有系统性及重要性的社会流动机关，而由于它提供的机会很少，因此整个社会是相当不流动的"。一方面他认为要自平民阶层兴起，透过科举始终是唯一可靠的路。另一方面宋代的科举与社会流动的关系，表现出来的主要在"向下流动"方面，"考试对整体社会而言，算不得产生刺激社会流动的作用"③。贾志扬的观点和李弘祺比较接近，他认为尽管科举对士人很重要，但它的影响有明显的限度。大多数士人都未能通过科举这道

---

① 韩明士发现柯睿格所用南宋绍兴十八年（1148）《题名小录》和宝祐四年（1256）《登科录》中，所记前三代未有功名的 8 名进士，从其他有关抚州地区的史料，可以看出有 3 人家族成员的祖先曾做官，1 人的母系有做官史，2 人的家庭可能有做官史，1 人家庭背景不明确。再考察宋代出自抚州一带的 34 个第一代进士的家族背景，认为有 33 人的家庭要么在地方上有权有势，要么家族中曾有人与科第中人或官宦之家有联姻，再不然就是有与早有仕宦或科名的家族成员有交往。参见 Robert P. Hymes, *Statesman and Gentleman, the Elite of Fu-chou, Chiang-his, in Northern and Southern Sung*, Cambrige: Cambrige University Press, 1986。

② Benjamin A. Elman, "Political, Social, and Cultural Reproduction via Civil Service Examination in Late Imperial China", *The Journal of Asian Studies*, Vol. 50, No. 1, Feb, 1991, pp. 7 – 28; Benjamin A. Elman, *A Cultural History of Civil Examinations in Late Imperial China*, Berkeley: University of California Press, 2000.

③ 李弘祺：《宋代社会与家庭——评三本最近出版的宋史著作》，《清华学报》1989 年新 19 卷第 1 期；李弘祺：《宋代教育散论》，东升出版事业有限公司 1991 年版，第 23—34 页。

门，但通过这道门却是具有决定性因素。①

通过上述各家观点，我们可以发现，无论是流动派还是非流动派，将各自认为的科举制对社会的作用放大或缩小。具体到每个人，参加科举之后及第与否是各种因素综合作用的结果，要细化到个人才能处理。所以，简单说科举造成社会流动，或者不流动都是不合适的。不管科举到底造成多大的社会流动，北宋时期开始形成一个特殊的"士"阶层，却是毫无疑问的。"士"并不打破官、民之分的二元等级结构，因为它并不是一个隔断而是粘连官民、上下、尊卑、贵贱的阶层，它甚至不是一个独立的、固定的阶层，而是一个自身面目不分明的阶层，是一个总在流动、变化的阶层。有学者认为在明清"士"的阶层中可以分出"高级的士"（进士、举人、贡生），他们是已经获得任官资格的"士"，已经归入官员或候补官员的范围（"士大夫"），而低级的"士"（生员）则可以说还是"士民"，他们虽然享有一些特殊的声望和待遇，但若不能再上升，他们就还是民籍，甚至在物质生活水平上也并不高出其他平民多少。② 其实北宋时尽管没有如同明清因科举功名而产生那么明显的社会分层，但科举却已经赋予平民一些政治特权和社会声望。这在婚姻和社会交往方面就可以体现出来。③ 当然这在南宋才最终大行其道。

① ［美］贾志扬：《宋代科举》，第231—269页。

② 何怀宏：《选举社会及其终结——秦汉至晚清历史的一种社会学阐释》，生活·读书·新知三联书店1998年版，第142页。张仲礼也有类似的观点，他主张以学衔和功名来划分明清的绅士集团，无论是通过科举"正途"，还是捐纳"异途"，只要取得哪怕是最低级功名（生员），都应归入"绅士"之行列。整个绅士可分为上、下层两个集团：上层集团则由学衔较高的以及拥有官职——不论其是否有较高的学衔——的绅士组成；下层集团包括生员、捐监生以及其他一些有较低功名的人。（见氏著《中国绅士——关于其在19世纪中国社会中作用的研究》，上海社会科学院出版社1998年版，第1—4页）

③ 婚姻关系上即以富人的"子当读书"和"女必嫁士人"为典型，即富人通过各种手段融入士人学缘网络，而择婿与娶妇时也要锁定士人家庭，这是为了实现自身家族社会地位的提高。可参看高楠《宋代"富民"的学缘网络——从"子当读书"谈起》，载林文勋等《中国古代"富民"阶层研究》，云南大学出版社2008年版，第239—244页；《宋代富民的婚姻网络——从"女必嫁士人"说起》，《宋学研究集刊》第一辑，浙江大学出版社2008年版，第222—228页。

第二节　南宋士人阶层的成熟

社会是复杂多变的，观察中国历史，就存在视角变换所带来的差异。当代对中国古代史的划分，原本最流行的是"原始社会"到"封建社会"的划分法。① 而在 20 世纪 90 年代后，对中国古代史新的划分说法就逐渐增多。② 针对宋代社会也存在重新认识。如日本学者所采用的魏晋隋唐是"中世"，宋以下是"近世"。近些年日本近藤一成先生提倡宋代为"科举社会"之说，林文勋先生提出"富民社会"③，这些都是认识宋代社会的视角。唐代士族在五代时期最终烟消云散之后④，科举制在北宋开始重建一个以读书为标志的"士人"阶层。"士"的传统在北宋得到延续。科举制下，北宋士人阶层开始崛起。经过一百多年的发展，到南宋基层社会士人的人数达到比较高的数量，并且对基层社会有一定的发言权，从而构成基层社会势力之一。

一　南宋时科举制继续促进士人群体增长

（一）北宋末开始的北人南迁增加了南宋士人群体的数量

唐末以来，中国的文化重心一直保持着南移的态势，这是一个不争的

---

① 其中影响最大的是 20 世纪"封建社会"分期问题的讨论。20 世纪 90 年代以后开始对"封建"进行重新考量，由此也带来对中国古史的重新认识。很多学者在自己的论著中不再使用"封建"一词，以避免时间界定的麻烦，而代之以"传统"等词语。

② 如钱穆认为唐代以前是门第社会，宋代以后是科举社会，见氏著《唐宋时期的文化》，《大陆杂志》1952 年第 4 期。冯尔康认为中国古代秦汉以前是贵族社会，之后是皇权社会，见冯尔康主编《中国社会结构的演变》，河南人民出版社 1994 年版。何怀宏在《选举社会及其终结——秦汉至晚清的一种社会学阐释》中认为唐以前是世袭社会，唐以后是以科举制为主的选举社会。

③ ［日］近藤一成：《宋代"科举社会"的形成——以明州庆元府为例》，《厦门大学学报》（哲学社会版）2005 年第 4 期。他最近在不少场合也都阐述他的相关看法。林文勋先生在前些年发表了系列论文阐明自己的唐以下为"富民社会"论，多数收录在《中国古代"富民"阶层研究》一书中（云南大学出版社 2008 年版）。尽管南宋士人在地方上人数不占主要部分，但却掌握着儒家文化的话语权。"富民"虽然在社会中的角色非常明显，但都不能跳过"士"的门槛从而得到社会的广泛承认。正因如此，才有富民千方百计融入士人交往圈的努力。此点据游彪老师的提示，谨致谢忱。

④ 可参看胡如雷《门阀士族兴衰的根本原因及士族在唐代的地位和作用》，《唐史论丛》第三辑，陕西人民出版社 1987 年版，另载氏著《隋唐五代社会经济史论稿》，中国社会科学出版社 1996 年版；宁志新、朱绍华《门阀士族的衰落与衰亡原因》，《河北学刊》2002 年第 5 期。

事实。但是文化重心的南移究竟完成于何时，学术界存在争论。多数学者认为宋室南渡以后，中国的文化重心完全移到了南方。[①] 考察文化重心转移，除了经济因素、文学家之外，尚有科举进士多寡的标准。从各种因素综合起来看，北宋时，中国文化重心仍居于北方，但文化格局已发生了变化。尽管北宋末南方士人的数量超过北方，南方在各种文化因素中已显示了日趋强盛的态势，但各种重要文化活动却是在北方展开的，文化的重心仍居于北方。

北宋末靖康之变促发了中国历史上最大规模的人口移动，自靖康之变北宋朝廷灭亡，在南方南宋政权复活当中，规模宏大的北方人口向南方移动。

首先，就南渡士人在南方的地理分布来说，以都城临安为中心，当时的两浙路、江南东路、江南西路等地，是南渡士人最集中的地区。但岭南地区随着时代的变迁，文化也得到传播。而推动这种新态势的最原始动力，正是宋代士人的南渡。[②]

靖康之乱时期的北方人口南迁，其规模之大，迁出人口之多，影响之深远，无疑要超过以后的任何一个时期和任何一个阶段。总的来看，南宋人口在移民之后有一个比较快的增长。据吴松弟先生研究，绍兴末两浙路

---

① 经济中心南移的时间现在存在争议，其中主张南宋初经济中心南移的代表有张家驹《两宋经济重心的南移》（湖北人民出版社 1957 年版）。郑学檬先生也认为"经济重心南移至北宋后期已经接近完成，至南宋则全面实现了"。（见氏著《中国古代经济重心南移和唐宋江南经济研究》，岳麓书社 1996 年版，第 17 页）王育民先生也说"完成经济重心南移的过程，则开始于南宋"，又说元朝时期"我国经济上南盛北衰的局面，得以完全确立"。还指出："总的说，从南宋渡江到鸦片战争前夕这一阶段，经济重心完成了南移过程。"（见氏著《中国历史地理概论》上册，人民教育出版社 1985 年版，第 375 页）持同样观点的学者为数不少，如杨荫楼、李伯重、王毓瑚、吴松弟、张全明、朱绍侯、张国刚等。可参看程民生《关于我国古代经济重心南移的研究与思考》，《殷都学刊》2004 年第 1 期。本书采用南宋初经济重心南移的说法。

② 北方人口的南迁，据张家驹先生研究，从南宋整个时代说，人民大量南迁约可分为三个阶段：第一个阶段是靖康南渡之役，主要是黄河流域居民向长江迁徙；第二个阶段是金完颜亮南侵之役，主要是淮河流域居民向长江流域迁徙；第三个阶段是蒙古南侵之役，主要是长江流域居民向珠江流域迁徙。（张家驹：《两宋经济重心的南移》，第 44—50 页）据吴松弟研究，北宋末年开始向南方移民断断续续持续了一个半世纪，若以移民不同的背景作为划分时期的标准的话，约可分靖康之乱、南宋金对峙、南宋蒙古（元）对峙三个时期；若以连续若干年的移民浪潮视为一个阶段的话，可分为七个阶段。七个阶段共 65 年，也就是说移民发生年数占三个时期（1125—1279）155 年的 41.94%。（吴松弟：《北方移民与南宋社会变迁》，文津出版社 1993 年版，第 33 页）

有224.3万户，其中约50.3万户为北方移民及其后裔；江南西路土著户数约145万，北方移民及其后裔约44万户；江东路绍兴末年土著户数82万，北方移民及其后裔14.6万户；淮南东、淮南西、京西南、湖北四路绍兴三十二年，该年土著15.6万户，北方移民及其后裔36.4万户。仅上述各路，绍兴三十二年已有移民及后裔145.3万户，约725万人。估计其中有一半为始迁者。加上迁入四川、湖南、福建、两广的移民以及26.4万人左右的军人，在绍兴和议签订前后估计大约有500万的北方移民迁入并定居在南方。① 这些人包括地主、农民、商人、僧侣、士人、军人等各阶层的人物，其中对南宋文化影响力最大的是北方士人。

以明州为例，靖康之后，由于战乱的影响，移民开始大规模地迁入南方，两浙路成为移民的集散中心。"建炎以后，江、浙、湖、湘、闽、广，西北流寓之人遍满"②，"四方之民云集二浙，百倍常时"③，迁入明州的不在少数，据时人说："平江、常、润、湖、杭、明、越，号为士大夫渊薮，天下贤俊多避地于此。"④ 据吴松弟先生的估计，在绍兴和议签订前，明州的移民可能有一万乃至数万。⑤ 这一时期明州北来的移民，以河南、山东一带居多。如根据吴松弟辑录的移民档案（见表1—1），由河南迁入或原籍在河南的移民占总数的60%。

表1—1　　　　　　　　　建炎以来明州的移民来源及人数⑥

移民迁出地	河南	山东	江苏	安徽	甘肃
移民人数（万人）	45	15	3	3	1

再如根据《宝庆四明志》卷一〇所载的明州历年进士数及其籍贯，两宋以来共有713名，其中129人自北方迁入或祖籍北方，来自开封的移民约占64%。

---

① 吴松弟：《北方移民与南宋社会变迁》，第134—136页。

② （宋）庄绰：《鸡肋编》卷上《各地食物习性》，中华书局1983年版，第36页。

③ 《建炎以来系年要录》卷一五八"绍兴十八年十二月己巳"条，中华书局1956年版，第5037页。

④ 《建炎以来系年要录》卷二〇"建炎三年二月庚午"条，第812页。

⑤ 吴松弟：《北方移民与南宋社会变迁》，第137页。

⑥ 同上。

表1—2　　　　　　　　　　两宋非明州籍进士人数①

籍贯	齐州	济南	湖州	开封	和州	绍兴	兴化	泰州	福州	拱州	太平	泉州	镇江
人数	3	3	18	82	3	6	2	1	4	1	3	1	2

通过以上分析，我们可以发现南宋士人群体既不是单纯的南方本土士人，也不是简单的北方士人与南方士人的集合，而是经过长时期的融合形成的。总的来看，北方士人的南迁，给南方士人群体带来了新鲜血液，并且促进了南宋文化的进一步发展。

（二）科举制下南北士人的融合

北方士人迁入南方后，经历了本土化的过程。南宋时科举制继续进行，并且有新的变化。

一是参加科举考试的人数之多，超过北宋。据贾志扬的研究，参加各州检定考试的考生人数在11世纪初期约为2万至3万人，而在一个世纪后参加1099年、1102年、1105年这几年考试的人数达79000人。到13世纪中叶，光是中国南部的考生达40万人以上。② 随着考生的增加，考试中的竞争就加剧了。在1099年制定各州举人的配额后，配额的增加必须按照钦定的配额比率，即举人人数与最近几次考试的平均考生数的比率。这种惯例有许多例外，不过政府不得不把法定比率从5/10降到1/200，以便限制举人的人数（见表1—3）。这一事实清楚地反映出考试的竞争势力在宋朝一代中增加了许多倍。

表1—3　　　　　　　　　宋代州试的法定配额比率③

年份	997	1005	1009	1023	1026	1032	1045	1066	1067	1093	1156	1275
配额比率	2/10	4/10	5/10	5/10	4/10	2/10	2/10	1/10	15/100	1/10	1/100	1/200

实际上，竞争可能比这些法定的比率所表明得更剧烈。福建的福州府是南宋时期出进士的主要地方，1090年在3000名考生中只有40个举人的名额（1/75），而在1207年在18000多名考生中只有54个举人名额

---

① 引自陆敏珍《唐宋时期明州区域社会经济研究》，上海古籍出版社2007年版，第38页。

② ［美］贾志扬：《宋代科举》，第36页。

③ 同上书，第37页。

(1/333)。两浙西路的严州，1156 年在 1781 名考生中只有 18 个举人名额 (1/100)，而 1262 年在 7000 多名考生中仍然只有 18 个举人名额。①

这种考生的增长表明南宋读书人的人数相对人口的其余部分在增长着，不仅是与宋代的人口同步增长。这种增长在东南部最为急剧，但很明显的是，在长江中游和上游地区也在较低程度上增长着。如果考虑到这些数字并不包括特种初级考试者、放弃参加考试者或已通过考试者，或开始学习时关心考试但中途退出者，那么我们就会开始了解科举最终对社会有何影响。②

袁采有段著名的论述：

> 士大夫之子弟，苟无世禄可守无常产可依，而欲为仰事俯育之计，莫如为儒。其才质之美，能习进士业者，上可以取科第致富贵，次可以开门教授，以受束修之奉。其不能习进士业者，上可以事笔札，代笺简之役，次可以习点读，为童蒙之师。如不能为儒，则巫医、僧道、农圃、商贾、伎术，凡可以养生而不至于辱先者，皆可为也。子弟之流荡，至于为乞丐、盗窃，此最辱先之甚。然世之不能为儒者，乃不肯为巫医、僧道、农圃、商贾、伎术等事，而甘心为乞丐、盗窃者，深可诛也。凡强颜于贵人之前，而求其所谓应副；折腰于富人之前，而托名于假贷；游食于寺观而人指为穿云子，皆乞丐之流也。居官而掩蔽众目，盗财入己，居乡而欺凌愚弱，夺其所有，私贩官中所禁茶、盐、酒、醋之属，皆窃盗之流也。世人有为之而不自愧者何哉！③

科举制仍然是南宋时最主要的入仕途径，因此对于一般人来说，进入仕途的途径就是读书参加科举。④ 这就造成读书人越来越多，科举及第名额增

---

① （宋）刘文富：《严州图经》卷三，《丛书集成初编》本。
② ［美］贾志扬：《宋代科举》，第 58 页。
③ （宋）袁采：《袁氏世范》卷二《处己·子弟当习儒业》，《知不足斋丛书》本。
④ 黄宽重先生在《南宋两浙路社会流动的考察》一文中统计两浙路 4406 个统治者，发现这些人的入仕途径可粗略分成进士、荫补、武官、太学生、输财及其他因素入仕六项。就整个统治阶层的比例来看，进士出身最多，占入仕者的 76.7%，其他因素入仕者占 14.46%，荫补占 3.84%，武官占 3%，太学入仕占 1.8%，输财补官只有 0.2% 而已。见氏著《宋史论丛》，新文丰出版公司 1993 年版，第 77 页。

加的速度远远跟不上考试者增长的速度，由此进士及第的难度越来越大。很明显，袁采允许家庭成员从事非文人的活动，这是在科举道路艰难之极的情况下的必然选择。

二是南宋科举制度有新的变化。在南宋初年的战争状态下，必须实行特殊的科举政策。南宋不仅对北宋时期的特奏名进士和其他下第举人实行特殊优待，而且放宽参加殿试的标准，使很多士人能直接参加殿试。[①] 另外，主要的变革是在川陕设置"类省试"，简称"类试"。川陕类省试是南宋科举制度中的一个有机组成部分，它不仅具有礼部省试的一般权限和职能，而且更富有独立性与特殊性。建炎元年（1127）十二月一日，高宗诏曰：

> 国家设科取人，制爵待士。岁月等阴阳之信，法令如金石之坚。顷缘寇戎侵犯京邑，爰致四方之隽，已愆三岁之期。比申饬于有司，涓上春而明试。深虑道阻，宽仁浃旬。而驻跸行宫，时巡方岳，非若中都当远近之会，可使四方得道里之均。特从权宜，创立规制，分礼闱之奏额，就诸路之。俾谨择于考官，周精搜于实学……诸道令提刑司选官，即转运置司州军引试，使、副或判官一人董之。河东路附京西转运司，国子监、开封府人就试于留守司，御史一人董之。国子监人愿就本路试者听。[②]

类试的原则就这样确定了，一纸诏书使处于离乱中的士子们看到了进身的希望之光。同时规定，类试录取比例为"十四人取一名，余分不及一十四人亦取一名。不终场者不计"[③]。诸路类试按贡举法选差试官六员，监试官一员由转运使或判官担任。监试官的职责是督察考场纪律，但"不得干预考校"[④]。有官员子弟参加考试的地方，按避亲法"别试"，防其乘机营私舞弊。

"类省试"在绍兴九年（1139）后坚持下来，并且在孝宗时有所改

---

① 刘海峰、李兵：《中国科举史》，第196—197页。
② （元）马端临：《文献通考》卷三二选举五，商务印书馆1935年版。
③ 《宋会要辑稿》选举四之一七。
④ 同上。

进，成为与中央省试并行的制度。"类省试"制度弊端尽管很多，但对稳定四川地区的作用自不待言。① "类省试"政策给川陕人（特别是川人）带来巨大好处。李焘《贡院记》曰："乘舆巡狩吴越，士生西南，尤惮涉险，得与计偕，亦迟迟其行。天子委曲加惠，故即以古泽宫择士大典就付西南统帅，既择乃趋行在所策试，遂官爵之。"②

另外需要提到的是优惠的科举政策使川陕举子对二年一度的科场翘首以待，刺激民庶子弟延师习文，对文化教育事业的发展起到不容否认的促进作用。当时的成都、阆州、华阳、眉州、洪雅、遂宁等州府的应举人数逐年增多，一州常达四五千人，中第者一州亦多至数十人。③

（三）南宋地方官私教育比北宋更加兴盛

在南宋，地方官学教育继续繁荣。见表1—4：

表1—4   南宋 64 个州学和 108 个县学的建设活动和破坏活动④

时期	建筑、老建筑物整修翻新和捐款增建记录		洪水、火灾和军队或造反者造成的破坏记录	
	州学	县学	州学	县学
960—997	7	2		
998—1021	11	11		
1022—1040	25	9	1	
1041—1063	30	38	1	1
1064—1085	21	29	1	
1086—1100	15	20		
1101—1126	27	43	3	8
北宋	136	152	6	9

① 祝尚书：《论南宋四川的"类省试"》，《四川师范大学学报》（社会科学版）2003 年第 5 期。

② （宋）李焘：《贡院记》，（宋）袁说友编《成都文类》卷三二，文渊阁《四库全书》本。

③ 穆朝庆：《论南宋科举中的"类省试"》，《中州学刊》1987 年第 6 期。

④ 转引自［美］贾志扬《宋代科举》，第 130 页。表格时期按照年号时期编排，在有些情况下把较短的年号时期合并排列。这些小计用来表示南宋初年的学校活动，并把那些年份与学校改革的年份即 12 世纪 40 年代区别开。

续表

时期	建筑、老建筑物整修翻新和捐款增建记录		洪水、火灾和军队或造反者造成的破坏记录	
	州学	县学	州学	县学
1127—1162	67	92	14	26
(1127—1140)	(27)	(35)	(12)	(24)
(1141—1162)	(30)	(34)	(1)	(1)
1163—1189	52	65	2	6
1190—1207	26	36	1	2
1208—1224	26	43	1	1
1225—1240	24	37	3	3
1241—1264	21	41	2	2
1265—1279	9	6	4	8
南宋	225	320	27	48
总计	361	472	33	57

　　由表1—4可见，虽然北宋中期开始建设地方官学，但是南宋的修建活动次数和频率要高于北宋。刘子健先生认为南宋政府没有恢复之道，官学根本没有中兴。教育的重担还是要靠优秀的学者、私人来领导。① 对此笔者持保留意见。在南宋官员对官学的兴修中，虽然我们能够看到其中很多官学经常处于破败之中，但是官员的态度对官学的兴废毕竟有决定性作用。

　　因为政府在一州（或一县）只设置一所学校已成定例或政策，因此，政府只能接受一定数量的学生。面对南宋士人数量急剧增加的现状，虽然官学数量的发展能在一定程度上满足士人的求学渴望，但由于受赵宋王朝政治与经济发展的影响，官学不可能承担主要的教育任务，书院的发展再次成为必要。随着社会上识字人数的增加，一些学生被选送或不得不就读

---

　　① ［美］刘子健：《略论宋代地方官学与私学的消长》，《宋史研究集》第四辑，"国立"编译馆1970年版，第189—208页。

于私人书院的情况便逐渐增多。① 书院确有开设某些优秀课程的有利条件，这对那些认定自己的子弟可以在书院里受到更好教育的人自然不乏吸引力。但优秀的书院教育推广并非易事，因为他不得不进行调整以适应当时的需要，但也是这样的过程中，书院在学术和教育方面都得到发展，日臻成熟。加之南宋初，科举制度日趋腐败，竟有不赴考者，朝廷仍"以龙飞特恩，即家赐第"②，腐败可见一斑。许多读书士子终生"钓声名，取利禄"，南宋人罗大经云："今世儒生，竭半生之精力，以应举觅官。幸而得之，便指为富贵安逸之媒，非特于学问切己事不知尽心，而书册亦几绝交。如韩昌黎所谓'墙角君看短檠弃'，陈后山所谓'一登史部选，笔砚随扫除'者多矣！"③ 官学变为科举的附庸。

　　南宋新建书院的数目约为北宋新建书院的 3 倍，若再加上兴复改造的书院，则南宋书院的总数将远远超过北宋。南宋后期，书院大盛，朝廷的鼓励支持允为一大助力。在此情形下，官办书院遂成为主要的发展趋势，"书院官学化"成为主流。④ 不管官学与书院走向如何，官学兴修与书院的广泛建立，都是基于科举制下士人大量增加的社会现实，尽管读书为参加科举的居多，但官学与书院的兴建又反过来促进了社会读书风气的增长，却是不争的事实。在这种文化氛围的社会中，读书应举成为一种社会风尚。"为父兄者，以其子与弟不文为咎；为母妻者，以其子与夫不学为辱。"⑤ 这种风气的长盛不衰，有力地推动了南宋教育的普及和文化的发展，以致出现了"读书人人有分"⑥ 的观念，甚至连偏远的村落也是如此，故有"孤村到晓犹灯火，知有人家夜读书"⑦ 的诗句出现。

---

　　① 李弘祺：《宋代官学教育与科举》，第 305—306 页。

　　② 《宋史》卷一五六《选举二》，第 3627 页。

　　③ （宋）罗大经：《鹤林玉露》乙编卷二《赠头陀诗》，中华书局 1983 年版，第 154 页。

　　④ 参见陈雯怡《由官学到书院——从制度与理念的互动看宋代教育的演变》，第 155—196 页。

　　⑤ （宋）洪迈：《容斋随笔·四笔》卷五《饶州风俗》，上海古籍出版社 1996 年版，第 666 页。

　　⑥ （宋）施彦执：《北窗炙輠录》卷上，《丛书集成初编》本，中华书局 1985 年版。

　　⑦ （宋）晁冲之：《晁具茨先生诗集》卷一二《夜行》，《宛委别藏》本，江苏古籍出版社 1988 年版。

（四）南宋印刷技术提高带动印刷品的传播，促使文化得到广泛普及

南宋是我国古代雕版印刷业全面发展的兴盛时期，迄今现存的宋版善本绝大部分是这一时期的产物。南宋刊刻书籍的地域，前期主要在两浙、成都、眉山，后期则普遍兴起。两江、淮东、福建、两荆发展迅速，淮西、两广也多有刊刻。① 其中以两浙、福建和四川为最盛。张家驹先生认为这三地印刷业独盛的原因，"自南宋经济发展来看，这几个地区都是农业和手工业发达的所在，造纸业和雕版工匠都比较集中，加上文化事业的进步，地主阶级物质生活的富裕，形成书籍的广泛流传。因此，就近原料出产地和销售市场，与技术人才相结合，就提供了印刷业以发展的优越条件"②。诚为不刊之论。

南宋两浙地区早在中唐时期，其刻书业就已相当兴盛，及至北宋，更发展成为闻名全国的刻书业中心，特别是在雕版刻印技术方面，堪称全国之最。据学者考证，当时设在汴京（即开封）的北宋中央出版机构国子监所出版的书籍（即所谓的"监本"）有相当部分是到杭州刻印的。③ 进入南宋时期，随着两浙地区成为全国的政治、经济和文化中心，其出版业也进一步空前全面繁荣，不仅在刻印技术上继续独领风骚，有所谓"今天下印书，以杭州为上，蜀次之，福建最下"之说④，而且其出版业普及程度之高，出版机构和人员之众，出版物的质量之佳，种类之多，板量之大，流行之广，出版业在社会上的影响之巨，亦非蜀、闽等其他出版业传统发达地区可比。从某种意义上讲，两浙地区出版业的繁荣是南宋全国出版事业大发展的一个缩影。⑤

在中国刻书史上，南宋时期的福建刻书也占有极其重要的地位。宋元时期福建刻书业之盛，首推建安（今建瓯）建阳地区。特别是建阳城西

---

① 宿白：《唐宋时期的雕版印刷》，文物出版社 1999 年版，第 105—110 页。

② 张家驹：《两宋经济重心的南移》，第 151 页。

③ 陈国灿、陶立方：《略论南宋两浙地区的出版业》，《宁波师范学院学报》（社会科学版）1996 年第 5 期。

④ （宋）叶梦得著，侯忠义点校：《石林燕语》卷八，中华书局 1984 年版，第 116 页。

⑤ 徐吉军：《论南宋杭州的印刷业及其兴衰的原因》，《东南文化》1987 年第 2 期。

30 公里的麻沙镇，书坊林立，热闹异常，南宋时已名扬四方，与崇化并称"图书之府"①。宋元时期福建刻书地点遍布全省，不限于建阳麻沙一隅，福州、泉州、莆田、漳州等地的官刻和私家刻书，共同构成了当时福建刻书的繁荣局面。② 麻沙书籍的销量就一直居全国首位。③

宋代四川刻书主要集中在成都和眉山地区。唐末四川的雕版印刷事业以成都为中心，得到了迅速发展。历经五代、北宋，蜀本以具有行格疏朗、刻印精美的特色而名扬天下。南宋时期，蜀刻中心逐渐由成都转向眉山地区，眉山书坊所刻《册府元龟》、《太平御览》、"唐人文集"等皆赫赫有名。虽然眉山书坊在南宋不及建阳，但也算繁荣。④

印刷术的提高促使南宋出版业的兴盛，对中国社会产生积极的影响。它明显创造了一个前所未有的机会使中国民众可以接触书本，结果使可以参加科举的学生人数大量增多。⑤ 岳珂曾说："自国家取士场屋，世以决科之学为先，故凡类编条目，撮载纲要之书，稍可以便检阅者，今充栋汗牛矣。建阳书肆，方日辑月刊，时异而岁不同，以冀速售。"⑥ 反过来看科举制也间接推动了书籍的广泛流传，知识分子的成才速度大大加快。在科举制下形成了社会上读书的风气。尽管南宋时有谚语云："世无科举，人不教子；朝无利禄，士不读书"⑦，尖锐地指出世人读书的功利心理，但因主观上需要"利禄"，士人也必须读书，读书就客观上成为士人生活的一部分，直接结果就是造成士人阶层的扩大。而士人阶层的扩大并不一定意味着寄生阶层的扩大或游手好闲者的增加，只是从事知识生产和学习的人增加，或者说只是扩大了精神文明领域中的活动者而相对减少了物质文明领域中的活动者。

---

① （宋）祝穆撰，施和金点校：《方舆胜览》卷一一《建宁府》，中华书局 2003 年版，第 181 页。

② 方彦寿：《南宋泉州官私刻书考述》，《泉州师范学院学报》（社会科学版）2007 年第 5 期。

③ Lucille Chia, "Mashaben: Commercial Publishing in Jianyang from the Song to the Ming", Paul Jakov Smith and Richard von Glahn (eds.), *The Song Yuan Ming Transtion in Chinese History*, Cambridge: Harvard University Press, 2003, pp. 284–328.

④ 黄镇伟编著：《中国编辑出版史》，苏州大学出版社 2003 年版，第 221 页。

⑤ 李弘祺：《宋代的官学教育与科举》，第 30 页。

⑥ （宋）岳珂：《愧郯录》卷九《场屋编类之书》，《知不足斋丛书》本。

⑦ （宋）林之奇：《拙斋文集》卷九《答黄晦叔仙尉书》，文渊阁《四库全书》本。

二　南宋时士人阶层的基本成型

宋代科举产生的这一批士人群体,在历史上有很重要的意义。这个变化是从唐代开始,经过北宋的发育,到南宋才发展成型。由于科举制度,统治阶层主要来自读书应举的士人阶层,而士人阶层是一个开放性的群体,任何读书人,无论出于何种背景,都可以成为其中的一分子。这使得士人的来源增加,造成其群体性质的转变,不再有一种固定的社会阶层出身,也未必能达到同样的社会地位,因此,他们的共同性是来自他们的生活方式和文化活动。换言之,"因为'仕'的价值以及入仕管道的开放性,使士人群体越来越庞大,并且因为来自不同出身背景,其所具有的共同生活模式与文化基础遂成为最关键的性质,而形成南宋一个独立的士人阶层"①。

(一)南宋士人身份的自我认同及士人阶层形成方式的趋同性

南宋时人对士人的身份认同趋于一致,并且对士人内在修养有比较高的要求。其主流趋向而言,他们评价人物注重气节学问,仕途的沉浮并不构成人们相互交往中的重大障碍。曾经科举成功、仕途得意而归乡者,通常是地方士人圈的核心人物;而仕途偃蹇,或科举不第者,亦可能凭借其德行学识而闻达于一方。换言之,当时生活在地方的士人们,在"择群"时所看重的,不在于对方以往或目前的仕宦身份以及一时的"穷达",而比较注重其本人的文化背景。② 时人李峻说:

> 人秀于凡人谓之士,士之名甚贵,责亦甚大也。国家宾兴设科目以网罗之,为其人能讲明五帝三王之道、孔孟颜曾之学,异时端弁搢笏与天子论道经邦,必曰斯人而后可。③

---

① 陈雯怡:《从官学到书院——从制度与理念的互动看宋代教育的演变》,第335页。

② 邓小南:《"祖宗之法"与官僚政治制度——宋》,载吴宗国主编《中国古代官僚政治制度研究》,北京大学出版社2004年版,第236页。

③ 自然李峻对南宋中期的一些士人的品行是多有不满的,他在这段之后继续说:"然则平居之时苟一毫取非其有,又安能植立于他日哉!道学不明人心陷溺。每见近世之士策一名取一荐轩然,喜见眉色,藉是为理财之媒,奉父生师教之身,俛颜袖刺不厌之止,其人卑之无远到明矣。间有一二幸而成就,及夫位稍尊、名稍著,始追作一时之所为,顿足浩叹洗濯莫可。由此观之,义利界限其可一日不严哉!"(宋)李峻:《贡士规约记》,《寿昌乘·贡举》,《宋元方志丛刊》第8册,第8396—8397页。

　　王十朋是绍兴二十七年（1157）的状元，论其最终成就之显赫，虽然不像是一般士人之境遇，但他中第之年已46岁，先前屡举不第的经历，实即是宋代士人家庭崛起的一种常见典型。他在自己的文集中留下了关于自己较为丰富的资料，故可借此先勾勒出一种士人生活模式及心态的大致模样。王十朋（1112—1171），字龟龄，温州乐清人。至其父辅始业儒，但未出仕。十朋与弟梦龄、昌龄是家中读书的第二代，兄弟应举之途都不平顺。王十朋曾于乡里私塾从学于乡先生潘翼，后入县学。绍兴十年秋下第。十三年秋，32岁，开家塾教授生徒。十五年冬罢会，十六年春，35岁，初入太学，后归家，继续授徒，十八年、二十一年、二十四年屡次省试应举皆下第，直至二十七年46岁时方由太学舍选中状元。① 从王十朋的生命历程，可以探讨几项士人生活中常见的要素，并了解士人生活的发展流程。首先，由于父亲已经业儒，所以王十朋兄弟三人都秉承义方之训，继续读书为士，期能以禄代耕。家族逐渐建立儒业传统的过程，往往要经历数代的时间。再举一例，如婺州永康林氏：

　　　　君姓林氏，讳崧，字更材，婺之永康人。……初，君祖父浚、父思聪，自田间间积勤服业以起其家。至君兄弟，且耕且学，以无忘先世之绪而开其来者，自是子弟始一于学矣。然君犹以为艰难之易失也，迄晚岁，不自侈大。……独至于为其子问学之费无所靳。②

林氏的起家就是从农村开始，到林崧这代依然"且耕且读"，"耕读"结合。南宋著名的鄱阳洪氏的转变，更是众多士人家族经历的一个缩影。当唐末乱世，人们避乱而深隐；北宋承平以后，大家便竞相应科举，仕于朝，光耀门楣。南宋汪藻说：前期依险而居者，"迄宋兴百年，无不安土乐生，于是豪杰始相与出耕，而各长雄其地，以力田课童仆，以诗书训子

---

① （宋）王十朋：《梅溪集》卷三《己丑冬罢会呈诸友》，卷九《赠王少保王公墓志》，卷三《别太学同舍》，卷四《寄万大年》，卷五《西征》，卷七《林下十二子诗》，卷二九《刘知县墓志铭》，文渊阁《四库全书》本。

② （宋）陈亮撰，邓广铭点校：《陈亮集》卷三五《林公材墓志铭》，中华书局1987年版，第461页。

弟……室庐相望为闻家，子孙取高科，登显仕者，无世无之"①。洪氏经营家业，农商相兼，富裕之后，即以子弟不文为咎，不学为辱。洪皓曾祖父洪士良自身"种德重义，以气节闻"，可是儿子早逝，孙子尚幼，故"慨然思所以成立计，即挈诸城中，访先生之贤，力教之。因占籍鄱阳"②。洪士良在"振起门户"的竞争中走了三大步：第一步，从山区农耕生活中走出来，经营岩前—乐平—饶州之间的货物贸易；第二步，谋得港地基，建立仓房居室，由山区农户变成了商贸富家；第三步，携孙入城读书，并"占籍鄱阳"，有了鄱阳城里的户籍。紧接着"访先生之贤，力教之"，就是出高价，请名师，教其孙子读书。所以，其孙洪彦升考中进士，终于由民户上升为官绅。洪氏实践的途径，有其特殊性，而其要旨，则是富而重教，具有普遍性。③

廖寅先生曾对科举制下富族向士族的转化有精彩的阐述，转引如下：

宋代的科举考试看似公平，每个人都有机会参加考试，也都有机会中举，但实际上仍是富族和士族的游戏。一个人从事举业，意味着失去一个劳动力，同时需要买书，上学，或者聘请老师，甚至游学于名士门下，只有富有的家庭才能承担如此多的负担。况且，即使自己有足够的文化修养，也需要融入士人社会。对富族来说，融入士人社会的资源就是财富，所以，为向士族转化，富族往往倾其所有以结交士人，结果是，尽管成功地转化为士族，而家族财产也消耗殆尽。很多富族转为士族后，不再重视产业经营，加之在士人社会中的巨大投入，遂成为贫穷的士族。不过，这样的士族虽然在经济上是穷人，但社会总资源仍属富有，他们的学识、声望、社会网络、婚姻关系都是宝贵的财富，都是家族继续发展的基础。财富是富族与士族之间的润滑剂，贫穷的士族，其社会资源总在不断地消退之中，因而很难持续发展，只有那些富有的士族，才会成为真正的世家。宋代两湖地区很少有真正的世家，很多富族转为士族后，遂成为贫穷的士族，有的成

---

① （宋）汪藻：《浮溪集》卷一九《为德兴汪氏种德堂作记》，文渊阁《四库全书》本。
② （宋）洪适：《盘洲文集》卷七四《先君述》，《宋集珍本丛刊》第 45 册。
③ 许怀林：《鄱阳洪氏家族的升腾与殒落》，《江西师范大学学报》（哲学社会科学版）1999 年第 1 期。

功的士族迁居外地，也失去了稳固的经济基础，无法持续发展。①

是故从事科举事业，或维持士人身份，必须有一定物质基础，否则士人身份将不能保持，家族就失去了发展的动力。② 王十朋家有先业田二顷，作为支持其家生事的基础，也是求举不成最后的依靠。因兄弟三人皆业儒，其季昌龄遂且耕且读，照料农事：

> 吾家之西北原有田二顷，盖先业也，吾季弟昌龄日课农事于其间。……子少蒙义方之教，将以禄代耕，一战贤关。争违其愿，惧事亲日短而三釜之不逮也。退归于家，躬水菽之养以代之。子以二兄日从事乎黄卷，不知稼穑之艰难，惧田园将芜，百指不能以自活也。遂和渊明之诗，赋劝农之章，躬垄亩之劳以代之。……然子于耕稼之余，手不废卷。③

从这种家庭的儒业传统，可以了解家庭是这个社会士人应举的根基。也就是说，许多人自幼开始读书，加入应举的行列，而成为士人群体中的一员，是由于家庭的因素。整个读书应举的过程，常常也需要家庭整体的配合与支持。家庭建立儒业传统，是受到科举价值的影响，而科举社会，正是由这些家庭作为基层所组成。王十朋兄弟因为家庭的环境而自幼习举，但棘闱不利，长期过着不得志的生活，而不免产生"家世衣冠误袭儒"的感叹。"袭"字显示科举社会价值取向下，使一个"个人"自然加入士人行列的风气，即家庭儒业传统的作用。而"误"字则反映出，士人在不得志时对"士人"生命的反省，以及因而产生的自觉意识。这虽

---

① 廖寅：《宋代两湖地区民间强势力量与地域秩序》，博士学位论文，武汉大学，2005 年。自然这段引述中所出现之"士族"与魏晋隋唐的"士族"含义大不一样，主要指"士人之族"。

② 但是在北宋前期贫寒士子中举的事例很多，他们并非有十分宽裕的经济基础。著名的如杜衍"赵州人，父早卒……往来孟、洛间，贫甚，备书以自资"。（《宋朝事实类苑》卷一二《名臣事迹·杜衍》，第 119 页）石守道"为举子时，寓学于南都，其固穷苦学，世无其比"。（《宋朝事实类苑》卷一二《名臣事迹·石守道》，第 133 页）王随"举进士时，甚贫，游于翼城，通人饭镪，执而入县"。（《宋朝事实类苑》卷一二《官政治绩·文潞公》，第 271 页）终慎思"大名人，家贫苦学，衣冠故弊，风貌寝陋"。（《宋朝事实类苑》卷一二《文章四六·终慎思》，第 519 页）

③ （宋）王十朋：《梅溪集》卷一七《代笠亭记》。

然只是一时的感慨，但这种感慨却是意识到士人与其他生命的不同，而区隔出一个士人阶层。也就是说，具有"儒"的身份可能是受到社会价值、家庭因素的影响，但个人的生命却因此与众不同，开始了士人阶层的生活模式。①

宋代实现了科举制的制度化，作为一种成熟的"社会机制"，使社会长期保持有一部分人以读书应举为主要生命目标和生活模式，即所谓"儒业"，这部分人被称为"儒"或"士人"。读书为"士"成为这部分人的职业，"士"也成为与"农、工、商、佛、道"相并列的身份。

但同时士人阶层又是流动的，一个士人家庭除非自身努力维持读书的传统，否则也很容易丧失士人身份。杨万里就曾感慨道："予观乡里士大夫之家，盖有儒其躬，而农其子者矣；盖有儒其子，而农其孙者矣；盖有儒其躬，儒其子，儒其孙，而农其曾孙者矣。"②

（二）南宋地方士人的分层及其对地方的关注

读书为士人，前途只有两个：一个是一举科举及第，或是努力多年，最终及第，如王十朋；另一个是一无所获，这部分人占士人中的绝大部分。北宋时，士人阶层来源广泛，但读书应举大多都是相同的目的。上述南宋录取名额有限，真正能够及第的士人少之又少，还有一部分通过州级和路级考试的士人尚能够拥有"乡贡进士"自傲于乡里。③落第士人往往困顿场屋多年无法及第，成为场屋之老人。黄文雷《临行》自述："身是江湖老秀才。"胡仲弓"赴试不售，浪迹数年，终赛遇合"④，其《宫怨》中云："一言曾忤君王意，闭在长门十五年。"抒尽心中无数的被科举、被统治者拒绝的悲哀。罗与之"端平间累举不第，遂归隐"⑤，他干脆

---

① 参见陈雯怡《从官学到书院——从制度与理念的互动看宋代教育的演变》，第301—302页。

② （宋）杨万里撰，辛更儒校笺：《杨万里集笺校》卷八一《罗氏一经堂集序》，中华书局2006年版，第3277页。

③ 前述唐代出现"乡贡进士"等头衔，宋代比唐代更盛行，墓志铭中处处可见。可参看龚延明《宋代及第进士之鉴别》，载氏著《中国古代职官科举研究》，中华书局2006年版，第381—391页。

④ 《两宋名贤小集》卷二九八，文渊阁《四库全书》本。

⑤ 《两宋名贤小集》卷二六八。

"抛却银袍制菱荷，春风一曲紫芝歌。古来至宝多横道，何事荆山泣下和"①，以诗歌来发泄自己空有才能无法发挥的满腔愤怒，他的归隐其实是时代强加给他的迫不得已。而众多下第士人，羞于回乡，流落异乡，以待再次考试，生活贫困潦倒，令人神伤。②

有些士人即使反复多年勉强及一第，也是受尽了科举的折磨，在中举之时反毫无欣喜之感，他们也是科举之途壅塞的受害人。吕祖谦对此曾经慨叹道："呜呼！士方少时，心壮力强，谓天下事直差易耳。年运而往，更涉险难，仅得一官，欣然俯首就之，姑以少偿其铅椠之劳，曾不得须臾以死。"③

对于少数幸运者而言，无论及第时年老或是青壮年，及第仕宦都是生命第二个阶段的开始。身份虽然转变，但宋代官位有限，每年及第的人数又众多，源源不断的进士除了少数官位显赫外，绝大多数可能只是在任时间不长的小官。加上待阙的时间延长，再有丁忧居丧、奉祠、贬斥、辞官等因素，使宋代官员"居官之日少，退闲之日多"④。在居闲之时，这些"士大夫"与士人生活的差异并不大。可能同样维持着读书的习惯，虽然没有应科举的压力；同样访友论道，以及从事士人的文化的活动；同样因为经济的需要和个人的志趣，进行教学的活动。所以当士大夫没有差遣的时候，实际上回到了士人的生活状态。多数士人仍以知识谋生，如被延聘

---

① 《两宋名贤小集》卷二六八。

② 宋元话本中有很多对此类士子的描述。"却说绍兴十年间，有个秀才，是福州威武军人，姓吴名洪。离了乡里，来行在临安府求取功名。指望：一举首登龙虎榜，十年身到凤凰池。争知道时运未至，一举不中。吴秀才闷闷不已，又没甚么盘缠，也自羞归故里，且只得胡乱在今时州桥下开一个小小学堂度日。等待后三年，春榜动，选场开，再去求取功名。逐月却与几个小男女打交。"（程毅中点校：《宋元小说家话本集·西山一窟鬼》，齐鲁书社2000年版，第212页）甚至也有士子因落第忿而出家为僧。"话说大宋高宗绍兴年间，温州府乐清县，有一秀才，姓陈，名义，字可常，年方二十四岁……绍兴年间，三举不第，就于临安府众安桥命铺算看本身造物。那先生言：'命有华盖，却去官星，只好出家。'陈秀才自小听得母亲说，生下他时，梦见一尊金身罗汉投怀。今日功名蹭蹬之际，又闻星家此言，忿一口气，回店歇了一夜，早起算还了房宿钱，雇人挑了行李，径来灵隐寺投奔印铁牛长老出家，做了行者。"（程毅中点校：《宋元小说家话本集·陈可常端阳仙化》，第712页）

③ （宋）吕祖谦：《东莱吕太史文集》卷一二《永康陈君迪功墓志铭》，《四部丛刊续编》本。

④ 出自《延祐四明志》卷一四《学校考·本路乡曲义田庄》，《宋元方志丛刊》，第6册。参见梁庚尧《豪横与长者：南宋官户与士人居乡的两种形象》，载氏著《宋代社会经济史论集》，第474—536页。

在书塾、书院教学，或担任启蒙工作的乡先生等。像苏州人龚明之以授徒为业，同时致力举业，为期 30 余年，到 80 多岁才得以特恩授官。① 四明袁氏中的袁章、袁方、袁樌也是在大半辈子中一面教书，一面准备考试。袁章 50 岁才中进士，袁樌则 56 岁才举特奏名进士。② 知识成为士人的谋生工具，各有专业发展，但在科举社会中"士人"所从事的是进可攻、退可守的儒业，这样的身份，使他们可以突破职业樊篱与官民的界限，出入县衙。由于学识相当、求学背景相同的同乡、同学交游结社，相互来往，在基层社会自然形成具有影响力的优势群体。

在众多举子竞争中，只有少数资质优异、努力不懈或幸运者，才能中举入仕，成为官员。在宋代重视文官的政治传统中，进士出身除了可望晋升高位外，也获得社会的尊崇。不过，由于官多职少，要谋求高位，也要面临许多竞争与挑战。大多数的官员只能随宦海浮沉，或在地方担任基层的亲民官、州县学教授等职，久居下僚。有的官员在此时急流勇退，回到乡里从事教学及启迪后学的工作。像开启四明学风的楼郁，中进士后在家乡教书三十多年③；苏州士人朱长文中进士后，以疾不仕，回到家乡从事教学，并与同时退居苏州的士人崇大年、卢革、徐积等，一起推动地方文化活动。④ 两宋之际江西吉州士人王庭珪，及南宋中期金坛人刘宰，也都只短暂任地方官，即因与当道不合，退隐回乡，从事乡里教化与救济活动。⑤

即使是出任高官的士人，晚年也回到乡里。在官场的激烈竞争中，只有极少数的人，或才能卓越，或因缘际会，才得以平步青云，获致高位；即使如此，这些官员也会遇上待阙、丁忧、贬斥，甚至自愿辞官或年老致仕，而要回归乡里。从元祐起，士人因政见不同，相互攻讦，掀起激烈党争，官员或斥或用，变易无常，士大夫难以久居高位，被贬或居乡，成为常例。南宋以来，先是和战形势丕变，主政者更迭不已，等到秦桧主和专

---

① 参见邓小南《龚明之与宋代苏州的龚氏家族》，《中国近世家族与社会》，"中央研究院"历史语言研究所 1997 年版，第 81—83 页。

② 黄宽重：《宋代四明袁氏家族研究》，《宋史研究集》第 23 辑，第 485—490 页。

③ 黄宽重：《宋代四明士族人际网络与社会文化活动》，第 630 页。

④ 参见邓小南《北宋苏州的士人家族交游圈：以朱长文之交游为核心的考察》，《国学研究》第 3 卷，北京大学出版社 1995 年版，第 452 页。

⑤ 刘子健：《刘宰和赈饥》，载氏著《两宋史研究汇编》，联经出版事业有限公司 1987 年版，第 307—359 页。

权，大肆排斥异己，异议者相继被贬或罢归乡里，像张浚、赵鼎被贬，受到牵连而贬谪归乡的官员为数颇多。孝宗即位后，独断朝政，宰职难得久任，旋即外放或罢归。可以说从北宋晚期到南宋中叶这一段相当长的时期，政局变动频繁，官员除极少数人外，难以长期秉政。况且南宋以来，官多阙少的问题愈益严重，待阙的官员愈来愈多，而且年限更为延长，使得高官或名宦赋闲在家的现象相当普遍。南宋史浩即说"贤大夫从官者，居官之日少，退闲之日多"①。像史浩、汪大猷、楼钥、朱熹、吕祖谦、袁燮等名臣，都曾长期乡居。退出朝政，虽不免难伸壮志，但他们拥有高官、名士的威望，在家乡仍是地方上领袖一方的耆老，主导或推动地方事务；而且乡贤的身份与仕宦的经验，既是朝廷了解吏治、掌握舆情的重要管道，也是地方官征询政务的重要对象。这样的身份，使他们在乡里，仍然能拥有一言九鼎的分量。②

从上述我们可以看到科举制下地方上士人已经具备一定的分层。第一是科举及第后没有差遣的官员，即上述丁忧居家、奉祠里居，或者待阙乡里者。这部分人有官的身份和差遣经历，但却过着地方士人的生活。第二是参与官府的赈济活动，或是门荫而授予的低级文武散官。这部分人因此也有官的身份，但却没有差遣的经历，而且多数不能参加官员的磨勘。③第三是参加过路级和州级科举选拔，没有突出重围者，但却已经向成功迈进了第一步，因此这部分人在地方也很有威望。第四是连州级科举选拔也没有通过的人，这部分人连落第者也称不上，仅能称得上"业进士"，或是"进士"。这部分人还会出现分化，或者放弃科举改投他业，或者落魄度日，但却因为读书识字而无法被社会忽视。州县学的学生并不一定属于第三层次，因为并不是每个人都以科举为目的的。我们还可以把这四个阶层的地方士人归为两大阶层：上层是第一、第二个阶层，下层是第三、第

---

① （元）袁桷纂：《延祐四明志》卷一四《本路乡曲义田庄》，《宋元方志丛刊》，第6册，第6343页。

② 邓小南先生认为朝廷及其使者对乡居士人的格外重视，与当时政府对对方的统治能力不足有关。士大夫由于其经济条件的充裕、组织经验的丰富、人际关系的熟悉而在乡里有着广阔的活动空间。他们既是乡村形势户中的主干势力，又因其文化素质较高、对政府行为有一定理解力，而得以在政令推行、"教化"普及过程中占据优势地位。国家权力向基层社会的延伸，事实上有赖于这类"地方精英"的配合。见氏著《〈祖宗之法〉与官僚政治制度——宋》，载吴宗国主编《中国古代官僚政治制度研究》，上海辞书出版社2003年版，第263页。

③ 很多富民也因为参加赈灾而被授官，后面章节的阐述中会具体人物具体分析。

四个阶层。是否科举及第或者有官的身份是上层的标志。①

　　总的来看，乡居的官员或在乡谋生的士人，都是地方的精英群体。邓小南先生认为"他们对于自身身份的共识，主要建立在文化（包括道德）修养的基础之上，是否已经通过了科举、是否曾经入仕，并不构成人们相互交往中的重大障碍。换言之，当时生活在地方的士人们，在'择群'时所看重的，主要不在于对方以往或目前的仕宦身份，不在于一时的'穷达'，而更注重其本人的文化背景"②。他们虽然在科举上际遇不同，在仕途上荣枯有别，但对乡里的共同关怀，使他们彼此联系，互相援引，而且习于以乡里事务为话题。于是，他们或以个人或借群体的力量，从事慈善救济、公共建设，推动公益活动或排纷解难，成为乡里长者。③ 其中像社仓、义役、乡曲义庄等社会救助活动，不仅由士人出面组织，而且有规章与制度性的管理，以及长期的运作，形成地域性的互助团体，他们扮演着稳定社会秩序的正面角色。④ 这种经由士人间的合作所形成的地方意识，超越个人与家族，其所发挥济世理念的群体意识，正是南宋基层社会的一大特色。⑤

三　南宋士人阶层发育的地域差异

　　到底南宋时期的士人有多少？这是一个无法准确回答的问题，只能做出粗略估计。李兵先生曾对此有过估计，见表1—5。

---

　　① 上节提到张仲礼将整个明代绅士可分为上、下层两个集团：上层集团则由学衔较高的以及拥有官职——不论其是否有较高的学衔——的绅士组成；下层集团包括生员、捐监生以及其他一些有较低功名的人。（见氏著《中国绅士——关于其在19世纪中国社会中作用的研究》，上海社会科学院出版社1998年版，第1—4页）尽管名称不同，但南宋的地方士人的分层与此类似。相比之下，南宋下层士人的界限就要模糊一些了。

　　② 邓小南：《北宋苏州的士人家族交游圈》，《国学研究》第三卷，第479页。邓先生研究北宋苏州士人的家族交游圈后认为，曾经科举成功、仕途得意者，如元绛、程师孟等人，通常是地方士人圈的核心人物，而朱长文、方惟深等人，或仕途偃蹇，或科举不第，这并不影响他们闻达于一方。不仅如此，退休回到地方的朝廷命官，一般并不高自标识，反而有意表示谦抑，以期"求同"于周围士人。

　　③ 参见梁庚尧《豪横与长者：南宋官户与士人居乡的两种形象》，氏著《宋代社会经济史论集》，第474—536页；黄宽重《宋代四明士族人际关系网络与社会文化活动》。

　　④ 杨宇勋：《取民与养民——南宋的财政收支与官民互动》，台湾师范大学历史研究所专刊31，2004年，第396—397页。承杨先生惠赠大作，谨致谢忱。

　　⑤ 黄宽重：《从中央与地方关系互动看宋代基层社会演变》，《历史研究》2005年第4期。

表1—5　　　　　南宋省试录取比例及全国士人的总数统计①

时间	录取比例	及第人数	举人数	推算士人数	资料来源
建炎二年	十四人取一人，7.1%	554	7800 +	195000 +	《宋会要辑稿·选举》四之一七，第4299页
绍兴二年	同上	550	7750	193750	同上书四之二四，第4302页
隆兴元年	6.4%	826	12900 +	322500 +	《文献通考》卷三二
乾道五年	十五人取一人，6.6%	774	11700 +	292500 +	《宋会要辑稿·选举》四之三九，第4302页
淳熙二年	十六人取一人，6.3%	1013	16000 +	400000 +	同上书五之三，第4314页
嘉定元年	十七人取一人，5.9%	1071	18000 +	450000 +	同上书六之九，第4334页
嘉定四年	十七人取一人，5.9%	1144	19400 +	470000 +	同上书六之九，第4334页

通过估算建炎二年（1128）至嘉定元年（1208）的80年间全国士人数量情况，可以很明显地看到士人的数量是成倍数增加。

不言而喻，因为不同地域社会经济发展的速度有所差异，不同地域的士人阶层发育程度是明显不同的。这主要体现在士人群体数量的地域差异，以及士人群体发育速度的地域差异上。

（一）士人群体数量地域的差异

因为资料的局限，不能具体考察南宋某个地域士人的数量，但是最终进士及第者是可以基本掌握的。在经过层层筛选之后，到达最后进士及第的人数是少之又少。有学者通过处于科举考试金字塔尖的进士来想象参加初级考试的人数。

贾志扬曾对南宋进士分布有过精彩阐述。他将南宋诸路分为成功的路和不成功的路，成功的路每个都有1500多名进士，他们主要在东南（福建、两浙东路和西路，以及江南东路和西路），其次是四川（成都府路和梓州路）。这些路的优势很大，他们在南宋共16个路的全部进士数中占84%。不成功的路是在南部和中部的诸路（京西南路和广南、荆湖各

① 转引自李兵《书院与科举关系研究》，博士学位论文，厦门大学，2004年。

路），在四川缘边的路（利州路和夔州路）以及长江以北的淮南东路和西路。除了荆湖南路外，这些路没有一个进士在四百名以上。①

进士及第者自然属于科举竞争的金字塔顶者，处于这个金字塔中和金字塔最底部的，数量更巨大，当然参加"省试"者和"解试"者人数依次会成倍增加。学者多从这个进士及第者的比例上认为南宋不同地域间士人数量差别之大。这是大家公认的一种推测结论。

但事实上一个州的"解额"在北宋和南宋相差不是很多，参加科考的士人在北宋和南宋差距却非常大，并不是以进士及第者的数量能比较出来的，所以由进士及第者的数量来感觉各地士人群体的数量会产生错觉。② 我们可以从占士人很大部分的以科举为目标的"进士"参加考试的人数来推断这部分以科举为目的的士人占当地总人口的比例。

首先看福建路的首府福州。从北宋到南宋，福州的教育一直在扩张，士人大量增加，考试竞争也愈来愈激烈。③ 福州的解额在北宋治平四年（1067）为31人，到南宋绍兴二十六年（1156）增为62人。可是参加解试的人数很多，绍兴九年（1139），福州已成为"儒学最盛之地，三应诏，盖八千余人，而以春秋求补入学者几半"④。乾道元年（1165），投考者空前增加，"（福州）今年秋赋，投家状者于有司者，万有七千人。乡举之众，天下莫比，亦闽中昔日之所未有也，可谓盛哉！"⑤ 这一状况出现，导致早前元祐五年（1090）设置专门用来考试的贡院无法满足这么

①　转引自贾志扬《宋代科举》，第200—201页。

②　如四川地区在北宋初期就因士人应举者少，致使科举及第人数就要明显少于其他地区。"蜀中士人，旧好古文，不事举业，迨十五年，无一预解名者。景德元年，李畋与同门生长及、张逵诣州请解……是岁仍奏给三人驿券赴京，两川士子，目为盛事，方奋起家荣乡之志。"（宋）江少虞：《宋朝事实类苑》卷五七《知人荐举》，上海古籍出版社1981年版，第749页。

③　梁庚尧认为南宋福州州学无论养士额或在学人数，都要比北宋元丰年间以前来得多，而不逊于北宋元祐八年，至于崇宁元年以后的情形，那是特殊状况。但是更加值得注意的发展，是参加入学补试的人数达到四五千人之众，而录取名额只有十分之一，竞争十分激烈。在北宋元祐五年（1090），即使是当地的解试，也只有三千人参加，南宋福州士人竞争进入州学的盛况，恐怕不是北宋时期所能想象的。见氏著《宋代福州士人与举业》，《"宋代墓志史料的文本分析与实证运用"国际学术研讨会论文集》，台湾东吴大学，2003年，第13—20页。

④　（宋）梁克家纂修：《淳熙三山志》卷一二《版籍类·赡学田》，《宋元方志丛刊》，第8册，第7886页。

⑤　（宋）王之望：《汉滨集》卷一六《福唐解试告谕举子文》，文渊阁《四库全书》本。

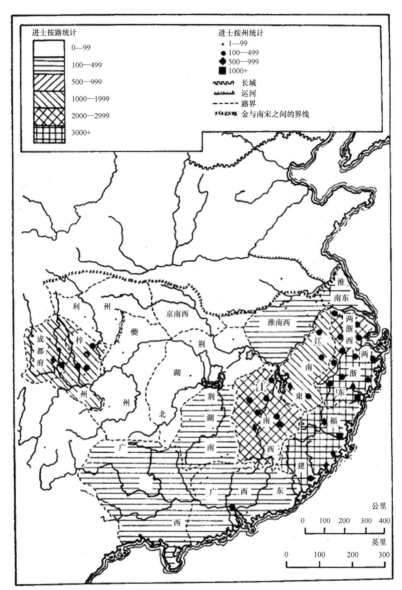

图1—2　南宋进士的地域分布①

多应考者的需求。对此，福州州府不得不扩充贡院范围和人手，参政王之
望有戒谕云："本州仰体朝廷之意，以宾兴为重事，开斥贡院，编排坐

---

①　转引自贾志扬《宋代科举》，第197页。

次，增添内外执事等人。"① 淳熙年间，福州各县参加解试的举子人数继续膨胀，淳熙元年（1174），福州岁试者 2 万人。② 淳熙十三年（1186）福州每岁就试之士，不下万四五千人。开禧三年（1207）福州终场万八千人③，而到南宋晚期，更有"进士三万终场，于今为盛"④ 的说法。淳熙九年（1182）福州户口数为主客户为 321282 户，其中主户为 211590 户，客户为 109692 户。⑤ 按照南方人口人均约 6 人来算⑥，32 万户有 190 万人之多。而参加考试的士子按 2 万来计算，这部分士人占总人口的 1/95，约为 1.05%，如果参加考试的士子有 3 万，那么这部分士人占总人口的比重会更大。再考虑进去当地没有参加科举考试的人，全部士人占总人口的比例会更高。

我们再来看看江南东路徽州的情况。"新安自国初贡士之数盖少。……宣和五年复进士科，以十人为额……而郡终场者千一百有十八人……近岁士益多，毋虑二千人云。"⑦ 参加考试的进士按照两千人算，那占徽州总人口的比例是多少呢？南宋徽州户口数见表1—6：

表1—6　　　　　　　　　　　南宋徽州户口数一览

年代	户数	资料出处
乾道八年 （1172）	122014 112595（主） 7488（客） 1931（城内外）	《新安志》卷一 《户口》⑧

---

① （宋）王之望：《汉滨集》卷一六《福唐解试告谕举子文》。

② （宋）梁克家纂修：《淳熙三山志》卷七《公廨·试院》，《宋元方志丛刊》，第 8 册，第 7850 页。

③ 《宋会要辑稿》二二之六《选举》。

④ （宋）祝穆：《方舆胜览》卷一○《福建路·福州》所引四六文。

⑤ （宋）梁克家纂修：《淳熙三山志》卷一○《版籍一》，《宋元方志丛刊》第 8 册，第 7879 页。

⑥ 程民生：《宋代家庭人口数量初探》，《浙江学刊》2000 年第 2 期。吴松弟先生估计南宋的平均家庭人口，最保守的估计也应在 5 口以上，或许 5.2 口比较稳妥一些。（见氏著《南宋人口史》，上海古籍出版社 2008 年版，第 114 页）笔者采用程民生先生的观点。

⑦ （宋）罗愿撰，萧建新、杨国宜校著：《〈新安志〉整理与研究》卷八《进士题名·叙》，黄山书社 2008 年版。第 238 页。

⑧ （宋）罗愿撰，萧建新、杨国宜校著：《〈新安志〉整理与研究》卷一《州郡·户口》，第 25 页。

续表

年代	户数	资料出处
宝庆三年 （1227）	134942 3098（坊郭主户） 121649（乡村主户） 789（坊郭客户） 9406（乡村客户）	《弘治徽州府志》 卷二《户口》

徽州居民"其在郡城中者，乾道户千二百八十一，口六千八百五十八"①，户均5.3人。那122014户就是646674人。宝庆年间，坊郭主户"三千九十八，口一万四千一百七十五"，户均4.5人；坊郭客户"七百八十九，口三千五百二十七"②，户均4.4人。平均按照户均4.45人算，134942户是600492人。后者人口比前者居然还要少，这个问题暂且放到一边。徽州人口在60万左右当不成问题。而参加科举考试选拔的有2000人，约占徽州总人口的1/300，约为0.333%。相比福州来说，徽州士人占总人口的比例要小很多了。

江南西路。吉州在北宋时就以欧阳修而闻名天下，南宋绍熙三年（1192）吉州修贡院，"是秋赴举者踰万人，冠带俨然，几案绳然，尽三日出入，无哗场屋之盛，前所未有"③。参加科考的士子在1192年时有上万人。南宋吉州人数已失，现在只能靠元代的记载去估计。吉州到元朝改

① （宋）罗愿撰，萧建新、杨国宜校著：《〈新安志〉整理与研究》卷一《州郡·户口》，第25页。

② （明）江舜民纂修：《弘治徽州府志》卷二《户口》，《天一阁明代方志选刊》，上海书店出版社1982年版。

③ （宋）周必大：《益国周文忠公全集》卷二八《吉州新贡院记》，《宋集珍本丛刊》。原文为："庐陵为江西大州，文武盛于诸路。承平时应诏率数千人，试无定所，学宫、佛寺，取具一时。绍兴十四年，始度地于糖食巷，为屋二百余楹。其后至者益多，无可展之地。或畏蹂践望，而去之。众议欲迁久矣。绍兴壬子，大理寺丞胡侯长卿被命出守，崇化以礼士，节用而爱人，政成岁丰，锐意改作。得五代水军废营于城中，地广百亩，间民畦而为圃者若干户，乃厚予直而取之。鸠工聚材，徙旧图新，为屋五百十有八间，修廊布席，居五之四，议道校艺之堂，分职涖事之所，视昔大抵加倍，崇墉之外，周以通涂，高门四阗，宛如城闉，凡靡钱万缗，粟千五百斛，转运林君是亦助其费。经始闰二月甲寅，以五月庚子讫工。是秋赴举者踰万人，冠带俨然，几案绳然，尽三日出入，无哗场屋之盛，前所未有。"从文意来看，贡院修建于"绍兴壬子"，即绍兴二年（1132），但是前述为绍兴十四年，后面时间只应在其后。"壬子"应无误，"绍兴壬子"年后的六十年为1193年，恰好为"绍熙四年"，故而笔者判定此处周必大所言之"绍兴壬子"是传抄错误，应为"绍熙壬子"。

名吉安路，所辖范围与南宋相同，元代吉安路户 444083，口 2220415。①
此数字与南宋末年相差不会太远，估计南宋中期吉州有 200 万人应不成问
题。以此估计绍熙三年（1192）吉州参加科考的士子占吉州总人数的
0.5%，应不成问题。南宋时抚州参加科考的士人在淳熙十三年（1186）
时亦有三千人。② 淳熙三年（1176）抚州的主客户有 215822 户，按每户 6
人计，至少有 126 万人，则该年参加抚州科举的士人占总人口的比例为
0.238%，比例不高。

　　再看两浙西路的严州。"贡院在州学之西，宾兴就试者余七千人，解
额仅十八人。"③ 在景定年间（1260—1264）为"户一十一万九千二百六
十七"④，也即约 12 万户，如亦按每户约 6 人计算，严州有 72 万人。参
加考试的士子占总人数的比例约为 0.97%。平江府。乾道四年（1168）
时参加科举考试者至两千人，到 13 世纪初的时候增加到四千几百人。⑤
在淳熙三年（1176）的时候，平江府有 20 余万户，按每户 6 人算，有
120 万人，此时距离 13 世纪初尚近。按照参加考试士子有 4300 人算，占
总人数的 0.36%。

　　两浙东路的台州。在嘉定年间"自是应书者……近岁至八千人"⑥。
在嘉定十五年（1222）时所辖五县户总数为"主客户二十六万六千一十
四户"⑦，按每户约 6 人计算，有约 159.6 万人。参加考试的 8000 士子占

　　① 《元史》卷六二《地理五》，中华书局 1976 年版，第 1509 页。
　　② （宋）洪迈：《夷坚志·支甲》卷四《詹烨兄弟》，第 741—742 页。"淳熙丙午……是岁
以赋求举者三千人。"
　　③ （宋）郑瑶等撰：《景定严州续志》卷三《贡举》，《宋元方志丛刊》，第 5 册，第 4372
页。在淳熙年间严州应考士子尚且三千人，近百年应考士子增加一倍还多。见（宋）董弅编
《严陵集》卷九《重修贡院记》，文渊阁《四库全书》本。
　　④ （宋）郑瑶等撰：《景定严州续志》卷一《户口》，《宋元方志丛刊》，第 5 册，第
4354 页。
　　⑤ （宋）周星：《山房集》卷四《平江重修贡院记》，文渊阁《四库全书》本。"太守姚宪
始作贡院，距今四十年，试者至二千人，合五县二百几乡之士，七八十年间增至二千几百人。"
此句有误，集中在距离作者写作时代四十年，参加科举考试的士子有两千人，之后再过七八十
年，居然只比原先增加了几百人。不可思议。笔者判定"增至"应该解释为比原先增多了二千
几百人，语意便通。
　　⑥ （宋）陈耆卿编纂：《嘉定赤城志》卷四《公廨门·贡院》，《宋元方志丛刊》，第 7 册，
第 7314 页。
　　⑦ （宋）陈耆卿编纂：《嘉定赤城志》卷一五《版籍门三》，《宋元方志丛刊》，第 7 册，第
7409 页。

人口总数约为 0.5%。①

再看四川盆地的潼川府路资州。"庆元初,分漕司贡额于诸郡,资之贡二十有一人,至是增为三十有二,士舍是亡他途也,则就试者因以倍于昔,盖不下五千人,而仅入出于一门。"② 南宋时四川地区虽然实行"类省试",但是参加考试的精神和原则和省试是一致的。南宋资州仅有四县,参加科考的竟然有 5000 人。普州在南宋时士人数量也不少,时人称"普于东川号多士"③。

广南东路潮州,在淳祐十年(1250)参加科考的士子超过万人④,而在南宋末年潮州人数达 116743 户⑤,以每户 6 人计,约有 70 万人,则参加科考的士子占总人数的比例达 1.428%。这个比例要远远高于潮州进士及第占总人数的比例。梅州原本参加考试的士子不满百,"在法:士不满百,并试傍郡,贡院之不设"。而到庆元年间,"连举大比,至数百人,预荐者五"⑥,不设贡院明显不能满足日益增长的士子的需要,因此到庆元六年(1200)专门建设了贡院。

更多的州因为参加考试的士子不满百员,皆就试旁郡。如淮南西路的黄州"建炎兵燹以来,秋赋多附他邦。乾道七年始试于州"⑦。乾道七年为 1171 年,从建炎开始长达 40 年间黄州参加考试的士子不足百人,可见该州在南宋前期士人数量之少。⑧

由于史料有限,能够提供州级考试的数字相当有限,从上述几例中可见那些参加科举考试的士子所占当地人口的比例是参差不齐的。自然这只

---

　　① 方俪璇认为台州嘉定年间户 266000,口 318000,州试应考者 8000 人,约占 2.5%。(见氏著《宋代浙东沿海的士大夫社会——以明、台、温三州为中心》,硕士学位论文,台湾大学,2000 年)很明显是直接用 8000 与口 31 万相比得出的结论。户 26 万有余,每户人口不可能为 1 人多,所以"口318000"明显是有误的,应考士人占总人口的比例肯定要大大低于 2.5%。

　　② (宋)魏了翁:《鹤山先生大全文集》卷三八《资州新创贡院记》,《宋集珍本丛刊》本。

　　③ (宋)魏了翁:《鹤山先生大全文集》卷四四《普州贡院记》。

　　④ 《永乐大典》卷五三四三《潮州府·学校》"贡院"引《三阳志》,第 3 册,第 2465 页。

　　⑤ 《永乐大典》卷五三四三《潮州府·户口》引《三阳志》,第 3 册,第 2455 页。

　　⑥ (宋)周必大:《益国周文忠公全集》卷五八《梅州贡院记》。

　　⑦ (宋)楼钥:《攻媿集》卷五四《黄州贡院记》,《丛书集成初编》本。

　　⑧ 处于南宋、金边境上之州县,原本在北宋时为人口繁盛、士人较多之乡,但因战乱,人口大量减少,以致使士人数量也大为减少。如淮南东路的泰州和高邮军就属于这种情况,"二郡昔号多士,名辈相望,民纯恪易治",但南宋时已然民风大变。见(宋)陈造《江湖长翁文集》卷二一《兴化县移建学记》。

是参加科举考试者占总人口的比例，如果包括那些放弃科举和以教书为生的读书人，士人在当地人口占的比例应该还会增加。

各个州府内部的不同县份士人数量也是有很大差异的。但因记载缺失，相关数据已经无法找到。姑且按进士及第者的数量多寡与参加考试者的数量成正比，暂用江西各县进士及第的数量来说明地区内部的士人数量之差异。

表1—7　　　　　　　　　南宋江西各县进士分布①

州军	数量	比例（%）	州军	数量	比例（%）	州军	数量	比例（%）
洪州			袁州	32	0.9	筠州	114	3.2
南昌	90	2.5	宜春			高安		
新建	57	1.6	分宜			上高		
奉新	18	0.5	萍乡	4		新昌	1	
丰城	18	0.5	万载	30	0.8	抚州		
分宁	21	0.6	吉州			临川	284	7.9
武宁	17	0.5	庐陵	202	5.6	崇仁	55	
靖安	23	0.6	泰和	89	2.5	金溪	9	
进贤	40	1.1	吉水	141	3.9	宜黄	55	1.5
饶州			永丰	51	1.4	乐安	42	1.5
鄱阳	46	1.3	安福	84	2.3	南康军		
余干	124	3.5	龙泉	14	0.4	星子	31	0.9
乐平	90	2.5	万安	16	0.5	建昌	76	2.1
浮梁	113	3.1	永新	68	1.9	都昌	120	3.3
德兴	205	5.7	信州			建昌		
安仁	37	1.0	上饶	62	1.7	南城	286	8.0
虔州			玉山	44	1.2	南丰	114	3.2
赣县	34	0.9	弋阳	4		新城	32	0.9
于都	5		贵溪	91	2.5	广昌	19	0.5
信丰	1		铅山	18	1.0	临江军		
兴国	6		永丰	13	0.4	清江	99	2.8
会昌			江州			新淦	72	2.0

① 资料来源：光绪《江西通志》卷二〇一二四《选举表》。

续表

州军	数量	比例 （%）	州军	数量	比例 （%）	州军	数量	比例 （%）
安远			德化	1		新喻	59	1.6
龙南	1		德安	15	0.4	南安军		
宁都	32	0.9	瑞昌	5		大庚	18	0.5
瑞金	2		湖口	7		南康	27	0.8
石城	5		彭泽	7		上犹	8	

从表1—7中可以发现抚州和吉州的进士数量是居于前两名的。① 故
而这两个地区的士人数量也是江西诸县最为庞大的，士人阶层的实力也就
相对强大些，士人参与地方公益事业的可能性也就更大。

（二）士人阶层发育速度上的地域差异

不可否认，南宋时期不同地域"士人阶层"发育的速度是明显不同
的。基本上在北宋时，江南东西路、两浙东西路、福建、四川诸路就已经
达到一个比较高的程度。而总体上广南两路以及荆湖北路则相比要差一
些，直到南宋才有某些州府达到一个比较高的水平。兹以两浙东路、福建
路、广南两路加以说明。

两浙东路在南宋时应科举的人数成倍地增长。台州乾道七年（1171）
时约有3000人应举，随后立即增加至五六千人应举，到嘉定十四年
（1121）时已经有8000人应举。五十年间增长了2.7倍，其速度增长之快
令人惊讶。

应举人数的激增，政府却并未相应增加解额。以台州为例，《嘉定赤
城志》卷四《贡院》：

> 解额旧制三岁五人。崇宁中行三舍法，岁贡一人，大比贡四人。
> 宣和中复科举，三岁解八人。绍兴三十一年（1161）合流寓三人为
> 十一人。以令终场数绳之，几于千取其一，盖与温、福等州，最号人

---

① 正因这两个地区士人势力相对比较大，故而美国的 Robert Hymes 和英国的 Anne Gerritsen
分别选取这两个地区进行研究。前者所著为 *Statesmen and Gentlemen*：*The Elite of Fu-chou*，*Chiang-
hsi*，*in Northern and Southern Sung*，Cambridge：Cambridge University Press，1986；后者所著为 *Ji'an
Literati and the Local in Song-Yuan-Ming*，Leiden：Brill Academic Pub，2007。

盛员窄。处士至奔进，易乡贯，去井邑，求试于漕台，于太学，盖亦势所必至也。傥均而广之，使为士者不窘于较艺，而又不重摇其心，则岂惟一郡之幸哉！

由此可见当时台州录取率之低，就算是乾道七年（1171）时，录取率也只有0.37%，竞争异常激烈。而与毗邻的温州和福州可说是全国竞争最为激烈的几个州郡。并且导致士子移动到解额较多的州郡，或是参加解额较宽的漕试，或是补入太学，以求得考试及第。对于此现象，叶适曾提到温州的情况："温之士几万人，其解选拘于旧额，最号狭少，以幸为得尔。"[1] 刘宰也说："顾今天下士子多而解额窄者，莫甚于温、福二州。……温州终场八千人……旧额十八名。"[2] 明州在宣和罢三舍法，复科举，三岁一试，解12名。绍兴二十六年（1156），兼流寓共通解14名。一直到端平元年（1234）才赠解额14名，共28名。[3] 而参加解试的士子人数，据袁燮的描述："吾乡之士，习经术者惟书最众。三年大比无虑数百人，以名贡者才一而止。"[4]

参加科举激烈的情况，自然反映在作为科举考试专用考场的贡院的建造与增修上。[5] 由于应举人数的不断膨胀，所以到孝宗乾道年间（1165—1173），明州和台州都开始兴造贡院。随后，又因人数的快速增加使得旧

---

① （宋）叶适：《叶适集》卷二三《包颙叟墓记》，中华书局1962年版。

② （宋）刘宰：《漫塘文集》卷一三《上钱丞相论罢漕试太学补试劄子》，《宋集珍本丛刊》本。

③ （宋）罗濬、方万里纂辑：《宝庆四明志》卷二《贡举》。

④ （宋）袁燮：《絜斋集》卷一九《台州仙居县主簿戴君墓志铭》，文渊阁《四库全书》本。

⑤ 关于南宋贡院修建的情况与时代背景，可参见梁庚尧《南宋的贡院》，收入氏著《宋代社会经济史论集》下册，第118—164页。他认为：在南宋中期以后，全国各地兴建贡院，并且成为长期、固定的建筑物。不同于北宋晚期，地方贡院随舍法的兴废而成毁。这说明科举文化至此已经趋于成熟。另外，参与兴修此工程的几乎都是当地士人或地方官，表现出此一阶层对于本身公益的关注，也显示他们对于地方施政的影响。我们从此一阶层对于本身公益的关心，似乎能发现此阶层的集体意识已经开始出现。杨宇勋还认为地方士人的态度有时反比地方官更为积极，这些热心的地方士人，以就读太学获得免解资格的士人、官学的学官和学生、乡居官员、地方学者等居多，而其中尤其以官学学生提出要求的情况最多，反映出地方士人对于自身权宜的关注，也显示士人参与地方公共事务的热忱。见氏著《取民与养民——南宋的财政收支与官民互动》，第384—397页。

有的贡院不敷使用而再次增修。至于温州的情况，陈傅良在淳熙十四年（1185）说："自中兴，永嘉为次辅郡，其守选盖多名卿大夫矣。然境内有宜治者三：间岁贡士群试且万人，于浮屠宫中草舍托处，一宜治。……吴兴沈公（枢）治郡之明年……于是作贡院。"① 可见南宋时期两浙东路士人群体急剧增加的情况。

在北宋时福建路的士人阶层就已经迅速崛起。至北宋三次兴学后，地方州县学发展到高峰，如"（大观元年）福州养士至千人"，胡寅提到崇宁兴学时福建州学的发展："舍选之制隆洽，则又斥大而华侈之。"② 官学组织已系统化并有高度的一致性，各个州县基本上都建立了儒学。地方政府花费在教育上的财力可观，相对造成财政负担等流弊，但对于减轻士人的经济负担及提升士人社会地位，无疑有正面的贡献。宋代对学校的设立，较五代时更为重视，不但政府赐学田及书籍给州县学，士大夫也多捐钱或捐田充学校经费，官学教育配合科举的课程，而其工作人员又管理着科举的准备工作，"长乐大府（福州）祥禧以来，文物岁盛，自景祐建学，大比例为集试所……（元祐五年）朝廷下学及孔子庙不得试进士之制"③。王安石云："兴化多进士，就乡举者常八九百人，而学舍敝小，无文籍，公（陈执方）至则新而大之，为之讲书，而国子之所有者皆具，时庆历中也。今三岁一诏就试，凡六千九百三十四人，几七倍也。"④ 徽宗时更废除州试，代之以通过学校系统提升，州县学学生在通过科举前即获得一定的名声及经济利益，如免费膳宿或免役。⑤ 在种种有利因素下，读书应举也成为福建路普通民众谋生的方式之一，自哲宗元祐五年（1090）至北宋末期，福州举士由 3000 人增至 15000 人，《淳熙三山志》记福州试院之增筑："是时（元祐五年）举士才三千，峨冠鹄袖，雍容而

① （宋）陈傅良：《止斋先生文集》卷三九《温州重修南塘记》，《四部丛刊初编》本。

② （宋）胡寅：《斐然集》卷二一《建州重修学记》，文渊阁《四库全书》本。

③ （宋）梁克家纂修：《淳熙三山志》卷七《公廨类一·试院》，《宋元方志丛刊》，第 8 册，第 7689 页。

④ （宋）王安石：《陈执方神道碑》，转引自《八闽通志·拾遗》卷八六，第 1022 页。

⑤ 《宋史》卷一五七《选举志》："元丰二年，颁学令，太学置八十斋，斋各五楹，容三十人。外舍生二千人，内舍生三百人，上舍生百人……岁赐缗钱至二万五千。又取郡县田租、屋课、息钱之类，增为学费。初，以国子名监，而实未尝教养国子。"每生平均年费十缗又四百文强，自不足维持生活，地方州县学情形也相去不远，学生之富有者，故取给于父兄，清寒者则尤仰于官家廪饩，甚至需做权贵门客家教谋生。

入，其后浸增至于五倍，侧肩争门，坐不容膝。绍兴十七年乃假漕司行台以杀其溢，然犹病其隘也。"参加考试的士子的急剧增加就是福州士人阶层迅速膨胀的表现，而这种膨胀在北宋就已经开始了。

广南两路选择地方志资料比较丰富的潮州为例。① 潮州位处中国东南方，属偏远地方，但唐末五代混战的时势下，北方大量人口南移，其中不乏官宦之家，这些人口为潮州带来人力、资金和知识。以科举考试为例，南迁的官宦世家，入潮后仍不放弃考科举，他们不但为潮州的文学和文化带来新冲击，而且把潮州的文化知识水平提高，令社会的文风进一步提升。另外，南移的人口不免为潮州社会带来压力，因此当中不少人选择读书为事业，希望借着科举一登龙门。潮州与中原一样，自"安史之乱"后经历政治混乱的局面，后来随着有宋一统，各地昔日受破坏的建设都得以重修。然而，如果说唐末五代的混乱令中原元气大伤，那么这片纷乱却造就了潮州，加上入宋后各项的发展，均令潮州的文教倡盛。宋代潮州参加科举人数不断上升，虽然解额的数目没有太大变化，但这正凸显当时应考科的竞争性和激烈性。

表1—8　　　　　　　　　**南宋潮州参加科举考试人数和解额**②

年份	参加考试人数	解额
绍兴二十年（1150）	不逮 2000	20
淳熙元年（1174）	3000	20
嘉泰四年（1204）	4000	20
绍定元年（1228）	6600 余	20
淳祐十年（1250）	10000 以上	23

潮州知州徐璋和周昕最迟于绍兴十年（1140）迁建州学，稳定州学发展、县令陈旦在绍兴年间（1131—1162）迁建海阳县县学、揭阳县县

---

① 潮州地方志有：《永乐大典》"潮"字号所载的宋代潮州地方志、明嘉靖郭春震《潮州府志》、清顺治吴颖《潮州府志》、清康熙林杭学《潮州府志》等资料。

② 《永乐大典》卷五三四三《潮州府·学校》"贡院"引《三阳志》，见马蓉等辑佚《永乐大典方志辑佚》，第 2706 页。

学于绍兴十年（1140）增建、绍定三年（1230）知州孙叔谨建潮阳县县学、淳祐三年（1243）知州郑良臣办城南书庄、知州周梅叟于淳祐九年（1249）创建元公书院。综合潮州州学、县学和学院的发展与宋代潮州应考科举的人数，不难发现两者紧密的关系。由绍兴二十年（1150）至淳熙元年（1174）短短二十年，应试人数便增加 1000 人，及后逐年上升，至淳祐十年（1250）已增加至 1 万多人，而解额数目的比例也由最初的1%，变成后来的 1/434。这种应试人数上升的情况，正好反映宋代国策和知州知县对潮州文教的正面影响。然而，虽然宋代潮州文教大盛，参加科举的人数增加，但这种增加却衍生另外的问题，如考试欠公允、贡院场地未能应付需求、竞争过于激烈，令部分有识之士望门兴叹。通过解额的士子数量并不能说明当地士人的人数，这反映出进士及第者的数量也不能说明参加考试人数之多。①

自然广南两路除了潮州外，广州、桂州亦是士人比较集中的地方。如宋人说"桂州在二广号称士乡，其间固多贤"②。在这些士人集中的州府之外，包括少数民族聚居区在内则是文化相对落后之地，与其他地区不可同日而语。但我们要纠正以前提起广南两路就是文化落后的观点，因为这里也有像潮州一样士人数量相当多的地区存在。因此，宋代不同地域的士人阶层发育的速度是不同的，多数州府的士人阶层在南宋后期都已经有了比较成熟的发育。

---

①　其实潮州官员因为科举竞争太大，未能取录所有有识之士，曾要求朝廷增加解额："自罢舍法，置乡举，每诏以二十人贡。端平御札普增诸郡解额之窄者，遂以辛卯科终场数参考增二名。然视舍法时已减其四。自是就试者日益众，今终场以万以上人，司文衡者每以遗材为叹。枢密包公恢将漕日请于朝，乞增十名得解额，旨增一名。"虽然枢密使包恢未能成功要求增加十名解额，但也不失曾为宋代潮州人向朝廷反映科举竞争激烈的声音。从这个角度可以发现，南宋后期虽然普遍增加了各州的解额，但数量都很少，南宋初解额就比较少的地区，到南宋后期解额依然没有多大增长，反而是参加考试的士子是与日俱增，超乎了我们的想象。《永乐大典》卷五三四三《潮州府·学校》"贡院"引《三阳志》，见马蓉等辑佚《永乐大典方志辑佚》，第2707 页。

②　（宋）张孝祥：《于湖居士文集》卷三〇《邕帅蒋公墓志铭》，上海古籍出版社 2009年版。

第 二 章

南宋士人之"文化权力"

作为南宋社会的一个重要阶层，士人在参与公益事业过程中通过与政府官员和富民等阶层发生互动，从而获得一定的"文化权力"，或者说是因参与公益事业而构建了自身"权力的文化网络"（Culture nexus of power)。① 所谓"文化权力"，包括两层含义：一是文化本身具有的规范性，二是士人通过对文化资源的垄断而获得对社会事务的解释支配权。文化的规范性，是由文化的本质所决定的。② 大概而言，文化的规范性不一定是强制的，它主要是通过价值判断、社会舆论来"濡化"、影响人们的思想和行为。③

"以天下为己任"是朱熹对范仲淹的论断，也是宋代新儒家对自己的社会功能所下的一种规范性定义。宋儒对社会责任的自觉承担来自内外两

① "权力的文化网络"一词首创于美国的杜赞奇（Prasenjit Duara)，即指乡村社会中的政治权威体现在由组织体系和象征规范构成的框架之中。"组织体系"，包括市场、宗教、宗族和水利控制等方面形成的组织以及各种非正式的人际关系网，如血缘关系、庇护人与被庇护人、传教者与信徒等关系；"象征规范"即是"文化网络"中的"文化"，指扎根于各种组织与关系中为组织成员所认同的象征与规范，包括宗教信仰、相互间的感情、亲戚纽带以及是非标准。（参见氏著《文化、权力与国家——1900—1942 年的华北农村》，江苏人民出版社 2004 年版，第 10—25 页）这一概念对于研究中国乡村社会具有重要的方法论意义，使研究者避免将国家与乡村社会简单对立起来的二分法思维方式和将复杂的社会现象、文化现象看成单向联系的线性因果历史观，并借以纠正那种把"社会""文化"笼统地视为一个整体的"整体观"。

② 此处"文化权力"的概念受到徐茂明先生的启发。参见徐茂明《江南士绅与江南社会：1368—1911 年》，商务印书馆 2004 年版，第 61—67 页。

③ 汉武帝"独尊儒术"之后，儒家传统延续了两千多年。家国同构的宗法社会，也使得中国的政治统治借助于庞大繁复的人伦之"礼"而渗透到社会的每一个角落，从而形成了政治支配一切、政治影响无所不至的文化特色。科举制确立之后，儒学经典成为国家选拔官僚的标准读本，又进一步强化了这种伦理型文化的社会规范的功能，其中"三纲五常"更是深入人心，形成了与法律同等的强制性效力。

方面因素。外在因素是社会变迁，尤以中古门第的崩溃最为关键，内在因素则是对古代儒家思想的再发现，如曾子的"仁以为己任"，孟子的"乐以天下，忧以天下"以及东汉士大夫以"天下风教是非为己任"的精神都对宋代新儒家有新的启发。对儒者而言，"以天下为己任"的具体实践不外乎"内圣"与"外王"二大端，易言之，即道德本体与经世致用。"道德本体"属于个人或士人群体内部的事，可以常讲常行；但"经世致用"却由不得士人自己做主，必须依靠"外缘"。① 所谓"外缘"便是顾亭林说的"王者"。"王者"不常见，士人要等待。这又应了孔子的那句话："用之则行，舍之则藏。"不过，儒者强烈的社会责任感和积极的入世意识促使他们并不总是处于消极的等待状态，他们会积极参与到社会公益事业中，以此践行自身的道德准则，从而客观上获得了自身的文化权力。②

第一节　南宋士人获取"文化权力"之先天条件

一　士人在社会上的地位优势

士人之所以为士人，是因其"挟诗书而为士"也③。也就是士人读书而为士，具有比较高的文化水平，能够因此与其他社会群体相区别开来。

在日常交往中，士人表现自身文化的方式有很多种，比如题词、赋诗就成为表现自身文化水平高低的标志之一，甚至有人乐此不疲，废寝忘食。如"饶州德兴县士人董颖，字仲达。平生作诗成癖。每属思时，寝

---

① 余英时：《士与中国文化》，上海人民出版社 1988 年版，第 502—504 页。

② 英国的罗素（Bertrand Russell）在 *Power：A New Social Analysis* 第三章中认为：从社会意义上将权力分为若干种，即僧侣的权力、帝王的权力、赤裸的权力、革命的权力、经济的权力、舆情的权力、教条的权力等。毛汉光先生据此将权力分为下列几种：（1）赤裸的权力：如武力、如打手；（2）传统权力：大多数是依习惯而生活，对于惯例常视为当然，而不去想一下；（3）知识权力与宗教权力；（4）经济权力：经济权力常常衍生其他权力，或表现在其他权力上，但经济因素是人类文化最重要的基因，因此也具有根本性和原始性；（5）舆情权力：凭借宣传力量，制造出社会上共同的欲望、目标、加之标准，而使符合者获得公认的价值，不符合者蒙受压抑。这些权力的组合状况很复杂，而权力组合后的大小可以决定人类在社会上的阶层。以上详见毛汉光《中国中古社会史论》，上海书店出版社 2002 年版，第 4—5 页。很明显，本书所使用的"文化权力"更多的是基于知识权力和舆情权力之上的。

③ （宋）游九言：《默斋遗稿》卷下《蓝桥记》，《宋集珍本丛刊》本。

食尽废。诗成必遍以示人"①。士人除了要求在内在上要有一定的修养之外②，在服饰上也与众不同。士人的"深服"（长袍）或"儒服"使他们与未受到教育的同时代人相区别。这就是"儒冠"。北宋时四川有一个文士陈岩夫"幼喜读书为进士，力学，甚有志。然亦未尝儒其衣冠以谒县门。出入闾闬，必乡其服。乡人莫知其所为也"③。换言之，读书应举的士人应该穿儒服。按照太平兴国七年（982）的一项单独的法令，举人一方面与吏员、工匠、商人及其他平民类同，应系普通的铁角带，另一方面又特许在住处穿黑袍。④ 正因为士人的服饰为身份之标志，就有少数人穿"儒服"冒充士人招摇撞骗。如南宋时候就有"嘉兴富家儿冒儒衣冠，郡邑间施施无忌惮"⑤。此人能够横行郡县就是因其穿代表士人身份的衣冠，而一般人不招惹他，所忌讳者亦因其衣冠所代表的士人身份。

　　下层士人多以教育⑥为生活方式，而以登科为其目标，例如北宋时期南剑州人陈瓘，"少好读书，不喜举业。父母勉以门户事，乃应举，中甲科，为湖州教授"⑦。无论对举业是否有兴趣，中举已为提升家族地位及获得官职谋生不可或缺的途径之一。⑧ 科举造就出大批具有各种学历的人和一般知识分子，士人自认高于其他职业的人士："士而贫多于工商而富也"⑨，蔡襄"以农家子举进士，为开封第一，名动京师"⑩。曾丰说："居今之人，自农转而为士、为道、为释、为技艺者，在在有之，而惟闽

---

①　（宋）洪迈：《夷坚志》乙志卷一六《董颖霜杰集》，第319页。

②　（宋）王质说"士也者非徒其貌也，士之实在心"。见《雪山集》卷七《兴国军大冶县学记》，文渊阁《四库全书》本。

③　（宋）欧阳修：《欧阳文忠公文集》卷六三《陈氏荣乡亭记》，《四部丛刊》本。

④　［美］贾志扬：《宋代科举》，第242页。

⑤　（宋）赵鼎臣：《竹隐畸士集》卷一八，文渊阁《四库全书》本。

⑥　"教育"包括受教育的各类学校和书院的学生，教育者如各类学校的教师。

⑦　《宋史》卷三四五《陈瓘传》，第10962页。

⑧　北宋政和（1111—1118）间的李元弼说："父母教训子孙当拣择业次，稍有性格者自幼便令亲近好人，读书应举，忽而及第，光荣一乡，信知读书之贵也。不能读书便学为农，农者质朴悠久，治身之术也。"（宋）李元弼：《作邑自箴》卷六《劝谕民庶榜》，《官箴书集成》，黄山书社1997年版，第1册，第83页。

⑨　（宋）王安石：《临川先生文集》卷九四《吴处士墓志铭》。吴处士有子三人，"皆不使事生产，曰：'士而贫多于工商而富也。'"

⑩　（宋）欧阳修：《欧阳文忠公文集》卷四二《端明殿学士蔡公墓志铭》，《四部丛刊》初编。

为多。闽地褊，不足以衣食也，于是散而之四方。"① 苏辙言："今世之取人，诵文书，习程课，未有不可为吏者也。其求之不难，而得之甚乐，是以群起而趋之。凡今农工商贾之家，未有不舍其旧而为士者也。"② 宣和四年，杨时年七十，贫甚，"郭慎求在朝，问其所欲，先生曰：求一管库以为贫。差监常州市易务，先生曰：市易事，吾素不以为，然岂可就乎？"③ 显示士人阶级的形成及其作为传统四民之首的吸引力。同时，士人之风度亦为普通居民所向往。④

正是因为士人在社会上的地位，某些眼光较远的人会因此在婚姻上选择士人，尽管其贫寒如洗。北宋时 "兴元府李翁以锻铁为业，仅免饥寒。俄生一女，姿容绝丽，人目之为花羞。豪贵竞纳金珠，求以为妾，有至数千缗者，其父悉拒而不许。既而有贫士愿聘为妻，乃许之。贫士遂以才学登第。人皆叹其小民能不为利动而有守也"⑤。此处李翁所看重者为贫士之士人身份，士人以才学往往可以中举，即使不中举，在社会地位上亦会因才学而受人尊敬。如按现代眼光来看，李翁所思亦极为深远。这也是北宋开始出现的 "女必嫁士人" 婚姻观的具体表现。⑥

---

① （宋）曾丰：《缘督集》卷一七《送缪帐干解任诣诠改秩序》，文渊阁《四库全书》本。

② （宋）苏辙：《苏辙集》卷二一《上皇帝书》，第 370 页。

③ （宋）陈渊：《默堂集》卷一七《差市易务事始末》，文渊阁《四库全书》本。而杨时在《龟山集》卷三《上毛宪书》自称："某愚无似，家世业儒，而名不隶于农工商贾之籍"，也展现士人对自己身份的看重。

④ 北宋张齐贤 "为布衣时，倜傥有大度，孤贫落魄，常舍道上逆旅。有群盗十余人，饮食于逆旅之间，居人皆惶恐窜匿，齐贤径前揖之，曰：'贱子贫困，欲就诸大夫求一醉饱，可乎？'盗喜曰：'秀才乃肯自屈，何不可者？顾吾辈麄疏，恐为秀才笑耳。'即延之坐"。（《宋朝事实类苑》卷一三《德量智识》，第 150 页）张齐贤作为读书士人，尽管贫困，在强盗看来身份依然很高。"京师有举子，夜观人家娶妇，徘徊不去，至排坠门扉。其家大怒，喧争，逻者领赴厢主，厢主以其举子，慰谕遣之。"（《宋朝事实类苑》卷一三《谈谐戏谑》，第 843 页）此举子能够脱身，所赖者为其举子之身份而已。南宋会稽有广宁桥，"在长桥东漕河，至此极广，民居鲜少，独士人数家在焉。绍兴中有乡先生韩有功冀禹为士子领袖，暑夜多与诸生纳凉桥上。有功没，有朱袭封兖宗，追怀风度……盖桥上正见城南诸山也"。（《嘉泰会稽志》卷一一《桥梁》，《宋元方志丛刊》，第 7 册，第 6915 页）

⑤ （宋）佚名：《续墨客挥犀》卷三《小民不为利动》，中华书局 2002 年版，第 445 页。

⑥ 高楠：《宋代富民的婚姻网路——从 "女必嫁士人" 说起》，《宋学研究集刊》第一辑，浙江大学出版社 2008 年版，第 222—228 页。其实在南宋时婚姻观依然是 "商贾之家，止可娶农贾之家"。（《说郛》卷三七《摭青杂说》，转引自《宋代传奇集》，第 568 页）只有少数有财力的富民才肯结婚于士人之家，以图提升自身的社会地位。

二　富民阶层对士人身份的追捧

富民在宋代社会上广泛存在，划分的标准就是财产的多寡。但富民并不能仅由财产来划分，那些士人亦多富甲一方者，所不同者为士人读书而为士。因此，笔者认为宋代富民应是财产很多的非读书人。① 他们中的大多数人业已认识到：只有以国家政策为依归，提升个人及家族身份，方能光大门户和最大限度地维持家业不败。因此，出于对向上流动的向往，再加上向下流动的压力，大多数富民不约而同地选择了人际网络的构建，欲从内外诸方面维持家庭长盛不衰。"子当读书"即是其代表。支持子弟向学则是当时大多数富民的选择，弃儒就贾而致富者尤其如此，这是主流做法。这是因为，作为一个新的社会阶层，既然富民的崛起与国家政策息息相关，为避免向下流动，它当然要向国家政策靠拢，努力提升自身地位，而宋廷的文治取向，正好为其提供了这一契机；富民家庭丰厚的财富，则为子弟读书应举提供了强有力的物质保障；"读书人人有分（份）"的社会观念，也在时刻影响着富民阶层的选择；富民的作为又具有很强的示范性，应举成功者不仅使自己的家庭受益，也在很大程度上影响着本地其他富民对子弟读书的态度。

教育离不开书籍，为此许多富民不惜重金，广泛购置图书。南宋时期的富民亦做着同样的努力，如绍兴时莆田人方于宝，家有三余斋，"聚书数万卷"②。在江南地区，陆游的朋友，建昌军南城人吴伸、吴伦兄弟，在其家乡投资千余贯钱建造大楼，储书数千卷，以"会友朋，教子弟"，

---

① 很多读书的士人因拥有财富而被视为"富民"，但事实上他们自认为还是"士人"。试举一例。如刘挚《忠肃集》卷一四《赠刑部侍郎孙公墓表》："公讳成象，字乾曜，姓孙氏。世家长沙。五代末，马氏据有湖南，将吏皆其所自补。公之曾祖全以材武为潭州醴陵县镇遏使，庇忧捍虑，当危乱中，众恃以休戚，实有德一方。生匡替，始仕皇朝，为扬州广陵主簿，以清白著名。生嵩，隐曜潜行，治居郡城南，轻财乐施，教子有方，里人以为长者。而湖湘衣冠论凡治家可法者，至今指城南孙氏，是为公考。生子五人，而公次居长。性笃孝，事亲能竭其诚力，而友其弟以爱，居父丧致哀礼谨，乡里称之。好学问，为文章，长于歌诗，善书有法，有名场屋间。闻善见义，笃好而力行之。娶夫人李氏，家多赀，尝析其屋，同门婿以女分，每将有讼。公曰：婚姻以利，末俗事也。而又以诉乎？是非士人之所为。因谢绝之。"笔者认为孙成象是一个典型的士人，从着重号所标注即知。尽管其父祖是否读书不可知，但至少到孙成象时已经改为士人则是毫无疑问的，主要即因"富民"的身份不是世袭的。

② （宋）李俊甫：《莆阳比事》卷六《楼名万卷馆辟三余》，《宛委别藏》本。

人称"吴氏藏书楼"。① 多数富民置书的目的不在于收藏，而是以此为媒介，物尽其用，吸引士人注意，进入士人交游圈，求学其间，最终建立家庭学缘网，转化为"士族"。宋代印刷术发达，书籍已不是很难得的物品，但是要大量藏书，仍需要相当的财力。② 对于士人而言，由于备考科举周期较长，需要相当的物质基础做后盾，他们在经济上往往很是紧张，没有充裕的资金用以购书。至于那些贫士③，温饱尚难以维持，当然更无余钱用来买书。故许多有志于举业的士人，不得不"假之他人"④，或"假借手抄"⑤，以满足自己的阅读需要。正是注意到这种情况，许多富民在购置大量图书的同时，不仅向士子们发出邀请，"以延四方游学之士"⑥，同时还慷慨解囊，主动为士子们提供一日三餐等生活所需。

富民还利用办学来努力教育后代向士人转化。他们大力开办私学，开始了有计划的学缘网建设。其办学的形式主要有设家塾、私塾，办书院，延聘饱学之士以教育子孙。温州乐清县富民万世延为培养后代读书，"敕具以馆，宾席无虚日也。笃于教子，尝葺屋数楹，读书其间，厚礼以致名师"，并常常亲自"训督点审"。在他的努力下，长子万庚、次子万庠先后登科，改写了当地多年无人中第的历史，"二子俱有成，乡人为荣""登科第自庚始，乐清自舍法罢，阅二十年无举于乡者。里巷靳之。邑人复取乡贡，自庠始"⑦。同邑富家翁贾如讷，"乐教子弟，屡延致名儒，厚其礼，终始周旋之。喜宾客，馆无虚日"⑧。为了子弟的向学，同样以重金延聘名师，广招四方宾客。本地的另一位富民张端弼"喜教子侄，命师友必以贤，答以殊礼"⑨。两浙路剡州富民周瑜"喜儒学，尝辟家塾数十楹，延四方名士，以淑诸孙"，为鼓励子孙向学，他又塑造了孔子及十

---

① （宋）陆游：《陆游集·渭南文集》卷二一《吴氏书楼记》，中华书局 1976 年版，第 2175—2176 页。

② 郑铭德：《宋代的商贾墓志铭》，《宋代墓志史料的文本分析及实证运用国际研讨会论文集》，台北，东吴大学，2003 年。

③ 梁庚尧：《贫士与贫宦》，载氏著《宋代社会经济史论集》，第 322—417 页。

④ （宋）周密：《齐东野语》卷一《真西山》，中华书局 1983 年版。

⑤ （宋）陈长方：《唯室集》卷五《附录·陈唯室先生行状》，文渊阁《四库全书》本。

⑥ 《宋史》卷四五六《孝义传·胡仲尧》，第 13391 页。

⑦ （宋）王十朋：《梅溪集·前集》卷二〇《东平万府君行状》。

⑧ （宋）王十朋：《梅溪集·前集》卷二〇《贾府君行状》。

⑨ （宋）王十朋：《梅溪集·前集》卷二〇《张府君行状》。

哲的坐像，绘制孔门七十二子画像，供奉于家中，时时拜祭，以提醒子孙向学，"尔其亲师友之渊，源就功名之烜赫"。并定期召集子侄，询问课业情况，"有励业者，喜见颜间，面加奖谕。翼其成就稍怠堕，则谆谆戒敕，俾之自勉。由是咸自力于学"。在他的严格管理下，自绍兴十年（1140）秋到绍兴十八年（1148），他的儿孙中有六人相继中举或登第，进入"官"的行列，"乡人荣之"。①

富民私塾的教育对象主要是本家族的子侄，为进一步扩大家庭的学缘网，有些富民斥巨资创办书院，招收本地及外郡州县的学生与自己的儿孙辈共习举业。程民生先生指出，家族设立的书院一类教育、进修机构，在北宋即已大有成绩。② 书院不比私塾，需要坚实的物质基础为后盾，故笔者以为，当时书院的创办者中应有相当一部分为富民。南宋绍兴年间，两浙路婺州东阳县（今浙江东阳）富民郭钦止为教养子孙及"乡里之秀"，创办了石洞书院，他礼聘名士为师，将家中藏书搬入书院，以土地收益做书院经费。郭钦止去世后，"诸子修之而不废"，直到50多年后的宁宗庆元四年（1198），此书院尚在当地教育中发挥着极大的影响力。③

为扩大与士人社会的交往，不少富民鼓励子孙"走出去"游学。南宋初，绍兴府诸暨富民张续命子张龟年到兰溪求学于文同，"越境来学"。④ 孝宗时，明州奉化县一鲍姓富农送两个儿子鲍德光、鲍俊德从师于明州城内的李若讷，"入城就师友，能相勉励"。当时楼钥兄弟亦在李若讷门下从学，他们结成了牢固的同窗关系，鲍俊德入太学后，与楼氏兄弟"犹时时相过，友谊日笃"⑤。送子到官学学习，是富民阶层"走出去"构建学缘网的另一途径。宋代官学为士子提供膳宿，故吸引了众多士子尤其是贫寒学子。

宋代经济的高度发展，政府的"右文"政策，造就了整个社会的尚文之风。印刷术的发明与传播，推动了书籍刻印业的发展。作为农、工、商中的富裕阶层，富民群体中的大多数人抓住这一有利时机，努力培养子

---

① （宋）王十朋：《梅溪集·前集》卷二〇《周府君行状》。
② 程民生：《宋代地域文化》，河南大学出版社1997年版，第186页。
③ （宋）叶适：《叶适集》卷九《石洞书院记》，第154页。
④ （宋）范浚：《香溪集》卷二三《张府君墓志铭》，文渊阁《四库全书》本。
⑤ （宋）楼钥：《攻媿集》卷一〇一《鲍明叔墓志铭》。

弟向学，向士人社会靠拢，欲通过科举振兴家族。

三　地方官员对士人的礼遇

宋代官员上任，往往对当地士人礼遇有加。北宋初张咏（946—1015）知成都府，"初，蜀人虽知向学，而不乐仕宦。公察其有闻于乡者，得张及、李畋、张远，间召与语民间事，往往延入卧内，从容款曲。故公于民情，无不察者，三人佐之也"①。南宋翁甫说："当职自到任以来，于士类每加敬礼，至于假儒衣冠者，或例借以辞色。"② 地方官对士人要以礼待之。所谓"假儒衣冠者"，是没有参加科举的普通读书人，即"业儒"者。尽管如此，地方官对其还是要抱着一定的敬意。

> 崇仁士子黄文明、吴如松二人相与友善，皆获乡荐。绍熙辛亥，黄居家卧病，与往别业就医。历数月，不觉胜常，梦与吴同抵一处，遇黄衣走卒持官文书来追逮。取视之，其上有黄文明、吴如松姓名，相顾愠怒，谓州县不应无故呼举人，又斥侮如此。③

黄文明与吴如松即是获得举人资格的士人，地方官员对其应礼遇有加，但是黄、吴二位士人因官员"无故呼举人，又斥侮如此"，故而"相顾愠怒"。正可反映出士人与官员交往中的地位。在北宋时县令对待士人就已经需要加以一定的礼遇，否则后果就很严重。

> 元丰中，有人为建州建阳县令，一举子以贫谒之，待之甚薄。举子大怒，作赠县令诗云："寒儒登第十三年，冲替旧来卖尽田。除却职田清俸外，不知何处遇神仙？"诗既盛传，郡守刺史皆疑其人，终

---

① （宋）江少虞：《宋朝事实类苑》卷九《名臣事迹》，第 103 页。
② 《名公书判清明集》卷一二《惩恶门》"把持公事赶打吏人"条，中华书局 1987 年版，第 474 页。南宋胡太初曾建议地方长官"视事之初，其先务有四：曰崇学校。夫士者民之望也，乡校者，议政之地也。诸学奠谒之余便当延见衿佩，假之以辞色，将之以礼，询风俗之利病，咨政事之得失，廪饩必丰，课试必谨。其端庄俊秀者奖异之，其词讼蔓及者覆护之，其凌辱衣冠者惩治之，则士悦而知慕矣"。（宋）胡太初：《昼帘绪论·临民篇第二》，《官箴书集成》第 1 册，第 102—103 页。
③ （宋）洪迈：《夷坚志·支甲》卷四《黄文明》，第 744 页。

任，无荐之者。①

此处县令因冷遇举子，遭到举子的嘲讽，进而影响到其仕途的发展，后果不可谓不严重。南宋陈造（1133—1203）也曾就如何对待士人有一些看法：

> 为吏与为士不同，而待士与待民尤不同。民有悖弗率，患未知，知则刑加之。知之矣而未有犯焉，犹不当掇取逆意其恶而治之也，况士耶？凡儒其冠，岂容不礼貌之软？或者少有月评之玷，有岂可不小忍之以待其定软？故曰待士与民不同。若夫率意而行，肆口而言，为士而然，不怪也；号曰吏，则颦笑举动，利害如响。②

陈造认为胥吏与士人不同，而且对待士人与对待"民"是不同的。这里将"士"与"民"相区别，与我们一般认为的"四民"是不同的。"士农工商"所谓"四民"在南宋虽然也不时被时人提到，但在事实上，"士人"已经成为"民"之外的一个阶层，就是其将来可能是"治民"之人。③ 陈造这段话说明士人在社会阶层中的位置。因为这些士人多长居本土，对当地的风土人情往往比较熟悉，官员在施政过程中也经常会咨询他们。④ 这无形中也就凸显出了他们在当地的社会地位。

地方官在任时经常会和同僚及当地士人一起游山玩水。南宋很多石刻题记都能反映出这一点。士人也会经常拜谒官员，并与官员有文字往来。费衮就曾记录江阴一士人之强记：

> 江阴士人葛君忘其名，强记绝人，尝谒郡守，至客次，一官人已

---

① （宋）江少虞：《宋朝事实类苑》卷七四《诈妄谬误》，第981页。

② （宋）陈造：《江湖长翁文集》卷二六《答王秀才书》，《宋集珍本丛刊》，第60册。

③ 南宋陈造说："有民必有士，有政不可无教，而化之逮乎下也益深。民治于人者也，士则将治民者。民也而为士，孰使然？……古者取士于民，以为公卿大夫，共天子之治。"见《江湖长翁文集》卷二一《兴化县移建学记》。

④ 如朱熹在浙东赈济时，就曾"询访到土居官员、士人，诚实练事为众所服者，一县数人，以礼敦请，另与州县当职官公共措置"。见朱熹《朱熹集》卷一八《奏巡历至台州奉行事件状》，第3册，第710页。

先在，意象轩鹜，葛敝衣子子来揖之，殊不顾。葛心不平，坐良久谓
之曰：君谒太守亦有衔袖之文乎？其人曰：然。葛请观之，其人素自
负，出以示，葛疾读一过即以还之，曰：大好。斯须见守，俱白事
毕，葛复前曰：某《骨皮》之文，此官人窃为已有，适以为贽者是
也。使君或不信，某请诵之。即抗声诵其文，不差一字，四座皆愕。
视此人且杂靳之，其人出不意，无以自解，仓皇却退，归而惭恚得
疾，几死。①

故事中葛某虽然恶作剧过头，但却是报复其轻视自己之举，甚为痛快。下
文说葛某"浮沉闾里间"，可知他是没有科第功名的普通下层士人。从中
可以推测地方士人经常拜谒知府，并且在拜谒时会与知府有文字往来。傅
自得知兴化军时，"以暇日延礼邦人士大夫之贤者，相与从容赋诗饮酒为
乐，而郡以大治"②。

南宋黄震曾说："国家四民，士农工商，应有词诉，今分四项。先点
唤士人听状。吏人不得单呼士人姓名，需称某人省元。其为士而已贵，与
荫及子孙有关，用干仆听状者，随附士人之后，干仆却呼姓名，然须有本
宅保明方受。"③很明显，黄震将士人分为两部分：一部分是可以用干仆
听状的，这部分人"已贵"，可以荫及子孙，是我们所说的退职官员。④
另一部分是普通士人，但需要称为"省元"。虽然按照语意，"省元"即
是省试第一名的及第者，但这是宋代民间对一般没有当官的读书人的
泛称。⑤

在宋代，士人的身份，并不只是停留在社会身份的不同而已。士人在
法律上，特别是在役法以及刑法上，更有与一般的庶民不同的处理（主

①　（宋）费衮：《梁溪漫志》"江阴士人强记"条，上海书店1990年版。

②　（宋）朱熹：《朱熹集》卷八《朝奉大夫直秘阁主管建宁府武夷山冲祐观傅公行状》，第
8册，第5012—5013页。

③　（宋）黄震：《黄氏日抄》卷七八《词诉约束》，文渊阁《四库全书》本。

④　有官员身份的人，可以命干仆代为诉讼的权力，可以在《名公书判清明集》卷四《户
婚门·争业上》"谬渐三户诉祖产业"条："发举之家，虽许用干人"等处可见到。此一权力，
也为明代、元代所继承。见瞿同祖《中国法律与中国社会》，中华书局1981年版，第217页。

⑤　"省元"泛称读书人，跟称呼举人为"乡贡进士"，太学生为"国学进士"，州县学生为
"国学待补生"，立志考科举的称为"进士"一样。参见龚延明《中国古代职官科举研究》，中华
书局2006年版，第381—391页。

要是优待），从而更加确立自己的身份地位。① 拥有士人的身份，是可以免除或减轻刑罚的。我们看北宋李璋的故事。

> 苏州李璋举进士有声，才气过绝于人，放诞浮薄，竟止于小官。……为举子日，因与人踢毬，误坠良家妇头上，碎其冠梳，其家讼于官，因至庭下。太守曰："若真举子乎？吾将试之。"璋乞赋题。太守曰："可赋汝踢毬误辟良家妇冠梳事。"璋应声曰："偶与朋游，闲筑气毬，起自卑人之足，忽升娘子之头。方一丈八尺之时，不妨好看；吃八棒十三之后，着甚来由。"太守大笑，遣之。②

因作诗来考验犯法士人之才学而获宽待之事，在宋代笔记小说中屡见。

刘馨珺对南宋"健讼"进行研究之后认为，健讼者深谙官吏间的人情世故，能掌握基层行政人员，"把持"一地之司法进程，再加上他们舞文弄墨，或是本身就是士人出身，遭受刑罚之时，也多了一把保护伞③：

> 哗魁讼师之可畏如此哉！金千二教唆胁取，所犯三十四项，入己赃二千六百四十余贯，钟炎教唆胁取，所犯一十七项，入己赃一千三百余贯，并合黥配，以为将来之戒。以士友曾为之请，当职曾许之末减，金千二决脊杖十五、编管二千里。钟炎免申礼部驳放，更免勘，决竹篦二十、编管一千里，免监赃，即日押行。④

因为当地的士友求请，所以就给予"末减"，虽然也是重刑，但是以其累积之赃，早就应死有余辜。即使没有士友的请求，只要当事人具有士人的身份，就可以减刑。在《清明集》的案例里，可以看见官员以"引试"

---

① 关于士人在役法上的优待，可参见日本的高橋芳郎《宋代の士人身分》，《史林》，69—3，1986年版，第39—70页，另载氏著《宋—清身分法の研究》，北海道大學圖書刊行會2001年版。

② （宋）江少虞：《宋朝事实类苑》卷六七《谈谐戏谑》，第896页。

③ 刘馨珺：《南宋狱讼判决文书中的"健讼之徒"》，《中国历史学会史学集刊》第33卷，2001年，第26—60页。

④ 《名公书判清明集》卷一三《惩恶门·谲徒》"哗鬼讼师"条，第482页。

的方式，确定犯罪者的士人身份，然后宽减其刑罚。① 好讼之徒如果有同样的身份，也可以获得相同的处理。例如蔡久轩所判的一个案件中，一位被责为"嚣讼成风"的"笼断小人"，因为"始则以钱借公吏，为把持公事之计，及所求不满，则又越经上司，为劫制立威之谋"而遭勘杖八十，但由于"金厅勘定真士人"，最后"从轻决竹篦十五"。②

　　即使官员不愿称那些哗徒为士子，在量刑时也会从轻。例如吴雨岩所判的一个案例。涉案人余子能"乃停泊公事姓胡之甥，平日专以计置行赇为生，今次乃以诡嘱受财，当以盗论"，虽然吴雨岩斥责其"岂得谓之士子"，但还是将原本应判的"决脊杖、刺方环"的刑罚，减轻为"决竹篦二十，以代大杖，仍编管五百里"，另一涉案人王德元，可能是受余子能指使，也从轻"决竹篦二十，押下州学听读，请本学论差人监在自讼斋，不得放令东西"③。

　　陈淳（1159—1223）向地方官的建言中，提到惩治士人健讼的方法：

　　　　若其人非士类，则依条重行科断。在士类者则循旧例，决竹篦，处之自讼斋穷年，使读论语、小学之书，是乃以善治之之道。如此健讼者无复敢恣为虚妄，而肆行教唆。④

可见士人健讼的刑罚历来惯例是较轻的，只不过是"决竹篦，处之自讼斋穷年"而已。像这样的对于士人刑法上的优免，乃是基于让其有改过自新之途，育人成才的理念而成。

　　从所具备的文化背景看，南宋官员与士人具有相同的儒家意识形态，很多官员进入仕途之前也本是士人。并且南宋的地方事务，尤其是地方公

---

　　① 《名公书判清明集》卷一一《人品门·士人》"引试"条，第402页。"胡大发特乡下一豪横耳，身为隅官，乃敢抬轿呵殿，轮门恐吓……内胡大发称是士人，习诗赋，遂当厅出给讼终凶诗引试，据胡大发答……寻呈，奉台判：粗通，姑免勘断，重究竹篦二十。"

　　② 《名公书判清明集》卷一二《惩恶门·把持》"讼师官鬼"，第474页。其实北宋时士人犯法，如有诗赋才能会被免于处罚。"曾有秀才因盗绢被执，亦以诗赋豁免，其警对云：'窥其户而阚其无人，心乎爱矣；见其利而忘其有义，卷而怀之。"见（宋）无名氏《墨客挥犀》卷六《盗绢被执》，中华书局2002年版，第345页。

　　③ 《名公书判清明集》卷一一《人品门·士人》"士人以诡嘱受财"，第405页。

　　④ （宋）陈淳：《北溪先生大全文集》卷四七《上傅寺丞论民间利病六条》，《宋集珍本丛刊》，第70册。

益事业，如社仓、赈济之类必须得到寄居官或者士人的协助才能顺利进行。而同时，寄居官（即"寓公"）或是士人，介入地方行政，也常常惹起罢免知县等严重事态，此二者乃是一体两面，互为表里。①

四　地方官员与士人的日常互动

官员与士人的互动，除了自上而下的礼遇之外②，南宋士人还参与具备休闲功能的公共设施的兴修，比如一些楼台亭榭。这些设施在地方士人日常生活中占有重要地位，并且是当地的标志性建筑，一些士人会自发组织起来进行兴修。如荆州监利县有章华台：

> 按《史记》楚灵王七年，章华台成。杜预注云："南郡华容县有台，在城内。"盖古建县水北，自隋徙于水南。以此观之，所谓章华台，于斯焉是。杜公之言，岂欺我哉，而荆州监利县亦有是名，无所依拟，当以史为证也。予到官之明年，因与二三士考古访迹，得故基于篁竹丛棘之间，而垣堑犹在。缘际天胜地，可为一邑之望，盍不筑而为壮观，以慰父老之意焉？予辞县帑空虚，丁力不可役也。士则又曰："愿无烦于公家，我辈各以耘耰余力而治之。"于是有张左林者以石柱献，张雄飞者以欀栋来。李造、严萃、张逢吉、陈諰、李承祖、蔡世南各施其庄宾锸夫，鸟集雁到，芟除荒秽，洗埋松竹。越月而成，远目增明，灵襟虚豁，如时雨生嘉禾，云烟消旭旦。亭势并干木杪，湖光远漾天涯。樵蓑渔艇，邑屋林居，宛入图画。风云百变，景象幽妍，真区中之伟观，楚地之雄瞻者也。③

知县上任次年，即和二三士人一起"考古访迹"，可见知县与地方士人的良好关系。这个章华台的所在"缘际天胜地，可为一邑之望"，确实是观赏风景的好地方，如果建成，将是一地风景之首。所以知县才有"盍不

---

① ［日］高桥芳郎：《论宋代的"教刑"——士人应举以及犯法问题》，载刘海峰主编《科举制的终结与科举学的兴起》，华中师范大学出版社 2006 年版，第 254—261 页。

② 官员离任，当地士人也会钱别。北宋"端拱中，孙郎中迈待替归京，郡中士子拜送于江浒"。《乘异·徐继周》，李剑国点校《宋代传奇集》，第 43 页。

③ （宋）胡绾：《章华台记》，载隆庆《岳州府志》卷六，《天一阁藏明代方志选刊》第 17 册，上海古籍书店 1982 年版。

筑而为壮观，以慰父老之意焉"的慨叹。但是"县帑空虚，丁力不可役"，因财政匮乏的现实，知县只好婉拒士人的请求。士人说："愿无烦于公家，我辈各以耘耨余力而治之。"揣摩语意，似乎我们能看到，这类公共设施，应该由知县出面来修，"公家"即是所指。但在知县不能完成时，士人也可以集中个人力量完成。很明显，这是士人在将官员的意愿付诸实施的过程。

还有士人会出面将地方官员的政绩刻石纪念，除了表示对现任地方官的感激，还有对以前任职地方官的敬仰。绍兴间广西桂林就有此类之事：

> 桂林为广右二十五州之都会，风俗淳古，分野宁固。……崇宁间，尚书王公祖道来帅是邦，念郡庠湫隘，风教未敷，乃辟而广之，诱进学者。又采堪舆家之说，洫子癸之流，以注辛戌。环城有水，如血脉之荣一身，遂闻之朝。故大观二年准敕着令，壅隔新洫者，以盗决黄、汴二河堤防法坐之。距今应举之士，十倍前日。乡贡旧额八人而已，秋闱校艺，主文者每有遗才之叹。绍兴二十六年，知昌化军事黄公齐，邦之先达也，入觐宸中，首言静江属兴王开府，圣泽所沦，士才日茂，而取士不及下郡之半，乞稍优之。上可其奏，增解二名。先是，宪使路公彬上章，言广右土产瘠薄，乞减静江夏税上供布钱，以宽民力。然不及军装布。至是，黄复乞之上，亦依奏。迨今二布匹输一缗，二侯之请也。昔子产为政于郑，舆人诵之曰："我有子弟，子产诲之。我有田畴，子产殖之。"若此邦之民，沐圣恩宽惠膏泽涵濡，皆二三大夫推仁教养之意，而独无志。谨书其事，碑于名山，传之于后，于以昭示来世耳。绍兴二十九年七月望日，张仲宇记，梁材书丹。乡老胡师文、邓礼、鲜于彦永、李昶、刘准、诸葛升、唐巽、陆遂、吕焘、滑溉、萧然、欧阳彦、莫才广、李安、周惟义、吕盛、黄昉募工，中隐岩福缘寺僧义观、祖华摩崖、龙光刊字。①

上述所谓"桂林盛事"就是三件事，一是崇宁间王祖道任职广西时，修郡庠，决环城之水。二是绍兴间乡人黄齐建议增加乡贡名额，从八人增加到十人。三是经过按察使路彬与黄齐先后建议，减静江夏税上供布钱，

---

① （宋）张仲宇：《桂林盛事记》，雍正《广西通志》卷一一一，文渊阁《四库全书》本。

"二布匹输一缗"。这三件事对当地极其有利，"若此邦之民，沐圣恩宽惠膏泽涵濡，皆二三大夫推仁教养之意，而独无志"。所以当地士人商议将这几件事"碑于名山"，流传久远。由此可见地方士人对地方事务的关注。这篇记文的作者张仲宇是临桂（今广西临桂）人，绍兴间以词翰名于世，为当地著名士人。参加者"乡老"如胡师文、诸葛升等多为士人，《桂故》卷六《先献》："复有陈方彦、张大成……胡师文……诸葛升……则进士，然皆莫能缘名可摭其实者。"① 宋代"进士"为以科举为目标的读书人，是典型的地方士人。士人在与地方官员的交往中为其歌颂政绩，这在宋代比较常见。② 这次为几位有功于当地的官员作的摩崖记文，由胡师文等 16 位士人包揽，就不难理解了。

　　第一例可以说是士人将官员的意愿付诸实施，本质上是替官员完成了亭榭的修建。第二例是士人主动为官员留名而做，有些许阿谀之嫌疑，同时也暗含着为后任官员树立了榜样。所以上述二例除了显示当地士人积极参与本地事务之外，也表现出士人与地方官之间的默契。下面再看一座桥梁的"桥记"，此文为淳熙十年（1184）宜黄知县周梦若所作：

　　　　淳熙辛丑年，余挈孥累之官宜黄。距县治东有大溪横截于其前。跨溪有桥，圮朽摧折，半为惊湍漩濑飘弱而不存，因叹曰："吏以爱民为职，向居官者乃不能出帑藏，因时兴续，以济往来，而使病于徒涉，何也？"既尸邑事，此心虽未始忘，然智术乏催科之长，版帐有愆期之责。日对簿书，蹙额危坐，左支右吾，穷于料理，则又叹曰："今日人病涉，抑予之罪焉尔。"又念此桥不办于官，则或赋于民可乎？以吾邑丛居环处，不啻万户。富家巨室，连甍比屋，哀众而为之亦甚易。一日，涂君祥仲扣门，具以告之，祥仲曰："桥之不成正坐是。甲可乙否，彼是此非。务蓄积者啬于输财，名壮勇者畏于出力。愒日玩岁，戛戛乎其难哉！"因谓余曰："公无忧，以吾岁入之租，蠲伏腊之用，弃而为之，亦何俟于众。"于是策仗临溪，相视既毕，规模乃定。采木于林，凿石于山。障其流之奔冲，窒其堤之崩

――――――――――

① （明）张鸣凤：《桂故》卷六《先献》，文渊阁《四库全书》本。

② 甚至还有士人因出面为地方官伪造政绩而受到查处之事。

缺。众役并举，井然有条。又选门下才干之优者，董其工程，课日取办。一金一粟，悉取于家，而无靳色。尽撤旧制，斩然一新。始于八月之初，成于十月之末。计其成，不计其费之多也。其修百余丈，凡四十八架。距桥东西各立亭以憩行者。又建华阁于桥之中，塑僧伽圣像以镇水怪之出没。故昔之病涉者，今则往来怡怡，如履周道，不择昼夜。①

此"桥记"是站在知县的角度来写的。我们在前面已经有所阐述，地方官员因财政困难，以及赋税任务的拖累，无暇顾及地方公益事业。这篇"桥记"又提供了一个例证。不过这个知县还算是正直，经常将此桥修缮之事惦念在心。县财政困难，他将眼光瞄向居住在县里的"富家巨室"。恰好涂祥仲前来拜谒，知县将自己的心事告知，可见涂祥仲与知县关系不错。涂祥仲不仅将桥梁不修的原因和盘托出，而且承担起修缮的资金和主持工作。从中我们可以看出涂祥仲是主动为知县"解忧"。自然涂祥仲的修建活动也会有回报，这回报就是知县为桥所作的"桥记"。其中，知县将涂祥仲大大赞扬了一番：

> 桥落成，属余以名之。余曰：以数十年已坏之梁，人惧其难成，而君办之于一日。以阖邑万户之众不肯受其责，而君独任于一己，则君之义风可嘉矣。余谓义之重轻，系风俗之厚薄。以义为重，则同舟无胡越之殊，四海有兄弟之亲，况处乡党乎。以义为轻，则形骸隔而尔汝分，藩墙异而比邻别，于乡党又奚恤？祥仲以济人利物为心，能为人之所不能为，然诺不欺，有古烈士之风。回视义风，沦亡久而不振，一旦慨然特立扶持而兴起之，岂不快哉！经曰："立人之道，曰仁与义。"请以"立义"名其桥，要以劝示来者。

此番夸奖将涂祥仲修桥归入"义"的境界，可谓是层次之高。但我们从前后文也可发现，当地"富家巨室，连甍比屋"，竟然数十年都没有能将桥修好。我们不禁很想知道，那些地方官员、当地士人、富民、僧人都在干什么呢？"以济人利物为心，能为人之所不能为，然诺不欺，有古烈士

---

① （宋）周梦若：《立义桥记》，同治《宜黄县志》卷四五，成文出版社1970年版。

之风",从而将涂祥仲的行为拔到了道德的高度。宋代往往将类似的公益行为归入"义"的行列①,儒家义行的理念透过"仁"与"义"的阐释而展开:北宋张载的《西铭》建立起以仁为本理想社会的蓝图,也就是"民胞物与"的观念;义则本于儒家对"公"范畴的定位与规划,由周遭人群向外逐渐发展。这两方面都直接影响了士人行义的作为与方式。另一个影响士人行义的动机,则是社会普遍的果报观念,士人、士大夫为行义人物撰著事迹时,亦常运用果报观念的因果关系作为解释与印证。② 当然此类宣传所针对的是当时社会人群对公益事业大多数不关心的现象。而涂祥仲实质上通过修建的过程建构了其与官员的关系,"昔之病涉者,今则往来怡怡,如履周道,不择昼夜",同时也建构了其在乡里无形的威望。

待阙官员和退职官员在乡里的地位是通过其曾任职务体现出来的。③南宋建立后,待阙官员日渐增多,形成乡里"寓公"群体。庆元元年(1195),刘德秀说:

> 且今天下几郡,为郡守者几人,或已居官,或未赴上。姑以十分为率,其三则为朝廷补外之人,其七则由小官积累以至者。其由朝廷补外者,则以才望选,而由小官以至者,特以资历耳。今小官之入仕,或早或晚,是虽不一,姑酌其中而言,且以三十而仕,守阙历任必须七八年,有举主三人而后得所谓关升者。又守阙历任六七年,求举主五人而后得所谓改官者,则盖几五十年矣。既已作县,谓之须入,而县阙之佳者至三年,其次者亦不下二年。其守阙历任又如前。比迫作县之竟,则已五十余矣,然后入所谓属官、通判,展转两任,共须十年,然后始可望四年五年之郡,则几于七十矣……④

---

① ［韩］金荣济认为:在当时的历史条件下,桥梁修建的监督者是当地官员,但实际上是当地士绅扮演了重要角色。他们带着"义"和"公"的意识从社会福利的角度参与到桥梁修建中。一些桥梁就直接带有"义"字。有相同制度的如"义仓""义田""义役""义庄""义船""义井"不断在南宋出现。参见氏著《浮梁에서橋梁으로——宋代 江南의橋梁建設과景觀變化의一面》,《東洋史學研究》第76辑,2001年10月,第165—200页。

② 朱倍仪:《宋代士人之义行》,硕士学位论文,台湾东海大学,2003年。

③ 时至今日,退职官员依然具有一定的社会声望,此不用赘述。

④ 《宋会要辑稿》职官四七之四七。

由此可见南宋中期时就已经形成了地方上广泛存在的"待阙"官员群体。"待次里闬"就成为这类人群人数占乡里极小部分，但却很有政治影响力的生活状态。他们和现任官员虽然都具有"官"的身份，但因其并未有差遣，故而就恢复到原先身为士人时的生存状态。但起码具有的"官"的身份，就成为他们和现任地方官员接触的极好途径。故而基层社会成员地位上的序列就成为"现任官员——退职、待阙官员——有科举头衔的士人——以科举为目的的士人——普通士人——富民——僧、道"，并且这种分层体现的已经比较明显。① 通过对地方事务的默契合作，士人与官员之间构建了"和谐"的关系，而这也是士人无形中所具有的社会优势。②

第二节　南宋士人之"文化权力"的获得

美国学者彼德·布劳说："提供必要的利益（没有这些利益，其他人就不容易行事）无疑是获得权力的最普遍的方法……为其公民提供必要保护的政府，为其雇员提供必要工作的雇主以及为社区提供必要服务的职业，都使其他人依赖于他们并潜在地服从于他们的权力。"③ 在中国传统社会中，南宋士人正是通过参与地方公益事业，获得了在乡里的威望，构建了自身"权力的文化网络"。我们可以约略总结出此类士人"文化权力"获得的途径：总的来看，首先士人的生存基础是自己的家庭、家族及宗族。他们将和睦家庭乃至宗族作为一项重要事情来做。宗族是其在乡里活动的基础；其次是经营乡里，用参与地方公益事业作为获取乡里尊重的手段。下面我们通过几个个案来剖析地方士人"文化权力"的获得途径。

一　南宋地方士人的生平个案

例1：江西袁州分宜县——夏侯世珍。

---

① 在前述刘宰所记载金坛粥局的捐款名单的序列中可见一斑。

② 与地方官员保持良好关系的士人，能够借助这一优势保持在乡里的威望，乡民会对之敬畏有加。此种现象在近代农村的士绅身上依然存在。见［美］杜赞奇《文化、权力与国家——1900—1942年的华北农村》，第28—37页。

③ ［美］彼德·布劳：《社会生活中交换与权力》，孙非等译，华夏出版社1988年版，第138—139页。

夏侯世珍祖上为从谯迁徙到寿春的，在五代时有人担任宜春掾，因此定居。其曾祖父、祖父和父亲都没有出仕，很明显是地方士人。从小夏侯世珍父亲就"市书万卷，博延师儒，用桥其学"，后曾"荐名春官"，也就是获得"乡贡"，有资格去参加京城的礼部考试。但很不幸的是父亲去世，只好放弃科考归家。"祖母春秋高，母夫人在堂，弟娣六人，幼不更事，生理芬綮，总于世珍。"属于典型的"上有老下有小"的状况，家庭重任突然压倒他的肩上。墓志铭①以下就依次叙述他在乡里的日常表现：

（1）家庭内部。"奉老者，伺颜色，尽孝敬；字幼者，勤教训，时昏嫁"，孝敬长辈，照顾弟妹，践行了儒家之"孝悌"观。

（2）宗族、邻里。"宗族之贫者资之，失职者业之，亲邻之见者劝以善，不记其过，正其失，恤其灾"，体恤宗族，和睦邻里。

夏侯世珍将家庭内部与宗族、乡里两个范围的关系处理得非常好，"用是其行信于家，其贤着于乡，凡县令之省风谣，问民瘼，必谘度焉"。夏侯世珍因此获得乡里的最起码的"文化权力"，由家庭——宗族——乡里，从而作为乡里的代言人与知县接触。知县咨询士人在南宋是非常盛行的事。

（3）"袁之庾侨于临江旧矣，盖袁之为州，地陋田寡，粟财堇堇，州民必山伐陆取，方舟乘流，贸之临江，易粟以输。议者建欲迁庾于分宜，世珍以不便民白州，州以闻，主计不从，至今民病之。"此事最后虽然没有成功，但是出面向州打报告的是夏侯世珍，可见其在乡里的地位是很突出的。②

（4）"邑有潴泽曰泉塘者，溉田亩千，而嚚者颛利，岁有水讼，泽不均宏。世珍自诡司水，不以租挈有无，自源徂流，靡不波及。"夏侯世珍是作为乡里调停者的角色出现，实现了水利的均衡使用。

---

① （宋）杨万里著，辛更儒校笺：《杨万里集笺校》卷一二九《夏侯世珍墓志铭》，第5005—5008页。

② 类似地方事务由士人出面与官府打交道的事例很多。在朱熹任职南康军时，知袁州曹某建议南康军治所迁移到湖口县，拨隶彭泽县和都昌县，原先管辖的星子县和建昌县隶江州。此事引起当地士民的反对不满。建昌县就是由"进士熊望之等并父老及税户傅政等连状"反对的。此事由进士熊望之领头出面，应是由其在乡里的社会威望决定的。（参见《朱熹集》卷二〇《申免移军治状》，第2册，第820页）而南康军派遣官吏下乡检验乡里灾害时的不负责任，亦是由当地进士邵艮揭发。（《朱熹集》卷九《施行邵艮陈诉踏旱利害》）

（5）武经郎、巡检张某客死分宜，其子"囊无一簪，存亡无归"，夏侯世珍听说后，"为之棺敛，馆置其孤"，而且报告知县与知府，从而"上闻"，张某之子获得官资，被"授承信郎"，并且世珍"厚其道费而归之"。

（6）有亡卒胡作乱，"部使者师师讨之，不能禽"，因思降贼，贼语人曰："得夏侯某一言，即降。""部使者"是指转运使，居然不能将之讨平，反而不如夏侯世珍的一句话，由此亦可见夏侯世珍在乡里的威信之高。

（7）积极参与县学修建，"邑有乡校，徙之非是，士欲复故，世珍攘袂属役，以劬得疾"。

例2：成都府路汉州什邡县——李发。

李发世居什邡县邑顺乡，后徙长原。曾祖保荣、祖有质、父世通都没有出仕。他少年曾以乡贡入国子学，补内舍。久而未第。恰逢京城开封被围，归养于家。从他早年经历看，属于没有科举及第的士人。

墓志铭[1]记载其有下列事迹：

（1）孝养亲疾。"亲疾，疗治不遗力，虽毁伤无所惮。免丧既久，语及亲犹泣下，庐墓侧再踰岁。"

（2）养育孤侄女。"弟没亡子，遗腹生一女，妇服未竟，辄谋私其橐以行。君以义正之，其家愧恨，欲以危法中君。君不为屈，吏又偏主其词，而卒不能有以污也。已而抚其遗女如己生，且厚资之以归名族，无纤芥余憾。"

（3）推财让产，赒人之急。"自兄弟族党以及于疏远之无告者，无不必尽其力，而退无自多之色。平生折券弃责不胜计。""其微至于病者予药石，产者给薪米，亦久不懈。"

（4）剖断邻里纠纷。"里人有斗讼者，就以求直，闻其言皆失所争而去。"可见其在乡里的威信。

（5）冒日祈雨。"岁旱，犯烈日徒步数十里为乡人致祷，雨为立应，人尤德之。"

（6）赈济乡里。"岁或不登，辄为食以食饿者，自春徂冬，日以千

---

① （宋）朱熹：《承务郎李君墓志铭》，《朱熹集》卷九四，第8册，第4781—4784页。下引皆出此。

数。乾道戊子，民饥甚，官为振廪劝分，而就食君家者日至三四万人。明年，流庸未复而荒政以罢，民愈困敝，数百里间扶老携幼，挈釜束薪而以君为归者，其众又倍于前。盖君之为此，自绍兴之丙辰至此三十余年，岁以为常，所出捐不知其若干斛，所全活不知其几何人矣。"

例3：两浙东路温州永嘉县——陈敦化。

陈敦化，世以"轻财嗜义，德施于乡"。十五丧父，经理家政，井井有条。早年曾读书，后教子以成立。他的行状①记载有下述事迹：

（1）孝养寡母，友爱兄弟。"夫人一食不饴，公辄忧之见颜面。方疾，汤药非亲尝不进。遭丧，庐墓左，哀慕至老不衰。兄弟相友，及见二毛不忍析异。"

（2）和睦邻里。"公性夷旷，不立城府，与人接无纤芥，虽庞夫单妇、三尺童子，一皆词情温厚，有以慰怿其心。"

（3）关心宗族与公益。"家累百金，益能增侈，先德之施，伏腊之外，率用振业族党乡闾之急难，余以修治桥梁、平夷道路无留者。"

（4）赈济乡里。"凶岁，人多闭籴，常发私廪平价出之，赈贷单贫，孜孜不倦。"

（5）剖断纠纷。"乡间信服其谊，争讼多不之官府，得公一言，即时解散，斗狠为是益希少。"

（6）参与地方事务。"经界行，县选公平比乡之赋，至今称其均一。金人逼淮甸，又请公治乡兵，时诸乡缮甲骚然，公格令不下，曰：'此但扰耳。'乡民赖以无事，而它部兵亦不成部伍。"

例4：两浙西路镇江府丹徒县——杨公才。

杨公才，少曾入学读书，"未冠而家事无大小皆倚办于君"。其父身故后，家财迅速增长一倍。他"为人敏而毅，人不可欺，而不立町畦，故人乐亲之"。后以显仁皇后外家恩授官。在其任职之前，他的身份为士人，他的行状②有以下事迹：

（1）照顾近属。"姊嫁而寡，君收字其孤，事姊如母，男婚女归，未始有倦色。"

---

① （宋）薛季宣：《浪语集》卷三四《陈益之父行状》，文渊阁《四库全书》本。下引文皆出此。

② （宋）周孚：《蠹斋铅刀编》卷二八《杨君行状》，文渊阁《四库全书》本。

（2）赈济乡里。"君不专锢利，岁饥，出私廪以粜，率下市估三之一，而无钱者贷之。"

（3）帮助族人贫苦和乡里之公益。"凡族人之贫者，人士之无归者，塔庙之久废者，君推财赴之如不及。"

（4）剖断乡里纠纷。"乡间有讼不决者，尝折中于君，君一言而定。"

例5：江南西路吉州——刘大同。

刘大同，世居庐陵之石塘。自曾祖以下皆未出仕。其父以"儒学行义，劬躬会友，所与游皆州里名士"。他数次参加科举，皆不中，是典型的地方士人。通过他的行状①，可知他的事迹：

（1）照顾近属，推让田宅。"笃亲宣慈，善行纯表，终始若一。姪寖长，欲分田畴，畀之沃壤，而已取其瘠焉。"

（2）宽待乡里。"量入为出，不蝇营于锥刀。倒廪于贵之岁，辄痛损其估以济人，人多德之。"

（3）热心乡里公益。"里有大东塘，溉田数十百顷，岁久不治，将遂圮废，众惮其费，莫敢议其役。君一旦视之，慨然曰：'吾田须此水者甚寡，然使水既潴，亦众利也。'乃捐金鸠民筑之，疏为沟塍，取之不竭，旱有先备，岁无大侵。吉塘有小溪横道，患无舆梁，每雨集暴涨，及隆冬凝寒，往来者病涉。君乃召匠计工，伐石他山桥其上，费一钱粒粟不征于人。桥成，行道呼舞。君之乐于利人类此。使天假之年，则其推有余，济不足，其事当益宏大，又非今所见闻者比也。"

二　南宋士人获得"文化权力"的途径

通过上述诸人的事迹，我们可以约略分析地方士人获得"文化权力"的途径：

首先，这些士人在家庭中的行为符合传统伦理道德，尤其在"孝"的问题上更是符合儒家礼法精神。上述士人皆能和睦家庭，照顾老幼，成为乡里的楷模。此类事例甚多，另如义乌徐文献，"母朱夫人弃世，君方稺，已能自持。及父没，传家政，奉后母余夫人尤笃，虽乡人之习于徐氏

---

① （宋）杨万里著，辛更儒校注：《杨万里集笺校》卷一三〇《刘君季从墓志铭》，第5018—5022页。与夏侯世珍略有不同的是，刘大同是直接参与乡里的公益事业，没有与官员发生互动。

者，莫知其异出也"①。可见徐文献对其后母如同生母，以至于跟随徐氏学习的乡人居然都不知道余氏为其后母。

其次，对宗族及乡里之贫者，在日常和灾后皆不吝施以救助。② 如夏侯世珍，"宗族之贫者资之，失职者业之，亲邻之见者勖以善，不记其过，正其失，恤其灾"。李发于乡里"岁或不登，辄为食以食饿者，自春徂冬，日以千数。乾道戊子，民饥甚，官为振廪劝分，而就食君家者日至三四万人。明年，流庸未复而荒政以罢，民愈困敝，数百里间扶老携幼，挈釜束薪而以君为归者，其众又倍于前。盖君之为此，自绍兴之丙辰至此三十余年，岁以为常，所出捐不知其若干斛，所全活不知其几何人矣"。陈敦化"家累百金，益能增侈，先德之施，伏腊之外，率用振业族党乡闾之急难"，"凶岁，人多闭籴，常发私廪平价出之，赈贷单贫，孜孜不倦"。

最后，对关乎"义"的事务积极参与。武经郎、巡检张某客死分宜，其子"囊无一簪，存亡无归"。夏侯世珍听说后，"为之棺敛，馆置其孤"，而且报告知县与知府，从而"上闻"。张某之子获得官资，被"授承信郎"，并且世珍"厚其道费而归之"。南宋人认为此类仗义出头之行为为"义"之表现。此外如徽州婺源县士人滕洙，"尝有一士族女年甫龀龀，家贫母病，父为牙侩所欺，鬻之倡家。闻者不平而莫能谁何，君独愤然，呼倡、侩许偿直还女。倡阳诺，而实谋挟制以遁。君廉知之，亟诉诸官，未决。倡与侩谋伪契，增其直累数倍，觊君惮费而止。君喜女得还，不复斥其伪，即谋所以酬之，然未有处也。会（其子）璘举乡贡，郡馈鹿鸣劝驾之金，即以取女还其家。县令张安中闻之，击节称叹，书其牍，誉君良美。盖自居困约，犹自拔为义"③。滕洙的行为获得县令的称叹，原因既在于士族女之父为牙侩所欺，但是没有谁肯出面解救。滕洙在自己经济不富裕的条件下，尚且肯出手相助，实在是令人敬仰。

针对李发的行为，朱熹感叹道："君才虽高而动以绳墨自守，凡有所为，必问礼律如何。其中退然如不胜衣者。唯于义之所在，则奋然以身先之，虽压以公卿之势弗夺也。临大患难，濒死而气不少沮。"朱熹将李发

① （宋）吕祖谦：《东莱吕太史文集》卷一〇《义乌徐君墓志铭》。
② 张文先生在《宋朝民间慈善活动研究》中对宋朝民间济穷和恤穷活动进行了详细的阐述，其中事例多数为士人。见该书第37—41页。
③ （宋）程洵：《尊德性斋小集》卷三《滕府君行状》，《丛书集成初编》本。

的行为上升到"义"的高度，实是宋人对儒家理念的贯彻。儒家义行的理念透过"仁"与"义"的阐释而展开。北宋张载的"西铭"建立起以仁为本理想社会的蓝图，也就是"民胞物与"的观念；义则本于儒家对"公"范畴的定位与规划，由周遭人群向外逐渐发展。这两方面都直接影响了士人行义的作为与方式。①

由此，士人在乡里树立了道德上的楷模形象，受到民众的普遍拥护，从而获得在基层社会的"文化权力"。

士人在获得"文化权力"之后，便经常作为乡里代言人的形象而出现。

类似地方事务由士人出面与官府打交道的事例很多。在朱熹任职南康军时，知袁州曹某建议南康军治所迁移到湖口县，拨隶彭泽县和都昌县，原先管辖的星子县和建昌县隶江州。此事引起当地士民的反对不满。建昌县就是由"进士熊望之等并父老及税户傅政等连状"反对的。此事由进士熊望之领头出面，应是由其在乡里的社会威望决定的。②

获得"文化权力"的地方士人在民间纠纷方面亦有重要作用。他们经常剖断邻里纠纷。李发"里人有斗讼者，就以求直，闻其言皆失所争而去"。陈敦化"乡间信服其谊，争讼多不之官府，得公一言，即时解散，斗狠为是益希少"。杨公才"乡间有讼不决者，尝折中于君，君一言而定"。从法制史的角度来看，这些行为属于民间调解。民间调解人多是族中的长老、本地的德高望重者或告老还乡的仕宦等，他们年长有德，讲信用，家境良好，处事公平。他们调解是凭借无形资源和有形资源。无形资源主要是调节者自身的高尚品德，在本地的威望、信用、面子及考虑问题与处理事情的能力。有形资源主要是他们所具有的较好的家境，充分的物质条件。③ 上述几位士人本身具有一定财力，方能济危救困。民众出现

---

① 另一个影响士人行义的动机，则是社会普遍的果报观念，士人、士大夫为行义人物撰著事迹时，亦常运用果报观念的因果关系作为解释与印证。参见朱倍仪《宋代士人之义行》，硕士学位论文，台湾东海大学，2002 年。

② 参见《朱熹集》卷二○《申免移军治状》，第 2 册，第 820 页。而南康军派遣官吏下乡检验乡里灾害时的不负责任，亦是由当地进士邵艮揭发。见《朱熹集》卷九《施行邵艮陈诉踏旱利害》。

③ 高楠：《宋代民间财产纠纷与诉讼问题研究》，云南大学出版社 2009 年版，第 175—176 页。

纠纷,不去官府解决而寻找士人评判,亦看中的是其本身有一定财力,具有解决问题的资本。

通过建构自身的"文化权力",地方士人亦获得与官员对话的权力。地方官员对于耆老、士人和官学生颇为礼遇,许多官员到任下车,便会召见他们,垂询乡里风俗、陈年积弊、地方政务得失,以供施政参考与制定政策的优先秩序。① 如前述夏侯世珍"其行信于家,其贤著于乡,凡县令之省风谣,问民瘼,必谘度焉"。乐清知县赵敦临"下车,揖诸生,首与之谋"② 县学修缮之事。

社会学家费孝通曾说:中国乡土社会的基层结构是一种所谓"差序格局",社会关系是逐渐从一个人向一个人推出去的,是私人联系的增加,社会范围是一根根私人联系所构成的网络。孝、悌、忠、信都是私人关系中的道德要素。③ 而反过来看夏侯世珍,他在照顾家族的基础上,进一步体恤宗族,赈济邻里,"孝、悌、忠、信"都有很好的表现,从而获得乡里的好评。接下来他的活动体现在"差序格局"上的超越乡里,进入地方事务的"公共领域",与同处其中的政府官员发生互动,从而起到"乡里代言人"的作用。④ 这是其"权力的文化网络"最基础部分。

很多地方士人都通过这种方式获得了"文化权力"。信手举一例,庆元府鄞县有边用和:

> 长游乡校,嗜学如饥渴。闭户不出,遨嬉殆绝。辈类多方撼之,弗能动也。口诵手抄,以精勤闻。在举场二十年,既不得志,而生理阙然,谋所以致丰裕者。不为世俗龙断之术。始若难就,苦心刻意,恶衣菲食,期必裕乃已。久之,果裕,又久而益裕。……承祭祀,奉

① 杨宇勋:《取民与养民——南宋的财政收支与官民互动》,第396页。

② (宋)林季仲:《竹轩杂著》卷六《温州乐清县学记》,文渊阁《四库全书》本。

③ 费孝通:《乡土中国　生育制度》,北京大学出版社1998年版,第24—36页。

④ 士人在地方上的"代言人"形象,与南宋兴起的"地域身份认同"(local identity)有关。"身份认同"是社会生活的一部分,某一地域的士人在某一特定时期会以"地方"为基础来建构一共享的身份认同。而"士人"就是其中重要的一个标志。参见包弼德(Peter K. Bol)《地方传统的重建——以明代的金华府为例(1480—1578)》,李伯重、周生春主编《江南的城市工业与地方文化(960—1850)》,清华大学出版社2004年版,第247—249页。2008年7月曾就本书论题于西安向陈春生教授当面请益,他提示:不同时期不同地域的地方精英是不同的,但不会发生地方权力真空,总是有精英存在。特致谢忱。

丘垄，必诚必敬。推是心于宗族，相与欣欢，无纤芥隙。有贫乏者，月必馈之，贷久不偿，置而不问。推之旁亲，亦皆恩意周浃。妇翁既殁，子女皆幼，为毕丧葬，而字其孤，迨长，为之嫁娶。子卒无嗣，而妻更嫁，复营其葬，而俾其族子后之，又为之娶。疏财贵义，有前辈风。又推之乡间，饮人以和，惟恐伤之。其邻始多桀暴，有见陵者，公不与较，而语之曰："吾在此，当使汝辈人人循理。"既久果然，皆敬以服。而修泮宫，建义庄，济饥民之类，又皆乐助不斳，乡评益归重焉。①

很明显，边用和曾经在学校学习，而且在科举考场中奋斗多年，是典型的地方士人。在求举无望后，开始治生并取得成功。然后对宗族之贫乏者，婚丧嫁娶者皆为主之。而后推之乡里，修建泮宫、建义庄，救济饥民，慷慨乐助。反过来看，地方士人如若能在公益事业中发挥作用，有一定财力是一个重要条件。边公从事科举之业二十年都未能如愿，转而治生则发家致富。有了钱财，他才可以救助宗族和乡里。最后"乡评"即乡里舆论对其评价甚高。舆论的评价就成为其获得"文化权力"的标志。

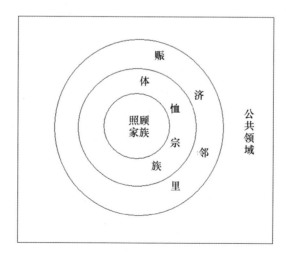

图2—1　士人"文化权力"获得途径

---

① （宋）袁燮：《絜斋集》卷二〇《边公墓志铭》。原名"边用和墓志铭"，依《全宋文》校勘记改。

　　由此士人"文化权力"所控制的范围从家庭到宗族，再超越宗族到邻里，然后进入乡里的"公共领域"。而地方官员首先所面对的是这一"公共领域"。在"公共领域"内士人与官员发生互动。除前述在士人身份本身所具有的无形资源外，在地方公益事业进行中，士人与现任地方官员发生互动，这就更强化了士人本身所具有的"文化权力"。

第 三 章

地方公益事业中的南宋士人

作为南宋重要的社会阶层之一，士人并不是孤立生活在南宋的村落世界，它与官员、富民、贫民、僧、道等都会发生联系，并且士人身份也会向其他阶层转移。[1] 士人处于一个复杂的社会空间之中，角度不同，我们所观察到的士人影像也就不同。[2] 笔者就对南宋地方社会公益事业中士人的参与做些许分析，以便观察士人在公益事业实施中的角色和地位。

第一节　经济救助实施中的南宋士人

自古至今，灾害发生概莫能外。与洪水、地震直接作用于人不同，灾害对人们生活的危害，更多通过农作物的减产来威胁人们的生活。关于灾害发生之后的国家与社会的反应，现在提得比较多的是"社会救济"。社会救济属于社会安全机制中的一种，即当部分社会成员因某种原因而导致基本生存无法维持时，社会运行安全必然受到威胁。因此，由国家和社会向这部分社会成员提供必要的物质援助，就是维护社会安全

---

　　① 傅俊：《南宋的村落世界》，博士学位论文，浙江大学，2009 年。该论文对南宋的乡村影像做了较为全面的考察，为笔者研究基层社会士人提供了背景支持。

　　② 士人的身份不是单一的，在与宗族、婚姻、社会各阶层的交往等诸多方面都可对士人做出分析。可参见陶晋生《北宋士族——家族·婚姻·生活》，"中央研究院"历史语言研究所专刊之一〇二，2002 年；邓小南《龚明之与宋代苏州的龚氏家族——兼谈南宋昆山士人家族的交游与沉浮》；梁庚尧《豪横与长者：南宋官户与士人居乡的两种形象》等。梁先生认为南宋居乡士人有豪横与长者两种形象。笔者所论从其积极的"长者"形象来阐述，与梁先生所论并无矛盾。明清士绅也有董其昌之流"劣绅"的存在，但并不影响其对基层社会的"文化权力"的掌控。

运行的必要手段。① 宋代是灾害多发的时段。据邓云特统计"两宋灾害频度之密，盖与唐代相若，而其强度与广度则更过之"②。灾害分水灾、旱灾、火灾、蝗灾、鼠灾、疫疠、风灾、地震与山崩、兵灾等十种。③ 南宋的救济措施可分为两种，一是灾害发生前的防范措施，二是灾害发生后的赈济措施。

一 灾前防范措施中的南宋士人

从汉代开始，灾害的防范措施就开始有一定的制度。④ 而在南宋时期，最重要的灾害前的预防措施就是社仓。⑤ 社仓始建于隋朝初年。隋开皇五年（585）工部尚书长孙平奏"请令诸州百姓及军人劝课当社，共立义仓。收获之日，随其所得，劝课出粟及麦，于当社造仓窖贮之，即委社司执帐检校，每年收积，勿损败"⑥，为目前公认的史书中所见社仓的最早记载。义仓由地方性的仓储形式纳入政府控制、设于州县的救灾备荒体系。隋社仓初设之时，乡村社会"得无饥馑"，大业中年"贷社仓之物，以充官费"之后甚至沦落到"无以支给"。隋时社仓之物移为官费，虽名为"贷"事后却很少能归还社仓。隋后期社仓已经沦为政府敛财应急的工具了。隋代的义仓有社仓之名而无社仓之实。社仓之储，本为备荒救灾，后竟充做官费。唐仍延续置仓于州县，在高宗、武则天当政时期义仓

---

① 张文：《宋朝社会救济研究》，西南师范大学出版社 2001 年版，第 7 页。张先生惠赠大作，谨致谢忱。

② 邓云特：《中国救荒史》，上海书店 1984 年版，第 22 页。

③ 王德毅：《宋代灾荒的救济政策》，台湾学术著作奖助委员会 1970 年版，第 11 页。

④ 王文涛：《秦汉社会保障研究——以灾害救助为中心的考察》，中华书局 2007 年版。

⑤ 20 世纪社仓研究比较多，直至今日仍有人关注。近三十多年代表性的除了王德毅先生的著作之外，还有梁庚尧《南宋的社仓》，原载台湾《史学评论》1982 年第 4 期，后收入氏著《宋代社会经济史论集》（下），允晨文化事业公司 1997 年版；张全明《试论朱熹的社仓制》，《华中师大研究生学报》1987 年第 1 期；张大鹏《朱子社仓法的基本内容及其社会保障功能》，《中国农史》1990 年第 3 期；张文《宋朝社会救济研究》，第 58—64 页；杨宇勋《取民与养民——南宋的财政收支与官民互动》，第 413—424 页。国外学者如韩国李瑾明《南宋时期社仓制的实施及其性质——以福建地区为中心》，载姜锡东主编《政府与经济发展——中国经济发展史上的政府职能与作用国际研讨会论文集》，知识产权出版社 2005 年版，第 196—241 页；［美］韩明士（Robert Hymes）：*Statesmen and Gentlemen：The Elite of Fu-Chou, Chiang-Hsi, in Northern and Southern Sung*，Cambridge University Press，1986，pp. 152–157；［日］戸田裕司：《黄震の広徳軍社倉改革——南宋社倉制度の再検討》，《史林》（京都大學史學研究會）73–1，1990 年，等等。

⑥ 《文献通考》卷二一《市籴考二》，中华书局 1986 年版。

的主要功能为备荒救灾。后因财政困难"渐贷义仓支用",到中宗神龙以后"天下义仓费用向尽"。义仓仓本因政府挪用丧失其社会救助能力,以至于无仓本可贷。唐朝的义仓有时虽用社仓之名,即不设置于里社;仓本的征收也由"劝课""税"的形式征收。此时徒有社仓之名,实为义仓。

北宋社仓相比隋唐没有明显的发展,义仓也几经置废。梁庚尧认为:"北宋义仓屡设屡废,宋太祖乾德元年(963)初置,至乾德四年(966)即罢;仁宗庆历元年(1041)复置,五年(1045)又罢;神宗熙宁十年(1077)复置,至元丰八年(1085)再罢;哲宗绍圣元年(1094)复置,沿用至南宋。在义仓废置期间,臣僚请求复置,常用社仓的名称,建议置于乡村。"① 北宋臣僚上奏请置义仓也只用社仓之名而已。张文先生认为熙宁年间陈留之义仓即建于社,又有借贷之法,且主要针对乡村,其实已经是地道的社仓了。② 姑且不论该义仓施行与否,陈留县义仓的仓本"户口第一等出粟二石,二等一石,三等五斗,四等二斗,五等一斗,麦亦如之"③,按户等出粟,设仓于村社,有官方"抑勒"之嫌,还不能算是真正的社仓。绍兴二十年(1150)魏掞之在建宁府建阳县长滩铺设仓,以谷贷民。其创设时间早于朱熹,是南宋建立社仓较早的一次尝试。④

社仓定型推广是在南宋乾道四年(1168)朱熹于建宁府崇安县开耀乡创立社仓并取得很好的成效之后。淳熙八年,浙东提举朱熹上奏其乾道四年于崇安县创办社仓成功事例。其后宋孝宗准朱熹所言,淳熙八年(1181)"甲子,下朱熹社仓法于诸路"⑤。南宋社仓首次以诏令形式颁于诸路。但社仓初期的推广并不十分顺利,朱熹庆元元年(1195)作《建昌军南城县吴氏社仓记》仍感叹"德意甚厚,而吏惰不恭,不能奉承以布于下,是以至今几十年,而江浙近郡田野之民,犹有不与知者,其能慕而从者仅可一二数也"。其后社仓的功效终为人所知,加以朱熹门人在各地致力推行,在客观的事实证明和主观的积极推动配合下,社仓的设置日

---

① 梁庚尧:《南宋的社仓》,《宋代社会经济史论集》(下),允晨文化实业公司1997年版。
② 张文:《宋朝社会救济研究》,西南师范大学出版社2001年版,第59页。
③ 王应麟:《玉海》卷一八四《食货·熙宁修复社仓》,《中华再造善本》,第65册,北京图书馆出版社2006年版。
④ 陈国柱:《宋代乡村社会救助的新特点》,硕士学位论文,河北师范大学,2009年。
⑤ 《宋史》卷三五《孝宗本纪》,第678页。

渐普遍。其南宋社仓分布及贷本来源表也表明了南宋晚期社仓已经遍布全国。①

社仓的建立前提是要有仓本。仓本来源不一，有的社仓仓本来自官府，有的仓本为官府和民间共同承担，还有的仓本是民间自发提供。这反映出社仓在推广过程中因地制宜的变通。学者对社仓的设置与运行关注甚多，成果丰富。笔者拟对社仓设置和运行中南宋士人做些分析。

社仓的创立是在魏掞之、朱熹的手中完成，而第一座社仓的设置地点便是在建宁地区。魏掞之，字符履，曾经师事胡宪，与朱熹有所往来。魏掞之设置社仓的动机可以从《建炎以来系年要录》中一窥究竟：

> （绍兴二十年九月丙申），自建炎初，剧盗范汝为窃发于建之瓯宁县，朝廷命大军讨平之，然其民悍而习为暴，小遇饥岁，即群起剽掠，去岁因旱，凶民杜八子者乘时啸聚，遂破建阳，是夏民张大一、李大二复于回源洞中作乱，安抚使仍岁调兵击之。布衣魏掞之谓民之易动，盖因艰食，及秋，乃请于本路提举常平公事袁侯复一，得米千六百斛以贷民，至冬而取，遂置仓于长滩铺。自是岁敛散如常，民赖以济，草寇遂息。②

魏掞之看见了建炎年间以来的几次乱事，乃是起因于粮食不足，饥民因而啸聚暴动，造成社会不安。为了防弭盗贼，以求民安，因此向提举常平公事求米贷民。当冬天收得息米之后，遂将临时性的赈贷工作，扩展为长久性的制度，设置长滩社仓，专营赈贷。魏掞之设置社仓的动机在于防弭民乱，消除社会不安，显然，在他的心中，建宁地区社会不安的根源乃是粮食问题。

受到魏掞之构想影响，一般认为社仓的创立者是朱熹，设置社仓的动机则可以从《建宁府崇安县五夫社仓》一文中清楚看出。五夫社仓的设置可以追溯到乾道三年（1167）。当年崇安县发生水灾，他率领当地名望之士至黄亭，赈贷乡民。这次的赈贷使得"民遂得无饥乱以死"，而"浦城之盗"也旋即平息，可谓相当成功。事后，朱熹对当地的灾荒问题作

---

① 梁庚尧：《南宋的农村经济》，新星出版社2006年版，第237页。
② 《建炎以来系年要录》卷一六一，绍兴二十年（1150）九月丙申条。

了一番检讨，朱熹认为，崇安灾荒之所以会引发民乱，生存危机固然是原因，但是山野之民"虽乐岁，不免出倍称之息贷食豪右"的贫富不均问题，以及"官粟"无法顺利发放，都加深了当地的生存危机，并成为扰乱社会秩序的重要根源。至于解决之道，防灾储蓄的仓储组织不失为解决当地粮食的良方，但是朱熹认为，用以赈贷与赈济的常平、义仓，地点多半设于城市，只能使"市井惰游辈"获利，远离城市的"力穑远输之民"，则往往"虽饥饿濒死而不能及也"。同时，朱熹又提到负责仓储营运的官吏"避事畏法"，不愿按时贷放米粮，以致有的粮食因存放过久，"化为浮埃聚壤而不可食"①。在常平仓与义仓组织有所局限的背景下，为了彻底解决当地社会不安的根源——粮食问题，朱熹于崇安县五夫里创立了设置在乡村的民间互助组织——社仓。

有关建宁地区社仓的细部运作、分布以及营运的情形，魏掞之的长滩社仓记载有限，只能得到其民间自营的粗浅印象。而由于朱熹曾向朝廷建言并获得允许推广社仓，崇安县社仓的参与人员、营运情形等资料相对丰富得多。从朱熹的记文以及后来在淳熙八年（1181）向朝廷建言推广社仓的札子可以看出，五夫社仓贷放的对象主要是贫民，凡"产钱六百文以上及自有营运，衣食不阙者"不得请贷。社仓分为三仓，两仓用以平时贷米，第三仓则是在灾荒之际"专赈贷深山穷谷耕田之民"。贷放米粮的顺序则是以都为单位，由远而近。从贷放的条件与顺序可以清楚地看出，距离城市较远的乡村贫民是社仓主要济助的对象。至于社仓工作的推行则主要是由乡里士人主持，以社仓夏贷冬偿、收息十分之二的方式，辅以保甲组织的运用，来达到确保贷户以及准时贷放缴纳的效果。

由朱熹的记载来看，在社仓最先推行的十多年中，似以福建，尤其是建宁地区的推行较为顺利。作为一个由乡里士人管理、官方监督的组织，亦即，社仓的运营亟须中央与民间力量的整合，僻远的建宁地区究竟有什么条件，可以成为社仓首先创置，继而推广的地区？这可能与社仓"毋数以烦有司"由乡居士绅主导，地方官员监视出纳的体制有关。虽然社仓设置与否、运作及监控方式的权力，绝大部分仍操在地方州县手上，但作为一个民间组织，若有地方人士的配合与带头领导，只要能遇见愿任其

---

① （宋）朱熹：《建宁府崇安县五夫社仓记》，《朱熹集》卷七七，四川教育出版社1996年版，第7册，第4051—4053页。

事的地方官吏，社仓的推行与运营并非难事，建宁地区便有这样的环境。根据李弘祺的研究，福建地区，尤其是西北山区在海上贸易、交通尚未发达时，一直被视为乱事不断的落后地区，被排斥于主流文化之外。其地方秩序的维持所仰赖的不是中央，而是地方大族及士绅，也就是说，建宁地区一直有地方大族与士绅介入地方事务的传统。① 另外，朱熹的父亲朱松任官入闽后，与闽北地区的文人互动频繁，他师从罗从彦，与李侗为学友。在临死前将朱熹托孤给建宁望族刘子翚（1101—1147），又托学于其好友，也是当地颇具声望家族出身的刘勉之（1091—1149）、刘子翚、胡宪（1086—1162），使得朱熹与当地文人学士、地方家族发生密切关系，这是朱熹日后可以取闽北学派所长，开创闽学的原因之一，也是社仓可以在当地顺利推行的关键。

与朱熹共同赈灾、创立崇安社仓的刘如愚，便是刘子翚家族的成员之一。而在朱熹离开福建之后，崇安社仓也一直仰赖刘家及其他地方士人的经营。在淳熙十二、十三年间（1185—1186），朱熹《答刘韬仲》中还提到"社仓条目适平父（刘珙）携以见过，已商量一一奉报矣"②。文中的平父也是与刘如愚同家，并且曾与朱熹为学友的刘珙（1122—1178），足可见从乾道到淳熙年间，刘家都参与社仓的运作。家族的参与是建宁地区社仓得以维持的重要因素之一，而地方士绅的参与也不容忽视。创立长滩社仓的魏掞之，虽为一介平民，但师事胡宪，与朱熹为友，曾获得宰相陈俊卿及孝宗的赏识。他居家注重丧祭礼法，体恤亲旧，并于岁饥之际施粥米与乡人、出钱以掩埋无主死者，又撰写文章以劝诫生子不举的陋行，学术与品德兼具使他在地方上有相当的声望与地位。他是典型的居乡士人。提举常平袁复一之所以采纳魏掞之设置长滩社仓的意见，与其当地名士的身份不无关系。长滩社仓后来的经营方式及大阐社仓的创置亦依循相同的模式，长滩社仓后来经营不善，淳熙十一年（1184），提举常平宋若水知情之后，便另觅当地名士周明仲出来接续魏掞之的工作。③ 周明仲除了接替长滩社仓的经营外，还因长滩社仓交通不便，人民往来费时，向宋若水

----

① Thomas H. C. Lee, *Neo-Confucian Education in Chien yang, Fu-chien, 1000 – 1400：Academies, Society and the Development of Local Culture*，载《国际朱子学会议论文集》，"中央研究院"中国文哲研究所筹备处1993年版，第9—17页。

② （宋）朱熹：《朱熹续集》卷四《答刘韬仲》，《朱熹集》，第9册，第5219页。

③ （宋）朱熹：《朱熹集》卷七九《建宁府建阳县长滩社仓记》，第7册，第4117—4119页。

建议创建大阐社仓。① 另外，《崇安县志》卷七《人材志》亦提及乡居官员虞大中居乡时，与朱熹合力创设义仓之事。②

社仓以本土乡居或寄居官员士人与本地官员共同掌管，官员主要负责监督社仓米的发放和收还。本土乡居或寄居官员士人制定乡内受助户口名单、检察"停藏逃军"及"无行止之人"、贷放之日还将人户的请米状拖封批填。这一过程除了对社仓管理者道德要求之外还有严格的制度规定，社仓事目还规定"如有漏落，及妄有增添一户一口不实，即许人告"。许人告也从受贷人户方面制约了社仓管理者在执行救济过程中徇私舞弊，增强了社会救济的透明性。同时，社仓的大项收支也需要监官签押。在社仓救助过程中体现出很强的制度性和实用性。州县派出的官员全程参加社仓粮的贷放与收纳，这种社仓运行监督制度的初步确立，使社仓运行过程中对管理人员个人素质较高要求之外多了一层制度保证。而士人在地方具有一定的威望，在当时条件下是最佳人选。

从这些例子可以看出，建宁地区的地方家族与当地士人对于社仓的推行帮助极大，而这也是建宁地区社仓最初推行之际较为顺利的原因之一。不过值得注意的是，朱熹、魏掞之、周明仲等人得以以一介平民创办社仓，其中或是被官员所委请主持，或是主动向官员请商，无论如何都是在官方允许的前提下得以进行的。换句话说，在官民合作的网络中，官员仍是处于重要地位。就如同刘子健所言，乡绅或是平民赈灾，等于是代官行事，用私人力量去做官吏该做而不做的事。他们只有名望与较佳的人事资源，没有权力，只有在遇见好的官吏才能去请商，或是在地方官的邀集之下从事赈济活动。③ 建宁地区除了具有乡里士人热心于地方荒政，有利于社仓推动的条件外，也具有关心地方事务、热心于与乡里士人合作的官员、有助于社仓推行的优势。建宁地区的官员之所以热心于地方荒政，一方面，与荒政思想受到普遍重视，仓储丰盈与否成为考核地方官政绩的指标有关外，另一方面，朱熹以及道学也是关键因素。④ 社仓组织的扩散除

---

① （宋）朱熹：《朱熹集》卷七九《建宁府建阳县大阐社仓记》，第7册，第4119—4120页。

② （清）管声骏纂修：康熙《崇安县志》卷七《人材志》，《稀见中国地方志汇刊》，中国书店1992年版，第32册，第41页。

③ ［美］刘子健：《刘宰和赈饥（续）——申论南宋儒家的阶级性限制社团发展》，载氏著《两宋史研究汇编》，联经出版事业公司1987年版，第359页。

④ 梁庚尧：《南宋的农村经济》，第243—244页。

了具有乡里士人与地方官热心于地方事务的条件外，更重要的是，朱熹及朱熹所形成的学术、交友圈将士人与地方官人际网络联起来，并以道学为媒介，形成共同价值观。这造成建宁地区道学与官场的人际圈重叠性相当高，于公事，乡里士人受地方官治理，但于私下的学术、交游，彼此之间则可能是师徒或是朋友关系。例如在宝庆元年至三年（1225—1227）担任建阳县令，并以惠政著称于世的刘克庄（1187—1269）便曾说："余为建阳令三年，邑中士大夫家水竹园池，皆曾游历，去之二十余年，犹仿佛能记忆其水。"① 而曾担任福建提举常平的蔡幼学（1154—1217），亦常在私下前往建阳县朱熹的住所向其请教备荒事宜。② 而福建安抚使赵汝愚之于朱熹问举子仓之事，崇安县知县诸葛廷瑞之于朱熹商讨崇安县赈灾之事等，都是官场与学术圈交叠的体现。综上所言，可以发现，朱熹及因其而形成的道学与地方交友圈，将建阳地区乡里士人、大族和地方官巧妙地联系起来，形成了一个共同价值观的人际网络。这个价值观以闽学作为媒介，体现在社会现实上则是乡里士人与地方官员热心于地方事务，彼此合作，而这显然是社仓乃至各项社会救济得以在建宁地区顺利推行的重要原因。

关于社仓的各种经营形态，梁庚尧先生在《南宋的农村经济》中已有详尽探讨③，我们主要看其中士人参与方式的地域差异，笔者将参与方式总结为"里倡官应"与"官倡里应"的地域不同。

在社仓开始出现时"里倡官应"为主要形态，这主要存在于福建路的建宁府。《救荒活民书》载有详细情况：

> 建州瓯宁县有洞曰回源，其北与建阳接境，乃建炎初剧贼范汝为窃发之地，民性悍而习为暴，小遇饥馑群起剽掠。去岁因旱，凶民社八子乘时啸聚，首破建阳，逐官吏，杀居民，至夏，张大一、李大二复于洞中作过，本路帅臣仍岁遣官军荡定。时进士魏掞之谓民易动，盖缘艰食，乃请于提举常平官，得米一千六百石，以贷乡民，至冬而

① （宋）刘克庄著，王蓉贵、向以鲜校点：《后村先生大全集》卷一〇二《题丘攀桂月既图》，四川大学出版社 2008 年版，第 2633 页。

② 《宋史》卷四三四《蔡幼学传》，第 12895—12899 页。

③ 梁庚尧：《南宋的农村经济》，第 282—290 页。

取，远置仓于邑之长滩铺，自后每岁散敛如常，民得以济，不复思乱，而草寇遂息。人谓掞之所请乃社仓遗意，使诸乡各有仓储粟，则缓急可恃矣。①

细绎文意，此次设置社仓，是进士魏掞之主动请于提举常平，得米一千六百石。仓本虽然是官出，但是作为地方士人，魏掞之的主动请求却是非常关键的。如果他此次不出面请求设置，社仓之制是很难被随后的朱熹发扬光大的。

乾道戊子春夏之交，建人大饥。予居崇安之开耀乡，知县事诸葛侯廷瑞以书来属予及其乡之耆艾左朝奉郎刘侯如愚，曰："民饥矣！盍为劝豪民发藏粟，下其直以赈之？"刘侯与予奉书从事。里人方幸以不饥饿，而盗起浦城，距境不二十里，人情大震，藏粟亦且竭。刘侯与余忧之，不知所出，则以书请于县，于府。时敷文阁待制信安徐公嘉知府事，即日命有司以船粟六百斛沿溪以来。刘侯与予率乡人行四十里受之黄亭，步下归籍。民口大小仰食者若干人以率受粟，民得无饥乱以死，无不悦喜，欢呼声动旁邑。于是，浦城之盗无复随和而束手就擒矣。及秋，徐公奉祠而去，直敷文阁，东阳王公淮继之。是冬有年，民愿以粟偿官贮，里中民家将辇载以归有司，而王公曰："岁有凶稔，不可前料，后或艰食得无复有前日之劳。其留里中，而上其籍于府。"刘侯与予既奉教，及明年夏又请于府曰："山谷细民无盖藏之积，新陈未接，虽乐岁不免出倍称之息贷食豪右，而官粟积于无用之地，后将红腐不复可食。愿自今以后，岁一敛散，既以舒民之急，又得易新以藏。俾愿贷者出息什二，又可抑侥幸，广储蓄，即

---

① （宋）董煟：《救荒活民书·拾遗》，文渊阁《四库全书》本。朱熹《建宁府建阳县长滩社仓记》亦记载此事："绍兴某年，岁适大祲，奸民处处群聚，饮博啸呼，若将以踵前事者，里中大怖。里之名士魏君元履为言于常平使者袁侯复一，得米若干斛以贷，于是物情大安，奸计自折。及秋将敛，元履又为请，得筑仓长滩，庪置之旁以便输者，且为后日凶荒之备，毋数以烦有司。自是岁小不登，即以告而发之，如是数年，三里之人始得饱食安居，以免于震扰夷灭之祸，而公私远近无不阴受其赐。（后逐渐弊病出）淳熙十一年，使者宋侯若水闻其事，且知邑人宣教郎周君明仲之贤，即以元履之事移书属之，且下本台所被某年某月某日制书，使得奉以从事。盖岁以夏贷而冬敛之，且收其息什之二焉。"很明显，魏掞之之举措为官出仓本之"里倡官应"，而后才是官出仓本之"官倡里应"。

不欲者勿强。岁或不幸，小饥则弛半息，大祲则尽蠲之，于以惠活鳏寡，塞祸乱源，甚大惠也。请著为例。"王公报皆施行如章。既而王公又去，直龙图阁、仪真沈公度继之。刘侯与予请曰："粟分贮民家，于守视出纳不便，请仿古法为社仓以储之，不过出捐一岁之息，宜可办。"沈公从之，且命以钱六万助其役。于是得籍坂黄氏废地而鸠工度材焉。经始于七年五月，而成于八月，为仓三亭一门，墙、宇、舍无一不备。司会计董工役者，贡士刘复、刘得舆、里人刘瑞也。既成，而刘侯之官江西幕府。予又请曰："复与得舆，皆有力于是仓。而刘侯之子将仕郎琦，尝佐其父于此。族子右修职郎坪亦廉平有谋，请得与并力。"府以予言，悉具书礼请焉。四人者，遂皆就事，方且相与讲求仓之利病，且为条约。会丞相清源公出镇兹土，入境问俗。予与诸君因得具以所为条约者，迎白于公，公以为便，则为出教，俾归揭之楣间，以视来者。①

前面已经具体阐述到朱熹在乾道年间救荒时和官员的互动。在此处引该社仓建立的前后，可以清楚地看到"里倡官应"的救济模式。起初知县请朱熹与乡居之刘如愚来动员（劝分）富家出粮赈济，明显朱熹是处于被动的。在粮尽之时，"以书请于县，于府"，知府徐嘉支援粟六百斛。次年又建议"愿自今以后，岁一敛散，既以舒民之急，又得易新以藏"，得到继任知府王淮的支持。继而又请设立社仓，得到新任知府沈度的首肯，并给予六万钱的支持。而且社仓的建设"司会计董工役者，贡士刘复、刘得舆、里人刘瑞也"。官府无所参与。前后除了第一次知县请朱熹与刘如愚出面劝分外，皆是朱熹二人以当地士人的身份出面建议，而后官员首肯并实施。所以，这是官出仓本之"里倡官应"模式的典型代表。

但"里倡官应"模式向来难以长久，民间自发组织的各项公益事业，最后都要官府的力量介入才能维持。南宋人曾评价社仓建设说："夫崇安创始之制，倡者里人，而官为之应，故其成若难而久非所患。"② 如果没

---

① （宋）朱熹：《建宁府崇安县五夫社仓记》，《朱熹集》卷七七，第2册，第525—526页。
② （宋）李吕：《澹轩集》卷五《代县宰社仓砧基簿序》，文渊阁《四库全书》本。但是他接着又对官员的素质表示了担忧："今吾邑举行之，方官始倡之，而里人为之助，刿其设施，各务得宜，则其事迹容有小异。至于救民于壑，为国添丁，原其用心，则未始不同。然念牧民之吏，率以三岁而终，锱铢而积其所成立，仅止于此。至于增光润色，自此岂无与我同志者。"

有官府的介入，一般富家不愿出仓本。宋孝宗在肯定朱熹的做法，向全国推广时，并没有完全按照朱熹的办法，而是同意各地因地制宜举办。这就避免了政策上的一刀切。故而各地在"官倡里应"模式下具体操作上也各不相同。

首先是里出仓本上的"官倡里应"，亦即官员倡议，民间富家出仓本，士人总其事。如江西袁州萍乡县西社仓即是县尉潘友文"孜孜开谕，曾不踰月，民乐于应命，自郭至乡为仓九，且愿输己之积无勤有司。……凡仓之敛散，皆主于邑之士，官不与焉。……总其事者（钟）咏与彭君修，厚其储力其事者柳君廷傑、宗显、宜君师贤、九德、元凯。宰三山周公世昌、簿庐陵董公冲元，分俸以示表倡，尉青江王公衙实督建仓之役，柳君宗显佐之"①。自始至终皆是官员在主持社仓活动，只是"仓之敛散……官不与焉"②。在宋孝宗颁布建立社仓的诏书之后，"于是所在好事往往各以其私谷推行，以应诏旨，仁圣之泽无远不被，人到于今赖之。近年以来吾乡之士慕而为之者三：赵飞凤兄弟行之尤多，景元一等行之巴川，陈孜等行之巴岳之下，行之巴川者合十一家，为钱一千缗，岁得谷三百石，登熟则以价籴之，择一人以掌其谷之数"③。很明显，这是在四川巴川地区比较集中的里出仓本型的"官倡里应"。

其次是官出仓本的"官倡里应"。真德秀在潭州任上，"合解钱内出豁起立社仓于寺观，不科乡保，不扰主持，不白役工匠。申闻于朝，乞将本州嘉定十七年分合起发湖广总领所马谷九万五千硕，于内截留八万硕，令诸县税户各就社仓送纳，及益以他谷，共九万五千余硕，置仓百所，永

---

① （宋）钟咏：《萍乡县西社仓记》，（明）解瑨等纂《永乐大典》卷七五一〇《社仓》，中华书局 1986 年版，第 4 册，第 3383 页上。

② 南宋后期在社仓建设上经常是政府官员出面设立，仓本也无须民间提供，但是最后社仓的运转官府一般都愿意交给地方士人，"官无与焉"就成为官员对待地方公益事业的一个比较有意思的态度。如常州宜兴知县高商老于绍熙五年（1194）创办的社仓，分布于县内善拳、开宝诸乡共 11 个，"择邑人之贤者承议郎赵君善石、周君林，承直郎周君世德以下二十有余人以典司之"。（宋）朱熹：《朱熹集》卷八〇《常州宜兴县社仓记》，第 7 册，第 4148—4149 页。隆兴府通判丰有俊于嘉定四年（1211）左右创办的社仓，分布于境内南昌、新建二县，"属里居之贤连江宰陶君武泉、幕友裘君万顷择士之堪信仗者分朵之"。〔（宋）袁燮：《絜斋集》卷一〇《洪都府社仓记》〕官方创办的社仓均仰仗士绅如此。

③ （宋）度正：《巴川社仓记》，傅增湘编《宋代蜀文辑存》，北京图书馆出版社 2005 年版，第 4 册，第 293 页。

充赈贷。却折纳总所八万马谷钱,计官会一十二万八千贯,水脚钱会共一万九千三百余贯,夫米二千五十余硕。本县分置社仓九处,计谷九千二百七十三硕,专为赈贷,有田二十亩以下之户,每年以四月一日支贷,七月催收,每贷一硕,收息谷一斗,费用谷一斗,其逐月纤悉条目,自有本州印行社仓规约。在州置司,委通判职官,县有提督措置官,知县以提督社仓系衔,丞、簿、尉中选二员措置,任满,本州核实无欠,方许批书。乡士有信义者,及合充保正、副者,每仓委请二人充监仓,不律以法而待以礼,两年一替,仍与免役一年"①。可见真德秀在湖南推广建立的上百个社仓,仓本皆为官出,只是监仓中一部分为士人。隆兴府"今为大府,而土非膏腴,民鲜积贮,年丰则仅给,岁歉则流殍,邦人病之。郡丞丰君有俊请复社仓,自南昌、新建二邑始,郡捐钱千万,属里居之贤连江宰陶君武泉、幕友裘君万顷,择士之堪信仗者分莁之,以待来岁之用,将漕胡公闻而是之,运米二千斛助成"②。此事中仓本为隆兴府之钱千万,江南西路转运使助之米二千斛。但是具体的操作则是"里居之贤连江宰陶君武泉、幕友裘君万顷"及"士之堪信仗者",是典型的官出仓本的"官倡里应"。

总的来看,南宋社仓建设中初期是"里倡官应",而后推广过程中"官倡里应"属于比较普遍的情况,但是在更为具体的操作上,官出仓本的"官倡里应"在湖南各地比较普遍,7例社仓建置皆属此种类型。而里出仓本的"官倡里应"在两浙路和江西路比较盛行。江南西路共有15例社仓设置,其中士人参与的有10例,占66.67%。但有时在一个地方两种类型的"官倡里应"都可能存在。朱熹在浙东赈济时,"当司恭奉圣旨建立社仓,已行印榜遍下管内州县劝谕",就有"绍兴府会稽县乡官新嘉兴主簿诸葛修职状乞请官米置仓给贷,而致政张承务、新台州司户王迪功、衢州龙游县袁承节等,又乞各出谷有本家米谷置仓给贷"③。很明显,在会稽县一县之内就有两种"官倡里应"的情况。

综上所述,南宋社仓是一种官督民办的社会救济机构,在借鉴保甲制

---

① (明)解瑨等纂:《永乐大典》卷七五一〇《社仓》引《渌江志》"长沙府长沙县社仓"条,第4册,第3387页以下。

② (宋)袁燮:《絜斋集》卷一〇《洪都府社仓记》,《丛书集成初编》本。

③ (宋)朱熹:《劝立社仓榜》,《朱熹集》卷九九,第8册,第5081页。

的基础上以结甲方式形成组织。这种组织无论是倡议、创办、管理、执行，士人均为其中的主体，政府则扮演着行政号召和经济支持的角色。地方士人和政府的共同配合，促成了社仓这一南宋创新制度的诞生，并为南宋的社会救济做出了重要贡献，成为古代社会长期延续的民间救济机构。①

二 赈济活动中的南宋士人

灾害发生之后，包括政府在内多采取两种类型的应对措施。一种是祈求神灵消灾，另一种就是积极赈灾减灾。② 宋朝的赈灾救荒措施从性质上区分，可分为三大类：第一是官府在行政职能内的纯官方的赈济措施；第二是利用供需关系，符合市场规律的市场性的措施；第三是动员民间力量自愿或半强制性进行赈济。③ 第三种民间力量参与赈济在南宋表现比前代更为突出，显示出民间力量主动性的增强。刘子健先生曾对刘宰的赈济活动有过精彩阐述④，与刘先生关注点不同，笔者关注参与其中的士人。刘宰在嘉定己巳年的粥局活动中扮演了什么角色呢？他家境贫寒，全家靠父亲执教家塾维持生计，可以说是士人家庭。他 16 岁入乡学，26 岁于绍熙元年（1190）登进士第，授江宁（今江苏江宁县）尉。开禧二年（1206），刘宰入浙东幕，开禧三年任仓司干官，职事为修举。当时钱象祖为右丞相，他向钱进言，钱均未采纳。刘宰见仕途无望，不久即辞官告归。嘉定元年（1208），朝廷下诏求贤，朝中大臣力荐刘宰。他不恋权贵，坚持不赴。嘉定四年，朝廷又下诏起用他，他仍不就职。宰相委婉劝告，从官写信挽留，他都一一谢绝。他辞官隐居乡下 30 年间，置义仓，创义役，三办粥局，施惠乡邦。他是地方士人中的上层。⑤ 刘子健先生认

---

① 周扬波：《宋代士绅结社研究》，第 64—66 页。

② 比如南宋人面对蝗灾，不外乎两种态度，一种是消极地祈祷神灵，另一种是积极地组织捕杀蝗虫，同时对受灾民众进行赈济。而且两种态度在不同地域，不同官身上有不同程度的表现，构成了当时面对蝗灾的一种社会认知体系，并由此派生出消极应对与积极应对措施双管齐下的社会反应机制。见拙文《中国古代蝗灾社会反应机制的定型期研究》，《安徽农业科学》2009 年第 26 期。

③ 张文：《宋朝社会救济研究》，第 104—134 页。

④ 刘子健：《刘宰和赈饥——申论南宋儒家的阶级性限制社团发展》，载氏著《两宋史研究汇编》。

⑤ 张文：《宋朝民间慈善活动研究》，西南师范大学出版社 2005 年版，第 224—225 页。

为，乡绅的名望，一般来说，原因不一。可能的因素，大致是下列的范围：望族、门第、财产、科第、高官、有名的政见、和其他士大夫的往来、和地方长官的应酬、学术的成就，还有实际上令人尊敬的行为。

刘宰在家乡灾后的赈济中就表现不俗。他曾写有文字记载下来他两次大规模的救济活动。第一次是嘉定：

嘉定己巳秋，天子以畿内旱蝗，出肤使（？）尚书郎留公董西道常平事。建台三月，移县发义仓米二百石助邑士之收养遗弃孩稚者。两月，续米如前。闾巷欢呼，以为幼者被赐，则壮者可知。私居小惠犹翼其成，则荒政大者盖不谒而获也。是岁也，盗起于夏秋而息于冬，民死饥疫，虽所在有之，而之死靡他，知上之人有以恤我也。先是，邑士张君汝永、侯君琦语某及新桐川汤使君曰："旱甚矣，而谷滋贵，时方盛夏，民不胜饥，冬春将若之何？"乃相与谋纠合同志，用大观桃湖陈氏及绍兴张君之祖八行故事，为粥以食饿者。而泲饥之余，中产以上皆掣肘于公私，虽仅有倡者，亦寡于和。既力弗裕，则虽欲收养孩稚之遗弃者，凡老者疾者与孩稚之不能去母者，虽甚不忍，皆谢未遑。比常平使者符下，而旁郡旁邑亦有喜为助者，乃克次第收前之遗，而并食之。继以来者之众，来日之长，惧弗克终。会有以其事白郡太守，守给米三百石，郡博士勇于义者，亦推养士之余赡之，而用以不乏。及江淮制置使给平江府米二百石，则已后矣。事始于其年十月朔，而终于明年三月晦。经始之日，孩稚数不盈十，后以渐增，阅月登三百。乃十有二月，合老者疾者妇人之褓负者逾千人，比月末倍。开岁，少壮者咸集，则又倍之。间以阴晴异候，增损不齐，其极也日不过四千。概以大观所纪成数，仅增五之一。始置局于县之东偏广仁废庵，中于岳祠，终于慈云寺，为其隘也。就食者先稚，次妇人，后男子，俾先后以时，出入相待，为其拥也。孩稚之居养者，朝暮给食，非居养而来者，日不再给，为其难于继也。居养之人听从去来，疾病者异其寝处。至自旁邑与远乡者，结屋以待之，而不限其必入，裹粮以归之，而不阻其后来，虑积久而疾疫熏染也。最凡用之数，米以石凡九百

六十有二，钱以缗凡二千二十有二，而用籴米者过半，薪以束大
者三千九百，小者一万四千二百，苇席以藉地、障风雨及葬不幸
死者几三千四百六十。食器三百，循环给食，中间随失随补，凡
一千三百九十皆有奇。草荐纸衾与花费琐琐不载。掌其事，布金
寺王僧祖传、茅山道民石元朴。石以私计归，祖传实始终之。左
右之者，张君昂、徐君椿，而主张经画，入寺之初则邓君允文也。
是举也，微常平使者无以成其始。微郡太守、郡博士无以成其终，故
疏其凡有助者于石，而于三者加详焉，使来者有考。①

　　其他士人参与这次赈饥的行为也是很明显的。第一次"先是，邑士
张君汝永、侯君琦语某及新桐川汤使君曰：'旱甚矣，而谷滋贵，时方盛
夏，民不胜饥，冬春将若之何？'乃相与谋纠合同志，用大观桃湖陈氏及
绍兴张君之祖八行故事，为粥以食饿者"。这次是地方士人张汝永与侯琦
主动找到刘宰，相商为粥救济。张汝永世居金坛，其墓志铭即为刘宰所
写。墓志云："自幼性识通敏，闻见该洽，为文雅赡，作字放古法，而行
书尤胜。淳熙丙午，与仲弟如玉同举于乡，时文学（其父曾授台州文学，
未仕而卒）亦同上南宫，乡党荣之。嘉定甲戌，廷对中选。寻授迪功郎、
和州含山县主簿，以才为当路所知。"② 嘉定甲戌为嘉定七年（1214），他
在此年方进入仕途，但是最后仅以溧阳县丞去世。在此前他仅是"与仲
弟如玉同举于乡"，即"乡贡进士"，在"淳熙丙午"，是淳熙十三年
（1186）。因此他在1186—1214年是"乡贡进士"。刘宰所记载的这次粥
局在"嘉定己巳"，是嘉定二年（1209），张汝永还是"乡贡进士"，是
典型的地方士人。第二次是"石以私计归，祖传实始终之。左右之者，
张君昂、徐君椿，而主张经画，入寺之初则邓君允文也"。祖传为僧人，
掌管具体出纳，决策者最初的是邓允文，而后是张昂与徐椿。功成不居，
是儒士美德。而乡绅作风，每归功于长官。原文结语云："是举也，微常
平使者，无以成其始。微郡太守、郡博士，无以成其终。故疏其凡有助者
于石，而于三者，加详焉。"目的是"使来者有考"，即希望后来的地方

---

　　① （宋）刘宰：《漫塘文集》卷二〇《嘉定己巳金坛粥局记》，《宋集珍本丛刊》，第72册。
　　② （宋）刘宰：《漫塘文集》卷三一《故溧阳县丞张承直墓志铭》。另见《至顺镇江志》
卷一八《人材·科举》，《宋元方志丛刊》，第3册，第2854页。

官，能同样的助救饥民。①

　　另一次重大的赈饥活动是在嘉定甲申年，即嘉定十七年（1224）。这次活动的大致保存在《漫塘文集》卷二二，而在《江苏金石志》中还保留有详细的捐助名单，整理如表3—1所示：

表3—1　　　　　　　　金坛县嘉定甲申粥局捐献名单②

身份类别	职衔	姓名	官会	米	柴
现任长官	承事郎、知镇江府金坛县事	赵	伍拾千	拾伍硕	
新任差遣	朝议大夫、新知岳州军州事	周孙	壹百千		
新任差遣	朝散郎、新通判湖州军州事	张		米叁拾硕	
在任差遣	朝散郎、金书平江军节度判官厅公事	牛	陆拾千		
在任差遣	文林郎、权浙西提举司干办公事	陈		叁拾千	
（丁忧）	孤哀子	王		壹拾五硕	
新任差遣	修职郎、新辟差监潘封酒库	张		贰硕柒斗	
在任差遣	修职郎、建康府句容县尉	张		贰硕柒斗	
居乡散官	从政郎	张		贰硕壹斗	
退职散官	承奉郎、前监建康府户部大军军门	张		贰拾硕柒斗	
退职散官	修职郎、前嘉兴府海盐□□盐官	张		粳米贰拾壹硕	
新任差遣	从事郎、新泰州如皋县尉	张		米拾壹硕捌斗	
退职散官	文林郎、前知严州寿昌县事	赵若珪		肆拾叁硕	
新任差遣	忠翊郎、新监平江府梅里镇	丁		伍硕	
士人	乡贡进士	丁桂		陆拾硕柒斗	

---

　　①　刘子健：《刘宰和赈饥——申论南宋儒家的阶级性限制社团发展》，载氏著《两宋史研究汇编》。

　　②　（宋）刘宰：《金坛县嘉定甲申粥局记》，《江苏金石志》卷一五，《石刻史料新编》第1辑，第13册，新文丰出版公司1982年版，第9814—9816页。

续表

身份类别	职衔	姓名	官会	米	柴
士人	乡贡进士	汤	壹拾千	壹拾叁斗	
士人	乡贡进士、府学学谕	严		柒硕	
士人	乡贡进士	朱麓	贰拾千		
士人	国学进士	费熙朝	柒千	壹拾捌硕	
士人	国学待补生	许友龙	壹拾千		
士人	国学待补生	汤柱孙		柒硕	
士人	国学待补生、府学学谕	崔振龙		壹拾叁硕肆斗	
士人	国学待补生	吴成		捌硕伍斗	
士人	国学待补生	魏采		柒硕	
士人	国学待补生	汤南松		壹拾肆硕	
士人	国学待补生	潘		壹拾硕壹斗	
士人	国学待补生	戴		贰硕叁斗	
士人	国学待补生	潘	壹拾千		
宗室	玉牒	赵贤		陆硕	
宗室	玉牒	赵崇献		壹拾肆硕	
居乡散官	将仕郎	高震	壹百伍拾千		
居乡散官	将仕郎	庄震	叁拾千		
居乡散官	将仕郎	倪奉	贰拾千		
居乡散官	进义副尉	茅拱	伍拾千		
居乡散官后裔	故武翼郎孙	刘师周		柒硕	
士人	进士	王		壹拾叁硕柒斗	
士人	进士	丁钮		伍硕	
士人	进士	邓如文		柒硕	
士人	进士	邓子仪		壹拾叁硕	
士人	进士	邓栋		壹拾叁硕	
士人	进士	邹士龙		捌硕伍斗	
士人	府学学谕	洪铸		陆硕陆斗	
士人	进士	汤选		伍硕柒斗	
士人	进士	蒋文		贰拾捌硕	
士人	进士	蒋拱	叁拾千		
士人	进士	钱德民	贰拾肆千		

续表

身份类别	职衔	姓名	官会	米	柴
士人	进士	陈廷		柒硕	
士人	进士	师	贰拾千		
士人	进士	潘		伍硕柒斗	
士人	进士	朱		陆硕	
士人	进士	路		柒硕	
民	邑人			柒硕	
民	邑人	钱树德	拾千		
民	邑人	韦		壹拾肆硕	
民	邑人	戴元菙		陆硕陆斗	
民	邑人	戴元德	壹拾千		
民	邑人	潘珵		壹拾肆硕	
民	邑人	杨彦通		壹拾肆硕	
民	邑人	潘瑜		肆硕贰斗	
民	邑人	王汝舟	伍千		
民	邑人	吕启祖			贰千束
民	邑人	吕光祖			贰千束
民	邑人	吕琛	壹拾千		
民	邑人	何守贵			贰千束，措置一行锅金
民	邑人	易荣祖			壹千束
民	邑人	陈仲			壹千束
僧	清凉寺住持僧	显高		壹拾壹硕柒斗	
道	道士	邹端方		陆硕玖斗	

这个名单，大致按照身份排列等级，而身份等级相同的，则以捐助先后列名。总共参加捐助 68 人，其中现任当地长官知县赵某为首，有 4 人；"待次里闲"的新任官员，有 5 人；退职官员有 3 人；居乡高级散官 1 人；"乡贡进士"等通过科举初级考试和国学学生的有 14 人；宗室 2 人；低级文武散官及其子孙有 5 人；以科举为目的的读书人"进士"有 16 人；

"邑人"有 15 人；僧 1 人；道 1 人。另有"孤哀子"1 人。① 因此记文所列名单是按照身份高低来划分，故而我们可以发现具有科举初级功名的"乡贡进士"，以及"国子进士""国子待补学生"等身份要高于"将仕郎""进义副尉"等低级文武散官。在这次赈灾活动中，以知县为首的居乡官员和地方士人都被动员起来，取得了赈济 15000 人的历史记录。

在上述举办粥局的措施中，刘宰虽有官衔，但却没有差遣，具备亦"官"亦"民"的身份，属于士人中的上层。最后，在现任官员的支持下赈济活动取得成功。这是士人热心地方事务的积极表现。

其他地域也有士人主动参与赈灾。例一，嘉兴陶士达，"己巳庚午，江淮饥民相食，近甸斗粟儿千钱，官赋民粥不给，卖饼饵者不敢过市。饿者撮道旁滓，且嚼啮之。大家方峙其粮，以左右望。君抄并舍二千家，发囷廪，下其贾之五，计口赈之。瘗且起，简其疾者，馈以共之归；其流者，囊以遗之；或转其历来弗却也。稚者养之，死者瘗之。欢曰：'无多事，啬祸矣。'君曰：'共患尔，非德也。'已乃义君之举者，风动四方，出滞藏放，为之所活者倍于柳泽焉"②。他是当地士人，"初君不求仕，教子而已。一钟之粟，分人之灾，非如畦种可计日待也"③。他有一定财力，并且以士人的身份，为当地"大家"做出表率。

例二，淮南李岩老，"岁有水旱，必损其粒米之直以售于乡。或以故衣败絮准焉，笑而不拒。其无以准者，又从而贷之，亦不受其息也"④。李岩老为当地士人，在乡里灾后赈济中扮演着重要角色。

例三，萧国华世居庐陵之横溪，读书奉母，有声士林，因赈灾与郡守建立了良好的关系。淳熙十年（1183），江西庐陵（今江西吉安）"大饥，

---

① 刘子健先生的分类是：（1）金坛知县及附近句容平江的官，共 3 人。（2）乡人而任他处现任官的，4 人。（3）有官衔退职官，以及已故官员由其子或孙出面的，10 人。（4）乡贡进士，4 人。（5）国学进士，1 人。（6）国学待补生，9 人。（7）宗室玉谍，2 人。（8）府学学谕，1 人。（9）邑人，共 15 人。（10）僧道，各 1 人。见氏著《刘宰和赈饥——申论南宋儒家的阶级性限制社团发展》，另见氏著《两宋史研究汇编》。他的分类略显繁芜，并且总共才有 51 人，与总数 68 人相差甚远，应该是少计算了"进士"16 人。"孤哀子"王某虽然身份不明，但厕身于官员行列，应是居乡"丁忧"、暂无差遣之官。

② （宋）周南：《山房集》卷五《陶宣义墓铭》，文渊阁《四库全书》本。

③ 同上。

④ （宋）韩元吉：《南涧甲乙稿》卷二一《承仕郎致仕李君墓志铭》，文渊阁《四库全书》本。

郡守赵侯方讲荒政"，萧国华"兄弟首请于郡，愿身先之。凡活饥民三百余人，侯甚谊之"①。其子萧振、萧洪在乾道间亦输粟助赈济，补将仕郎。

例四，江西安福县（今县）有士人刘庭老，积极参与地方灾后赈济活动。孝宗时"岁大侵，细民弃婴儿于野数百，君为粥以食之，至西成，以归其父母。二甿相仇，甲欲潜兵其乙，君呼来前，折其不直者，俾谢其直者，释然解去。庆元五年秋，邻乡有山市曰双田墟者，两山墙立，一溪蛇行，其间居民数百家在焉。一日天欲明，溪水涌出，倾一市往观，未至，水已登岸，观者反走入室，随入室，又升楼，水至楼，又升屋，水至屋。未一瞬间，数百家忽失所在，庐舍人畜蔽流而下。未午水涸，漂尸满野，哭声震天，君往拯之，载糗粮，具棺椁，恤生瘗死，活者何数"②。

例五，孝宗时淮南地区发生旱灾，"饥民所在扰扰"，当地士人邹如闽颇富，"前此捐金贮米……置籍而粜，止收元价。邻里乡党赖以赡给，所居岗门一二千家嘻嘻如平时，独无贵籴饥窘之忧，人深德之，而如闽初无所费"③。

还有士人具有医术，治病救人与赈济并行。四川广汉有杨大年，"多技能，尤工于琴与医，指法及脉法，往往自得。……辛未春，郡大疫，死者相藉，有亲族忌不觌者。大年不择高下，往赴无惮。家人惧甚，拘是不得出，则谬为他适，其人多赖以活，亦不自以为德也。间持缗币适市，遇贫急，探怀袖与之，不省问谁氏"④。

官府赈济活动中，也经常需要士人参与。汪应辰在四川广安军时，军签判李若愚"以为劝诱赈济，不可以威令驱迫，不可以产业之簿书为虚实，不可令饥民专聚于一处，不可使胥徒预其事。见今专委乡里忠信之士，自知军签判，躬率在城倚郭僚属，各助钱粮"⑤。胥吏因其在民间名声不佳，经常会在钱粮等事项上大做文章，故而在赈济时，地方官往往会将其排除在具体操作过程之外。而"忠信之士"就成为自然的合作对象。

---

① （宋）杨万里著，辛更儒笺校：《杨万里集笺校》卷一三〇《萧君国华墓志铭》，第5015—5016页。

② （宋）杨万里著，辛更儒笺校：《杨万里集笺校》卷一三二《刘隐君墓志铭》，第5115—5118页。

③ （宋）陈造：《江湖长翁文集》卷二八《常平劄子》。

④ （宋）史尧弼：《莲峰集》卷一〇《广汉杨君大年墓志铭》，文渊阁《四库全书》本。

⑤ （宋）汪应辰：《汪文定公集》卷四《御劄再问蜀中旱歉》，《宋集珍本丛刊》本。

朱熹在浙东赈济到台州时"询访到土居官员士人诚实练事、为众所服者，一县数人，以礼敦请，令与州县当职官公共措置，差募人船，前往得熟去处收籴米斛，循环赈粜"。"遂于降到钱内支一万贯付本县及土居官宣教郎林霈、承节郎蔡镐，公共措置，给贷食利人户，相度急切要害去处，先次兴工。俟向后丰熟年分，却行拘纳。其林霈曾任明州定海县丞，敦笃晓练，为众所称。蔡镐曾任武学谕，沈审果决，可以集事。"①

此外，退职的居乡官员对地方上的赈济事务也会提出建议。汪应辰致仕回乡后，恰逢江西水灾，贫民无所存活，富民却多囤粮待价，因此多发生暴力抢粮事件。"邻郡属县有程氏数家者，皆以财为长雄，乃者漂荡之余，止留仓库一所，饥民叩门而求之不得，于是啸呼，发所藏而去。诉之县，县不能治也。……兹又闻上饶县石人乡有李氏者，闭籴以待贾，民持钱造门而不答，则恐之曰：必不得将自发廪。李氏惧而受之。某乡有某氏者，欲增价以粜，民与之商确，移时不决，有数人远来者，不复计所直而从之。其不从者患其不与己同也，须其出而夺之。"汪应辰听说之后，"忧邻境有仿而为之者矣"。水灾之后当地社会局势动荡，"然而未闻使州有所赈恤，以慰存没之心，为之措画建久长之利者"②，因此他才向知州程某致书，提出赈济建议以供参考。汪应辰致仕回乡之后，虽然他依然有祠禄官的头衔，但却没有了差遣，非居官之时，这些"士大夫"就恢复了士人的生活状态。③他的言论虽然站在统治者的一面，"不在其位，不谋其政"，此时他只有建议的权利了。

在政府的劝谕之下，某些地方士人会积极响应。乾道七年（1171）饶州荒歉，"乡官右通直郎张垓前去诸县，劝谕到认粜米六万六千一百五十九石。右迪功郎许轸粜米三万五千七百七十二石。已降指挥，许轸特与转两官外，有余干县进士董时敏粜米一万三百石，乐平县进士程仪粜米四千三百石，德兴县董简粜米四千石"④。自然对士人在赈济中的表现，政府也立有赏格以奖励。⑤南宋董煟说："国家赈济之赏非不明白：五千石，

---

① （宋）朱熹：《朱熹集》卷一八《奏巡历至台州奉行事件状》，第2册，第711—712页。

② （宋）汪应辰：《汪文定公集》卷一六《与信州程尚书》。

③ 陈雯怡：《由官学到书院——从制度与理念的互动看宋代教育的演变》，第308—309页。

④ 《宋会要辑稿》职官五五之五二，第4册，第3624页。

⑤ 汪圣铎：《宋代卖官鬻爵辨析》，载氏著《宋代社会生活研究》，人民出版社2007年版，第219—224页。

承节郎，进士、迪功郎；四千石，承信郎、进士、补上州之学。然近年州县行之无法，出粟之后所费不一，故民有不愿就者焉。"① 如果操作适当，没有功名的士人也会积极响应的。② 龚茂良在孝宗时以江西运判兼知隆兴府，正值江西大灾，孝宗授以一路荒政。③ 乾道八年四月吉州太和县税户陈龙藻献米一万石赈济，乞于内将五千石赏补长男德元武官，并将五千石赏补第三男恪文资。龚茂良认为"陈德元本是士人，虽曾陷刑辟，审量其人器资丰伟，可以置之武阶"④。同年"吉州承信郎易致恭赈粜米一千八百余石，今再出米四千五百石，所得酬赏乞与第二男登仕郎易嘉敏与理选限"⑤。淳熙元年四月"吉州庐陵县乡贡进士易嘉谟、安福县税户朱大临，各出米四千石；庐陵县将仕郎王邦乂，承节郎王孚，各出米一千石赈济"⑥。可见除了主动响应政府赈济号召外，在奖赏的吸引下，地方士人也会积极参与赈灾。⑦

---

① （宋）董煟：《救荒活民书》卷上，文渊阁《四库全书》本。

② 朱熹在两浙赈灾时，曾有"婺州金华县进士陈夔献米二千五百石，准淳熙八年十二月十三日指挥，合补迪功郎。婺州浦江县进士郑良裔献米二千石，准淳熙八年十二月十三日指挥，合补上州文学。婺州东阳县进士贾大圭献米二千石，准淳熙八年十二月十三日指挥，合补上州文学。处州缙云县进士詹玠献米二千五百石，准淳熙八年十二月十三日指挥，合补迪功郎"。《朱熹集》卷一七《乞推赏献助人状》，第 2 册，第 674—675 页。

③ 《宋史》卷三八五《龚茂良传》，第 11844—11845 页。

④ 《宋会要辑稿》职官五五之五二，第 4 册，第 3624 页。

⑤ 《宋会要辑稿》职官五五之五三，第 4 册，第 3625 页。

⑥ 《宋会要辑稿》职官六二之三一，第 4 册，第 3798 页。朱熹在知南康军任上赈济的时候，也曾对出粟赈济的税户和士人给予封赏。"依今来立定格目给降付身，补授名目。内无官人一千五百石补进义校尉，愿补不理选限将仕郎听。二千石补进武校尉，如系进士，与免文解一次。不系进士，候到部与免短使一次。四千石补承信郎，如系进士，与补上州文学。五千石补承信郎。如系进士，与补迪功郎。"《朱熹集》卷一六《缴纳南康任满合奏禀事件状》，第 2 册，第 640 页。

⑦ 针对主动参与赈济的士人，政府事后也会主动给予奖励，反映了政府和有财力的士人与富民之间的互动。庆元府有汪伋，多次积极参与赈济，何澹任庆元知府就为其请赏："顷岁假守庆元，适当大歉，有奉化县寄居修职郎、新汉阳县尉汪伋，不待劝谕，捐谷四万，减价赈粜，以救灾伤，又为本县代纳税钱五个月，以使细民从便兴贩，一时人户赖以存活。淳熙年间亢旱，亦当令其弟份纳粟输官，本府以应格保明推赏，朝廷竟未给告。伋好施不倦，继又为奉化小民代纳一年丁钱，以此知其前后务在济人，诚可嘉尚，乞还汪份之赏以示大信，量与伋转官，风示中外，为歉岁富人之劝。"《宋会要辑稿》职官六二之三六，第四册，第 3800 页。细绎文意，在灾害发生后，政府眼中所见没有士人与富民之分，只有富人与穷人之别。财产多寡成为政府所考量的主要目标。但在官员软硬兼施之下能够响应劝分的，多数也就是有财力的士人了。

三 义役实施中的南宋士人

"义役"① 是一种制度还是组织，现在还有争议，但都认为其为"众出田谷助役户轮充"，即由多为应役户联合出田或出资买田，并按户等排定次序，以田产供当役户承役。② 其出现，盖缘于差役纠纷③，因设义役以缓解差役对民户的困扰。义役起源于南宋绍兴年间的金华县，其中西山汪灌等人组织的役法为较早较长久者，并受到知婺州吴芾的表彰。汪灌的役法由范成大于乾道四年（1168）在松阳县推广，并正式定名为"义役"，又逐渐推广到处州其他几县。次年孝宗了解到义役的良好效果后，向全国推广。④ 对于义役的诸多内容学者们已有很多研究，本书不拟再拾牙慧，仅将着眼点放到义役组织者与管理者上。

表3—2 **南宋义役设置情况**⑤

时间	地点	创置者	规模	资料来源
绍兴十九年	金华县	将仕郎汪灌	100亩	《吕东莱文集》卷七《汪灌墓志铭》
孝宗年间	处州	布衣杨权	不详	《晦庵先生朱文公文集》卷一八《奏义役利害状》

---

① 20世纪以来，从经济史的角度对义役的研究成果很多。主要有聂崇岐：《宋役法考》，载氏著《宋史论丛》，中华书局1980年版，第1—69页；漆侠：《中国经济通史·宋代经济卷》，光明日报出版社1999年版，第543—560页；王德毅：《南宋义役考》，台湾商务印书馆股份有限公司1972年版；黄繁光：《南宋义役的综合研究》，载《汉学研究之回顾与前瞻》，中华书局1995年版；梁庚尧：《南宋的农村经济》，联经出版事业股份有限公司1984年版；张文：《宋朝民间慈善活动研究》，第203—212页；杨宇勋：《取民与养民——南宋的财政收支与官民互动》，第272—285页；周扬波：《宋代士绅结社研究》，第41—53页；［日］周藤吉之：《南宋たおける義役の設立とその運營——特に義役について》，载氏著《宋代史研究》，東洋文庫1969年版；［日］伊藤正彦：《"義役"——南宋期における社會的結合の一形態》，［日］《史林》第75卷第5期，1992年9月，等等。

② 周扬波：《宋代士绅结社研究》，第41页。

③ 张文：《宋朝民间慈善活动研究》，第204页。

④ 周扬波：《宋代士绅结社研究》，第46页；杨宇勋：《取民与养民——南宋的财政收支与官民互动》，第272—273页。

⑤ 转引自张文《宋朝民间慈善活动研究》，第209—211页，略有修补，并尽可能增加修建者的身份。

续表

时间	地点	创置者	规模	资料来源
孝宗年间	山阴县	不详	不详	《晦庵先生朱文公文集》卷一八《奏义役利害状》
孝宗年间	德兴县	董琦等	不详	《建炎以来朝野杂记·甲集》卷七《处州义役》
孝宗年间	松阳县	官员范成大	3000亩	《文忠集》卷六一《范成大神道碑》
孝宗年间	嘉兴府	士人陶士达	不详	《山房集》卷五《陶士达墓铭》
淳熙年间	黟县	在朝官员程叔达	不详	《诚斋集》卷一二五《程叔达墓志铭》
南宋前期	常山县	知县苏玭	不详	《渭南文集》卷三九《苏玭墓志铭》
淳熙年间	萍乡县	知县孙逢吉	不详	《攻媿集》卷九六《孙逢吉神道碑》
淳熙年间	德兴县	李文昭	不详	《后村先生大全集》卷九六《德兴义田序》
淳熙五年	淳安县	陈晔	不详	嘉靖《浙江通志》卷三〇《官师志五之十·陈晔》
淳熙九年	武康县	知县方导	不详	《攻媿集》卷一〇六《方导墓志铭》
淳熙九年	婺源县	士人李缙	百亩	《新安文献志》卷一一《婺源义役记》
淳熙末年	仙游县	叶文炳	不详	《西山先生真文忠公文集》卷四六《叶文炳墓志铭》
宁宗年间	明州	退职官员史浚	不详	《攻媿集》卷一〇五《史浚墓志铭》
开禧年间	黄岩县	毛仁厚	不详	万历《黄岩县志》卷六《人物下》
嘉定年间	金坛县	退职官员刘宰等	1455缗	《漫塘集》卷二一《游仙乡二十一都义役庄记》
嘉定年间	严州	宋钧	不详	《景定严州续志》卷一《仓场库务》
宝庆年间	金坛县	里人蒋拱等	不详	《漫塘集》卷二三《二十三都义庄记》
理宗年间	德兴县	卓得庆	不详	《后村先生大全文集》卷九六《德兴义田序》
南宋中期	婺州	现任官员胡大异	不详	《鹤山先生大全文集》卷八〇《胡大异墓志铭》
南宋中期	江阴县	现任官员惠畴	不详	《鹤林集》卷三四《惠畴墓志铭》
南宋中期	开化县	张震龙	不详	《洺水集》卷七《开化张氏义役田记》

续表

时间	地点	创置者	规模	资料来源
理宗初年	建阳县	不详	不详	《后村先生大全集》卷一〇〇《安溪县义役规约跋》
理宗初年	西安县	宝学颜	不详	《后村先生大全集》卷一四三《宝学颜神道碑》
理宗年间	安溪县	赵崇栗	4000斛	《后村先生大全集》卷一〇〇《安溪县义役规约跋》
端平三年	常熟县	王承议	50522亩	《琴川志》卷六《义役省札》
南宋后期	吉水县	士人陈某	不详	《文山先生文集》卷九《吉水县永昌乡义役序》
南宋后期	新昌县	陈雷	不详	《万历新昌县志》卷一一《乡贤·义行》
嘉定三年	常熟县	待阙官员葛观	438亩	《琴川志》卷一二《张攀·归政乡义役记》
南宋中期	余姚县	士人孙一元	不详	《黄氏日抄》卷九七《孙一元墓志铭》
咸淳年间	台州	知州王宝章	不详	《黄氏日抄》卷七九《义役差役榜》
咸淳年间	吉水县	知县郑某	不详	《黄氏日抄》卷七九《义役差役榜》
南宋后期	黄岩县	赵处温	300亩	《万历黄岩县志》卷六《人物下》
南宋后期	黄岩县	不详	不详	《万历黄岩县志》卷六《人物下》
南宋前期	余姚县	知县施宿劝、士人倡	不详	《烛湖集》卷一二《茅宗愈墓志铭》
南宋中期	余姚县	士人王永富	不详	《烛湖集》卷一二《王廸功墓志铭》
南宋前期	弋阳县	知县柴景望	不详	《西山先生真文忠公文集》卷一二《荐本路十知县政绩状》
宝庆年间	婺州	魏豹文	不详	《万历金华府志》卷九《役法·宝庆役法》
端平年间	华亭县	杨瑾	26000亩	《正德松江府志》卷六《徭役》
不详	黄岩县	黄原泰	不详	《万历黄岩县志》卷六《人物下》
不详	不详	不详	不详	《止斋先生文集》卷四〇《义役规约记》

最早设立义役的是汪灌，吕祖谦曾为汪灌写有墓志铭，原文转录如下：

役，重事也。于朝廷为大议，于郡邑为大政，于编民为大命。求诸故府，弛张废置之变悉矣。异时或以义役为请，有司方持之，而闾里稍相与约，上不违县官律令，而下以全其族党之欢，其意美甚。然合散作辍，靡克坚定。以予耳目所及言之，久而不败者，独金华、西山为然。是乡也，盖有人焉，其姓名字曰汪灌庆衍，实基创而纪纲之者也。始君以役之病民，聚大姓谋曰："吾乡之人，非父兄即子弟，顾哄于役，瀽恩弛义，为耆老羞，职是嚚竞者，追胥科徭之惮耳。率为里正一岁，长短相覆，亡虑费三十万。吾侪盍自实其赀，为三等，定着役之差次于籍，众哀金以畀当役者。役之先后视其籍，金之多寡视其等。他日户有升降，则告于众而进退之焉。名虽役而实仰给于众，尚何惮？"众杂然称善，即日立要束，无违者。既又以哀金之烦也，则众割田百亩庾之。约成，登其书于县而各藏其副于家。岁三月，乡众咸会，击豕酾酒，旧里正以田授新里正，成礼而退。自绍兴己巳迄于今几三十年，西山役讼不至于公门。往岁郡守吴公芾嘉君之为，号其乡曰"循理"，里曰"信义"，以风其余。于是君之名与乡皆显。君资廉直，急人之难，不避风雨。乡有大事，如经界、如隔官，令长皆倚君以办。岁恶，饥民群剽，为政者请君画，且调兵。君曰："此直丐升斗以纾死，片纸可致，闻兵出则穷而搏矣。"乃遣巡检与君俱。君止巡检于家，独以数十辈持符逮之，至暮皆集。已而吏觊赏，将悉论以死。君伏太守廷曰："是曹束手随檄，未尝扞格，今弃信而就功，后复无凶岁乎？且灌实召之。"守感悟，亟解散，其狱黥者财二人。君义著于乡，大抵若此。其举义役，所以倡之而和，谕之而孚，待之而坚且久也。君少以赀补将仕郎。……①

首先，我们看汪灌在乡间的角色。他是义役创建时当然的领导者，且自发组织地方大姓，在成约之后方上报于官府，即"约成，登其书于县"，反映了该活动的民间性。其次，汪灌在地方上所为不仅如此，乡间大事知县都需依靠他来办理。正因为他"义着于乡"，"乡有大事，如经界、如隔官，令长皆倚君以办"。饥民为乱，官府欲调兵镇压，还是他出面化解了危机。由此可见其在基层社会的地位。而汪灌能在义役

① （宋）吕祖谦：《东莱吕太史文集》卷一一《金华汪君将仕墓志铭》。

中扮演重要角色，也就不难理解了。他"少以赀补将仕郎"，属于居乡散官，在乡间秩序中要高于一般的士人。① 由此，漆侠先生认为："义役是由地方头面人物促成的，因而不论是婺州还是其他地方，主持义役的'役首'或'主役'，都毫无例外地由当地的有钱有势的士绅充任，因此可以说，义役是由地方士绅把持、控制的。"② 杨宇勋先生认为："义役颇有乡人治乡与地方自治的精神，可以视为地方意识的发酵，日本学者称为'乡村共同体'。……士人和豪强可透过其宗族的力量来参与义役事务，扩大他们对地方公众事务的影响力。"③ 葛金芳先生认为："如果说来自国家的乡村整合力量主要通过乡役制度得以实现，那么来自民间的乡村整合力量则主要通过乡村士绅戮力推行的义役制度得以实现。"④ 学者们普遍将义役视为民间士人自发组织的性质，反映了南宋士人对地方事务的关注。

与上述汪灌自发组织义役不同，婺源的义役是县令建议下组织的：

> 淳熙七年春二月，玉山周侯来宰邑事。甫浃日，缯因间见，周侯谓缯曰："婺源素蒙最剧之名，吏部出榜梁间，踰岁时熟视不敢睥睨，岂不以赋役繁重为病乎？若赋则窠条俱在，以无为有，费于供亿，固可悼；若役则健险之辞，是非变惑，不尤可悼乎？异时刚决之吏犹或引避，矧如巽懦衰迟，自诡过误，虽悔何追？今神明耗于诉牒，始之不图，将何以终？国家良法美意具在，何者为便？呜呼！三代而上，比闾族党之间，时雍之化，比屋可封，载于诗书，使人羡慕。今也不然，兄弟亲戚，匪顾情义，相为敌仇。推求其原，悉起于役，尚气喜斗，计析先后，告讦有亡，破产荡屋，甚于流离颠踣。漫不自省，固有在役而讼，役满而讼不休。自数十年来，议者纷然。既无定议，于是有为义役之说者，所谓因不义而义之名始立。子一乡之望者也，盍取其说，诏其父兄子弟，择其中而行之，请从子始。"缯谢不敏，因

---

① 在上表"金坛县嘉定甲申粥局捐献名单"中就能发现"将仕郎"在地位上低于国学待补生，却高于一般的"进士"。

② 漆侠：《中国经济通史·宋代经济卷》，第 555—556 页。

③ 杨宇勋：《取民与养民——南宋的财政收支与官民互动》，第 281 页。

④ 葛金芳：《从南宋义役看江南农村治理秩序之重建》，《中华文史论丛》2007 年第 1 期。

不辞而承其事。缙所居之里合士民十有六人，相与视其户口赋税
之多寡与夫事力之剧易，哀金与谷，聚田百亩，量其租入，召募
一夫，募者乐就。为要约三十有九条，遇田有登耗则较量多寡以
裨益之，募无阙事。自是岁秋七月始，人情翕然，无复乖易。虽
悍吏之来，东西叫嚣，南北隳突，昔之哗然而骇者，不过募人起
而应之。士者安于士，农者安于农，熙熙而乐，恂恂而和，其效
之易见如此。遂上其事于县，县闻于州于常平司。……周侯名师
清，官为通直郎云。淳熙九年十一月谷旦，钟山园翁李缙记。①

淳熙七年（1180），周师清担任婺源知县，劝说李缙组织义役。
李缙没有推辞，"所居之里合士民十有六人，相与视其户口赋税之多
寡与夫事力之剧易，哀金与谷，聚田百亩，量其租入，召募一夫，募
者乐就。为要约三十有九条，遇田有登耗则较量多寡以裨益之，募无
阙事"。这十六人，应是李缙居住地主要的士人与富民大姓。李缙就
是徽州婺源（今江西婺源）人。少颖悟，日诵千言。遍涉诸经，尤精
《春秋左氏传》。而决意科举，卜筑云山间，为隐居计，名其山曰"钟
山"，自称"钟山园翁"，世号"钟山先生"。② 李缙即是以自己士人的身
份而倡议实行义役，结果是"士者安于士，农者安于农，熙熙而乐，恂
恂而和，其效之易见如此"。这次尽管县令建议，但是最终实现还是要靠
士人的出面组织。③

地方士人主动创建，如嘉兴地方士人陶士达"有业于华亭之海隅。

---

① （宋）李缙：《婺源义役记》，《新安文献志》卷一一，文渊阁《四库全书》本。
② （宋）程洵：《钟山先生李公缙行状》，《新安文献志》卷八七。
③ "义役"本来是民间自发组织的，所以才被冠以"义"字，这在南宋的"义仓""义
井"等名称上皆可体现。官员介入之后，就会发生一些变化。上述是官员劝说地方士人组织义
役，但不负责出资。而在朝廷推广之后，就会有些地方官为了达到"义役"的效果，而由官府
出资举办。叶适曾对这种情况表达了自己的看法："其更代之际，劳逸不均，轻重无法，民不能
愬也，则间有率钱出□自相次第以听命者，谓之义役。此其意但可哀耳，可□□而朝廷欲推之天
下，岂见其末而未反其本哉？今浙右之牧守且将举在官之田尽以予民，而使之给义役以从上，既
许之矣。夫以田与民，义也，今使之号名于义以从其官之不义，是岂未察乎名实之际哉？且夫无
役法而犹有差役之患，患差役而欲举从义役之名，其是非难言而名实难辨也。"（《圈点龙川水心
二先生文粹》后集卷一八《问义役》，转引自《全宋文》卷六四九一，第286册，第62页）叶
适很清楚地点明了"义役"完全是民间针对官府差役不均而自发组织起来的对策，如果官府出
资组织，则是以子之矛攻己之盾，与"义役"是名实不符的。

海隅差役重，有田者辄破，相与为隐寄而已。君创义役，弭争端，窒赇谢，吏失望怅然，则怵豪右，撼之于有势。君不私一家患一乡，反倾补罅瘠已赢人，凡十年义役得不破"①。虽然此次义役亦为自发创建，但必定要得到政府的首肯。江西饶州有董琦，"朝廷念里胥之役不均，许以义役从事。君家无溢格之税，而里多中下户，虑不能集，即出田粟倡之，事遂定，乡里赖以少纾"②。从此例可见，董琦创建义役完全是在朝廷政策允许的情况下从事，是合情合法之事。

退职官员也多参与义役的创建。明州史浚官至朝请大夫致仕，"亲见义役之便民。及归见，乡邻有以争役破家者。君谓：'受役之害小，争役之害大。'劝率为之，为请于邑大夫力主其说，今赖其利焉"③。这是退职官员向地方长官求请之后方才实现。还有地方上户主动组织，但需要退职居乡官员的支持。如金坛县二十三都之义役：

> 义役之利，力出于众，而不偏弊于一家；事定于豫，而不骤费于一日；又权不在官，而吏无所容其私。故役至，而人不争役，可募人而已；不专任其责，故役久而人不病，嚚讼以息，礼逊以兴。兹岂非法之良，民之幸欤！然方事之初，不公则不足以服人，不宽则不足以传远。若吾邑二十三都之事，庶乎两尽是道者。厥初，都之蒋氏兄弟，曰拱、曰雄飞，与其侄曰一夔、文显、尧民、松年，及同都邓氏曰祖禹、森公、辅起，王氏曰立政、立民、立定，陈氏曰用，唐氏曰用成、元亮，高如山、梁㟦、袁公明谋，以为吾曹之生理虽未至甚裕，而都之人莫先焉。继自今役日频，事亦日难，为谋之长莫如义役，而不公则不足以服人，故舍田各称其力，而不敢有不及。又以为不宽，则不足以传远。故计费必公，其赢而常储之，使有余，惟其不敢有不及故人，虽多言莫能议其私。……大利二，始也上户自为计，终也小民均其利……庄成，属余为记事之始末。余实与闻之，故不得辞，役之成实宝庆丙戌十一月旦，庄之成实绍定己丑四月既

---

① （宋）周南：《山房集》卷五《陶宣义墓铭》。

② （宋）程洵：《尊德性斋小集》卷三《迪功郎致仕董君行状》，董琦"少从乡先生程君倜及其弟舟学……晚节绝意进取……（淳熙十三年）以子铢恩授迪功郎致仕"。

③ （宋）楼钥：《攻媿集》卷一〇五《朝请大夫史君墓志铭》。

望。……①

此次义役虽然乡里之上户"蒋氏兄弟，曰拱、曰雄飞，与其侄曰一夔、文显、尧民、松年，及同都邓氏曰祖禹、森公、辅起，王氏曰立政、立民、立定，陈氏曰用，唐氏曰用成、元亮，高如山、梁窭、袁公明"组织，但从该"记文"中很明显能看出来刘宰对此次义役的支持。这也是义役能够成功的一个关键。

总之，义役通过多元的组织方式，充分集合了成员财力共同承担差役，一定程度上缓和了差役对于民间的困扰，其中部分义役更是进而发展成惠及乡里的社会公益机构，显示出南宋士人组织民间力量的能力。

第二节　公共工程实施中的南宋士人

一　桥梁修建中的南宋士人

桥梁修建②，自古有之。只要行路沟壑，溪流阻遏之处，皆会有各色人群在修桥。不言而喻，大型桥梁修建非要有雄厚的资金支持不可，这主要有两个来源，一个是政府财政，另一个是民间资金。其中州（府）和县两级政府对大型桥梁修建发挥主导作用，因为这是中国古代官员施政的主要内容之一。南方水道纵横，地方民众每每以难以跋涉为病。南宋地方财政不足的情势，使得地方官员难以有更多的作为。面对如此情境，官员要想有所作为，只能依靠地方势力的支持（其中士人占有重要的地位），这就为地方势力提供了发展的空间。南宋时期各种大型桥梁修建的记载开始多了起来，即文人笔下众多的"桥记"，从中我们可以略窥当时士人社

---

① （宋）刘宰：《漫塘文集》卷二三《二十三都义庄记》。

② 迄今并无对南宋士人参与桥梁修建的专文阐述。至于此问题，笔者所见有张文先生在《宋朝民间慈善活动研究》（西南师范大学出版社 2005 年版，第 84—94 页）提到，但未具体分析士人参与的方式。杨宇勋《取民与养民——南宋的财政收支与官民互动》也略微提到士人参与桥梁修建。洪诚志《宋代地方公共事务——以台州、温州为例》（硕士学位论文，台湾"清华大学"，2006 年）、方俪璇《宋代浙东沿海的士大夫社会——以明、台、温三州为中心》（硕士学位论文，台湾大学，1999 年）中分别涉及浙东地区士人对地方桥梁建造的参与，亦未分析参与的方式。[韓國] 金榮濟在《浮梁에서橋梁으로——宋代 江南의橋梁建設과景觀變化의一面》（韓國《東洋史學研究》第 76 輯，2001 年 10 月）中也提到了南宋士人对桥梁修建的参与。此外需要说明的是，出于宗教目的的桥梁修建不在本书分析范围之内。

会经济生活的一个侧面。南宋时士人参与地方桥梁修建活动之中，并且以自身或者群体的力量发挥影响，构成了对地方政府施政的补充。现将初步搜集到的南宋"桥记"汇集见表3—3。

表3—3　　　　　　　　南宋"桥记"所载桥梁修建一览

序号	桥名	地点	时间	官员	士人	僧侣	民众	出处
1	相公桥	江南东路徽州	淳熙七年	知县曹粗劝导	将仕郎程仔出谷			《竹洲集》卷一一
2	上清桥	江南东路信州贵溪县	绍熙三年	知县李正通县财政		留钱质贷增葺	出资	《晦庵集》卷八〇
3	庆善桥	江南东路鄱阳	南宋初	知州洪某		惠才、德满		《盘洲文集》卷三一
4	平政桥	江南东路信州	淳熙元年	知县赵子直出资				《文定集》卷九
5	浮桥	江南东路信州	淳熙十年	知州钱象祖倡议出资				《南涧甲乙稿》卷一五
6	庆丰桥	江南东路徽州	宝祐元年	知州魏克愚				《秋崖集》卷三六
7	邹公桥	江南西路吉州	乾道三年		乡三老邹昶独资			《文忠集》卷二八
8	凤林桥	江南西路吉州安福	庆元元年	县尉主持，知州助钱				《文忠集》卷二八
9	浮桥	江南西路抚州	淳熙二年	知州赵景明新之，部使者周嗣武助之				《东莱集》卷六
10	善济桥	江南西路上饶县	嘉定八年		里人、将仕郎叶均泽			《西山文集》卷二五
11	秀江桥	江南西路临江军新喻县	淳熙十六年	县令李景、承奉郎谢岷	邑人丁南隐主持			《诚斋集》卷七四

序号	桥名	地点	时间	官员	士人	僧侣	民众	出处
12	知政桥	江南西路赣州	绍兴二十年	郡守高阳公用羡积之钱				《盘洲文集》卷三〇
13	凤林桥	江南西路安福县	绍兴十年	知县倡议			民众出财力	《卢溪文集》卷三五
14	诸溪桥	江南西路上饶		知县出私俸，邑佐游炳主持				《文定集》卷九
15	浮桥	江南西路袁州分宜县		转运判官、转运副使捐钱，主簿刘孟容主持				《止斋集》卷三九
16	济川桥	江南西路上高县	嘉定间	知县倡议	士人出资、管理			嘉庆《上高县志》卷一三
17	政惠桥	两浙西路桐庐		知县孙叔豹私钱、转运使沈诜、摄州事郑益助之			豪长者自治	《烛湖集》卷九
18	客星桥	两浙西路桐庐	淳熙十年			僧人清式改作		《烛湖集》卷九
19	浮桥	两浙西路严陵	宝祐四年	知县出资				《蛟峰文集》卷五
20	浮溪桥	两浙西路临安于潜	绍定二年	知县出资				《平斋集》卷九
21	清溪桥	两浙西路天台县	庆元六年	知县丁大荣捐俸	里士主持修建			雍正《浙江通志》卷三七

序号	桥名	地点	时间	官员	士人	僧侣	民众	出处
22	赵安桥	两浙西路临安	淳祐三年			本源出资		《咸淳临安志》卷二一
23	富阳新桥	两浙西路富阳县	淳熙十二年	县尉倡率	士人出资			
24	行春桥	两浙西路苏州	淳熙十六年	知县赵彦真				《姑苏志》卷
25	跨塘桥	两浙西路常熟	淳熙十年	知府出公帑之余倡				道光《苏州府志》卷三○
26	平政桥	两浙东路处州	嘉定十一年	知州应元衮				《篔窗集》卷四
27	平政桥	两浙东路处州	乾道五年	知州范成大				《浙江通志》卷三八
28	利涉桥	两浙东路台州黄岩县	嘉定四年	知县杨圭出资				《水心集》卷一○
29	中津桥	两浙东路台州	嘉定六年	台州俞建，五县共修				《水心集》卷一○
30	广利桥	两浙东路庆元府	宝祐五年	知府吴潜	王与可，莫禋主持修建			《开庆四明续志》卷二
31	板桥	两浙东路兰溪县	隆兴二年		僧人可威独自			《敬乡录》卷七
32	惠政桥	两浙东路奉新县	淳祐间		罗鉴、王绚率大家合力修			《江西通志》卷一二七
33	章戴桥	两浙东路衢州		知州出资倡议、西安知县出资	寓公陈珏主持			雍正《浙江通志》卷三七
34	合湖桥	两浙东路温州	开禧元年	官员劝募	出资		出资	光绪《乐清县志》卷三

续表

序号	桥名	地点	时间	官员	士人	僧侣	民众	出处
35	西湖湖桥	两浙东路明州	乾道四年	知州出府库		受委主持		《敬止录》卷六
36	百梁桥	两浙东路明州鄞县	绍兴十五年	知县劝勉	邑士朱世则、世孝出资			《敬止录》卷一〇
37	通济桥	两浙东路衢州开化县	淳熙七年	知县出俸			委邑人	光绪《开化县志》卷二
38	双溪桥	两浙东路衢州开化县	绍兴二十六年	知县俞仲远劝募				雍正《浙江通志》卷三七
39	漳浦桥	福建路南浦县	嘉定六年		寓公主持			《东涧集》卷一三
40	衢川桥	福建路崇安县			里人李富主持			《渔墅类稿》卷三
41	蓝桥记	福建路						《默斋遗稿》卷下
42	岳安桥	福建某地		诸使之意	里人吴清主持			《竹溪鬳斋十一稿续集》卷一〇
43	石桥	福州连江县	景定三年	安抚使命知县阮朝瑞经营		显思主持		《芦川归来集》卷九
44	拱辰桥	福建路建阳县	淳祐四年	知县出资	士人参与谋划			嘉靖《建阳县志》卷六
45	万石桥	福建路建瓯县	淳熙七年	知府与部使者出资		僧妙昌、了性主持		
46	跃龙桥	荆湖南路邵州		知州宋仲锡出资，录事参军州应星主持				《鹤山先生大全集》卷四九
47	跃龙桥	荆湖南路宝庆府	庆元间	郡守出资	里人萧芾主持	师宝参与		《耻堂存稿》卷四

续表

序号	桥名	地点	时间	官员	士人	僧侣	民众	出处
48	济川桥	荆湖南路武冈县			进士李某请官			《古今图书集成·方舆汇编·职方典·湖广总部》卷一二三七
49	潼川府学泮桥	潼川府路	乾道九年	提点刑狱何熙志兼知府事				《金石萃编》卷一五〇
50	挂金鱼桥	潼川府路铜山县	嘉定三年	邑令成都牟巽	邑士赵宪、袁懿、赵留孙等董其役			(清)《金石苑》卷六《宋挂金鱼桥记》
51	武宁桥	夔州路万州武宁县	嘉定十年	知县赵某出资				《洺水集》卷七
52	湖桥	绵竹县	绍定四年	知县出资	士人所请			《鹤山先生大全集》卷四四
53	会湘桥	广南西路全州	淳熙年间		里中之士合资			民国《灌阳县志》卷三
54	习溪桥		咸淳九年	知州黄𪩘出资	里人刘辰翁建议			《须溪集》卷五

通过对上述"桥记"的分析，可以将南宋士人参与桥梁修建的具体方式分资金直接参与和社会影响参与两个方面：

（一）资金直接参与

桥梁修建所面临的最主要困难就是资金问题。资金问题解决了，修建工作自然就水到渠成。所以在地方士人对桥梁修建的参与方式中，资金支持是最普遍，也是最容易实现的。按出资比例可归纳为以下几种参与形式：

1. 官员劝导，地方士人出资

修建大型桥梁，以不扰民为宗旨，政府能出资，就尽量不用民间资金。但是在地方财政相对紧张的情况下，不得不依靠民间士人的支持。浙西临安府富阳县（今浙江富阳县）北通余杭，"闽、蜀、湖、广之人暨淮、浙、江东往来，凡不入行都，悉寄径于县"。县治北十里有桥，早已倾颓无已，但是恰巧出现饥荒，公私俱无力修缮。淳熙间县尉林实上任后"请任是事。爰延致邑之儒先乡贡进士元君复、暨县学经谕谢君邦宠、医士王君善时往，欲为倡率。里居之彦保义郎、前司农事准备差使宋君祖仁，进武校尉右丞相府干办叶君尚贤暨其犹子承节郎前绍兴府溪口巡检梓，与宣教郎徐君之弟若容，各捐私钱三十万，仍率其一乡之善，视力多寡，以序相赞成之"①。这次修桥成功全赖林县尉发动居住在乡里的士人出资。浙东处州青田县（今浙江青田县）"介于山谷之间"，西北有桥，年久失修。庆元年间知县黄由己打算重修永济桥，但是"县窘于用，不敢取诸民"，在别人的建议下"集士夫而觞之，合席无难色，有捐钱五万者，其次或三万，或二万；转率士夫之乡居者，数亦如之。合所得，几百万"②。这次修桥能够成功，亦全在地方士人的支持，否则黄知县是巧妇难为无米之炊。自然，我们能明显感觉到两次修桥活动中士人是处于被动地位的，其中林县尉和黄知县的劝导起了关键作用。

2. 地方士人独立出资承担

这主要是指某些士人积极承担桥梁修建等社会公益事业。在江南西路吉州（治今江西吉安）"有市曰富田，吉、赣、闽、粤之商日夜走集，置戍兵焉。其川滥觞于兴国，凡数百里至市而漫，春夏若大浸，秋冬复病于涉，徒杠岁败，津人要求无艺。乡三老邹昶慨然念之，鸠工运石为梁以济，其长三百尺，衡二十尺，其高加衡丈焉，酾水为五道以过舟，为屋二十四间以庇行人，直栏横槛，翼于其傍。始绍兴庚辰，迄乾道丙戌乃成，靡金谷以万计"③。邹昶独自出资承担了桥梁修建的所有费用，"乐善如此，是宜一乡称之"，获得乡里舆论的一致好评。在江南东路信州（治今江西上饶），"距信城二里所有溪焉，其源发于闽建，旧为浮梁以渡，遇春夏间甚雨淫潦，缆绝舻解，对岸千里迢迢，舟子覆溺相寻。里人叶均泽目击斯害，毅然以为己忧，乃相形势庇工徒，选文石以砒之，架巨材以梁之，经始于嘉定己巳，至乙亥方告成。凡为屋五十有四，楹枕溪百余丈，

① （明）陈善纂修：《万历杭州府志》卷四五《富阳新建桥记》，《中国方志丛书·华中地方》，成文出版社1983年版。

② （清）嵇曾筠等：《浙江通志》卷三八《永济桥记》，文渊阁《四库全书》本。

③ （宋）周必大：《周益公文集》卷二八《邹公桥记》，《宋集珍本丛刊》，第48册。

靡金钱几十万缗"。叶均泽"终将仕郎，子孙多且贤"①，作为地方士人，通过修桥他获得了"可谓贤矣"的社会评价。福建莆田林回年，"早年游场屋，率不合。自三舍法罢，浮沉里陌，胸腹平旷，无他畦畛。……白湖去城三二里，旧有浮梁，绍兴初，伐石海上，欲仿佛泉之洛阳桥。一时有力者，又欲移此桥于木兰陂之下，谓是处江流且缩而两堤突起。回年以为此说正相反，唯江阔岸平，则无喧豗撞击之患。已而桥成，今且五十年矣。是役也，红泉之人不受力，而回年之力为多"②。林回年参加科举，虽未及第，但其身为地方士人却无疑。可见福建莆田白湖之浮梁，地方士人是主要参与力量。

3. 地方士人共同出资修建

荆湖南路全州（治今广西全州县）为南北交通要道，当地桥梁长期处于随修随废的境地。灌阳县有一座会湘桥，因年久失修，桥梁倾颓，严重影响了当地民众来往。淳熙年间，"邑人范逵、邓宁民合两族及里中之士，葺而梁之。经始于夏五月，既事于冬十月。……落成，人用利涉，不褰不濡，朝夕以济焉"③。这是地方士人在没有官员劝导的情况下，主动出资金修葺桥梁的事例。对于出资的士人来说，如果没有自身理念的支持，是很难坚持到底的。如南宋吕尹之，"里人谓君幼时见一夫之不获，一物之失所，道路之险而未平者，桥梁之毁而未治者，则一念油然而生。比壮家益饶，凡顷所见，悉偿无遗，其所未见者，闻之惟恐其后，年饥发廪，以活旁近，逋者蠲之，疾者砭之，亡者椟之，遐迩毕愬焉，善根所性，无一毫徼于外也"④。是故南宋有人说士人最大的问题"莫大于吝与骄，吝者拔一毛利其民不肯为，骄者毫发及其民则施施有德色，盖无学问义理以养其心而气为之赢缩也"⑤。

_____

① （宋）真德秀：《西山先生真文忠公文集》卷二五《上饶县善济桥记》，《四部丛刊》本。刘爚《云庄集》亦收有该文。按：善济桥在上饶县，上饶县在南宋属于江南东路信州，即今江西上饶市。刘爚《宋史》卷四百一有传，乾道八年（1172）进士，曾在乾道（1165—1173）年间任饶州（治今江西鄱阳县）录事，毗邻信州。真德秀嘉定（1208—1224）间知隆兴府（治今南昌市），亦邻近信州。善济桥修于嘉定己巳（1209）至乙亥（1215），桥修成之时，刘爚是否还在人世尚未可知，故而能写出这篇"桥记"的只有真德秀了。《云庄集》当属误收此文。

② （宋）林光朝：《艾轩集》卷九《承奉郎致仕回年林府君墓碣》，文渊阁《四库全书》本。

③ （民国）蒋良术等纂：《灌阳县志》卷三《会湘桥记》，民国三年（1914）本。

④ （宋）程珌：《洺水集》卷一〇《吕君尹之墓志铭》，文渊阁《四库全书》本。

⑤ （清）嵇曾筠等：《浙江通志》卷三四《浮溪桥记》，文渊阁《四库全书》本。

（二）社会影响参与

除了资金支持外，南宋地方士人还利用自己的社会地位对桥梁修筑事业发挥自己的影响，并且达到一定的程度，反映了地方士人对社会公益事业的热心。

1. 参与桥梁建设的过程管理

虽然一般认为宋代士人与官宦在社会中属于富裕阶层，但其实士人并不一定是地方上的富裕阶层，家境贫乏、生活清寒者不乏其人。① 尽管士人有"贫"和"富"的区别，但在地方却多以自身的学识具备一定的影响力，是故士人在修桥活动中最多的参与方式就是参与管理。嘉定三年（1210），潼川府路铜山县（今四川射洪县西）建挂金鱼桥。该桥所在"江以玉名，袤延几数丈，两旁皆山岩峻壁。辛未年夏秋水潦暴涨，注射迅急不通舟楫，民常病涉。……职其事，邑令成都牟巽赞其成，邑士赵宪、袁懿、赵留孙等董其役"②。县令赞成这件举措，具体负责的则是"邑士"。庆元间浙东台州天台县（今浙江天台县）知县丁大荣欲修清溪桥，"贡书于尊君京兆侍郎，求度牒以成就之。得钱二百万，且捐俸以继其乏。礼致乡之士急于义者十余辈，分董是役，士皆欣然承命"③。这次具体负责修桥的还是乡里的"士"。

江西临江军新喻县（今江西新余县）有秀江桥，为淳熙年间县尹李景、邑士丁南隐、承奉郎谢岘所修。这次修桥记载比较详细。秀江原本没有桥，舟子控制了渡船往来的利益。淳熙十四年（1187）江西发生灾害，提举常平使者陆冼上奏，诏行振贷。陆冼"招乡里修洁之士志于畎而肯力于公上者董之。于是临江军新喻县之士民，合词以告于县尹曰：丁君某可。于是县尹具书礼及门三。诸君既至，与县尹言于常平使者曰：饥民不加少，而廪粟不加多，将奚以赒？官有不赒之赒，则畎受不惠之惠，谓宜如范文正公兴役于饥岁，可乎？使者曰：诺。县尹及君及谢君属耆老，而告之工正等六百人，皆曰：诺"④。陆冼在发布命令要"招乡里修洁之士

① 梁庚尧：《南宋的贫士与贫宦》，载《宋代社会经济史论集》下册，第355页。
② （清）刘善海：《金石苑》卷六《宋挂金鱼桥记》，《宋代石刻文献全编》，北京图书馆出版社2003年版，第3册，第1040页。
③ （清）嵇曾筠等：《浙江通志》卷三七《天台县清溪桥记》，文渊阁《四库全书》本。
④ （宋）杨万里撰，辛更儒校笺：《杨万里集校笺》卷七四《新喻县新作秀江桥记》，第3065页。

志于畎亩而肯力于公上者"后，新喻县士民异口同声推举丁南隐。在这些人的建议之下，并未按照一般的开仓赈济的老路，而是继承了范仲淹的做法，以工代赈，将该桥成功建成。这次赈灾建桥的成功进行，正是充分发动了乡里具有威望之人的支持，主要归功于邑士丁南隐和承奉郎谢岘。谢岘不可考。丁南隐岳父为罗元通，杨万里曾为其写过挽诗和墓志铭。罗元通"以诗学名家，授徒数十百人"①，是地方上有名的士人。丁南隐作为其女婿，应是当地士人圈的重要成员。由此看来，官员的成功施政，往往少不了地方士人的支持。但是丁南隐并非主动请缨，而是县令多次上门才将请出，可见多数情况下士人处于被动地位，但他们只要应允协助，还是会在桥梁修建中发挥自己的作用的。

2. 依靠自己的舆论优势影响造桥活动

地方士人在民间社会往往具有一定的社会声望，在直接主持造桥这类社会公益事业时，会通过舆论加以弘扬，以得教化之功。上述庐陵邹昶"靡金谷以万计"修建邹公桥后，"乡贡进士、兖州学正田亮功、乡贡进士曾同文，帅士子序而诗之，联为大轴谒记于予"②。田亮功中绍兴二十三年癸酉解试、曾同文中绍兴二十九年己卯解试③，两人以参加科举获得了社会地位，俨然是士子领袖，通过自己的社会声望来为邹公桥造势。江南西路吉州安福县（今江西安福县）有凤林桥，"元丰县令上官公颖、崇宁县令上官合增修于二十年之间，邑士欧阳安稷名桥曰上官者，从其姓也。绍兴庚申，令韩邦光复修之，乡先生王公庭珪名之曰凤林者，因其地也。淳熙丁酉令徐辉又修之，邑人刘浚易名济川，则韶矣"④。从桥名的变换中，我们能发现"邑士""乡先生"等字眼，这些乡间的士人往往具有我们所忽视的社会影响力。⑤ 王庭珪即安福县人，政和年间进士，早年曾任茶陵丞，因得罪上司归乡。⑥ 此外，他还著有《卢溪文集》。安福县

---

① （宋）杨万里撰，辛更儒校笺：《杨万里集校笺》卷一二六《罗元通墓志铭》，第5218页。

② （宋）周必大：《周益公文集》卷二八《邹公桥记》。

③ （清）谢旻等修，陶成等纂：《江西通志》卷五〇《选举二》，成文出版社1966年版。

④ （宋）周必大：《周益公文集》卷五八《安福县重修凤林桥记》。

⑤ 邹重华：《"乡先生"——一个被忽略的宋代私学教育角色》，载《宋代四川家族与学术论集》，四川大学出版社2005年版，第359—392页。

⑥ 马蓉等点校：《永乐大典方志辑佚》第3册《安福县志·人物》，中华书局2005年版，第2034页。

的乡贤祠祭祀的即是以他为首的 31 人，由此可知他在乡里的社会地位。所以桥梁修建虽是地方官员主导完成的，地方士人还是以为桥梁命名来表达自身在地方的影响，甚至有的桥梁就是以这些士人姓氏而命名。如福建路建宁府建阳县（今县）有蓝桥，"取里中着姓而名之也。里中之姓多矣，何以独著蓝氏，为其挟诗书而为士也。诗书之泽大矣，孝弟自此兴，礼义自此出，幼学壮行可以表倡乡曲，使农工商之民得所视效。桥之不以他姓而着蓝氏，盖里中所宗故也"。这些有文化并且有财力的士人，以自己的优势长久保持着在基层社会的地位，并且认识到"使挟书为士者，世世有人，则桥之称谓相与为无穷，不致使他姓得而名之，则诗书之泽愈远矣"①。

3. 劝募富人出资

除了参与管理和依靠自己的舆论优势对造桥活动加以影响之外，卸任官员还会以自己的身份和地位对修桥活动加以影响。福建路漳浦县（今福建省漳浦县）为"临漳之岩邑也，去邑郭五里，鳌峰瑞岩，屹若对峙，中横鹿溪……往来病涉。绍兴间邑士杨造林正中始刓石梁，阅岁滋久，东倾西溃，嘉定六祀，竟圮于涝水。寓公南安尉黄君克宽、三山理掾陈君繂，共谋重刓，虽更迭宦游，而解组来归，必拳拳疚心焉。或拉耆艾捐金以倡始，或命浮屠作偈以劝施，铢积寸累，前规后画，以讫于成"②。此桥初由地方士人独资建造，后残毁失修，但经过"寓公"，即曾出仕士人之倡导，也就获得成功。这里我们需要注意的是黄克宽与陈繂都曾做官，但是现在居住在乡间，他们的身份和地位值得我们去关注。黄克宽即漳浦县人，他曾在嘉定年间担任知闽县事，最后知封州事。③可知在卸任南安尉之后，担任知闽县事之前，黄克宽曾在家乡居住数年。他的岳父为陈景肃，漳浦人，有学行，登绍兴第，官至朝议大夫，其子即为陈繂，以恩补官。④从前述可知陈繂在卸任三山理掾后亦在家居。卸任官员一般在家乡

---

① （宋）游九言：《默斋遗稿》卷下《蓝桥记》，文渊阁《四库全书》本。原文未载蓝桥所在何地。据《福建通志》卷四七《人物五·建宁府》，游九言为建阳人（今福建建阳县）。《蓝桥记》载"桥之不以他姓而着蓝氏，盖里中所宗故也。蓝氏子元频过余不倦"云云，蓝氏似亦为建阳人。

② （宋）许应龙：《东涧集》卷一三《漳浦桥记》，《宋集珍本丛刊》本。

③ （清）郝玉麟等修：《福建通志》卷三五《选举三》，文渊阁《四库全书》本。

④ 马蓉等点校：《永乐大典方志辑佚》第 2 册《清漳志》，第 1154 页。

都有很高的威望，而黄克宽与陈绛又原本都是当地著名士人，家居的这段时间里他们以自己的影响力，"拉耆艾捐金以倡始"，"或命浮屠作偈以劝施"，成就了漳浦桥的修建。在漳浦桥的修筑过程中，黄、陈二位士人以自己的身份和社会地位发挥了重要作用。①

（三）南宋士人参与地方桥梁修建的地域差异

因不同地域士人群体的数量不同，现任官员对公益事业的热心程度有别，不同地方政府的财力有差异，造成不同地域的公共事业的完成就带有很多不确定性。② 但从现存文献记载来看，士人参与公益事业的频率还是有明显差异的。主要体现在福建、两浙、江西、四川诸路等士人参与的公益事业领域比较多，且次数也较多。而两广、湖南等地则相对较少，涉及的内部地区也比较少，且这些地区士人被动参与者多，主动倡议者少。③由于文献的缺失，我们不能复原每个地域公益事业的全部建设情况，只能通过有限的记载来部分说明这种地域差异。下面我们就以数个明代地方志中对宋代桥梁修建活动的记载来略加说明。

表3—4　　　　　　　　宋代惠州桥梁修建情况一览④

县名	桥名	时间	修建者
归善县	拱北桥	治平间	郡守陈偁
	东新桥	绍圣三年	道士邓守安，苏轼捐犀带助之
	西新桥	绍圣三年	僧希固
		绍熙丙辰	郡守

① 还有卸任官员为修桥写"疏"造势。如慈溪县修夹田桥，楼钥就写了一篇疏文："济乘舆于溱洧，岂知为路之端；建河桥于富平，真得惠民之实。惟兹近境，素有桥梁。当涛波吞吐之冲，亦车马往来之要。昔陈氏一时兴起，历岁月而寖隳；今董溪万户经营，庶工材之易集。支倾拄坏，终匪良图；易旧从新，方为久计。既共由于斯道，宜各启于善心。……岂惟利四远之行人，抑亦增一方之壮观。"楼钥：《攻媿集》卷八二《慈溪县建夹田桥疏》。

② 地方公益事业的完成形式不同，但并无地域的绝对性，而是根据不同官员与地方社会互动的结果。用一两种模式是无法概括的。

③ 文献到底能反映多少历史真实，尤其是在资料现存量不对称的情况之下？这是一个值得思考的问题。

④ （明）李玘修，刘梧纂：嘉靖《惠州府志》卷五《地理》，《天一阁藏明代方志选刊》，第62册。

续表

县名	桥名	时间	修建者
博罗县	迎仙桥	宝祐甲寅	县令萧泰
	蛟溪桥	绍兴二年	邑人林亚忠
	大陂桥		
	小液桥	绍兴四年	县令陈震
龙川县	魁龙桥	咸淳戊辰	郡守潘景立
	龙津桥		郡守宋诩
	白云桥		
	东桥		
	西桥		
	北桥		
长乐县		无详细记载①	
兴宁县			
和平县			

表3—5　　　　　　　　宋代琼州桥梁修建活动一览②

县名	桥名	时间	修建者
琼山县	杜村桥	淳熙间	杜公
	五原桥	宋南渡后	无名僧
	苏稔桥	宋砌	
	梁老桥	宋砌	
	浦天桥	宋砌	
	洗马桥	宋建	
	瑞云桥	宋建	
	堤桥	宋砌	
澄迈县	南门桥	宋	知县崔均

---

①　表中"无记载"意为地方志中仅记载有桥名和所坐落地点，并未记载具体修建者和时间。

②　（明）唐胄修，正德《琼台志》卷一二《桥梁》，《天一阁藏明代方志选刊》，第18册。（明）欧阳璨等修：万历《琼州府志》卷四《建置志·桥渡》，《日本藏罕见中国地方志丛刊》，书目文献出版社1991年版，第123页上至130页上。

续表

县名	桥名	时间	修建者
	外桥	宋	知县崔均
	浦茂桥	宋建	
临高县	官荣桥	宋建	
	透滩桥	宋	司户参军王良选
定安县	无详细记载		
文昌县	新安桥	宋	乡人
儋州	大江桥	建炎戊申	泉南许康民
	小江桥	宋建	
	德济桥	宋建	
万州	南安桥	宋建	

表3—6　　　　　　　宋代松江地区桥梁修建情况一览①

地点	桥名	时间	修建者
府治以东	寿星桥	绍熙间	
	朝宗桥	绍熙间	
	季家桥	宋	陆道明
	新塘桥	丙子年	
府治以西	广明桥	绍熙间	
	望云桥		
	丽泽桥		
	普照寺桥		
	悦安桥	绍熙间	
	丁行桥	绍熙间	
	长寿桥	建炎间	
	安就桥（云间第一桥）	宋建	
	普济桥	咸淳元年	

---

① （明）陈威等修，顾清主纂：正德《松江府志》卷一〇《桥梁》，《天一阁藏明代方志选刊续编》，第5册，第485—532页。（明）方岳贡修：崇祯《松江府志》卷三《桥梁》，《日本藏罕见中国地方志丛刊》，书目文献出版社1991年版，第77页上至90页上。

续表

地点	桥名	时间	修建者
府治以南	梯云桥	咸淳丁卯	知县赵与侃
	合掌桥	庆历六年	
	郑家桥	嘉祐八年	
	丰利桥		
	艾家桥	咸淳中	
松江诸县	簳山桥	宋建	
	广利桥	康定元年	
	广济桥	熙宁五年	
	广润桥	乾道八年	
	阜通桥	淳熙间	
	庆安桥	庆元间	

表3—7　　　　　　　　宋代南剑州桥梁修建情况一览①

地点	桥名	时间	修建者
南平县	延平桥	宣和中	郡邑人范宗 郡守董洪重建
	延安桥	嘉定中	郡邑人郑崇鲁
	登科桥	庆历中	郡邑人范迪简②
	大凿口桥		
	涪口桥	嘉祐中	郡邑人范垌
	湖头桥	元丰元年	
	乘骊桥	熙宁中	郡人叶唐懿③
	永庆桥	熙宁中	里人尤询

---

① 南剑州，元朝升为南剑路，后改曰延平路，明初改曰延平府。（明）陈能修：嘉靖《延平府志》卷三《桥梁》，《天一阁藏明代方志选刊》，第29册。

② （明）陈能修：嘉靖《延平府志》卷一六《人物志·名臣》："范迪简，字道卿，南平人，庆历四年第进士。"

③ （明）陈能修：嘉靖《延平府志》卷一四《选举志·进士》："（熙宁）癸丑余中榜十三人 叶唐懿……"

续表

地点	桥名	时间	修建者
南平县	小浴坑桥	熙宁中	里人宋宜甫①
	尤溪口桥	元丰中	里人叶唐稷②
	西芹桥	熙宁中	里人苏均③
	小芹口桥	端平中	郡人孟岗
	卤水桥	嘉定中	郡人赵崇彪
	广度桥	淳熙中	里人邓文举④
	十里庵桥	绍定中	郡人许合⑤
	安济桥	宝庆中	郡人必洪
	清风桥	唐贞观中	里人吴益
	吉昌桥	庆元中	里人吴涣⑥
	吉安桥	端平中	里人吴端
将乐县	龙池桥	唐垂拱中	里人廖云
	龟山桥	咸淳中	县令黄去疾
	三华桥	绍兴三十五年	邑人黄伯固⑦
	昇仙桥	淳祐十二年	里人连万等
	圆通桥	绍定五年	僧玉山
	张坊桥	元丰中	僧正心

---

① （明）陈能修：嘉靖《延平府志》卷一四《选举志·进士》："（熙宁）丙辰徐铎榜十人……宋宜甫……"

② （明）陈能修：嘉靖《延平府志》卷一四《选举志·进士》："元丰己未时彦榜十人 叶唐稷……"

③ （明）陈能修：嘉靖《延平府志》卷一四《选举志·进士》："（崇宁）丙戌蔡嶷榜五人……苏均……"

④ （明）陈能修：嘉靖《延平府志》卷一四《选举志·进士》："（乾道）丁未王荣榜七人……邓文举……"

⑤ （明）陈能修：嘉靖《延平府志》卷一四《选举志·进士》："（绍定）壬辰徐元杰榜五人……许合……"

⑥ （明）陈能修：嘉靖《延平府志》卷一四《选举志·进士》："（庆元）己未曾从龙榜十一人……吴涣……"

⑦ （明）陈能修：嘉靖《延平府志》卷一六《人物志·名臣》："黄伯固，字德常，将乐人。绍兴中用荐授建昌尉。累官四川安抚制置使，终兵部侍郎。"

续表

地点	桥名	时间	修建者
将乐县	路口桥	淳祐三年	僧玉泉
	当溪桥	熙宁中	里人吴宗大
沙县	翔凤桥	绍圣四年	县令谢璿
	登瀛桥		李纲建浮桥
		绍兴二十九年	郡守胡舜举重建
		绍定三年重建	
	无双桥	绍圣二年	张致远
	无敌桥	绍圣二年	邑人邓藏用
	云衢桥	淳熙十六年	邑人黄灏
	洛溪桥	崇宁二年	县令王瓘
		淳熙十二年	县令宋南强重建
	高桥	开宝八年	
	西来桥	嘉泰元年	
尤溪县	坦履桥	绍兴五年	
	毓秀桥	嘉定二年	知县何自强
	画锦桥	绍兴三年	
	青印桥	绍兴十七年	
	迎驷桥	嘉定二年	
	济川桥		
	纪板桥	嘉定三年	
	德化桥	端平三年	
	花桥	嘉定四年	
	紫岩桥	嘉定三年	
	惠通桥	嘉泰间	
顺昌县	济川桥	元祐中	县令俞伟建浮桥
		绍定中	县令赵必瑛重建
永安县	无详细记载		

表3—8　　　　　　　　　　宋代江南东路信州桥梁修建一览表①

地点	桥名	时间	修建者
上饶县	平政桥	淳熙元年	知州赵汝愚
	诸溪桥	绍兴间	郡守林某
玉山县	玉虹桥	宋	知县三山林缵
贵溪县	浮桥渡	绍兴三年	知县李正通
	松溪桥	宋	周梦举
铅山县	通济桥	淳熙十三年	知县陈映
	大义桥	乾道八年	峡州通判赵不适
		淳熙十一年	康、费二家
		绍熙三年	募众缘
	桥亭桥	宋	进士黄鸿举

　　宋元方志中保存的桥梁修建活动资料不多，而明代方志里保存的宋代桥梁修建资料更是少之又少，绝大部分仅仅详列桥梁名称和地点，而对修建时间和修建者只字不提②，使我们对宋代桥梁修建活动的认识更多停留在猜测阶段。但是未提到宋代修建，并不一定指这些桥梁是宋代以后兴修的。桥梁修建完工，基本上是可以使用很多年，因材质的关系或长或短，地方志所记载的多数桥梁就应属于这种情况。但地方志的记载完全是无意识的，越是离宋代时间距离远的记载宋代越少。③ 根据这些有限的记载，多少也可以反映当地桥梁修建活动的一些侧面。

　　上面诸表为广南东路惠州、琼州、两浙东路松江府、福建路延平府、江南东路信州地方志中的宋代桥梁修建活动。

　　宋代惠州的桥梁修建，北宋到南宋皆有，其中郡守修建者有拱北桥、魁龙桥、龙津桥，以及重修的西新桥等，县令修建的有迎仙桥和小液桥，另外还有道士所修的东新桥，以及僧人修建的西新桥，邑人林亚忠修建了蛟溪桥和大陂桥。林亚忠的来历不可考，"邑人"是一个从居住地来划分

---

　　① （明）张士镐、江汝璧等纂修：嘉靖《广信府志》卷三《地舆志·津梁》，《天一阁藏明代方志选刊续编》，第45册，第187—209页。

　　② 如正德《夔州府志》、嘉靖《常德府志》就是如此。

　　③ 如明代正德《松江府志》中就记载很多松江府桥梁为宋代所建，但弘治《松江府志》中就减省到仅存桥梁名称和所在地点。

的群体，跟社会身份无关，这就为确定其身份造成了困难，只能暂时把他归为富民。因此惠州的桥梁修建者不仅是现任官员，但非常明显的是，知州和知县主持修建的占据了绝大部分。

宋代琼州的桥梁修建不少，但修建者留下记载的却不多。澄迈县知县崔均曾修建有南门桥和外桥两座桥，司户参军王良选修建透滩桥。无名僧人修建了五原桥。还有杜公修建杜村桥，杜公名字已佚，但猜测其可能为该村的长者。另外还有儋州的大江桥，由来自泉州南部的许康民与其父亲许珏所建，父子"久寓儋，乃自泉命匠航海而来，鸠工整石为桥。工肇建建炎戊申，迄乙酉"①。宋代泉州的海外贸易已经有一定的发展②，许康民与其父亲应是从事此种贸易的商人。从中并未见到士人参与的情况。

松江地区宋代修建很多，但没有记载修建者，无法作具体的比较。延平府则记载很多桥梁的修建者。南平县的桥梁北宋时就有一些，如延平桥为君人范宗修建，登科桥和大凿口桥为庆历年间君人范迪简修建，滴口桥为嘉祐中郡人范垌修建，乘驷桥为熙宁间郡人叶唐懿所修建，小浴坑桥为熙宁间里人宋宜甫修建，尤溪口桥为元丰中里人叶唐稷修建，西芹桥为熙宁间里人苏均修建，等等。如前所述，"郡人"和"里人"只是以居住地来确定归属，但并不能从社会阶层上确定身份。好在方志中有一些记载能确定他们的士人身份。如范迪简为庆历四年（1044）进士，叶唐懿为熙宁癸丑年（1073）的进士，宋宜甫为熙宁丙辰年（1076）的进士，叶唐稷为元丰己未年（1079）的进士，苏均为崇宁丙戌年（1106）的进士，等等。其中苏均在熙宁间（1068—1077）修桥，崇宁丙戌年为崇宁五年（1106），则苏均在修桥时尚为士人。邓文举为淳熙（1174—1189）中修桥，乾道丁未年（1167）进士及第。许合在绍定（1228—1233）间修桥，却是绍定壬辰（1232）进士。吴涣在庆元年间修桥，庆元己未年（1199）进士。其中不少人皆在科举及第的时间段内修桥，这样的时间总让人感觉是其因进士及第而修桥。但其能够在乡里修桥，说明其身处乡里，尽管其科举及第，其生活状态依然是士人，或许其待阙在家而参与修桥亦未可

---

① （明）唐胄修：正德《琼台志》卷一二《桥梁》，《天一阁藏明代方志选刊》，第18册。

② 吴泰、陈高华：《宋元时期的海外贸易和泉州港的兴衰》，载《泉州港与海上丝绸之路》，中国社会科学出版社2002年版，第55—75页。

知。总归这些"郡人"和"里人""邑人"不是富民，笔者以为多是居乡的士人。除了士人参与修桥，延平府还有郡守和县令修桥，僧人的参与也不少。这种桥梁实施主体的模式符合福建路的总体公益实施模式。

江南东路的信州修桥的情况记载比较少，现存的多是知州和县令的修建，士人参与的仅有桥亭桥是进士黄鸿举修建的。

我们自然可以想到，知州和县令修建桥梁的过程中，往往需要士人的参与方可顺利实施，只是在记载上往往只留下倡议者的情况，而抹去了士人参与的细节。但根据现有记载，我们说福建路延平府的士人参与的情况要远远多于其他地区应该是没有问题的，这与延平府士人在南宋时就已达到很高的数量有密切关系。

二　水利修建中的南宋士人

与传统的中央王朝一样，宋朝立国后仍以发展农业为主，在诸多方面都取得了显著进步。例如粮食产量的提高，新品种如占城稻的引进等。[①]为此，宋王朝格外重视水利设施的建设。在此背景下宋王朝兴建了一大批水利设施，同时朝廷设立了专门的管理机构，在中央一级有工部下的水部郎中、司农寺、都水监等；路一级有提举常平司兼管勾农田水利事、提举河渠官、都大巡河使臣等，这些管理机构再领导府县一级。不过，在众多水利设施的建设过程中往往有民间力量参与其中，尤其是到了南宋以后，随着政府财力的不足，民间力量尤其是士人在水利设施建设中的地位日渐突出。在众多水利设施的建设中，江南地区以其水利设施密集、发达，而成为民间力量参与水利建设的典型。

关于民间力量参与水利设施建设的形式，大体可分为两类：

第一类是地方士人自己组织。此类又可分为以下两种情况：独资修建，指一个家族或个人单独出资修建。婺州西湖旁有两座废塘，为士人潘好古捐资重修，据吕祖谦在其《东莱集》中记载。婺州人潘好古的家族是诗书传家，"其族传三世而门益大"[②]。潘好古先是"中秘书"，后"中更忧患，无复当世意"，退而"专林丘之乐"，做了一个乡居士人。而"婺之西湖旁，两塘废，不治"，鉴于这两个废塘对当地乡民用处极大，

---

① 漆侠：《中国经济通史·宋代经济卷》，第131—133页。

② （宋）吕祖谦：《东莱吕太史文集》卷一〇《朝散潘公墓志铭》。

潘好古"发钱数十万，新之"。结果修好后是"人赖其利"，而当时潘好古自己"未尝有寸田居其间也"。

孙公陂位于吉州龙泉县东三里，由孙逢辰捐资兴建。孙逢辰为吉州龙泉县人，乾道二年（1166）进士，为官数任，多有政绩。退职回乡后，发现县东原有岘子陂者，岁久湮废，他"捐金谷募民复修，导水数百丈，溉田不赀，令号孙公陂"①。

地方士人联合出资。范武，临安人，据《咸淳临安志》卷三五记载，临安永和塘是"绍定己丑，邑士范武倡为义役，捐财以助修筑。塘成，岁无水患，邑宰范光命名曰：永和堤"②。同书中记载，当时原籍此处的参政许应龙应县令范光之请而作了一篇《永和堤记》，详细介绍事情的经过。"许参政应龙永和堤记：运河有塘……邑有范、任二君，倡为义役，乃悉心究讨，谓土力娄溃于成也。于是率众傭工筑以石、椿以松，迄成，二百五十丈，为钱数千缗。范君为费独当什伍，董视犒赉尤详焉……肇始于绍定己丑之春，告成于是岁良月之望。"

陈亢，金坛人，"少读书"③，颇有名望，时人称为"仁义之声，飞驰东南"。其主要事迹即在于"家用饶衍而勇于为义，不啬施予。家居邑南地多沮泽，古速渎久淤，壅水为灾，率众筑堤延袤十许里，以便行者，而浚渎以通洮湖，水患遂息"④。

刘定国，湖州人，为官多有政声。"虽家居，常以利物为急。邑有平远、尚吴二渎及李氏埭，湮圮不修，邑多水患，公率乡党浚筑。"⑤

陈纬，黄岩人，与谢深甫同学，有莫逆之交。尝同蔡武博修建永丰等九闸，积三岁不窥其家。"复捐廪以赈饥民，给药以济病人，里人咸呼为陈义士。"⑥

第二类是士人得到官府授权，从而参与其中。

---

① （宋）周必大：《益国周文忠公文集》卷七四《朝奉郎袁州孙使君逢辰墓志铭》。

② （宋）潜说友：《咸淳临安志》卷三八，《宋元方志丛刊》，第4册，第3701页。

③ （元）俞希鲁编纂：《至顺镇江志》卷一九《人材·隐逸·土著》，《宋元方志丛刊》，第3册，第2869页。

④ （宋）不著撰人：《京口耆旧传》卷六《陈亢》，文渊阁《四库全书》本。

⑤ （宋）张守：《毗陵集》卷一四《宋故赠太子少师刘公神道碑》，《丛书集成初编》，中华书局1985年版。

⑥ 万历《黄岩县志》卷六《人物下》，《天一阁藏明代方志选刊》，上海古籍书店1982年版。

官府授权士人参与到水利事业中去，这在江西袁州李渠的兴修中可见一斑。作为袁州城内重要的水资源，从唐末到南宋前期先后有五次修浚工程，但都是在短期内急于竣工，敷衍了事。到南宋中期的时候，水质污染等问题已经很严重。宝庆三年（1227），知州曹叔远全面采纳州学贡士李发的计划，并且当机立断判明李渠的维修是事关一州利害的当务之急，亲自视察地理水文条件，用了一个多月，指挥官吏彻底完成了修复工程。这个工程的内容，官吏组织以及有关的官方文书均记录在《李渠志》中，被后世兴修水利工程作为典范。[①]

具体李渠修浚过程已见斯波先生所论，笔者所关注为士人在其中的角色。

> 渠长十员
>
> 渠水虽已流通，又虑向后或有侵占淤塞，及陂头长堤有冲决等事，州郡未即知觉，须得有公心好义之士常加觉察，时以告州郡修整。施行，然后可以永久。乃选请州士十员为渠长专任其事。[②]

渠水即使一度疏通，将来何时渠被侵占、淤塞和陂头、长堤决坏等不测事态的发生与否，都不得而知，甚至州县官员也不能迅速掌握这些情况。而由于"选公心好义之士"组成渠长可常加觉察，并及时向官员汇报，这就建立一套维护程序。[③] 显示修浚活动中官府的主体，而在日常维护中需要士人的支持。此外，袁州士人的作用还表现在李发的任务上。

> 委李贡士掌管分水湖地
>
> 判府曹华文台判：开浚李渠，功力浩大，今已周全，最要紧是渠

---

① 斯波义信先生对此有精彩分析，见氏著《宋代江南经济史研究》，方健、何忠礼译，江苏人民出版社2001年版，第416—430页。斯波义信先生所用为万历《袁州府志》所收录之《李渠志》，据其所言，万历《袁州府志》日本国会图书馆和美国国会图书馆各藏一本，笔者无缘看到。所幸清朝程国观撰《李渠志》卷二收录有南宋之《李渠志》，道光六年（1826）刻本，国家图书馆藏。笔者所用即此本。

② （清）程国观：《李渠志》卷二《宋李渠志》。

③ 斯波义信先生认为这个渠长组织是城市参议会的萌芽，似乎过于拔高了这个组织。见氏著《宋代江南经济史研究》，第428页。

水到西城下斗口一带，堤岸日前常是被城下壕塘租赁，人不时盗掘放水，以至侵壤及填塞作住屋，或据渠作厨、厕等，使一城官渠之水断阻不通，委实利害。今来已于城下起盖官亭一座，临李渠，作朝夕照管之处所。是亭前分水湖地，今虽择人掌管，切见本州岛学直学贡士李发平昔有信义，有干略，为一邦推重。今又来于浚复李渠，从上流分江成陂处，捍筑新堤，及次第开凿淤塞，谋划最为详细，不惮劳烦，迄至周备。一城内外，渠水通流，可以坐息，疾疫火烛之忧，其功不浅，合将此处湖地付李贡士掌管，并专一照管李渠入城下斗口一带水流通塞等事。基界南自萍实桥下，东至渠上官亭，西连益州塘路西下平地，一段至易监税庄屋前，北至新立堤岸为界。①

作为本州贡士的李发，乃是袁州著名的士人，平生以信义、才略享有高度威信。打动知府曹叔远倡议彻底修浚李渠，做出重大贡献的非他莫属。他不仅代表渠长参加了对夫役工资的发放，还专门担任了李渠重要的一段分水湖地的专任监督，东起渠上官亭，西到益州塘路西下平地，南起萍实桥下，北至新立堤岸。这是关系城内水源质量的重要水段。知府将这一重要任务交给李发，显示以李发为代表的士人阶层在当地事务中具有举足轻重的地位。

很明显，官府主持修建李渠，但日常维护则交给地方士人。这种官府和士人的格局在水利事业中比较常见。庆元府鄞县有钱湖：

钱湖之莼，岁岁滋长，水利日亏，君（顾义先）每欲纠率乡人，合钱买田，岁收其入，买莼而远运之，莼减则水增，诚无穷之利。前太守程公经理此事，颇与君合，因助成之。其始约束，以物力最高者为典领，未为不善也。然敷买民田，官自为之，则非私家之所得专。数年之后，郡计不足，未免移用，典领之家故为遏之，而买莼之本，于是寖微矣。输租稍稽，追逮立至，民又不堪其扰，此所谓未睹其利，先见其害也。君以为此事正如义役，听民之所自为，以官司参之，乃可以经久。②

---

① （清）程国观：《李渠志》卷二《宋李渠志》。
② （宋）袁燮：《絜斋集》卷一九《训武郎荆湖北路兵马都监顾君义先墓志铭》。

顾义先是领悟到了水利事业如何才能长久的真谛。"听民之所自为，以官司参之，乃可以经久。"要给民众充分的主动性，官员日常监督，才能达到长久存在的目的。其实不仅是水利事业，其他公益事业也多如此方能长久。①

除了地方官员主持的水利事业中士人会参与其中外，某些地方官员还会将水利事业直接交付地方士人主持。如福建福清县刘允恭就曾承担当地的水利兴修。"县陂自唐天宝间壅流灌田，凡数万亩，岁久沟湖为豪右所侵。遇旱干，民挺刃争水，讼不绝。县宰属君治之，着规立籍，众咸以为利。溪旧有石梁，南直县门，其不尽者为堤，返遏水势为暴，至涨溢通衢。君毁堤而益桥，疏为十道，糜钱千余万，逾年始就，县市至今无水患，众谓二役非君不能成也。君既潴塘水，大蓄鱼鳖其中，遇水潦则泄而纵之。"② 很明显，知县将水利交付地方士人来主持修浚，这与刘允恭在乡里的地位有关系。

> 令君讳允恭，字邦礼，姓刘氏。其先自唐司徒晏转漕江淮，子孙散处淮南。其可见者，八世祖陶与其兄随，居光州，避地至闽。王氏以其乡邻，得之甚喜。命陶为秘书监，随为阁门祗候，二人辞不就。福清县东南有塘，面钟山，爱之，家焉。兄弟居塘东西，王忠懿曰："公等无故乡念乎？"取汉新丰义，名其里为新丰。陶生可权，可权生偶，仕至千牛卫长史。偶生文杲，中太平兴国八年进士第，终登州司户参军。文杲生日新，日新生谦，谦生岫，岫生元善，即令君之考也。累世以治生自立，雄于乡族。君少知学问而精毛氏《诗》，凡注疏与本义，诵之如流，终身不忘。赋性方直，气象深厚。后生辈为不义事，必诘之，厉然见于颜面，以是乡之士大夫推为长者。绍兴中，军旅未给，朝廷募官，以赀为官。张魏公镇福州，得初等文秩，分劝豪户，众未有应者。君独笑曰："是将助国家尔，何以官为？"首输而拜命。惠州林使君仲堪素与君善，因曰："邦礼之才，宜为县者

---

① 2010 年 2 月龙登高教授曾提示：南宋以降基层社会充满活力，主要机制就是民众自发组织公益事业，官员只是监督，如此以最少的社会成本，达到长治久安的目的。在水利事业等需要日常维护的公益事业领域，表现尤其突出。特致谢忱。

② （宋）韩元吉：《南涧甲乙稿》卷二〇《刘令君墓志铭》。

也。"请以为河源县令。已而亦谢之，曰："老矣，安能舍己稼而耘他人田乎？"先是君筑室塘东，大治其塘，广袤数百尺，且曰："吾祖之所以居也，敢不敬爱？"旁莳花木，刻石表横塘，因自号横塘翁。植桂百株，以为桂堂。储书数千卷，招致名士，俾其子弟学，曰："后世宜有兴乎！"一时贤公卿之在邑者，相与造焉。君必为击鲜酾酒，杖履塘上，谈笑竟日。若枢密黄公、尚书郎夏之文及林惠州数公，皆有诗什往来，见于传诵中。于是横塘之佳名胜概，甲于一方。塘之隅有南谷僧舍，久废不治，君捐其余力，撤而新之，遂为里人香火祈禳之所。有争讼者，或诣君求决，君则为之陈道理曲直，法令可不可，往往羞缩逊谢以去。平生长于心计，而尤好阴阳历算之书，山川面势之说，占时日，候丰凶，悉造其妙。好事者请问焉，酬酢不倦。方经界法行，闽地最远，莫知其要。君能度地形方圆曲直为步亩之则，纤悉备尽，人皆用以为准。……春秋八十有三。男曰刚、曰则。女四人，长适封川县令林师孔、次适将仕郎林丙、次适融州司法参军高演、次适进士林翼之。孙男七人，遂之、适之、永之、速之、进之，皆业进士，余尚幼。①

　　我们可以略微分析一下刘允恭的家世及其社会地位。刘氏虽追溯先祖到刘晏，但到宋朝，其社会地位已经低落无疑。八世祖刘陶兄弟二人避五代战乱入闽，六世祖刘偁曾任千牛卫长史，五世祖刘文昺中太平兴国八年进士第，终登州司户参军。其后历世至刘允恭皆不仕，"累世以治生自立，雄于乡族"，成为典型的以财富雄长一乡的豪族。但刘允恭并非仅为富民，"君少知学问而精毛氏《诗》，凡注疏与本义，诵之如流，终身不忘"，从而因读书而具有士人的身份。"后生辈为不义事，必诘之，厉然见于颜面，以是乡之士大夫推为长者"，成为乡里领袖。他重视子弟的读书，招引贤士教授。并且他与官员也有很好的交往。"一时贤公卿之在邑者，相与造焉。君必为击鲜酾酒，杖履塘上，谈笑竟日。若枢密黄公、尚书郎夏之文及林惠州数公，皆有诗什往来，见于传诵中。"可见他的社会交往圈比较广泛，与官员的关系比较融洽。乡里僧舍年久失修，他捐钱修之。乡里争讼不去官府，而以其所断为准。他的女儿都嫁给了现任官员和

---

① （宋）韩元吉：《南涧甲乙稿》卷二〇《刘令君墓志铭》。

士人。而孙辈"皆业进士"，也就是都读书，以科举为目标而为士人。梁庚尧先生指出：宋代居乡官户与士人在与乡村民众的关系上表现为豪横与长者两种形象。① 而刘允恭就是一个典型的乡里资产雄厚的长者士人，这类士人在地方公共工程中往往会发挥重要作用。

第三节　文化设施实施中的南宋士人

一　官学修建中的南宋士人

从北宋到南宋，经过几次大规模的政府推广，官学（即州县学）得到广泛设立，对社会产生了重要的影响。宋代教育相比前代有长足的发展，这一部分要归功于此。由于教育的普及和科举的发展，地方士人群体得到快速增长，到南宋时士人的身影已是处处可见，成为重要的地方势力之一，并在地方诸多公益事业领域有所建树，其中某些地方官学修建的重要参与力量就有士人。虽然北宋时期官学修建即可见到士人身影，但南宋时期士人的参与比北宋要明显增多。国内外已有学者对宋代教育做了较为深入的研究，也涉及南宋官学的修建②，笔者初步搜集到了 246 篇记载州学与县学修建情况的"学记"，发现在南宋官学修建中，有一些场合闪现着士人的身影。现将记载有士人参与的"学记"整理如下（见表 3—9）：

---

① 梁庚尧：《豪横与长者：南宋官户与士人居乡的两种形象》，载氏著《宋代社会经济史论集》，第 474—536 页。

② 至于南宋官学，笔者未见有学者从士人参与的角度进行专文阐述。从科举与教育的角度进行专门研究主要有下面几种：袁征《宋代教育——中国古代教育的历史性转折》（广东人民出版社 1991 年版）中简略叙述了南宋初年学校的重建；[日] 寺田刚《宋代教育史概说》（東京博文社 1965 年版）则对宋代各个阶段地方学校的修建作了简略的宏观阐述；贾志扬《宋代科举》（东大图书股份有限公司 1995 年版）则用较小的篇幅论述了南宋的官学；李弘祺《宋代官学教育与科举》（联经出版事业股份有限公司 1994 年版）也用了一定篇幅阐述了官学的兴修。葛绍欧在《宋代四川地区的州县学》（《宋史研究集》第十八辑）中对宋代四川地区的州县学的经费问题也作了简要阐述。顾宏义在《教育政策与宋代两浙教育》（湖北教育出版社 2003 年版）论述了两浙州县官学的发展。由于研究目的的限制，上述诸皆仅提到地方士人的参与，但并未作更进一步的分析。从慈善活动的角度进行研究的是张文《宋朝民间慈善活动研究》（西南师范大学出版社 2005 年版）。杨宇勋先生在《取民与养民：南宋的财政收支与官民互动》则简单提到了官学修建中士人的参与。

表3—9　　　　　　　　南宋士人参与官学修建活动一览

地区	学校名称	时　间	官员	士人活动	资料出处
两浙东路	温州乐清县学	绍兴十五年	知县事赵敦临劝谕	诸生喻其意者相率买田，乡贡进士贾如规请记	林季仲《竹轩杂着》卷六《温州乐清县学记》
	衢州江山县学	淳熙三年	县尉熊可量主动请缨	士人集资	朱熹《朱熹集》卷七八《衢州江山县学》
	台州州学		知州事唐仲友	缙绅二人董役	唐仲友《重修台州郡学记》，《悦斋文钞》卷九
	奉化县学	绍兴十三年	知县事宋晋之劝	邑士汪汲出资建	楼钥《攻媿集》卷五四《奉化县学记》
	瑞安县学	嘉定四年	知县事黄葵	县无余财，郑炎、陈观愿尽力	叶适《叶适集》卷一○《瑞安县重修县学记》
两浙西路	嘉兴府嘉兴县学	咸淳八年	知县事张汴，请于知州	以田租为学田	《至元嘉禾志》卷二二《嘉兴县学记》
	临安县学	绍兴十五年	知县事王传议修	一邑之豪进子弟于学者相与图之恐不及	同上卷二二《临安府临安县学记》
	常州宜兴县学	绍熙五年	知县事高商老	师生迪功郎孙庭询、贡士邵机等十数人疏其事以告。里居士大夫之坚者相与出捐金以佐其役	朱熹《朱熹集》卷八○《常州宜兴县学记》
	宜兴县学	嘉定十三年	知县事戴桷	陈梦印、章悉夫买旁县材，拣工优作	叶适《叶适集》卷一一《宜兴县修学记》

续表

地区	学校名称	时 间	官员	士人活动	资料出处
两浙西路	常熟县学	端平三年	知县事王熻	属邑士胡洽、胡淳董其役	《鹤山先生大全文集》卷四六《常熟县重修学记》
	嘉定县学		知县事王选	寓公助其费，丘斌、龙庭瑞等相其事	王遂《嘉定县重修庙学碑》，《八琼室金石补正》卷一一九
		淳祐十一年	知县事林应炎	国学生龚天定以直学董其事，邱焕发、张惟一典校	林应炎《嘉定县修学记》，《八琼室金石补正》卷一一九
江南东路	溧阳县学	庆元三年	知县事李卞重修	士之公勤者董役	《景定建康志》卷三○《溧阳县庆元重修学记》
	信州州学	嘉定八年	知州事施应龙	使杨梦庚、郑连、诸葛褒新之	叶适《叶适集》卷《信州重修学记》
	休宁县学	绍兴七年	县尉陈之茂率邑之士子	相与出力而新之	吴儆《竹洲集》卷一一《休宁县修学记》
		淳熙四年	主簿傅公本新之	董治其事以至于成者进士王尧佐、朱松	
江南西路	吉州永新县学		知县事赵不愆	士人参与创学	《江西通志》卷一二五《重修永新县儒学记》
		乾道二年	知县事马淙	达而贤者劝大姓出资	《敬乡录》卷一○《永新县修学记》

续表

地区	学校名称	时间	官员	士人活动	资料出处
江南西路	安福县学	绍兴十年	知县事向子贲劝说	诸生集资，儒生六人董役	王庭珪《卢溪文集》卷三五
	万载县学	淳熙五年	知县事祝勋，丞赵帅侠、主簿江琪克协同	邑之贤父兄，愿输家财以作费钱	《江西通志》卷一二四《万载新学记》
	袁州州学	淳熙五年	知州事张杓	州学教授李中与州之士合辞请记	张栻《南轩集》卷九《袁州学记》
	泰和县县学	建炎二年	知县事王公	教授刘申与贡士严涣劝诱	《江西通志》卷一二五《重修泰和县儒学记》
	广昌县学	嘉泰二年	知县事曹进之	邑士胡岩老为请，诸生相与为谋，出资	周必大《益国周文忠公全集》卷六〇《广昌县学记》
	建昌县学	庆元二年—三年	知县事许锡出县财政	邑士增益之；出纳之籍皆掌于士	《江西通志》卷一二六《建昌县学记》
	吉州州学	淳熙十五年	知州事朱希颜与教授练文谋正	令既出，士民相劝以成	周必大《益国周文忠公全集》卷二八《吉州改修学记》
	吉州万安县学	庆元四年	知县事宣教郎玉牒师迨实	费缗钱以万，皆士人所乐输而官以余则助之	周必大《益国周文忠公全集》卷五八《万安县新学记》
	抚州金溪县学	嘉定二年	知县事王衡仲作记	邑之士子合谋	王衡仲《金溪县改作县学记》，道光《金溪县志》卷五四

续表

地区	学校名称	时间	官员	士人活动	资料出处
江南西路	兴国军学	乾道六年	知军事叶模	士之彦者持于内	王质《雪山集》卷六《兴国军学记》
	兴国军大冶县学	丙申冬—丁酉春	知县事潘子韶	来请者周之竒、朱绂、何若、董维新、万钧、陈勋，学之儒生也	王质《雪山集》卷六《兴国军大冶县学记》
淮南西路	黄州麻城县学	嘉定十三年	权县事主簿翟起宗	佐君以成是役者邑之士某人	刘宰《漫塘文集》卷二一《黄州麻城县学记》
	定远县学	淳熙七年	转运使薛力为主持	士人朱丙、吕滋、杜昭所请	道光《定远县志》卷一一《立儒学碑记》
荆湖南路	邵州州学		知州事陈正同	士子合请修	胡宏《胡宏集》卷三《邵州学记》
	永州祁阳县学	绍兴十二年	知县事吕坚中	谕士劝民	胡寅《斐然集》卷二一《祁阳县学记》
	郴州州学	乾道四年	知州事知州事薛彦博、通判州事卢教授吴镒始议迁改	郡之士相与劝率以助资	张栻《张栻全集·南轩集》卷九《郴州学记》
	安化县学	庆元二年	知县事蔡漴与学长刘涣议修	学生李申司其出纳	乾隆《长沙府志》卷四〇《安化修学记》
	道州江华县学		知县事许洞	其费并力于七乡之士，而倡于邑中士也	李韶《重修儒学记》，同治《永州府志》卷四下
福建路	仙游县学	绍兴十三年	知县事谢天民	士人修为竣，继续助资	道光《福建通志》卷六三

续表

地区	学校名称	时　间	官员	士人活动	资料出处
广南东西路	东莞县学	淳熙十五年	知县事王中行，县尉陈颖实董役	士为请	《广东通志》卷五九《东莞县迁学记》
	灌阳县学	淳熙九年	知县事赵永	士相励而趣成	《广东通志》卷一〇三《重建灌阳县儒学记》
	昌化军学	绍兴二十二年	知军事陈适	诸生献谋，工徒输力，富者效其资，贫者尸其劳	李光《庄简集》卷一六《昌化军记》
	雷州府学	绍兴十一年	太守胡某	儒冠之士集资	道光《广东通志》卷一四一《雷州府修学记》
	河源县学	乾道四年	知县薛彦博、掌教王惟哲	邑之士相与效率，以赀助役	嘉靖《惠州府志》卷一六《河源县徙学记》
四川诸路	石泉军学	嘉定五年	知军事李大辨	郡僚及里人之贤者又相与助力焉	《鹤山先生大全文集》卷三九《石泉军军学记》
	黔阳县学	宝庆中	知县事饶敏学	命贡士单铨董其役事	《鹤山先生大全文集》卷四七《黔阳县学记》
	通泉县学	1244 年前后	知县事杨季穆谋诸乡彦乃取学田一岁之入以基其役出钱二百万佐之	乡之士民合三百万继之	《鹤山先生大全文集》卷五〇《通泉县重修学记》
	内江县学	绍兴二十一年	知县事邓棻	一邑之士出力相助	光绪《内江志》卷一〇《内江县重修儒学记》
	双流县学		知县事史松老	一邑之士上请	《宋代蜀文辑存》卷六〇《重修双流县学记》

地区	学校名称	时 间	官 员	士人活动	资料出处
京西南路	信阳军学	绍熙二年	知州事关良臣	乡先生张子阅献地	《国朝二百家名贤文粹》卷一二〇《信阳军改建学记》

从这些"学记"中可以看出士人参与的具体方式，大致可分为资金直接参与和非资金参与两种方式。

（一）资金直接参与

1. 官员劝谕下士人出资

在南宋时期，官员施政中以劝谕为手段的比比皆是，这是官员在无法顺利施政的情况下所必然采取的措施，官学修建中也时有采用。如江南西路安福县旧有学，"唯王宫四壁，无旁屋以备登降，宫之外故基甚宏大，皆颓垣坏瓦，异时师旅暴起，有司以军兴责吏事，视学校若迂远而不切于治，如是者十余年"。直至绍兴十年（1140），知县事向子贲"乃进诸生，告之曰：'郡邑不可一日无学，是于国有系也。盖隆平时礼乐教化皆有其具，所以迁揉磨砺其民，使风俗醇厚，孝于亲，忠于君，又因射乡饮酒，而识尊卑长幼之序，所以塞奸争之窦，遏祸乱之源者，有此具而已。不幸残灭于兵烬，有司又以为不急，而遂废其具。教化风俗将入于败坏，人材衰陋，可遂废乎？'邑丞赵君洪闻而赞之。诸生退而喜，相与出私钱，度外垣地增筑其址，推择诸儒有行业者六人，董而作之"①。"诸儒有行业者"即是当地士人。

衢州江山县原有学，淳熙间熊可量为江山尉，"始至以故事见于先圣先师之庙，视其屋皆坏漏弗支，而礼殿为尤甚。因问其学校之政，则废坠不修，又已数十年矣。于是俯仰叹息，退而以告于其长汤君悦，请得任其事而一新焉。汤君以为然，予钱五万，曰：以是经其始。熊君则遍以语于邑人之宦学者，久之乃得钱五十万"②。"宦学"即是谓学习仕宦所需的各种知识。此次修建成功，县尉起到了主要作用，但是起到重要作用的是以

---

① （宋）王庭珪：《卢溪文集》卷三五《重修安福县学记》，文渊阁《四库全书》本。

② （宋）朱熹：《朱熹集》卷七八《衢州江山县学》，第 7 册，第 4068—4069 页。

科举考试为目的的地方士人。

温州乐清县原有学，知县事赵敦临到任伊始，"揖诸生首，与之谋曰：'养士而无以为养奈何？'有喻其意者相率买田五顷，计其入日可食百人。又撤淫祠，营市舍，取僦直以资之，遂斥基址，周垣墙，辟斋序，贮书籍，造器用，凡学之百须，罔不悉备"①。

温州瑞安县旧有学，嘉定四年（1211）黄葵初领县，"贯无赢铢，叹曰：'吾其舍斿士之职于学者。'郑焱、陈观大趣赞曰：'愿尽力。'费比昔十四，而学复壮好如新成焉"②。笔者窃以为郑焱、陈观大即应为地方学者。

除了官员劝谕部分出资外，亦不时有在官员影响下士人承担全部修建资金的情况。江南西路万载县原有学，以废庙基为官舍。淳熙四年（1177）祝勋任知县事，见此情况，"叹曰：浮屠之法，吾儒所不事。今寓其舍可乎？"县丞赵帅侠，主簿江琪赞同其议。"相旧庙而改作，更徙监征之舍于他所，是乃尊吾道激士气而顺人情也。于是邑之贤父兄喜子弟之有教也，不爱其力，愿输家财以作其费，钱以缗计者二千，佣以日计者万余。"③

两浙东路奉化县有县学，"邑士汪君汲，素好为乡里义事，闻之，谓其弟伱曰：'是吾曹责也。'不待劝率，不谋于众，以身先之。首创大成殿，增广旧址，不日而成……为费不赀，曾无吝色。……于是里中善士董安嗣、徐如松等三十有二人，争趋竞劝，相与再建驾说之堂，挟以直庐，傍列诸斋，庖湢廥廪，器用毕备，凡为屋四十楹；又以去岁始有自右学登科者，为辟射圃，以劝方来"④。此次发挥主要作用的还是地方士人。

荆湖南路邵州知州事陈正同上任后，"小心恭畏，布诏行令，以明伦为先务。叹郡产库下，襄于嚣尘，考按厥始，乃元符中因皇华馆之旧也。公曰：'嘻！此岂尊师重道之礼？其何以明施天子德政乎？'士子合词曰：'神霄废宫，地势高明，栋宇宏丽，今为戒坛寺，其徒二三人，坐视废颓，而加之拆毁。请更以奉先圣。'公大悦，从之。咸以劝以金谷，给力

①　（宋）林季仲：《竹轩杂著》卷六《温州乐清县学记》，文渊阁《四库全书》本。
②　（宋）叶适：《叶适集》卷一〇《瑞安县重修县学记》，第169页。
③　（宋）杨愿：《万载新学记》，载雍正《江西通志》卷一二四，文渊阁《四库全书》本。
④　（宋）楼钥：《攻媿集》卷五四《奉化县学记》。

役，民不知而学宇一新"①。

广南东路灌阳县，"灌阳令赵君永始至之日，躬谒先圣，睹其学庳陋湫隘，愀然言曰：'是非为政者所当先耶?'……有耆儒曰：'此崇宁间之故址也，后虽更徙不常，而莫宜其地。抑天将昌吾邑，而留之以俟今乎?'赵君闻而益喜之。县之士相励而趣成之，财不赋而羡，工不召而集，期月告成"②。

永州重修儒学，知县许泂请李韶作记，其中云："其费并力于七乡之士，而倡于邑中士也。不宁惟是，又广置腴田，以丰稍食。"③ 从以上事例可以看出，地方士人具有一定的经济实力才能在官学修建的资金来源上有重要作用。

2. 官员修学过程中士人的主动资金参与

两浙西路临安县原有县学，经过方腊之变厚"湫隘破露，上无盖障，旁无生师之庐"。绍兴十四年（1144），诏天下州县皆立学，左朝请郎、知县事王传认为现有县学"不足以称天子隆儒重道教养多士之意。乃议从故地少西屋而垣之，一邑之豪进子弟于学者，相与图之，恐不及"④。嘉泰二年（1202），奉议郎曹进之担任知江南西路广昌县事，"谒先圣殿，上漏旁穿，两庑欹侧，且非其地……邑士胡岩老请改筑于县治之东，诸生相攸金谋为允，于是进揭瑛之、子俨、子仪三人输财效力主其事，而黄作舟、作砺首捐钱四十万为之助，士胥和之"⑤。吉州万安县有县学，庆元四年县令议修县学，"捐直与民得地二十余亩"，明年学成"几亚郡学。费缗钱以万，皆士人所乐输，而官以余则助之"⑥。郴州故有州学"迫于城隅，湫隘不治"，乾道四年（1168）知州事薛彦博、通判州事卢渊、教授吴镒"始议迁改，因得浮屠废宫，江山在前，高明爽垲，乃徙而一新之。郡之士相与劝率以助资役，甫踰时而迄成焉"⑦。从此例可见，地方

---

① （宋）胡宏：《邵州学记》，载《胡宏集·杂文》，中华书局1987年版，第149页。

② （宋）余元一：《重建灌阳县儒学记》，载雍正《广东通志》卷一三〇，文渊阁《四库全书》本。

③ （宋）李韶：《重修儒学记》，同治《永州府志》卷四下。

④ （宋）孙觌：《鸿庆居士集》卷二二《临安府临安县学记》，文渊阁《四库全书》本。

⑤ （宋）周必大：《文忠集》卷六〇《广昌县学记》，文渊阁《四库全书》本。

⑥ （宋）周必大：《文忠集》卷五八《万安县新学记》。

⑦ （宋）张栻：《张栻全集·南轩集》卷九《郴州学记》，长春出版社1999年版，第682页。

士人在郴州州学修建中起到了比较重要的作用。"通泉之有校官，盖自庆历兴学之初，今二百年间，邑令赵天申、何景林修废者三，至于比岁荒芜不治。资中杨季穆始至，即谋诸乡彦曰：'此仕国也。山川文物之盛，冠冕左蜀。而庠序之事未遑。非所以刑善劝学。'乃取学田一岁之入以基其役。出钱二百万佐之，乡之士民合三百万继之。"① 庆元二年（1195）江南东路南康军建昌县知县事许锡出议论修县学，"士闻其议，愿献其谋……于是计诸公家之费，而撙节之哀，邑里之士而增益之凡为钱三百万，其半县出之，米五百斛，县尽出之。……出纳之籍则皆掌之士"②。地方士人在修建事宜的管理和资金方面，都发挥了一定的作用。

（二）非资金参与

1. 官府出资，士人主持或参与修建

虽然一般认为宋代士人与官宦在社会中属于富裕阶层，但其实士人并不一定是地方上的富裕阶层，家境贫乏、生活清寒者不乏其人。③ 尽管士人有"贫"和"富"的区别，但在地方却多以自身的学识具备一定的影响力，是故士人在修桥活动中最多的参与方式就是参与管理。福建路漳州州学修建于绍兴二十五年（1155），此年知州事李弥逊上任伊始，"教官今新婺倅范侯津率诸生以请，公忻然允之，乃以缗钱二万付士之有才干者，自为经营"④。江南东路休宁县学在绍兴年间修过一次之后，"岁益久，欹倾朽折，且濒于坏"，淳熙四年（1177）主簿傅公本"谋复新之。未期年，而欹者复整，倾者复立，朽折者悉易其故……缮治增葺视旧无不及"。这次修建"董治其事以迄于成者，进士王尧佐、朱松"⑤。常州宜兴县旧有县学，戴桷宰宜兴，"既补弟子员食于学，视学舍壮整者，惟高尹商老宣化堂，罗令仲舒东序堂亦倾敝，余或缺或毁，顾其士陈梦印、章悉夫，买旁县材，拣工优作"⑥。常熟县有县学，端平三年（1236）知县事王爚上任，"始至大惧无以崇化善俗，乃约缩浮蠹，踰年更而正之。属邑

---

① （宋）魏了翁：《鹤山先生大全文集》卷五〇《通泉县重修学记》。

② （宋）王容：《建昌县学记》，载雍正《江西通志》卷一二六。

③ 梁庚尧：《南宋的贫士与贫宦》，载氏著《宋代社会经济史论集》下册，第355页。

④ （宋）温革：《漳州府重建学记》，载马蓉等编《永乐大典方志辑佚》，第2册《清漳志》，中华书局2004年版，第1159页。

⑤ （宋）吴儆：《竹洲集》卷一一《休宁县修学记》，文渊阁《四库全书》本。

⑥ （宋）叶适：《叶适集》卷一一《宜兴县修学记》，第194页。

士胡洽、胡淳董其役"①。江南东路溧阳县旧有学"历日弥长，理葺滋怠，渐致颓毁，瓦砾草莽，几为荒墟"。庆元三年（1197），知县事李卞上任，乃加以重修，"择士之公勤者刘康国、乐黄中董其事，材美工良，吏胥唯谨，不旋踵而增屋三十余楹，轮奂毕备，有加于昔向也"②。信州旧有学，由于时间长久，"摧剥行尽，身且不庇"。嘉定八年（1214），知州事施应龙到任，"复召郑著、余凤，约岁损食命工，先木相次信二守东方两使、属县长助各有差，使杨梦庚、郑连、诸葛褒撤像殿之坏十六，饰加彤朱，作论堂棂星门，崇大于旧，偃植之敝尺以上，悉易以成材，上瓦下砖，楹间之门牖，无不重整"③。郑著是"诸生"之首④，余凤暂不可考，应亦为"诸生"之一，知县修建县学，首先要和"诸生"商量，可见这些"学生"的作用。

淮南西路黄州麻城县学，嘉定十三年（1220）权县事主簿翟起宗修，"初尉治在邑之偏后，迁于学之南，君以非面势之宜，上请尉徙治，议弗合，乃更除道，辟其旁，使益大培其上，使益高以为殿、为堂、为门、为庑，又缭之为垣，视昔时广三之一，爽垲高明，而山川清淑之气无所障于前，严邃靖深，而椎楚尘埃之声不得彻于内……佐君以成是役者邑之士某人"⑤。荆湖北路沅州黔阳县，宝庆中饶敏学"为令黔阳，纾滞救乏，摧奸抑强，威行令孚，粟衍财牣，思以父兄所讲淑其民人。县故有学于治寺之东，自嘉泰后钱君衢移之县西南，罗君方时又为礼殿，余悉未备。饶君始为门墙，继葺殿屋，堂室斋馆，庖湢庭庑，以次毕具。又为绘象祭器，以严春秋之祀。命贡士单铨董其役事"⑥。唐仲友任台州知州，议修学，"集乡之缙绅，推其贤能者二人庇役事，择僚属四人助之"⑦。江南西路兴国军旧有学，乾道六年，知军事叶横兴修，"以役事之稍食，命

① （宋）魏了翁：《鹤山先生大全文集》卷四六《常熟县重修学记》。

② （宋）秦焴：《庆元重修（溧阳县）学记》，载《景定建康志》卷三〇《儒学志三》，《宋元方志丛刊》，第2册，第1845页。

③ （宋）叶适：《叶适集》卷一一《信州重修学记》，第184页。

④ （宋）叶适：《叶适集》卷一〇《信州教授厅记》，第173页，有"召诸生之长郑著计日"之语。

⑤ （宋）刘宰：《漫塘文集》卷二一《黄州麻城县学记》，《宋集珍本丛刊》，第72册，第361页。

⑥ （宋）魏了翁：《鹤山先生大全文集》卷四七《黔阳县学记》。

⑦ （宋）唐仲友：《重修台州郡学记》，《悦斋文钞》卷九，《续修四库全书》本。

掌学之政者主之，凡掌学之政皆士之秀且贤，遵法度可踪迹者也，民之良者劳于外，士之彦者持于内，奸者有以寓目，而无以措手也"①。从以上例子可以看出，官员在选择"董役"者时都乐意用与学校有密切关系的士人。

2. 利用自身地位发挥影响

由于官员多是士人出身，故对士人抱有一种自然的亲近感。在讨论修学时，多会与士人商量具体事宜。并且由于官员是外来者，对当地事务并不熟知，故参与修学非士人莫可共商。② 如江南西路吉州永新县，绍兴八年（1138）知县事赵不惹上任，"还集散徙之民，亟其乘屋，比比可观，公庭门关，相继而立。于是与士议创学宫，未期殿堂、斋舍、厨库、门庑并具"③。另外，士人在地方往往有一定的影响力，也会在官员的建议下亲自去劝说富人出资修学。建炎二年（1128），刘申聚徒教授于泰和县儒学，"补葺罅漏，粗庇风雨，两庑寖仆，庙宇支吾仅存。申尝请于知县王公，公曰：'兴学，令职也。……有能出力以成之，吾何惜分俸以助费。'申乃问诸贡士严涣，涣曰：'是不难，缁黄之徒，犹能壮栋宇以崇其教，岂有儒其术而忘其所自乎？我当与子任其责。'而力劝诱，于是阖邑之人翕然乐输"④。贡士为解试及省试合格之人，有的也成为"乡贡进士"。⑤尽管不是进士，士人的身份却是无疑。与科举考试发生关系而带来社会地位和声望，这在唐朝后期就已经成为社会上很普遍的现象。⑥ 由此，那些没有考上进士的人也因此而有很大的收获。这部分人因此在地方社会具有一定的发言权，在南宋时期成为重要的地方势力之一。

此外，士人还会在修学完成后，向一些官员或名人求"学记"来为修学制造影响。如前述温州乐清县学修成之后，乡贡进士贾如规找到林季

----

① （宋）王质：《雪山集》卷六《兴国军学记》，《丛书集成初编》本。
② 高柯立先生认为公益事务的开展引发舆论的关注，地方官、士人和豪富都受其影响，并试图运用舆论的力量来达成其目的，其中士人是舆论形成和传播的关键因素。见氏著《宋代的地方官、士人和社会舆论——对苏州地方公益事务的考察》，中国宋史研究会第十三届年会论文，云南大学，2008 年。
③ （宋）尹躬：《重修永新县儒学记》，载《江西通志》卷一二五。
④ （宋）刘申：《重修泰和县儒学记》，载《江西通志》卷一二五。
⑤ 龚延明：《中国古代职官科举研究》，中华书局 2006 年版，第 381 页。
⑥ 吴宗国：《唐代科举制度研究》，第 291—297 页。

仲，备述修学始末，请其写记。① 贾如规即为乐清人，"宣和中补太学生。
靖康之难，诸生欲逃去，如规曰：'吾辈久被教养，国家陆危，乃求苟免
乎？'后以特奏名调广昌尉，再调兴国军司理，不赴。读书鹿岩下，重义
好施，族里赖之。时称尚义笃行者，必曰贾司理"②。贾如规以退职官员
而为士人领袖，乐清县后来的"三贤祠"即祭祀有他。淳熙五年（1178）
秋八月，张栻来宜春至之次日，江南西路袁州"州学教授李中与州之士
合辞来言"请记。③ 江南西路兴国军大冶县学修成，一些士人找到王质求
记，"其来请者，周君之奇、朱君绂、何君若、董君维新、万君钧、陈君
勋，学之儒生也"④。

如果知县不肯在县学上有作为的话，士人还会向上一级求请修建，甚
至向转运使求助。如淮南东路濠州定远县"邑学不修久矣。淳熙己亥，
（朱）丙与同社吕滋、杜昭奔走数百里，以状致恳于漕台。时部使者薛公
力为主持，为起一十八年之废，既以赡学地金见归，复捐公帑一百缗为修
殿之助。邑大夫方此奉命，公乘轺临按，劝勉令佐，俾急经营之。……工
未半而公移师淮东，此役是以不克终矣。明年秋，丙又与吕滋请于郡守苏
公，爰委县尉王世臣同诸生复嗣而葺之"⑤。此时县学已经被废十八年，
朱丙、吕滋、杜昭等士人先是转运使求助，在转运使的命令下，"邑大夫
方此奉命"，未完工转运使离职。朱丙、吕滋又请于知州，方才将此学
修成。此例中可以发现知县的浑浑噩噩，先是被动受命，继续修建时
知州已将任务交给县尉，知县则"逍遥无事"。从中我们虽然可以看
到地方士人的请求在县学修建中的重要作用，但也可以看到地方官学
修建之难。

我们再看士人参与官学修建的地域差异。笔者将"学记"按"路"
作了统计：

---

① （宋）林季仲：《竹轩杂著》卷六《温州乐清县学记》。
② 雍正《浙江通志》卷一八九《人物九》，文渊阁《四库全书》本。
③ （宋）张栻：《张栻全集·南轩集》卷九《袁州学记》，第679页。
④ （宋）王质：《雪山集》卷七《兴国军大冶县学记》。
⑤ （宋）朱丙：《立儒学碑记》，载道光《定远县志》卷一一，《中国地方志集成·安徽府
县志辑》，第36册。

表3—10　　　　南宋"学记"中士人参与的地域分布比例

地域	"学记"篇数	有士人参与篇数	士人参与篇所占比
两浙东路	28	7	25%
两浙西路	37	7	18.92%
江南东路	32	3	9.38%
江南西路	36	13	36.11%
淮南东路	7	0	0
淮南西路	5	2	40%
荆湖南路	19	5	26.32%
荆湖北路	7	0	0
福建路	22	1	4.54%
广南两路	27	4	14.81%
四川诸路	22	5	22.73%
京西南路	2	1	50%

通过表3—10，很明显，淮南东、西路、京西南路处于边境地区，政治军事地位比较重要，相比之下，官学修建就处于官员施政的次要地位，相应的修建活动就比较少。有可比性的主要就是两浙东路、两浙西路、江南东路、江南西路、荆湖南路、福建路、广南两路、四川诸路。其中参与比例最高的是江南西路，达到36.11%。两浙西路尽管"学记"保留最多，但比例也仅仅是18.92%。两浙西路的士人阶层发育要远远高于广南与荆湖南路，但参与的比例要小于那两个地区。

在士人参与的事例中，以江南西路为最多，有13例，而以文化昌盛著称的福建路，则只有1例，同样是文化发达区的两浙东路也有7例。这并不说明士人阶层的势力弱小，恰恰证明笔者在前面所说士人参与主要决定于官府施政能力的大小。所以江南西路士人参与的比例很大，也正说明地方政府施政能力要比两浙西路的地方政府弱一些。福建路士人参与的比例是最小的，这并不能说明当地士人阶层势力微弱。因为福建路从唐朝后期开始就成为文化发达地区，在两宋文化史上有重要地位，科举进士的比例一直高居诸路前列，地方士人从数量到实力都不可小觑。① 如果单从事例上看，福建路似乎地方财政状况不错，才会有不依靠民间资本即可修成的情况。实际上并不全是如此。"曩时泉人不惮金帛，往往靡于释老神怪之祠，惟庠序之修必待于官，未闻有捐私帑者，岂惑于为善徼福而然欤？以今观之，为善徼福，未有若致力于庠序之为速者。庠序修则孝弟兴而风俗美，善与福孰大于是乎？以见泉人好善之习日异而岁不同也。"② 福建路士人参与官学修建的罕见与宗教传播的影响有很大关系，这造成民间很大部分财富没有流向官学修建，而是赋予了寺院祠庙的修建与维护。这使得当地士人对官学修建没有足够的关注。而在官学修建上士人的不作为除了上述宗教因素外，主要跟对方政府施政能力比较强有很重要的关系。

　　反过来看江南西路，当地士人对官学修建的热情要明显高于福建路。如吉州士人在北宋庆历年间第一次兴修官学的浪潮中就已经表现出了极其高涨的热情。在欧阳修所作吉州"学记"就记有"其作学也，吉之士率其私钱一百五十万以助"③ 的情况。从中可以看出，相对其他地区来说，吉州士人群体在北宋时期就已经有一定势力了。广南两路士人参与的比例也达到 14.81%，除了说明地方政府施政能力比较弱之外，也能体现出当地已经积聚了一定数量的士人群体。④ 所以总的来说，不同地域士人阶层的数量和势力多有不同，一般是经济文化发达地区的士人阶层势力往往比较强大，但同时官府的财政情况也相应比较好，这样地区官府自然可以全部包揽修学事宜，无需士人插手。而在广南、荆湖地区一般虽认为士人阶层人数不多，势力很小，但当地财政情况往往也不强，故而亦可有士人参与的事例出现。由此笔者认为士人是否参与公益事业，很大程度上是当地州县财政状况决定的，而与士人阶层的人数多寡没有绝对必然的联系。

---

① 参见陈弱水《中晚唐五代福建士人阶层兴起的几点观察》，《中国社会历史评论》第三卷，中华书局 2001 年版；梁庚尧《宋代福州士人与举业》，《东吴历史学报》2004 年第 11 期。

② （宋）陈宓：《复斋先生龙图陈公文集》卷九《泉州南安县新学记》，续修《四库全书》本。

③ （宋）欧阳修：《吉州学记》，《欧阳文忠公集》卷三九，《四部丛刊》本。

④ 参见郑嘉璇《宋代广东士官与谪官对文教的贡献》，硕士学位论文，香港大学，1985 年。

二 祠庙修建活动中的南宋士人

祠神信仰是中国古代民间信仰中的重要内容，自秦汉以来就很兴盛，南宋亦不例外。① 一般民众的生活疑惑可以求助于民间祠神信仰，因此即使是士人，大概也无法完全不借助宗教信仰来解决他们的问题。宋代科场竞争空前激烈，无法把握自己在科场上的命运，从而给士人带来了巨大的精神压力，他们迫切希望预知吉凶，并求得神灵的保佑。② 就宗教发生原因来说，主要在于苦难和人生总是形影不离，而这是理学也无法解决的问题。因此，只要有苦难，宗教活动就不会消失。③ 祠神信仰影响了南宋社会上下各个阶层，士人也不例外。祠神信仰的载体就是祠庙，作为社会重要的一个阶层，自北宋时起，士人在祠庙修缮活动中就扮演着重要的角

---

① 关于宋代祠神信仰的研究主要有：程民生《神人同居的世界——中国人与中国祠神文化》，河南人民出版社1993年版；［美］韩森《变迁之神——南宋时期的民间信仰》，包伟民译，浙江人民出版社1999年版；贾二强《唐宋民间信仰》，福建人民出版社2002年；刘黎明《宋代民间巫术研究》，巴蜀书社2004年版；皮庆生《宋代民众祠神信仰研究》，上海古籍出版社2008年版；Richard Von Glahn, "Towns and Temples: Urban Growth and Decline in the Yangzi Delta, 1100–1400", Paul Jakov Smith and Richard von Glahn (eds.), *The Song Yuan Ming Transtion in Chinese History*, Cambridge: Harvard University Press, 2003, pp. 176–211。小島毅《正祠と淫祠：福建の地方誌における記述と論理》，《東洋文化研究所紀要》，114（東京，1991），頁87—213；松本浩一《宋代の賜額賜號について：主として宋會要輯稿に見える史料から》，收錄於《中國における中央政治と地方社會》（東京：文部省1986年版）；須江隆《期における祠廟の賜額．封號の下賜について》，《中國—社會と文化》，9（東京1994年版），頁96—119。此外，有关宋代到清代政府对于民间信仰政策的概述，请参见蒋竹山《宋至清代的国家与祠神信仰研究的回顾与讨论》，《新史学》第8卷第2期，1997年6月，第187—219页。

② 何忠礼先生认为宋代的科举迷信有祈梦、算命、看相、占卜和所谓因果报应等各种表现。见氏著《略论宋代的科举迷信及其对士人的影响》，《浙江大学学报》（人文社会科学版）2009年第1期。廖咸惠认为科举考生的宗教祈拜虽然和面对的竞争压力有着明显的关联，但宋代士人的既有神灵信仰，以及这种信仰对考生所造成的影响，也是一个必须被考虑的问题。这个穿透宋代士人生活的巨大力量，让试子的神灵祈拜不再是一个随性和主观的选择。因为地方神祇的灵异力量和声名，往往让考生不得不对他们产生特殊的期待和注意。再者，随着造访次数的频繁与崇拜行为的持续发生，士人在民间神灵信仰的场域里面也占据越来越重要的角色。他们的崇拜行为不但增强平民百姓对于宗教灵力的信仰，同时也让民间神灵信仰以更活跃的角色存活在宋代的社会中，相对产生的则是地方神祇的威望、普及性和信奉者的增加，以及诸多科举守护神的诞生。透过这些面向的勾画，我们将清楚地看到宋代民间信仰的发展，除了受惠于商业网络的建立与新兴商人的虔诚外，也明显受到士人儒生热情崇拜的影响。见氏著《祈求神启——宋代科举考生的崇拜行为与民间信仰》，《新史学》第15卷第4期，2004年12月，第41—92页。

③ 参见陈祈安《宋代社会的名份观念》，硕士学位论文，台湾大学，2000年。

色，南宋时更为突出。下举一例。

> 临海郡东二十里有庙，曰灵康。其神为灵顺显祐广惠善应王，姓赵氏，后汉人，晦迹方技，以治疗救人焉。□死于章安郡，人相与立祠白鹤山下。宣和初，盗卜僭不吉，火庙攻城，王飞矢示异，盗退，民德王阴祐恩□，即故址更造焉。淳熙辛丑，郡守唐仲友更葺旧而新之，择材用工，取具临时，弗克。经久，庆元丙辰夏□月大水，越两月又水濒江民庐尽坏，王祠临江浒，飘荡之余，摧挠圮剥，殆将压焉。丁巳岁□□□□□□□江叶公籲由奏邸出镇是邦，饬蛊振滞，政教孚洽，郡以大治，间有雨旸，不时旱涝可闵□□□□□□□，公必躬诣祠，恳恻祈祷，王亦歆公之诚，随祷昭应，曾不旋踵，民赖以安。公乃慨然曰："一郡□□□□□事惟王是依，由荣雾禳襘祈报而至□肩摩袂，属今行祠遍他郡，而椎轮之地反芜陋若此□□□□□□孤邦人尊乡之意乎？"会临海令赵希醇始至识公意，请以身任责，公欣然捐金二十万，令□□□□□倡募，迪功郎项士表、迪功郎尹桴、将仕郎谢烨、登仕郎应士荣、进士谢琰、吴执圭、马忠、蔡其渊、陈良能、□森、谢尧元为之助，鸠工于己未三月壬子，靡金钱一百五十万，米二□斛，合陶石梓匠圬墁绘事，莅役□工一万八千有奇，取庸于直募工于市，民不知有役也。创绰门桥亭东序共一十区……①

淳熙辛丑（1181），唐仲友出知台州，当地奉祀东汉赵炳的灵康庙时已毁废。为了回报神祇带来的丰收，以及帮助扑灭了一场大火，唐仲友为它撰写了碑记，主持重修祠庙。祠庙修葺一新，神像、供帐什器等都重新制作。由临海知县陈处俊、主簿向士斐主役，"工凡一千八十二，用公钱二十七万有奇，民钱二十五万有奇"。此外提到名字的只有登仕郎（正九品）应世荣一人，他"谨恪能干，慨然先众人身督工役，度材必良，择

---

① （宋）许兴裔：《宋重修灵康庙记》，《台州金石录》卷七，《石刻史料新编》第一辑，第15册，第11068—11069页。

匠必能，易弊而新"①，帮助主持了工程。庆元丁巳即庆元三年（1197），也就是15年后，灵康庙边上的一条江大水泛滥，冲毁了祠庙。这一次修复共用了18000工，据称"取庸于直，募工于市，民不知有役也"。不过这些工匠仍有可能来自差发。在这次事例中，本县县令组织了修建工程，并出钱20万。整个工程共用钱150万。我们不清楚这位县令出的是私钱还是官钱，后者更有可能。在县令之下是一组捐献者的姓名："迪功郎项士表、迪功郎尹栟、将仕郎谢烨、登仕郎应士荣、进士谢琰、吴执圭、马忠、蔡其渊、陈良能、□森、谢尧元"。其中有一位就是1181年见诸记载的登仕郎应世荣，还有两位迪功郎（从九品）、一位将仕郎（从九品），以及七位进士。第一次修缮，登仕郎应世荣的角色应该比第二次更重要。因为第一次就只有提到他，而第二次他就成为资金参与修缮者之一了，而且只是提供资金支持。其实不管第一次参与过程管理，还是第二次提供资金支持，都可以视为地方士人参与地方公共事务的表现。

在其他地域内的地方士人参与祠庙修建中的事例很多。下面再举几例。先著雷州雷神庙。

　　环九州山林川谷之神，以功血食，载于典章，类固不一。而雷独得因神名其州，其灵迹伟异，庙祀隐然，振辉海上，旧矣。伪汉之世，号雷神为灵顺明正昭德王，本朝熙宁九年，从郡守请，诏封威德王。按《图志》与丁丞相谓，旧庙本在西南山冈，梁开平中，庙随州徙。又二年，一夕，飓风暴作，宇内失二梁所在，举郡骇异。寻访，乃迁于石神之庙号英榜山者。人知神之意，即地建庙，与石神相并。风师雨伯，鼓轮电火，咸有位序。而山形俯视城社，峻峙岑郁，实一郡之望。自五代至今，庙貌虽称，徙至是，神居妥安，又二百三十余年矣。比岁以来，海气疏达，民服稼穑，商舶上下，风云平善。凡休咎动息，惟神是告，公私承事益勤。而庙以岁久不治，楹栋倾敧、像貌剥落，酾酒割牲，至者触望，以为不称。绍兴辛未十月，前郡守临川戴公，率吁众志，命县令朱

① （宋）唐仲友：《白鹤山灵康庙记》，（宋）陈耆卿撰《嘉定赤城志》卷三一《祠庙门》，《宋元方志丛刊》，第7册，第7519—7520页。

琬、郡进士王伦庀役，始大新之。前庙后寝，重扉周庑，官庐像卫，品式备具，富者献其地、壮者效其力。明年七月，郡守番禺王公继至，谒款祗肃，凡前人意所未至，益规度之。民大悦。十月告成，凡用工二万，为屋九十间。森然华焕，视旧丕变。乃书见属不腆之文，俾记其事，甚盛举也。……①

凡是祠庙修缮后所作之碑文，都先陈述神灵的来历已经法力，这是历代的习惯做法。这篇记述雷州雷神的文字也不例外。"绍兴辛未十月，前郡守临川戴公，率吁众志，命县令朱琬、郡进士王伦庀役，始大新之。"这次修缮是在知州的命令之下，由县令和进士王伦二人主持的。

更多的祠庙是士人主动修缮，并未有官员的身影。袁州萍乡县芦溪镇内一地名圣冈，有庙供奉东晋镇南大将军甘敬翁。其灵应当地人人皆知，修缮事宜代代皆有。镇上有黄氏，"宗绪绵远，钦信惟旧"，应是地方大族。元祐、绍圣间，黄克明建三殿，建水陆楼；黄鉴建正殿，建西殿。黄鉴乃黄克明之子。隆兴二年（1164），"鉴之孙进士名庶者又率乡里建正殿，建寝殿，建祖考殿，栋宇峻整，像貌尊贵，器皿端洁，香火丛凑，由建庙以来于斯为盛"②。黄庶为"进士"，很明显为士人。黄克明、黄鉴、黄庶事迹不详。但芦溪镇黄氏却是大族，士人不断。北宋末"黄衮、黄褒、黄嘉、黄泽远、黄好信，世居芦溪，兄弟五人，皆勤学。建炎末，金兵内入，盗贼蜂起，兄弟结聚义兵，防守乡井"有功，各以士人授予官职。③ 黄克明祖孙应是黄氏家族成员。

与灵康庙境遇不同，同在临海县境内还有蔡大王庙：

（上缺）春秋纪异近于怪，立祠祭近（下缺）海灵江之南，号义城乡，在唐为义诚镇，镇之白岩（下缺）灵响之，所求应若（下缺）祷之，故上巳有祈，重阳有报，孟冬朔日（下缺）者亡虑（下缺）肖其容，题其号，饮食必祭之，（下缺）大任尝谓余曰："吾神（下

---

① （宋）李永年：《雷庙记》，道光《广东通志》卷一五一。
② （宋）谢谔：《重建圣冈庙记》，嘉庆《萍乡县志》卷一八。
③ （清）锡荣、王明璠、熊清河：《萍乡县志》卷一〇《列传·忠义》，同治十一年（1872），国家图书馆藏。

缺）祸福，如相与语言，他日无不验者。小人有所为不臧，必示以
凶败之象。吾乡（下缺）顺者举（缺）神贶也，达可闻而异之。"一
日，林公请叙其事记于庙，以诏来者。乃（下缺）老言神晋人也，
其先盖出于周文王子、成王叔父度（下缺）莫知其名，有三子（下
缺）今塑像立于左，一长妇、一息女，侍立夫人之（下缺）极难步
□。神独跃马，驰骋上下，使人怖栗，因目之曰圣，（下缺）为（下
缺）好掷钓，择潭谷佳处，终日憩息，远近知其神。（下缺）道晴雨
之期（下缺）去乃共于山下创宇，图形而祀之，日益（下缺）称为
大王，盖尊之也。（下缺）像漂流数十里，止于定光山之侧，水退，
有一虎（下缺）之下，许请徙庙于此，则听是夕虎声（下缺）又寻
则庙无全基，咸出矢言，神（下缺）之境，前后如万马奔嘶，杂以
金鼓，居人（下缺）观如故，其灵显类此。始神之祭（下缺）诵佛
经，易之以殽蕨，神欣然从之。今遂以为（下缺）曰聪明正直之谓
神，又曰神无以灵，将恐歇（下缺）必有以感人者。惜乎，未闻有
人为能扬其盛烈，告之于朝，使得与赵灵康并为丹丘，命祀（下缺）
灵康自汉列名方术。剑化于章安。逮我宋□叶，神宗皇帝元丰中始为
立庙，（下缺）灵不泯，则褒荣有时。今大王自晋为神，隐而未著
名，林公乃能撼其始末，表而出之，（下缺）殆未可知也。上方肇称
盛礼，靡神不秩，将见前旌后乐，荣（下缺）之宠可无纪述，以备
讨论，故为之记。绍兴壬午一阳日，进士李达可记。夏知言篆。林鹏
程书。劝缘卢冲、林宗懋、进士林大任立石助缘卢俛、林忠、卢懿、
孙宗诚、潘用安、吴日宣、日昌、林璋子庭（下缺）子敦复、敦叙
胡阜、进士卢翼、陈岳、林鸿渐、卢枢等。……①

绍兴壬午为绍兴三十二年（1162），与前述灵康庙不同，蔡大王并未
被朝廷赐额，就不能进入祀典，故而不能得到地方长官的认可。而该
庙碑正面为杜雄墓志，背面才刻庙文，可见规格之低，但是当地士人
还是希望能记载下来，希冀将来某天能得到与灵康庙一样的待遇，可
见地方士人的地域意识。"进士李达可记。夏知言篆。林鹏程书。劝

---

① （宋）李达可：《蔡大王庙记》，《两浙金石志》卷九，《石刻史料新编》第一辑，第14
册，第10398—10399页。

缘卢冲、林宗懋、进士林大任立石助缘卢傥、林忠、卢懿、孙宗诚、潘用安、吴日宣、日昌、林璋子庭（下缺）子敦复、敦叙胡阜、进士卢翼、陈岳、林鸿渐、卢枢等”，能够名列其中，当是地方士人主动参与地方事务的积极表现。另外，士人积极投资于此，以便获得好名声，从而显示自己在士人圈的地位。①

除了出资出力参与祠庙修缮之外，士人亦会立碑来表现自己的身份与地位。两浙路严州有乌龙广济庙，庙碑文字如下：

> 山川之祀，自《虞书》以来，见于载籍，与天地宗庙并。或谓山川兴云雨，泽枯槁，宜在秩祀，非必有神主之。以予考之，殆不然。“维岳降神，生甫及申”，山川之神，降而为人，与人死而为山川之神，一也。岂幸而见于经则可信，后世则举不可信邪？柳宗元死为罗池之神，其传甚怪，而韩文公实之。张路斯以人为龙，庙于颍上，其传尤怪，而苏文忠公实之。盖二神者，所传虽不可知，而水旱之祷，卓乎伟哉，不可泯没，则二公亦不得而掩也。予适蜀，见李冰、张恶子庙于离堆、梓潼之山，皆血食千载，非独世未有疑者，盖其灵响暴着，亦不容置疑者矣。严州乌龙山广济庙之神曰忠显仁安灵应昭惠王，旧碑以为唐贞观中人，姓邵氏，所记甚详。虽幽显殊隔，不可尽质，然神灵动人如罗池，变化不测如颍上，历数百年未尝少替。而朝廷之所褒显，吏民之所奉事，亦犹一日。此乌可以幸得哉？至于绍兴辛巳东海之师，群胡见巨人皆长丈余，戈戟麾旌，出没烟云间，则相告曰：“乌龙神兵至矣！”或降或遁去，无敢枝梧者。是又与东晋八公山及庆历嘉岭神之事相埒。然彼皆在近境，而此独见于山海阻绝数千里之外，岂不尤异也哉！不得韩、苏之文以侈大其传，而邦人进士沈夐顾以属笔于某。辞卑事伟，有足恨者，乃作送迎神诗一章，使并刻之，实庆元五年十月甲子也。②

绍兴辛巳，即绍兴三十一年（1161），金海陵王南侵，严州乌龙广济

①　［加拿大］卜正民：《为权力祈祷：佛教与晚明中国士绅社会的形成》，江苏人民出版社2005年版，第18页。

②　（宋）陆游：《陆游集·渭南文集》卷一六《严州乌龙广济庙碑》，第2120—2121页。

庙之神曾显圣威吓金兵，保卫疆土，时人比之东晋淝水之战之八公山和庆历嘉岭神。当地士人沈夬顾出面请陆游写庙文以纪。因此在祠庙修缮活动之外，主动为祠庙立碑，亦成为地方士人树立威信的方式之一。

与上述事例稍有不同，广南西路桂林有显震庙，碑文如下：

> 县西三里许，石峰数十，屹立对峙，如巨公重客，相与拱揖。有庙肖然其间，庙南数十步，泉出于石壁之趾，汇为车轮，奔涌达于山下，清凉甘洁，冬夏若一。邦人事神，饮食必祭，水旱疫疠，祷焉如响。求诸父老，以为陈大建中神始显闻于合浦，所谓雷种者飓风之变，于是赐庙额爵号，不一而足。本朝熙宁间旱祷而雨，封威德王。绍兴间寇啸聚海上，一夕风雷碎其舟，赐显震庙。故自岭而南凡二十四州，莫不奔走奉祀。此其大略也。前宰王君潢作亭于泉。淳熙改元，沈适到县，莅事之三日谒祠下，海印寺僧师范、邦人李机辈请一新之。始于季秋，迄于季冬。进士李宗孟帅邦人又请为题石，予曰："大哉雷乎！凡乾坤之合闭、阴阳之陟降，莫不迭相为用。飒然风，油然云，沛然雨，发生万汇，鼓舞群动，赞天地之造化，巍巍若是也。故自唐以来，州县悉以春秋通祀，以示不忘神功灵德，赫然着见，其可以固定陋辞乎？"遂再拜刻其事于石。①

淳熙元年（1174），王沆就任桂林知县，三日后拜谒显震庙，海印寺僧师范、邦人李机等人请知县出面修缮祠庙。完工后，"进士李宗孟帅邦人又请为题石"，当然知县是乐得留名。细品文字，进士李宗孟能"帅邦人"，自然他在当地很有威望，请知县题石以他为首，可感受到其代表"邦人"的领袖地位。另外此庙仅是民间祠庙，与佛教原本无关，而"海印寺僧师范"亦为此庙出面，颇有意思。② 洪迈曾记述了鄱阳一座祠庙的

---

① （宋）王沆：《桂林显震庙碑》，《粤西文载》卷三七，文渊阁《四库全书》本。作者此时为知县。

② 此事亦可视为佛教对民间祠庙的态度之表现。在南北朝时期，佛教对民间信仰采取了敌视的态度，其实是对民间祠庙信仰的兴盛的嫉妒。由唐代佛教开始中国化的进程，其中之一的表现就是吸收了民间信仰的一些内涵化为己用，由此获得民众的广泛支持，也开始了佛教进入民间信仰领域的过程。在这个过程中佛教僧侣虽然依然歧视民间祠庙，但因民众在祠庙问题上经常与官员发生互动，故而僧侣为祠庙出面亦会取得民众的好感。

修建活动：

> 鄱阳昌田，旧有鸣山小庙，积以颓敝。庆元二年九月，乡人议毁
> 之。一巫为物所凭，猖狂奔走，传神命告里中曹秀才，使主盟一新。
> 庙之始建也，曹之祖有力焉，故复致请。而曹生平日不好语怪，疑弗
> 信。越夕，凡一乡巫溪工匠百余人，尽造曹居，不约而集，皆不知所
> 以然。曹犹不听，众怒去。或不假舟楫，而直度大溪。四境林木，辄
> 径指定，不求于其主，即行采斫。合抱十围者，数斧而断。常时健丁
> 百辈可举者，不过三十人，其行如驰。曹往视，乃悔前非，自诣庙
> 下。工役争尽力，亦不取庸雇之直。它处富室各施财米。……今遂成
> 社庙矣。[①]

"秀才"即是南宋时候称呼以科举为业的士人之别称。由此可知鄱阳
昌田里中曹秀才的家族，包括他和自己的祖父，在主持当地庙宇重建的活
动上，有领导的地位。或许可以认为士人在地方庙宇修建活动中有重要
作用。[②]

地方士人除修缮祠庙外，还会在争取朝廷为祠庙赐额中发挥作用。根
据前文建构的民间宗教的观念，信徒们通过重塑金身、整修祠庙来表达对
神祇的敬意。从 11 世纪后期开始，由朝廷赐封神灵官爵变得越来越普遍
了。在对神祇显灵做出回报的许多方法中，唯有赐封需要官府的介入。官
员们向神祇赐封，是基于与为神祇塑像、建庙的信徒们同样的假设：神祇
需要人类的承认，以便能够继续显灵。由于官员奏请赐封，调查某一神祇
灵验的往迹，并向皇帝建议是否赐封某神，大量有关这方面活动的文献因
此存世。神祇获得赐封以后，地方人士有时会立碑刻石，在碑文中刻上尚

---

① （宋）洪迈：《夷坚志·支癸》卷二《昌田鸣山庙》，第 1235—1236 页。

② 自然我们可以想象得到，地方士人不是参与主持民间祠庙修建的唯一力量。有财力的富
民在祠庙修建中往往也会发挥很大作用。只不过在事后所作的"庙记"中，往往会被官员或士
人有意无意地模糊处理。仅有极其少数的"庙记"会将功劳"还给"富民。如淳熙三年，潼川
普成县大旱，知县祈祷汉王潭祠，得雨，民众建祠祭祀。次年继续大旱，知县再次祈祷亦得雨，
于是写了一篇记文，文中说："神祠在潭只东偏，不侈不陋，邑民贾铎所规为业，余不敢没其实
云。"［（宋）宇文久望：《汉王潭神祠记》，载（明）傅振商辑《蜀藻幽胜录》卷二，巴蜀书社
1985 年版］宇文久望还算是没有埋没邑民贾铎之功劳。

书省碟文以及他们自己致力于使神祇请得赐封的过程。尚书省牒文通常广泛征引地方官的奏文，使人得以一瞥地方政府在基层运作的情形。省牒的结尾处附有赐予神祇官爵封号的敕文。敕文十分简短，宣布赐予某神以某爵，在敕文到达日生效。[①] 下面分析一篇碑文以说明士人在祠庙请额中的作用。

　　　　宋灵显庙赐额敕牒碑
　　　　尚书省牒
　　　　礼部状：准景定五年陆月伍日都省批下礼部申，准批下两浙运司状，奏本司承行在尚书礼部符，据嘉兴府申照，得本府据学生、乡贡进士闻人刚中、待补进士吴宜之、待补进士唐安老、待补进士闻人讷、待补进士娄文远、待补进士王安孙状，拜观朝廷敕诏有云，凡古迹灵神有显应去处，许州县奏闻，加封敕额，以示尊崇。刚中等切见本府望吴门外有土神施府君，名伯成，建立祠宇，几伯余年，一方之民罔不归敬，每遇旱涝疫疠之灾，所求辄应。近者旱势将成，刚中等畎亩忧国，集士庶祷于祠下，克日感应，加惠人民，极有灵迹，独封号未加，甚为阙典，乞备申保奏，特与敕额封号，以慰阖郡士民归敬之心。府司所据申述继委本府嘉兴县主簿施迪功躬亲前去唤上隅保父老体实保明申令，据迪功郎嘉兴县主簿施僖子状申遵禀，继即躬亲前去地所北门外三十二都施府君庙侧唤到保正沈春父老计四一、李三八、吴七六、张小三，今奉引差人拘收本保监勒四一等，理行下究实：见有施府君，灵迹事四一等据实得上件事，因四一等各系本都住人，见居本庙邻近，切见施府君自玖岁为神，建立庙宇，经今一百余年，一方人民无不受到福，不曾兴祸，所有人户才有天时，水旱病患，祷祈无不感应，续有在城官员一十余人，备财收买香烛在庙念经祈雨，于以后接济有雨，乡民得利，委是前后灵感，诣实所供，如虚，甘罪不词。僖子保明诣实申府施行，府司所据施主簿保明体实灵

----

① ［美］韩森：《变迁之神——南宋时期的民间信仰》，浙江人民出版社 1999 年版，第 91—92 页；［日］须江隆：《唐宋期における祠廟の廟額·封號の下賜について》，《中國——社會と文化》第 9 期，東京，1994 年 6 月；［日］金井德性：《南宋の祠廟と賜額》，收入宋代史研究會編《宋代の知識人——思想·制度·地域社會》，汲古書院 1993 年版，第 257—286 頁。

验，因依保明诣实申部，乞保奏封号。符本司依条保奏施行，本司检
准淳祐令：诸道释神祠祈祷灵应，谓功绩显著，惠利及民，载于祀典
者，宜加官爵封号庙额者。州具事状保明，申转运司，本司委邻州官
躬亲询到，再委不干碍官核实，迄具事实保奏本司，照条牒委临安府
差官躬亲前去地所询究保明，申次据临安府申州司，遂帖仁和县尉何
迪功躬亲询究。……①

　　这篇碑文讲述的是景定五年（1264）九月对嘉兴府城内的土地祠下
赐庙额"灵显"原委的尚书省的牒文，为列状上请者的社会地位提供了
进一步的详细资料。列状的是相当于举人的一位乡贡进士和相当于生员的
七位待补进士，属南宋士人阶层中的主要组成部分。尤其值得注意的是，
这些请求者中没有一人是官员，只有一人已通过乡试。尽管如此，他们仍
有办法将请状送到县令手上，县令再将他们的请求上报州府。州府派嘉兴
县主簿前去，召集保正沈春、父老计四一、李三八、吴七六、张小三到施
府君庙侧，他们都作证自己为本都人氏，现在居住在施府君庙的邻近，亲
见施府君自九岁为神，建立祠庙，至今已有一百余年，一方人士无不受
福，遇有天时水旱病患，祈祷无不感应。这些作证人士罗列了一番施府君
的灵迹，其证实过程有点异于常规："续有在城官员一十余人，备财收买
香烛在庙念经祈雨"，在描述中这一变更并不显得突然，但施府君的祠祀
则从原先以地方人士为后盾，变成得到官员的支持。神祇是威灵的，得到
了一方人士的奉祀，到后来当地官员们也前来祈祷，虽然此庙不在祀典之
内。事实上这些官员们非正式的支持，可能是促使施府君最终赢得官府承
认的一个因素。不管怎么说，为施府君向朝廷请求敕额的正是这些官
员。② 这一申状也反映了以祭祀土地为中心的官民一体现象，父老是官与
民的媒介，维护了这种日常空间的秩序。③ 因为这一故事的空间舞台不是
乡镇，而是嘉兴府城内，所以这一庙牒中的列状主体不是父老，而是以乡

---

　　① 《宋灵显庙赐额敕牒碑》，《两浙金石志》卷一三，《石刻史料新编》第 1 辑，第 14 册，
第 10504—10505 页。
　　② ［美］韩森：《变迁之神：南宋时期的民间信仰》，第 98—99 页。
　　③ ［日］柳田节子著，游彪译：《宋代的父老——关于宋代专制权力对农民的支配》，《漆
侠先生纪念文集》，河北大学出版社 2002 年版，第 331—337 页。

贡进士为首的当地士人阶层。① 在士人具有浓厚的神灵信仰的表面下，其实是士人心目中的地域观开始萌生。②

<hr />

① ［日］须江隆：《从祠庙记录看"地域"观》，平田茂树等主编《宋代社会的空间与交流》，河南大学出版社 2008 年版，第 368—369 页。

② "其实从社会史的角度看，士人与祠庙之间有互动关系。持正统解释的，或较具有弹性的那些士大夫，他们都有一个共同之处，皆认同儒家对于祭祀的看法，神祇除非有功于民，否则便不该接受祭拜。尽管他们之间存在许多的差异，对于鬼神的看法与观点都有所不同，但他们都没有背离这一点。但是我们如何解释人们去祭拜那些非但无功于百姓，甚至对人们生活产生危害的鬼神妖异？为什么这些祭拜的人当中，同样包括读过儒家经典的士人？为什么会有人相信这些怪力乱神的存在呢？对于这点，儒家经典无法给出答案，宋代的大儒们同样无法给予答案。他们或者直斥人们的愚昧无知，尤其谴责那些读过圣贤书却相信这些无稽之谈的士人；或者试图对此加以解释，如同朱熹企图去做的事情。然而不论是大儒们的斥责，或如朱熹般试图为鬼神说提出解释，都无法抵制人们的行为与观念，他们仍然相信怪力乱神的存在，尽管儒家经典不予承认，仍然是有庙既拜，有祠既祭的做法。在面对凭己力无法改变或解决之事时，就算是士大夫，也同一般人无异，转向鬼神祈求。如士人因著科举考试的竞争压力，面对考结果的不确定性而转向神祇请求帮助的情形，这在《夷坚志》中屡屡可见。"刘志鸿：《宋代的祠庙与祠祀——一个社会史的考察》，硕士学位论文，台湾"清华大学"，1993 年。

第 四 章

地方公益事业中的
南宋士人之诸关系

第一节　南宋士人与政府官员之关系

　　提起地方官员与士人的关系，就很容易令人想起"国家与社会""公共领域与国家""市民社会"等理论命题。① 以往我们在中国史中看到的国家似乎大多是镇压社会的专政工具，而社会则存在于人民群众反抗国家的统治之中。一些学者认为将"国家与社会"这一分析框架运用于社会史研究，会使我们原本的史学观念、历史命题及其认识结果产生变化，也会修正我们原来视野中的历史。② 笔者认为"国家"与"政府"是含义

---

　　① 美国中国学关于市民社会、公共领域和国家关系的讨论可参见黄宗智主编《中国研究的范式问题讨论》，专辑二"中国的'公共领域'与'市民社会'"，社会科学文献出版社 2003 年版；杨念群《中层理论——东西方思想会通下的中国史研究》，第三章"'市民社会'理论视野下的中国史研究"，江西教育出版社 2001 年版。关于中国市民社会讨论的具体内容参见邓正来《国家与社会——回顾中国市民社会研究》，载张静主编《国家与社会》，浙江人民出版社 1998 年版，第 263—302 页。

　　② 邓京力认为"国家与社会"分析框架原本似乎也隐含了"自上而下"与"自下而上"的立场对立，这两种对待"上"与"下"的态度在历史学中代表了传统史学与新史学观察历史方向乃至史学旨趣的差异。在中国史领域我们实际看到的是，国家与社会、中央与地方、精英与民众等所谓的"上"与"下"之间既有相互分离、对立的一面，更有相互结合、互动的一面。因此，这里我们还需打破的是单纯强调"自上而下"或"自下而上"的治史取向，在"国家与社会"框架中谋求"自上而下"与"自下而上"双向的分析理路，探寻国家的社会化与社会的国家化在中国历史上双向运动的过程。见氏著《"国家与社会"分析框架在中国史领域的应用》，《史学月刊》2004 年第 12 期。

不同的两个概念，"政府"仅是"国家"的要素之一。① 因此用"政府—社会"的框架会更符合中国的社会现实。将视角集中于公益事业中的士人这一阶层，我们会发现与原来不尽相同的影像。

一　现任官员与地方士人的关系

以公益事业中的桥梁修缮为例，中国古代桥梁修建主体南宋以前基本上是政府为主，偶尔有零星的民间势力参与桥梁修建活动中。政府之外，唐代僧侣开始参与其中。但是现存唐代的"桥记"没能记载桥梁的资金和建设细节，从而无从确定其建造规模和具体内容。② 北宋时期地方政府依然在桥梁修建中扮演主要角色。③ 笔者搜集到 54 篇作于南宋时期的"桥记"（表格见第三章第二节），其中有比较详细的修建内容，而且文字叙述中皆排除了宗教因素。

表 4—1　　　　　南宋"桥记"所见政府官员、地方士人、
　　　　　　　　　　僧侣参与桥梁修建比例一览

参与桥梁修建势力	"桥记"记载数量（座）	比例
政府官员	42	80.76%
地方士人	22	40.74%
僧侣	9	16.67%

如果将政府官员、地方士人、僧侣作为桥梁修建的三种势力，54 座桥梁修建中 42 座在修建过程中有政府力量，占 80.76%；22 座桥梁修建有地方士人的身影，占 40.74%；9 座桥梁修建中有僧侣参与管理，占 16.67%。当然我们不能因此就说这反映了南宋时期桥梁修建的真实情况，

---

① 国家与政府是一对容易混淆的概念，两者之间既有密切联系又有很大区别。表现在：
（1）政府是国家的三个构成要素之一。国家是由政府、居民、领土三个要素组成的一个有机实体，应该说在构成国家的三个要素中，政府是最重要的要素，这是因为政府是国家之为国家，即国家区别于氏族、部落的根本标志。（2）政府是国家的具体形态。政府之所以能够成为公共管理主体，是因为在日常性的功能运作中，政府代表国家行使公共权力。政府只是国家的三个组成部分之一，也就是说国家涵盖了政府，但政府涵盖不了国家，国家概念的外延比政府概念的外延要大。参见曹现强、王佃利主编《公共管理学概论》，第 46 页。

② （唐）《唐文拾遗》卷三〇《五大夫市新桥记》，中华书局 1983 年版。

③ 参见《宋元方志丛刊》中各方志桥梁部分，此处不再赘述。

因为僧侣单独修建桥梁的数量是巨大的，南宋各地都有僧侣造桥的事例①，尤其泉州地区更为突出。② 不过通过这些数字我们可以说南宋时期桥梁修建的主导力量依然是政府，士人参与的现象虽然比前代要大大增加，但还未发展到主导的层次。

在水利事业中我们也可以看出官员是主导力量。福建《八闽通志》中记载有较为详细的水利兴修，见表4—2：

表4—2　　　《八闽通志》所载南宋时期福建地区兴修水利一览

所在地	名称	时期	主导者	性质	规模
福州侯官县	西湖	淳熙间	知州	创建	周围10余里
连江县	东塘湖	乾道、淳熙、嘉定、淳祐、咸淳	县令	修筑	周围20里
长溪县	营田陂	嘉定九年淳祐二年	知县不明	修筑	不明
宁德县	东湖	淳祐年间	邑民	创建	不明
建宁府崇安县	清献陂	淳熙、嘉定年间	县令	修筑	溉田甚广
崇安县	傅公堤	庆元年间	县令	创建	不明
泉州晋江县	万家湖	庆元年间	知州	创建	溉田950余顷
晋江县	陈埭	庆元年间	邑民	创建	不明
漳州龙溪县	东湖	绍兴年间	知州	创建	溉田10余顷
龙溪县	新渠	绍兴年间	知州	创建	不明
龙溪县	郑公渠	嘉定年间	知州	创建	不明

---

① 黄敏枝：《宋代佛教社会经济史论集》，学生书局1999年版，第414—416页。

② 参见方豪《宋代僧侣对造桥的贡献》，《宋史研究集》第十三辑，联经出版事业股份有限公司1987年版；李玉昆《僧侣在宋代泉州造桥活动中所起的作用》，《法音》1984年第2期；吴鸿丽《两宋时期泉州地区造桥热潮的原因探析》，《泉州师范学院学报》（社会科学版）2006年第1期。

所在地	名称	时期	主导者	性质	规模
龙溪县	广济陂	庆元年间	知州	创建	溉田千余亩
龙溪县	章公渠	淳祐年间	知州	创建	不明
漳浦县	西湖	嘉定年间	县令	创建	周围 515 丈
兴化军莆田县	木兰陂	绍兴二十八年	县丞	修筑	溉田 1 万余顷
莆田县	洋城斗门	淳熙九年 绍熙二年	知军 知军	创建 修筑	溉田 610 亩
莆田县	陈坝斗门	淳熙元年 绍熙元年	知军	修筑 更创	溉田 467 顷
莆田县	芦浦斗门	绍兴二十八年 淳熙四年	县丞 知军	修筑 修筑	不明
莆田县	新港斗门	绍熙二年	知军	修筑	溉田 108 顷
莆田县	湖塘泄	宝庆三年	郡人	修筑	不明
莆田县	湖塘抵海长围	绍定二年	不明	创建	不明
莆田县	南安陂	绍兴十五年	县丞	修筑	溉田 100 顷
莆田县	端平庄斗门	淳熙十六年	知军	创建	不明

从表 4—2 来看，较为突出的是，大部分水利建设是在知州、知军及知县等地方官员的主持下完成的。该表中 32 个水利建设事项中，除去 2 个没有记录主持者，30 个事例中由郡人或邑民建造的不过 4 处。[1] 可见水利设施的主导权还在政府官员手里。洪诚志认为"在宋代时期，政府于社会救济、地方事务和建设方面的主导力量，逐渐转移到民间，这种情形在南宋更为明显"[2]。对此笔者不敢苟同，因为在南宋桥梁修建和水利建设中政府依然处于主导地位，至少不能说明政府于地方建设方面的主导力量在南宋逐渐转移到了民间。洪诚志明显是将士人在桥梁修建等公益事业

---

[1]　资料出处为清代黄仲昭纂修《八闽通志》卷二一至卷二三《食货·水利》。转引自李瑾明《南宋时期福建地区的水利建设和地域性差异》，载朱瑞熙、王曾瑜、姜锡东、戴建国主编《宋史研究论文集》，上海人民出版社 2008 年版，第 336—338 页。

[2]　洪诚志：《宋代地方公共事务——以台州、温州为例》，硕士学位论文，台湾"清华大学"，1994 年。

中的作用夸大了。不过南宋士人参与桥梁修建现象确实增加不少。①

从桥梁修建中我们还可以约略可见南宋士人与政府之关系。当时人认为桥梁修建应该是政府的主要责任，"桥梁不修，昔人以为刺史之过"②。但是，地方政府必定受到赋税征收等各种事务的干扰，故其应主导的桥梁修建往往付诸阙如，即使其主导修建的桥梁质量也多有问题。比如在桥梁修建过程中，胥吏及主事者上下其手，肆意中饱私囊，致使工程质量大打折扣。而地方官员的频繁更替，对公益事业的忽视，致使桥梁长久失修，更是残毁不堪。有人就曾对此加以批评："郡邑无终穷，守令有更变，坐视勿恤，其坏也速。"③ 所以官员在施政过程中为保证工程质量，以及日后维护，不得不依赖地方势力。另外，春秋时孔子就曾说过："不在其位，不谋其政"，这句话影响深远，在很大程度上成为士人的生活信条。士人看到民众因桥梁损坏，难于跋涉，却"旁观动心而力不至焉，或不位焉者也"④。"力"不至的是财力，而不"位"即是因其未具备政府官员可以自上而下的身份。所以南宋士人参与某种程度上可以说是在政府鼓励之下进行的，士人自发进行也多愿意寻找政府的支持。如前述唐仲友在做台州守时，当地士人张潭"以状请曰：'邑有桐山、道士二桥，将复之，当得官为之主'"⑤。从此处可以发现，士人参与桥梁修建之前如请政府出面，将会大大有利于工程的进行，这也是政府主导社会公益事业活动的惯性所在。

在官学修建中亦是如此。笔者所见 246 篇南宋"学记"中，士人参与的仅占极少部分，仅有 49 例出现士人参与，只占 19.92%，大多数官学修建是没有士人的身影的。而且士人参与的官学修建中，县学参与的例

---

① ［韩］金荣济《浮梁에서 橋梁으로——宋代 江南의橋梁建設과景觀變化의一面》（韩国《東洋史學研究》第 76 辑，2001 年 10 月）中亦有类似的认识。

② （宋）吴儆：《竹洲集》卷一一《相公桥记》，《宋集珍本丛刊》本。类似的话在五代后晋时就有人说过。（宋）欧阳修《新五代史》卷四八《王周传》："历迁武胜、保义、义武、成德四镇，皆有善政。定州桥坏，覆民租车，周曰：'桥梁不修，刺史过也。'乃偿民粟，为治其桥。"（中华书局 1974 年版，第 547 页）可知桥梁的修缮向来被认为是地方长官（刺史）的施政内容。

③ （宋）周必大：《文忠集》卷五八《安福县重修风林桥记》。

④ （宋）杨万里撰，辛更儒校笺：《杨万里集校笺》卷七四《新喻县新作秀江桥记》，第3065 页。

⑤ （宋）林表民：《赤城集》卷一四《重修桐山桥记》，文渊阁《四库全书》本。

子要远远高于州学参与的例子。49 例士人参与官学修建的"学记"中，仅有 9 例是州级官学，占 18.37%，而剩下的八成多是县学。一方面反映出士人在县级公益事业领域内有比较大的发言权，另一方面也说明地方士人的势力还比较弱小，尚不足以达到影响州级活动的地步。

此外，在灾后赈济活动中，政府官员更是居于强势力量。如淳熙年间朱熹在南康军主持的赈济活动，首先是取得周边官员的协助，即取消遏籴；其次是在淳熙七年（1180）秋天全面立案灾害救济政策仔细调查了管内住民的粮食状况。掌握富人和阙食之家，虽然名义上是鼓励富人参与赈济，其实是带有强制性的，因为朱熹认为上户的闭籴等于是违抗官府命令。朱熹没有使用乡官，组织赈济的都是朱熹任命的低级现任官和寓公担任。① 士人在其中并未被重用。

考虑到以上的诸多情况，我们可以说不是所有的公益事业都有士人参与，这要看政府官员的力量是强还是弱。一般政府官员强势的地方，士人参与的可能性就比较小，或者根本就不考虑士人的参与。而只有政府官员因某些原因掣肘而不能实施公益事业的时候，一般都会寻求士人的参与，以便顺利完成公益事业工程。②

二 地方士人参与公益事业的原因

南宋士人能够参与到地方公益事业中去，原因是非常多的，并且在不同时间、不同地域参与的形式和领域都不尽相同。概而言之，有以下一些原因。

（一）现任地方官员被迫依靠士人参与

总的来看，士人参与地方公益事业，并非制度规定，而是地方官员不得已之为。因为地方官员在面对地方公益事业时，有三点因素掣肘，迫使官员必须寻找士人来帮助：

---

① 韩国李瑾明认为：朱熹在淳熙七年的赈济彻底是由现任官员组织领导进行，其中上户和地域有力者被动地登场，因此一开始就管得很紧，地域有力者根本无法主动参与此过程。参见氏著《南宋時代 荒政의 運用과 地域社會——淳熙 7 年（1180）南康軍을 中心으로—》，《"12 世紀 南部中國 地域社會의 Network"2003 年度歷史文化研究所國際學術大會論文集》，韓國外國語大學校歷史文化研究所，2003 年，第 77—86 頁。

② 在习惯上修桥等公益事业是地方官员的责任，无论是何种方式完成，民众都会习惯地把功劳归于官员。

　　第一是南宋地方财政的普遍不足，致使某些地方公益事业在某段时期内出现真空。南宋尽管国土促狭，财政收入并不少，可开支却更多，这就造成地方政府尤其是县级财政大多经费紧张。①官员上任后对社会公益事业总是感到心有余而力不足。此即"有司居济人之位而政不及焉，或牵之也"②。"牵之"的原因很多。以修桥为例，如果面对迫在眉睫的救荒，官员只能将桥梁修建放到一边而不能有所作为。唐仲友在做两浙东路台州郡守时就曾面对这种境况。"淳熙辛丑岁，余守天台，既作浮梁，有自四明来者曰：'水无大小，苟无阻，只尺千里。宁海涂有二涧，桥废病涉，能复之乎？'余以救荒辞。"③淳熙辛丑为淳熙八年（1181），不管唐仲友是否真得要去救荒，单就这个借口来说还是无可挑剔的。成都府路万州武宁县（今重庆市武宁县）"县南之水行六百里，汇于彭蠡以入于海，旧有浮梁，人迹所集，千车万夫，日憧憧不止，废不治者今七十年，邑人屡请于有司而力未能"。该桥是原有浮桥，已经废弃许久。知县事赵某"铢节粒稽，日累月积，乃量期度材，规事授工，凡为梁舟五十二个，籍版八十四丈，冶铁为缆二千尺有奇"④。对于一个小县来说，财力有限，知县只能对日常开支进行减省，从而为重建桥梁提供经费，着实不易。

　　另在江南东路信州（治今江西上饶）亦有一浮桥，"岁月浸久，板鳞柱脱，倾欹动摇，行者惴惴焉。夫徒杠舆梁之不设，而民以病涉，此其害之可见者"。该浮桥时间久远，缺乏维修，成为一座危桥。这时赵汝愚之子赵直成为信州地方长官，但不巧的是此时州财政发生一定困难。"顾以

　　①　研究宋代地方财政困难者颇多，而近十年以汪圣铎、高聪明及包伟民之研究最为深入。汪圣铎《两宋财政史》（中华书局 1995 年版，第 520—544 页）分析了宋代地方的州、县财政。高聪明《从"羡余"看北宋中央与地方财政关系》（载漆侠主编《宋史研究论丛》第三辑，河北大学出版社 1998 年版，第 199—213 页）就"羡余"一项分析北宋地方财政紧张；而其在《论南宋财政岁入及其与北宋岁入之差异》（载漆侠主编《宋史研究论丛》第三辑，第 214—225 页）则言及南宋地方财政比北宋紧张，特别东南诸路负担尤为惊人。包伟民《宋代地方财政史研究》（上海古籍出版社 2001 年版）分析了宋代州县财政出现窘境之原因及情况。另可参看张金岭《晚宋时期财政危机研究》，四川大学出版社 2001 年版。

　　②　（宋）杨万里撰，辛更儒校笺：《杨万里集校笺》卷七四《新喻县新作秀江桥记》，第 3065 页。

　　③　（宋）林表民：《赤城集》卷一四《重修桐山桥记》，《北京图书馆古籍珍本丛刊》第 114 册，书目文献出版社 1998 年版。

　　④　（宋）程珌：《洺水集》卷七《武宁桥记》。

比年，费用日增，校之异时，倍蓰而不啻相左支右吾，殆不暇给。惟是搏缩浮滥，检柅欺隐，铢积寸累，久之得钱三百万而赢。"在积累到三百万钱的时候，"于是撤旧桥而一新之"①。很明显，这两次修桥的资金皆为缩减财政开支所得。虽然这几次桥梁修筑都成功了，但从费用需要节省财政开支来获得上看，地方政府的财政并不是很充裕的。②

"政莫先于教化，教化莫先于兴学。"③ 在专属政府官员实施的官学修建上，地方财政的匮乏表现得也很明显。很多地方"居官者务因循，惮改作，以了官事为痴，而不暇问"④。如成都府学自从庆历四年（1044）修建之后，再无修缮，破败不堪。"邦人尤之，以为是文物所从而不振者。每议更创，辄复龃龉不遂，盖类有所鲠窒而久不得下。部刺史、太守至，或以非当务，不省问加意，则因仍故处增庳补败。而邦人素所郁怫者，卒不得大快。嘉泰初，今转运使王侯勋、太守赵侯善宣始力排异议，更市民田于书台山下，直郡治之南而改创焉。"⑤ 早前的转运使、知府皆以修学非当务之急推诿，故成都府学长期破败无人修缮，而士人则无从参与。自此来看，修学的关键是地方长官的支持。因此地方官使用地方财政资金，发布命令"自上而下"实施建设，就会相当顺利。孝宗隆兴年间，鲁如晦任池州知州，"清溪出城南，水潦泛溢，人病于涉。唐会昌中刺史李景业始筑大堤于南，续长桥于北，揭名'通远'，往来便之，岁久浸

---

① （宋）汪应辰：《汪文定公集》卷九《平政桥记》。

② 朱熹指出："唐藩镇权重为朝廷之患，今日州郡权轻却不能生事。"［（宋）黎靖德编：《朱子语类》卷一二八《本朝二·法制》，中华书局1986年版，第1381页］及至明清，学者仍持此论。据说顾炎武观察："予见天下州之为唐旧致者，其城郭必皆宽广，借到必皆正直；廨舍之为唐旧创者，其基址必皆宏敞。宋以下所置，时弥近者，制弥陋。……今日所以百事皆废者，正缘国家取州县之财，纤毫尽归之于上，而吏与民交困，遂无以为修举之资。"［（清）顾炎武著，黄汝成集释：《日知录集释》卷一二《馆舍》，岳麓书社1994年版，第443页］而近代以来学者讨论此问题最深入者乃杨联陞教授，他在《从经济角度看帝制中国的公共工程》［原题 Economic Aspects of Public Works in Imperial China, in Lien-sheng Yang, *Excursions in Sinology*, Harvard-Yenching Insitute Studies XXIV (1969), pp. 191–248］。译文见氏著《国史探微》，新星出版社2005年版，第134—187页。

③ （宋）张九成：《昆山县重修学记》，载《吴郡志》卷四《县学记》，江苏古籍出版社1999年版，第37页。

④ （宋）徐锐：《旌德县修学记》，载嘉庆《宁国府志》卷二一，《中国地方志集成·安徽府县志辑本》。

⑤ （宋）杨辅：《遂宁府迁学记》，载嘉庆《四川通志》卷七八。

坏。公命增筑新堤，自城属齐山延衺数里，翼以嘉木，酾水为三道，桥跨其上，别揭新名，迄今以为利"①。因此，财政充裕是地方官毫无掣肘实施公共设施建设的良好前提。

在财政层层集中的体制下，州（府）级财政因有县级财政的支援，在官学修建上要比县学好得多。②"朝廷崇献声，育人才，郡国皆有学。今所至咸盛，独养士之源起于县，帅者荒芜弗治，当谁执其咎耶？"③ 这是时人对县学修建状况的无奈感慨。如无锡县学长期未修，修学诏书下达后，因"狱讼簿书"而并未按时修建。"绍兴甲子秋，诏诸县治学舍，尚或窘于狱讼簿书，日不暇给，迟回未遑。"④ 是故当时人认为"今之为邑，旦夕金谷、狱讼、簿书是课，孰知有所谓学，置不问，于法令无责；而金谷、狱讼、簿书一不副上官意，谴诃立至，可谓难而用小"⑤。由此，多数地方长官对官学漠不关心，看到"黉宇之简陋，视欹弗支，见漏弗补，因循苟简，以延岁月"⑥。《学记》所记也就成为个别地方长官的较为"另类"之举。有的州县长期都是民间出资修建官学，官府无所规划。结果便是所修建的官学粗糙不堪。如江南东路信州铅山县"学故在县东南百许步，因地形为屋，东乡，既诸生以夫子不南面于礼为不称，乃徙置县东山下。然其费皆出民间，有司者无所与，以故度地偏狭，不能具庙学制度。至若师生具员，而吟诵辍响，则亦既二十有余年矣"⑦。由此看出，官府不主持官学修建，很多都会流于形式。

---

① （宋）周必大：《益国周文忠公全集》卷三二《左朝请大夫鲁公督墓志铭》。

② 其实在南宋中后期州府财政的来源要远远多于县级财政。韩国金荣济对庆元府财政研究之后认为：南宋初期，因为军费的开支巨大，导致地方财政困难。所以地方政府开始摸索解决地方财政的困难问题，结果，从南宋中期开始，酒库的运营成为庆元府自身的收入来源。到南宋后期，地方财权得到进一步扩大，通判的财政权更加缩小。见氏著《南宋 中後期 地方財政의一側面——慶元府의酒稅收入과"府"財政의擴大過程을中心으로》，《東洋史學研究》第85辑，2003年12月，第101—135页。

③ （宋）焦抑：《巢县学记》，嘉庆《庐州府志》卷一七，《中国地方志集成·安徽府县志辑本》。

④ （宋）李弥正：《无锡县学之记》，载（元）王仁辅纂《无锡县志》卷四中，文渊阁《四库全书》本。

⑤ （宋）陈造：《江湖长翁集》卷二一《兴化县移建学记》，《宋集珍本丛刊》，第61册。

⑥ （宋）杨潜：《华亭修学记略》，康熙《松江府志》卷一九。

⑦ （宋）朱熹：《朱熹集》卷七八《信州铅山县学记》，第7册，第4098页。

　　总的来看，南宋时地方财政困窘，县邑尤甚。① 南宋中期范成大曾说："余行四方，所过县邑数十百，见大夫皆厌苦其官……悔向之来，而忧后之不得脱。……蕞尔小邑，负责犹数巨万，昼夜薄遽，唯钱谷之知，且不能报期会。"② 又有人说："户部督州郡，不问额之虚实，州郡督县道，不问力之有无。县道无所分责，凡可凿空掠剩，贼民而害农，无所不闻。"③ 知县的目标都在完成税收上，根本无暇顾及公益事业的实施，当然因财政窘迫也无法及时实施公益事业。地方财政的捉襟见肘造成政府施政能力的严重萎缩，官员为实现施政内容，就只能将施政的重点从直接投资修建，改为劝募士人等到公益事业中去，以便公益事业得以顺利实现，这直接促成了士人对社会公益事业的参与。

　　第二是地方官员的不断变更，造成官员上任伊始对地方事务普遍陌生，从而有足够可能推诿各类公益事业。如主管官学的官员不断变化致使推诿官学修建成为习惯。南宋时路级由提点刑狱带"提举学事"衔④，知府事和知县事原亦带"主管学事"衔。后来逐渐由别的官员带此衔。⑤ 南宋时人说："我朝立法，守令亦无不以学事系衔，学校非守令之责而谁责？世降以来，为令者苦财赋，学事往往不暇省，朝廷为别设官以主之，令益得以诿其责，学事反益日以坏。"⑥ 这就是官学主管经常变动所带来的严重后果。"为令者偶出于进士，则学校之废兴，犹以为己责；不幸主于他官，则为令者往往坐视其废坏，恬不为意。或问之，则曰：'主学非吾职。'"⑦ 知县如果出身进士，则对官学修建非常关切，如果是武将出身，则不闻不问。故南宋如有知县修学，就有人赞叹道："令治百里，簿

---

　　① 汪圣铎：《两宋财政史》，中华书局 1995 年版，第 520—524 页。

　　② （宋）范成大：《吴郡志》卷三七《县记·吴县厅壁续记》，《宋元方志丛刊》，第 1 册，第 962 页。

　　③ （宋）黄震：《黄氏日抄》卷六七《范石湖文》。

　　④ 王晓龙：《宋代提点刑狱司制度研究》，人民出版社 2008 年版，第 356—357 页。提点刑狱带"学事"衔，只不过是其诸多兼摄中的一个例子而已。南宋时官员兼摄的情况比比皆是，这是制度史研究中所无法避免的现象，也就带来静态的制度史与"活的"制度史的差异了。参见拙文《〈宋代提点刑狱司制度研究〉读后》，《中国史研究动态》2010 年第 1 期。

　　⑤ 如黄公度曾以"左承议郎、新差通判肇庆军府、主管学事、兼管内劝农事、借绯黄某"为官衔，他是通判带"主管学事"衔；黄洧也曾以荆湖南路转运判官带"提举学事"衔。

　　⑥ （宋）黄震：《黄氏日抄》卷八八《余姚县重修学记》。

　　⑦ （宋）钱文子：《乐清县修学记》，永乐《乐清县志》卷四，《天一阁藏明代方志选刊》。

书期会之外，以兴修学校为急，难能矣。"① "郡有学宫，随其意向浅深，气力薄厚，尚得自效。百里之聚，此意仅以名寸，有司自财赋讼狱之外，不以为殿最也。或长吏欲以余力及此，而莫为之助，勉强补苴，类不免于文具。"② 加上 "今之县令往往困于财用之不足，而挠于狱讼之多变，上则制于州家之督责，而下则沮于奸民之动摇，故一切以刑从事，苟以免目前之急。至养士之宫，所以习礼乐而励风化者，非窘于钱谷之阙而不敢为，则病于簿书之剧而不暇为。故虽万户之邑、多士之乡，而听其废坏而不葺，因其简陋而不改，大抵然也"③。

不良舆论也使官员推诿成为习惯。"州县官数易，事弥废。熙宁考课，又削桥道弗拟，世相蒙习，以偷为得。间有兴作，则议者顾曰：是希进务以出名迹；则又曰：是一切厉民委美观尔；则又曰：彼将以为利。长吏虽欲自信，而不得骋。"④

第三是政府组织内部官员数有限，限制了公益事业的组织实施，胥吏声名狼藉，士人阶层就成为组织实施公益事业的首选群体。

宋代县级正式官员有限，除了 "知县" 或 "县令" 为长官外，其余还有县丞、主簿、县尉，很多地方知县之外互相兼摄，甚至知县也长期空缺，由主簿或县丞兼摄。⑤ 这就造成县级政府正式人员有限，在公益事业实施过程中，往往要寻找其他合作力量。

虽然县级政府中胥吏成群，但并不是值得依靠的群体。胥吏是宋朝相对特殊的社会阶层，他既受制于官，同时又佐官治民，是宋朝社会控制的对象和实践者，具有统治和被统治双重身份。⑥ 作为社会控制的实践者，胥吏职责庞杂，比如上下文书传递，乡里治安、户籍管理、赋税征收等基

---

① （宋）袁甫：《蒙斋集》卷一四《浮梁县修学记》，《丛书集成初编》本。

② （宋）邵康：《重修学记》，嘉庆《旌德县志》卷九《艺文志》，国家图书馆藏。

③ （宋）王容：《建昌县兴学记》，正德《南康府志》卷八，《天一阁藏明代方志选刊》。

④ （宋）陈傅良：《止斋先生文集》卷三九《温州重修南塘记》，《四部丛刊》初编，第60册。

⑤ 自然有的地区兼摄是因民户较少，事务较简，无须多设。如太平兴国三年（978）规定广南地区五百户以下就只设主簿一员，兼摄令、尉之事，见《宋会要辑稿》职官一一之七六，第3册，第2660页。

⑥ 黄宽重：《从中央与地方关系互动看宋代基层社会演变》，《历史研究》2005年第4期，第105—108页；高美玲：《宋代的胥吏》，《中国史研究》1988年第4期；祖慧：《论宋代胥吏的作用及影响》，载漆侠编《宋史研究论文集——国际宋史研讨暨中国宋史研究会第九届年会编刊》，河北大学出版社2002年版。

层社会政治、经济管理等问题都离不开胥吏。宋朝统治者虽然是贵官而贱吏，但官要对广大人民实行统治，又必须通过吏，甚至在不少场合，贵官也可能受到胥吏的摆布甚至愚弄。① 所以宋代有"吏强官弱"的说法。大致有二：一是认为"非吏挠权之罪，官不知法之罪也"②；二是认为"官人者异乡之人，吏人者本乡之人。官人年满者三考，成资者两考，吏人则长子孙于其间。官人视事，则左右前后皆吏人也。故官人为吏所欺，为吏所卖，亦其势然也"③。与官员相比，胥吏确实是低贱者，但与广大乡村上户和下户、客户来比，胥吏就绝不是低贱者，而往往是比官员更直接的统治者。

胥吏在基层社会控制中的负面作为主要体现在以下三个方面：

首先是违法乱纪。胥吏素质低下在社会控制中必然表现为缺乏责任感，在行使职能时舞弊贪污，故意破坏政令的传递和实施等。在宋朝的社会控制中，胥吏的职责就是管理和落实政府政令，担负着自上而下的权利传递。归纳起来，胥吏职责大致有以下几类：文书管理和传递、司法刑狱、帐籍、仓场库务、督课押运等。这些事务虽然庞杂烦琐，但事关社会的稳定和政权的稳固。不少胥吏兢兢业业为宋朝的社会稳定做出较大贡献，但更多胥吏的表现很难让人满意，甚至危害一方。轻的游手好闲，缺乏起码责任感；重的或恶意篡改文书，歪曲政令，或与官员相互勾结，为非作歹，成社会公害。比如蔡久轩提到的州吏黄德，就是当时不法吏人的典型。这个人"素为暴悖，胁取公事，不一而足，襄在科提，则假公行私，大为民害，占养娼妓，据良人妇，打荡食肆，扰害市井，人莫不苦之"。有不少人对黄德的违法行为实在忍无可忍，纷纷向上控诉。"诉其取乞赃枉者非一人"，然而就是这样一个泼皮无赖，地方恶霸，因罪孽深重被收监后，又勾结狱官悄悄越狱而逃，并公然在市场上饮酒作乐，怡然自得。④ 其实，像黄德这类胥吏在基层政权中并非少数。

其次是滥用刑罚。司法刑狱吏是封建国家法制具体实施者，只有秉公执法，才能维护法律的公正性和权威性，起到维护社会治安的作用。可是

---

① 王曾瑜：《宋朝阶级结构》，河北教育出版社1996年版，第333—346页。

② （宋）李心传：《建炎以来系年要录》卷六〇"绍兴二年十一月庚午"，卷八九"绍兴五年五月丙戌"。

③ （宋）陆九渊：《陆九渊集》卷八《与赵推》，中华书局1980年版，第112页。

④ 《名公书判清明集》卷一一《人品门·公吏》，第410—411页。

在一帮诘吏的操纵下，法律形同虚设。"诸州大狱，长吏不亲决，胥吏旁缘为奸，逮捕证佐，滋蔓逾年而狱未具。"① 洪迈在《夷坚志》中讲述了这样一件事：有一为人帮工的小民，晚上老鼠猖獗不能入睡，早上"信步门外，正遇两人殴斗，折齿流血，四旁无人，遂指以为证。里胥捕送县，皆入狱。民固愚，莫知其争端，不能答一辞，受杖而归。凡道途与胥吏之费，积镪如洗矣"②。作为证人的小民不仅受到了身心的摧残，还因此一贫如洗，可见当时的司法刑狱吏不仅素质低下，而且贪得无厌。是胥吏不懂法律吗？并非如此，前面已经提到有不少胥吏本身就从事法律方面文书的编纂、抄录。关键是不惧法律、滥用法律，"今为吏者，好以喜怒用刑，甚者或以关节用刑"。法律在这个时候已不再有任何的威严和公正，而被某些胥吏视同儿戏。《夷坚志》里还提到一件事，大意是说有一个叫宁六的村民，其弟媳妇游氏因为"悍戾淫泆"和别人通奸，宁六唾骂游氏，游氏用刀砍伤自己以此来诬陷宁六要杀她。邻居居然相信游氏诬陷之词，赶紧向里正报告。胥吏把宁六抓到县衙"狱吏审其情实，需钱十千，将为作地道。宁贫而啬，且自恃理直，坚不许"，结果"宁坐死，而赐游氏钱十万，令长吏岁时存问，以旌其节，由是有节妇之称"③。可见在家族发生矛盾不能解决时，往往借助基层政权力量，但胥吏在接办官司的过程中不据实上报，而向当事人索取钱财，一旦不能达到目的，就会胡乱判罚，官员昏庸，多听信吏人一面之词而不深究。这样一来，并不复杂的案子，因为胥吏从中作梗，而出现枉断。

最后是贪污和勒索。宋朝胥吏的贪污勒索，也是与官对胥吏的勒索密切相关。无禄胥吏"官无一钱一粟请给及之"，有禄胥吏不论轻禄或重禄，收入也不丰厚。然而"贪渎之令，诛求科罚，何可胜纪"，"里巷谚语至有丞、簿食乡司，县尉食弓手之诮"。在这种形势下，胥吏不贪便无法维持。南宋时抚州金溪县有号称"三虎者"，"虽下邑贱胥，然为蠹日久，凡邑之苛征横敛，类以供其贿谢囊橐。与上府之胥吏缔交合党，为不可拔之势"，"至能役士大夫护之如手足之捍头目"。④ 基层胥吏多无俸禄，

① 《宋史》卷一九九《刑法一》，第4969页。
② （宋）洪迈：《夷坚志·丙志》卷一一《钱为鼠鸣》，第462页。
③ （宋）洪迈：《夷坚志·支甲》卷五《游节妇》，第746—747页。
④ （宋）陆九渊：《陆九渊集》卷七《与陈倅二》，第99页。

又升迁无望。因此，对农民的搜刮勒索便成为其敛财的主要门道。渠道有税收、科罚、抢掠等。赋税的征收是胥吏的基本职责之一，也是关系百姓生存大计的问题。① 过重的赋税，不仅加重人民的经济负担，还会引发一些社会矛盾。因此胥吏大肆搜刮的结果只能是加剧基层社会矛盾。当时乡胥可专指县衙的乡书手，也可泛指乡役人。此类所谓"至困至贱"者，在广大乡村主户与客户面前，很多场合都是最直接的统治者。胥吏的贪污勒索，已经成为宋代社会的一大公害。南宋有俗语："打杀乡胥手，胜斋一千僧"，吴雨岩将两名胥吏"长枷榜示各狱前，使往来观看，举手加额，道一声称快"②。可见这类人群在基层已经臭名昭著。胥吏也会将贪污之手伸向各类公益事业的款项。

因上述原因，地方官员在面对地方公益事业时，经常将胥吏排除在主持参与者的行列之外。③ 在官员看来，只要胥吏不参与就不会发生贪污挪用之事。④ 除了发挥政府本身的职能外⑤，地方官员只能寻找地方势力的支持。士人由于在地方具有威望，并且和官员具有良好的交往，故而经常被任命为公益事业的参与者或主持者。

---

① 王曾瑜：《宋朝阶级结构》，河北教育出版社1996年版，第333—346页。

② 《名公书判清明集》卷一一《人品门·公吏》，第426页。

③ 朱熹在赈济时曾说："伏见州县之吏不为不多，而其间才能忠信可倚仗者极不易得。"《朱熹集》卷一七《奏救荒画一事件状》，第2册，第684页。

④ 如淳熙十三年两浙慈溪县修水利，在规划时"选里士之才而公者以司会计，不使吏预其间，故财不蠹，民不扰，一筹不施而利兴害除，可传永久"。见楼钥《攻媿集》五九《慈溪县兴修水利记》。

⑤ 其实地方政府官员在公益事业领域寻求士人的帮助，并非行政能力弱的表现。众所周知，宋代行强干弱枝的政策，只是地方政府相对中央政府权利较弱来说。单就地方政府于地方行使权利而言，宋代地方官权利远较唐代为高。以地方最基层行政单位——县来说，《新唐书》卷四九《百官志》记唐代每县设县令一人"掌导风化，察冤滞，听狱讼"。唯至宋代，知县职务由管理民政，扩大至地方事务无所不包，凡"户口、赋役、钱谷、赈济、给纳之事皆掌之，以时造户版及催理二税。有水旱则有灾伤之诉，以分数蠲免；民以水旱流亡，则抚存安集之，无使失业"。（《宋史》卷一六七《职官志七》）再者，随着宋代地方官权责日重，县的行政架构亦日益繁复，知县以下除设有县丞、县尉、主簿等官员共主县政外，更有大量胥吏以为襄助，"每一剧邑，有至一二百人，少亦不下数十人，县官利其便于使令，一切不闻，朝入县门，百十为群，散之吏舍，行遣公事，操切百姓"。（《宋会要辑稿》职官四八之一〇二至一〇三，第3507页）至于县之上的府、州、君，其行政及事权更为繁杂。（苗书梅：《宋代知州及其职能》，《史学月刊》1998年第2期）

（二）现任官员在公益事业领域的因循苟且和不作为也给予士人参与的空间和机会

南宋官员对于公益事业多数并不热心，当时就有人说：

> 臣窃见今之州县，若守若令莫不以财赋为先，未尝以民事为意。其农桑之劝不劝，差役之均不均，户口之安不安，狱讼之理不理。如秦人之视越人，肥瘠藐焉，不加忧喜于其间。至若催科一事，则急于星火，上供有常额，则以出剩为能，省限有定期，则以先期为办。斛斗升合，所以准租也，则对量加耗，尺寸铢两，所以均税也，则展取奇零，不求羡余之献，则为干没之谋，追肌剥髓，十室九空，民财既殚，民心亦怨。万一水旱继作，年谷不登，饥寒迫于其身，不去而为盗贼者鲜矣。
>
> 令之为令，迫于簿书期会，往往先催科而后抚字，迫呼鞭箠，穷日夜之力，犹惧弗给。幸而集事，则世指为能吏，要不过盼盼然数日待更。其甚健者，则肆为椎剥，务求增羡，藉以供苞苴而饰厨传。否则鬼神变化，暨秩满席卷而去，尚奚暇忧深思远，以遗后日之甘棠哉！①

可见这是南宋时州县官员的多数心态，多数官员对于各类公益事业并不热心。当然官员中不乏廉洁清正之人，他们面对公益事业也并非游刃有余。对于当时人眼见民众艰于跋涉而不为所动，有人评价说："舟子专济人之役，而心不动焉，或利之也。有司居济人之位而政不及焉，或牵之也。士君子旁观动心而力不至焉，或不位焉者也。"② 这是从舟子、有司、士君子三个立场上来看。舟子不会去修桥，否则他就失去了获得利益的途径；修桥是官府的职责，但往往有所牵制而不能实现；士人有心去做，往往因为不在权位上而不能实现。有心施政的官员的牵制不是财力不足就是无暇顾及，这就需要官员主动去劝导士人在公益事业上发挥作用。

在第二章第一节已经以朱熹为例阐述了社仓建设中地方士人的努力。

---

① （宋）宋之瑞：《助济仓记》，《古今图书集成》"考工典"卷六四。

② （宋）杨万里撰，辛更儒校笺：《杨万里集校笺》卷七四《新喻县新作秀江桥记》，第3065页。

下面继续以他为例来说明地方士人与现任官员的交往对公益事业的促进。

上面已经提及，朱熹是促进建宁地方官与当地大族、士人合作的重要枢纽。而建宁地区文教日益蓬勃、理学气氛日盛与适合读书聚友的幽静环境，亦是增进双方彼此往来、合作的重要背景。正如前文所提，随着理学影响力日增、书院教育的逐渐推广，以及登科中举人数的增加，建宁地区文风丕变，越来越多的家族选择业儒，当地士人与仕宦人数大为增加。而值得注意的是，游宦建宁的地方官们"或奋由科第，或出于名门"，其中有些亦拥有"学道爱人之心"[1]。随着建宁地区文教之发展与士人数量的增加，这些曾经具有士人身份的地方官，与当地自然会有较频繁而良好的互动。

另外，建宁地区，尤其是建阳、崇安武夷山区，因具有优美僻静的自然景色，加上朱熹于此广建精舍、书院，成为诸多士人筑室卜居、聚师取友的地点。这些文化气氛与自然兼备的美景、宅第或是讲学场所，亦是游宦建宁的地方官游憩、问学的理想场所，促进了地方官与当地士人的交往。例如在宝庆元年至三年（1225—1227）担任建阳县令并以惠政著称于世的刘克庄（1187—1269）便曾说"余为建阳令三年，邑中士大夫家水竹园池，皆曾游历，去之二十余年，犹仿佛能记忆其处"[2]。而从刘克庄所提"宝庆初元（1225），余宰建阳，受斋庄简游公方燕居里第，余数至似山堂考德问政"，及"建安士人范君自号梅谷，二十年前余尝为赋词后又为作跋"[3] 的情形来看，刘克庄在担任建阳县令的期间，确实与当地士人因切磋学问、交友往来而建立起深厚的情谊。这个例子说明了地方官到当地士人宅第游历、问学的情形。从这个例子又可以发现，除了书院之外，建宁地区的优美景色、宅园林地也为这些文化背景相近的士人、地方官提供了一个交游往来的场所。

而无论地方官与当地士人是经由朱熹的引荐得以相识，或是因价值观相近拉近了彼此的距离，或是因合适理想的场所得以相互唱和、交游，我们可以发现，朱熹及其所形塑出的人际关系与文化环境，应是缩短双方距

---

① （宋）刘后村（即刘克庄）：《州县不当勒纳预借税色》，《名公书判清明集》卷三，第65页。

② （宋）刘克庄：《后村先生大全集》卷一〇二《题丘攀桂月林图》，第2633页。

③ （宋）刘克庄：《后村先生大全集》卷九八《游受斋记》，第2529页；同书卷一〇一《宋自达梅谷序》，第2614页。

离的重要因素。这些游宦建宁的地方官与当地士人交往日频，对于济助事业的实际推动，自然是一大帮助。

拥有权力、威望的地方官纳入了当地的交往圈，与当地士人、家族在济助工作上相互合作的同时，家族参与济助工作的方式开始产生变化，而官方与民间力量的整合，亦为建宁地区的济助事业带来了不同的风貌。地方官的加入，使家族参与地方救济工作的方式，更加制度化。官方力量的加入，除了可以提供财力与人事上的帮助外，还能赋予地方推动的民间济贫事业法律效力，使之成为常规性或政府认可的制度。乾道四年（1168）朱熹与刘如愚采取临时性的借贷措施，缓解崇安灾情之后，遂有设立社仓以抒民困的构想。朱熹先后上书给前、后任建宁府知府王准、沈度，请求协助，于是王准接受了朱熹社仓的构想，"报皆施行如章"，而"沈公从之，且命以钱六万助其役，于是得坂籍黄氏废地而鸠工度材焉"。社仓完工后，朱熹与里中德高望重之士共同制定规约、管理仓务，并取得福建安抚使陈俊卿的支持。朱熹写道："方且相与讲求仓之利病，且为条约，会丞相清源公（即梁克家）出镇兹土，入境问俗，予与诸君因得其所为条约者，迎白于公。公以为便，则为出教俾归揭之楣间，以视来者。"① 因为有官方的支持，社仓的经费、场所不成问题，社仓的推行自然顺利许多。另外，社仓规约也因为获得了官方的认同，而较具公信力。朱熹文中提到"于是仓之庶事细大有程，可久而不坏矣"，对于社仓营运抱持较乐观、可以行之久远的态度，官方的支持是重要的关键之一。官方的参与，对于家族参与济助事业的方式也产生了变化。官方与民间力量的合作使原本为临时性的赈贷措施，成为制度性的社仓，有志之士与有心于救济工作的家族，可以借由参与社仓管理的方式，长期性地参与济助工作，刘家从乾道四年到淳熙年间参与五夫社仓的运营便是一例。在长期经营的情况下，对于经济状况较差之士人及家庭，亦有较多机会参与社仓的管理。就某种程度来说，社仓等制度的成立，使得有志之士与家族有更多的机会与选择投身于济助工作。

从朱熹建立社仓，以及其后官府的介入，可见士人与官府不是截然对立的关系。从社会关系上看，士人与官员一般具有较好的交往，官员对士

---

① （宋）朱熹：《建宁府崇安县五夫社仓记》，《朱熹集》卷七七，第 7 册，第 4051—4052 页。

人也比较优待。官员在科举及第之前和退职乡里之后的生活状态与士人毫无二致，双方有很多相同之处，唯一不同的是这些士人没有"差遣"。地方官员在实施公益事业时，一般都会想到士人的支持，而士人在主动或被动的情况下，都会积极参与其中。这种参与对士人是极有好处的事情，既可以与地方官员主动交好，又可以通过参与公益事业树立自身在地方上的威信，由此促成了地方官员—士人之间的互动，并派生出士人阶层在"官—民"之间的中间地位。

第二节 南宋士人与其他社会群体之关系

不难想象，南宋乡村不仅仅是士人一个群体存在。如果从"社会"的层面来观察村落，那它就是由人聚合而成。人与人之间会因为各种情状发生关联，并形成各式各样相互交错的结合，无论是个体的人，还是人群结合，都是行为的主体，也是构成基层社会相互关联的要素。在人类社会中，社会成员可以划分为不同的阶层，这是一种普遍现象。南宋也不例外。社会阶层是指基于金钱、财富、教育程度、专业技能、所掌握的政治权力以及威望等社会资源的不平等分配的地位划分，位于同一社会阶层的一批人享有同等的或类似的社会资源。[①] 从

---

① 阶层、阶级和等级之间存在明显的差异。马克斯·韦伯（Marx Weber）做出了这样的区分："阶级"是根据同商品的生产和占有的关系来划分的；"等级"则是根据人们商品消费的原则来划分的，表现为"生活方式"的特殊形式。"阶级"的真正根源在"经济制度"里；"等级"的真正根源则在"社会制度"里，即在"荣誉"分配的领域里，并由此开始相互对立，影响着法的秩序，反过来又为法的秩序所影响。（见氏著《经济与社会》下卷，商务印书馆1997年版，第259—260页）美国的贾恩弗兰科·波齐（Gianfranco Poggi）指出："阶级是比等级更加抽象的、更加不具人格的、更加独特的具有非地方性的集合单位。它显著的界限不是根据一种生活方式或是一种特别的活动方式确定的，而是根据决定他们能否对分享社会产品提出部分占有要求和他们对市场资源的占有和非占有来确定的，而这对作为一种结果能够积累起来并持续地重新布置市场。"（见氏著《近代国家的发展》，商务印书馆1997年版，第80页）日本的富永健一进一步认为阶级和阶层可以作这样的区分：阶级的概念是依据于笼统的实在概念，因而是一元的概念抽象；社会阶层概念则依据于把实在分为各个侧面来认识的分析性的概念抽象，因而是多元的。阶级概念是没有预想个人社会流动的，至少是没有把重点放在这个方面的概念抽象；社会阶层概念则是以个人不断的流动过程为前提的概念抽象，它建立在社会阶层无非这种流动过程的一瞬间断面的认识之上。（见氏著《社会结构与社会变迁——现代化理论》，云南人民出版社1988年版，第76页）

这个角度划分，南宋乡村可以划分为诸多阶层。近些年有个形容基层势力的词汇比较盛行——"菁英"（elite），这是海外学者习惯使用的词汇，并且近年来屡屡在国内学者著作中见到。① 国内学界在广泛接触国外研究之后，开始减少"阶级"的使用，而使用"阶层"，并且采用其他词汇来指代乡村的权威势力。②

　　参与公益事业只有两种途径：一种是资金参与，主要表现就是捐款，

---

① 国内宋史学界对"菁英"或"精英"（Elite）的批评因朝明士所著 *Statesmen and Gentlemen: The Elite of Fuchou Chiangsi, in Northern and Southern Sung*（Cambridge University Press, 1986）而起。持批评态度主要有李弘祺、包伟民等人，批评之一即主要集中在其对"菁英"的划分过于宽泛，以及对社会阶层静止化的描述。朝明士提出"菁英"的七个条件：（1）官员；（2）通过州试的举人，或其他有资格到京城参加省试者；（3）寺观资金或土地的主要捐助者；（4）修建学校、书院、藏书楼、桥梁、水利工程和园林的组织者或主要捐助者；（5）地方军事组织以及正式与非正式地方慈善活动的组织者或领导者；（6）通过朋友、师生、学术同仁、诗友等关系组织在一起，或由前述一至五项聚成团体的人；（7）一至五项人的亲戚和姻亲。参见李弘祺（Thomas H. C. Lee）书评，载 *Journal of the American Oriental Society* 109.3（1989），pp. 494 – 497；包伟民《精英们"地方化"了吗？——试论韩明士〈政治家与绅士〉与"地方史"研究方法》，《唐研究》（第十一卷），北京大学出版社 2005 年版，第 653—671 页。"菁英"（elite）一词，最初在 17 世纪是用以形容质量精美的商品的，后来才用以表示地位优越的社会集团，如精锐部队和上层贵族。参见 Tom Bottomore《菁英与社会》，尤卫军译，台湾南方丛书出版社 1992 年版，第 1 页。

② 刁培俊将乡村社会中有声望、有影响的社会阶层称为"乡村精英"，主要有代表专制政府对乡村民户进行管理的乡里和都保甲制的头目，代表地方性的"私"的系统的宗族和家族的族长、家长和房长，一部分居住于乡村的形势户、士人、僧道等。（《宋代乡村精英与社会控制》，《社会科学辑刊》2004 年第 2 期；也可见氏著《两宋乡役与乡村秩序研究》，博士学位论文，南开大学，2007 年）王华艳、范立舟则将形势户（包括官户、青吏和乡村基层政权头目及其家属、部分上户）、宗族和士人等富贵之家、为富贵之家办事的人及僧道、游民等称为"非政府势力"。（《南宋乡村的非政府势力初探》，《浙江社会科学》2004 年第 1 期）谭景玉用"乡村权威"来称呼宋代乡村社会的多元权力结构，并认为刁培俊将地痞流氓等也归入"乡村精英"似乎不妥，王华艳的"非政府势力"则包括乡村行政头目在内，忽视了其作为乡村社会中国家代理人的性质，也不妥当。（见氏著《宋代乡村行政组织及其运转研究》，博士学位论文，山东大学）廖寅认为刁培俊的定义不仅包括士人，连胥吏、族长、家长、房长、僧道也被纳入其中，这虽然使内涵与外延趋于一致，但说族长、家长、房长、僧道是精英，颇为牵强。王华艳、范立舟用"非政府势力"的概念来包容富贵之家、为富贵之家办事的人、僧道以及社会游民等，说法有欠准确，凡是政府以外的势力都可称为非政府势力。所以他使用"民间强势力量"一词，指代在一定的地域空间内，具有某种资源优势而又非政府性的人与群体，主要是士人和富族、寺观。（见氏著《宋代两湖地区民间强势力量与地域秩序》，博士学位论文，武汉大学，2005 年）从公益事业的角度出发，笔者赞同廖寅的观点。

这类人有地方士人、富民、僧侣；另一种是参与过程管理，能够起到这种作用的主要是士人与僧侣。从公益事业角度来考虑这些所谓"菁英"，参与其中较多的只有士人、富民和僧侣。

一　公益事业中南宋士人与富民的关系

南宋人的观念中，依然是"四民"为主的社会。"士、农、工、商"的观念深入人心。[①] 但是在现实生活中，职业分化的增多，致使身份角色的划分困难加大。但是依然不难看出，能够参与公益事业的除了士人，就是有财力的富民。

（一）南宋时期富民对公益事业的参与

富民参与公益事业领域多样，在日常济困、灾荒救济、公共工程等领域都有涉及。据学者的研究，富民的这些参与在两浙、福建、江西、两湖等地都比较普遍。廖寅经过研究，认为两湖地区的富族[②]平常周济左邻右舍的穷人，但如果发生大规模、大面积饥荒，让富族完全免费救济饥民，是绝大多数富族所不愿意，也难以办到的事。在灾荒时节，富族不外呈现出四类形象：一是囤积居奇，乘机兼并穷人田产；二是在官府的高压下，捐出一定粮食，或者减价出粜粮食；三是自愿减价出粜粮食，既可救济饥民，又可平抑物价；四是免费发放粮食或食物。四类之中，第四类最值得称道，但无法推广；第三类最合情合理，富族虽在物质上稍有损失，但可以从社会资源上得到弥补，如声望的提高。[③] 两湖地区富民灾荒时节的表现在其他地域也很普遍，具有共通性。

上面提到在官府的高压之下，富民才在官员与士人的"劝分"名义

① "四民分业"的说法出自管子，"士农工商四民者，国之石民也，不可使杂处，杂处则其言哤，其事乱。是故圣王之处士必于闲燕，处农必就田野，处工必就官府，处商必就市井"。（《管子·小匡》）尽管战国以降社会流动超乎想象，社会阶层的升降频繁，每个人的职业都不再单纯，但是知识分子心目中的社会依然如此，顶多在南宋时四民之外加上"僧、道"成为"六民"。关于唐宋以来的"四民分业"可看看冻国栋《唐宋历史变迁中的"四民分业"问题》，载氏著《中国中古经济与社会史论稿》，湖北教育出版社 2005 年版，第 454—483 页。

② 笔者认为"富族"即是士人之外的富足之家，可以归入林文勋老师所概括的"富民"。

③ 廖寅：《宋代两湖地区民间强势力量与地域势力》，第 111 页。本部分阐述多参考其论著，特致谢忱。

下被动参与。① 南宋人尤袤说："救荒之政，莫急于劝分。"② 所谓劝分，又称劝粜，指国家于灾荒年间劝谕有力之家无偿赈济贫乏，或使富户减价出粜所米谷以惠贫者的做法。有时两者难以区别，统称劝分。③ 据黄震讲：

> 照对救荒之法，惟有劝分。劝分者，劝富室以惠小民，损有余而补不足，天道也，国法也。富者种德，贫者感恩，乡井盛事也。④

宋朝行此法始见于真宗天禧元年（1017），同时，制定了相应的奖励措施，称作"纳粟补官"。天禧四年（1020）六月，"太常少卿直史馆陈靖言：'朝廷每遇水旱不稔之岁，望遣使安抚，设法招携富民纳粟以助赈贷。'从之"⑤。自此以后，正式形成制度。

从两宋情况看，各地一遇灾荒，往往行劝分之政，将劝分视为荒政的一部分，尤其是越到后来越依赖劝分。对于南宋富民参与灾荒救济，《宋史·食货志》评述道："绍兴以来，岁有水旱，发常平义仓，或济或粜或贷，如恐不及。然而当艰难之际，兵食方急，储蓄有限，而振（赈）给无穷，复以爵赏诱富人相与补助，亦权宜不得已之策也。"这里讲的"权宜不得已之策"是指"在法，以常平钱谷应付不足，方许劝诱有力之家出办粜贷"⑥。尤其是发生灾荒之后，富民显得相当被动。但据大量相关史料，富民参与灾荒救济已经成为当时救灾的主要方法。南宋淳熙间黄震在抚州的救灾，是南宋规模较大且颇具影响的一次救灾。他救灾的主要办

---

① 涉及宋朝荒政中"劝分"问题的代表性成果主要有：华文煜《宋代之荒政》[《经济统计季刊》1 卷 4 期（1932 年 12 月）]、邓云特《中国救荒史》[商务印书馆 1936 年版（上海书店 1984 年影印本）]、王德毅《宋代灾荒的救济政策》（台湾学术著作奖助委员会 1970 年版）、[日] 星斌夫《中國の社會福祉の歷史》（東京山川出版社 1988 年版）、李向军《宋代荒政与〈救荒活民书〉》（《沈阳师范学院学报》1993 年第 4 期）、康弘《宋代灾害与荒政述论》（《中州学刊》1994 年第 5 期）、张文《宋朝社会救济研究》（西南师范大学出版社 2001 年版）、张文《荒政与劝分：民间利益博弈中的政府角色——以宋朝为中心的考察》（《中国社会经济史研究》2003 年第 4 期）、李华瑞《劝分与宋代救荒》（《中国经济史研究》2010 年第 1 期）等。

② （元）马端临：《文献通考》卷二六《国用四》。

③ 张文：《荒政与劝分：民间利益博弈中的政府角色——以宋朝为中心的考察》，《中国社会经济史研究》2003 年第 4 期。

④ （宋）黄震：《黄氏日抄》卷七八《四月初十三日到州请上户后再谕上户榜》。

⑤ 《宋会要辑稿》食货五七之一七。

⑥ 同上。

法，则是"单车疾驰，中道约富人耆老集城中"，以议论救灾之策。① 这正是因为富民已成为救灾必须仰仗的群体。

（二）南宋士人与富民的交往

其实士人与强宗豪族间有身份的重叠，或是有所相关。很多富民令子读书为士人，而事实上许多士人，尤其是他们的家族，不仅仅纯粹读书，他们的置产及相关的经济活动更像是富民所为。像永嘉刘愈在绍兴二十年（1150）的灾荒中，开放自家的山林给乡人采伐，并增加乡人的就业机会，显示他是地方上的大地主。另外，像是四明的袁氏的姻亲边家、戴家，也都是殷实富甲一方的生意人。而汪伋在灾荒中献出万余石稻救灾，家庭富裕的程度也可想见。也因此，有时候士人与地方豪族彼此身份是重叠的，如慈溪的冯制：

> 字公初，慈溪人，尝举进士不第，家裕好施。康定间里大饥，全活甚众。民有夺乡先生王致、杨适水利者，制谕民，引潮以溉，水得不扰。二先生谢以田，答曰："吾怜先生穷，岂望报乎？"……居常聚族子弟，延师教诲，后弟准、子硕，侄景，俱登进士，乡人荣之。②

在此例中，冯制虽然是举进士不第的"士人"，并且相当重视子弟教育，并使后代登进士科，但是从他行为处事观之，却很具备"豪"的特质。

而豪族对地方有颇大的控制力。如黄岩蔡家，蔡镐的父亲蔡待时"虽不得仕，而家世豪"③，明显为地方豪族，他控制白山一带的治安和市场价格，使此区的地方秩序能够稳定。又如永嘉的诸葛说，他不仅控制着永嘉城东南区的地方秩序，对于城东南的海域秩序也有所掌握。所以尽管他的身份被认定为士人，但是其背后丰富的资源与势力，并不是那些只有仁义之心、为一纯儒就能够拥有的。

除了家族关系外，透过师友、婚姻的联系，士人或士大夫与地方豪强也有进一步的结合。如浙东大儒叶适跟黄岩一地关系密切，他许多的学生、友人皆是黄岩人。像是黄岩蔡家，跟叶适即有很密切的关系。他与蔡

---

① 《宋史》卷四三八《黄震传》，第 12992—12993 页。
② 《宁波府简要志》卷四《忠义》，第 24 页。
③ （宋）叶适：《叶适集》卷一四《忠翊郎致仕蔡君墓志铭》，第 254 页。

镐是好友，因此为他不少亲戚作记，作祭文。另外，黄岩的丁希亮，为丁少雄的从弟，是叶适的学生。又如一生对乡里事务不遗余力的刘愈"家豪于赀……善与人交，少所交游，皆知名士"①，因此他的许多朋友皆为士大夫，帮他写行状的薛季宣就是其一，薛同时也与诸葛说友善。并且叶适年少时也曾学于刘愈，并与其幼子为友。② 如温州瑞安的林民达，为陈傅良之友，家中富裕且善治生，曾率先修筑瑞安到州城的十里路。但他仅为地方富人，并未有科名在身。③ 另外，陈傅良也曾受永嘉富家林元章之聘，教授其子林颐叔（正仲）及渊叔（懿仲）。④

还有四明的汪伋，虽然他父亲曾任官，可他并未取得科名，但与淳熙四先生（杨简、袁燮、舒璘、沈焕）有师生、婚姻、交友等三重关系，后来以家中富裕善施乡里，而被乡大夫推荐于朝廷，补为迪功郎。又如诸葛说，也是因为跟张辉为姻亲，而将家族挣脱豪族身份，转向士人之家，再经科第，晋升到士大夫的队伍中。然而我们也不能忽视这些士人与豪族本身豪横的一面，甚至同时具有地方长者，亦具有地方豪横两种对立形象的情形。⑤ 像是黄龟年居明州昌国时"交结郡邑，夺绮霞寺山以为葬地"⑥，而遭到检举落职。钱端礼"居台州，挟持威势，骚扰一郡，营治私第，凡竹木皆白取于民"⑦。

总而言之，地方士人拥有较多的优势资源，除了本身家境较为富裕之外，他们通过读书、科举为官，提升自身的社会地位，与富民在公益事业领域内进行了多方面、多层次的合作，构建了自身在地方上的优势地位。⑧

---

① （宋）薛季宣：《浪语集》卷三四《刘进之行状》，文渊阁《四库全书》本。

② （宋）叶适：《叶适集》卷一七《刘子怡墓志铭》，第333页。

③ （宋）陈傅良：《止斋先生文集》卷四八《林民达墓志铭》，第3页。

④ （宋）叶适：《叶适集》卷一六《林正仲墓志铭》，第311—312页。

⑤ 梁庚尧：《豪横与长者：南宋官户与士人居乡的两种形象》，载氏著《宋代社会经济史论集》，第474—536页。

⑥ 《宋会要辑稿》职官七〇，"绍兴十四年（1144年）正月十五"条。

⑦ 《宋会要辑稿》职官七二，"淳熙二年（1175年）四月二十二"条。

⑧ 方俪璇：《宋代浙东沿海的士大夫社会——以明、台、温三州为中心》，硕士学位论文，台湾大学，2000年。此外郑铭德也认为："义"是士人的理想，是读书学习的目标；相对而言，"利"则是富民所追求的目标。士大夫认为"民"追求"利"是合理的，但是身为士人则必须以"义"为优先。如果富民带着"利"的心态，想要进入士人阶层，则会受到理想型士大夫的批判，义与利成为士人与富民的界限。见氏著《义利之间：宋代士大夫眼中的富民》，硕士学位论文，台湾"清华大学"，2000年。

（三）公益事业中士人与富民的关系

首先，公益事业领域尽管是由官员主导，但是不同的内部领域也会有不同的参与格局。各类公益事业士人和富民可以单独参与，也可联合参与。政府并未规定具体哪个公益部门只能由哪个阶层来完成。但是公益事业由于长时期被认为是地方政府的职能所在，所以政府官员的态度就起到了决定性的作用。在地方官员统领之下，士人、富民都可以多层次、多方面参与。这就是宋代以降中国式公益的特点。①

士人在公益事业上的表现，与其在乡里的地位有重要关系。前引淳熙间浙西临安县尉林实上任后为修桥"爰延致邑之儒先乡贡进士元君复、暨县学经谕谢君邦宠、医士王君善时往，欲为倡率。里居之彦保义郎、前司农事准备差使宋君祖仁，进武校尉右丞相府干办叶君尚贤暨其犹子承节郎前绍兴府溪口巡检梓，与宣教郎徐君之弟若容，各捐私钱三十万，仍率其一乡之善，视力多寡，以序相赞成之"②。"乡里之善"，笔者以为即是没有士人身份的富民，没有士人身份的富裕阶层在社会公益事业方面因其财力也多有作为。③由于士人具有相对优越的社会地位，故富民多千方百计融入士人社会，以使家族地位和声望得到改观。④正因为士人在富民面前相对较高的社会地位，所以官员多将士人的社会地位和声望视为促成桥梁修建顺利完成的必要条件。

所以与富民主动参与不同的是，由于士人具有一定的儒家文化修养，在"义"的认知上要高于一般民众，故而官员经常通过士人来传达政令及意愿。

　　　　永新故有学，占县治之左，岁月多，栋桴蠹挠将压，丸腐垦落，成夷甃阙，象貌默昧，学徒散逸。阅三岁，令熟视逡巡，揆不可撑，又重改营。逮濮阳马侯淙来，一日祇谒庙下，顾瞻，喟然叹曰："饰学官、教秀民，此下车政也。我碌碌为簿书钱谷倥偬，故未遑，今终

---

①　秦晖：《政府与企业以外的现代化——中西公益事业史比较研究》，浙江人民出版社1999年版，第168—180页。

②　（明）陈善纂修：《杭州府志》卷四五《富阳新建桥记》，中华书局2005年版。

③　祁志浩：《宋朝"富民"与乡村慈善活动》，载林文勋等《中国古代"富民"阶层研究》，第230—231页。

④　高楠、宋燕鹏：《宋代富民融入士人社会的途径》，《史学月刊》2008年第1期。

更才四月，使果不及新斯宫而去，吾则不无负于邑人。"邑人达而贤者闻，而谂其乡大姓曰："是故吾结发所游者，且导吾后人焉。苟学遂废不嗣，以坠教基，不惟令君之责，亦吾属之差。"于是可动以义者二十人，因争出力，刳木陶瓦，凿石辇土。既具，乃以乾道丙戌夏六月庀工，一撤而新之。凡为屋五十楹，重门夹庑，而殿次讲堂，直庐列肄舍，两翼庖湢库庾，各以为序。①

知县上任伊始看到县学的破败，不由得发出感慨。而感慨影响了"邑人达而贤者"，虽然没有名字，但笔者认为这应该是士人。听说知县有修学的意愿，士人就转而以理劝说乡里的"大姓"，于是在"可动以义者二十人"的支持下，县学修缮一新。笔者以为宋代所谓"大姓"②即是经常认为的"强宗豪族"③，或者是"富民"。④过去对其认识多是负面形象，其实这类人群在公益事业上也会有所参与。上述县学的修建，尽管是大姓出资，但却是在士人劝说下才做出的行为，也可看出这些大姓的被动性。士人往往扮演了一个"先知先觉"的角色。

前述刘宰第二次赈济中，粥局捐助者名单中，现任官员、士人（包括无差遣的乡居官员、乡贡进士、进士等）、富民、僧、道的顺序排列井然有序。由此表现出在社会地位上，士人阶层确实比富民要高一些。由于现任官员多来自士人，故而与士人有很多共同的爱好，吟诗作赋、品茶赏花等日常生活中的来往较多。（江阴士人）故而在地方官员出面的公益事业领域内，士人每每会有一席之地。这就是在地方官员面前士人与富民的

---

① （宋）何恪：《永新县修学记》，载（元）吴师道编《敬乡录》卷一〇，文渊阁《四库全书》本。

② 不同时期"大姓"之含义不尽相同。比如东汉末年成为大姓，首先是他们政治地位（当然也包括经济地位）的初步建立，其次是较高的文化修养和某些优良的道德行为（如所谓"孝悌廉正""淳懿信厚""勤修操行"等），同时由于宗族乡里组织的作用，有力量也有能力组织起以宗族为核心的武装队伍。参见冻国栋《六朝至唐吴郡大姓的演变》，《魏晋南北朝隋唐史资料》第十五辑，武汉大学出版社1997年版，第20页。宋代的"大姓"应主要指以财富雄长一方者。

③ 如有学者认为强宗豪族武断乡曲，扰乱社会，一方面是凭借其强横的宗族势力，另一方面则是利用基层社会的地痞无赖。[王善军：《强宗豪族与宋代基层社会》，《河北大学学报》（哲学社会版）1998年第3期]

④ 林文勋先生认为"大姓"即是"富民"，见氏著《唐宋乡村社会力量与基层控制》，第70页。

区别。

二　公益事业中南宋士人与佛教僧人的关系

宗教能为人接受并招募信徒，拥有广泛的社会影响力。究其基础有二：一是理论，二是行动。理论提供信徒行动的准则及对来世的期望。行动实践理论，让广大的信徒有学习的依据，并对此信仰产生向心力。因此宗教除了宣扬行善的理论、对来世的寄望这些属于头脑上的行为之外，表现在行动上就是慈善事业的经营。佛教认为普通人行善的途径有两条：一是布施敬田（指佛、法、僧），二是布施悲田（指孤、老、贫、病），通过对敬、悲两田的施舍，即可为来世广种福田。布施敬田，不如布施悲田。对现世贫苦的救济，更能助人达至福地。而对于佛教徒本身来说，檀施（即布施）贫困，救济疾苦，亦为实现佛法之重要途径。[①] 慈善事业的经营就是佛教行善的具体实践，以此深入人间，获得普通百姓的好感与信任。南宋士人与佛教的关系也并非紧张[②]，除了少数反佛的理学之士外，大多数士人都信仰佛教。

（一）　佛教寺院对公益事业的参与

在宋朝各种民间慈善活动中，佛教的劝善起到了积极作用。张文已经有研究，不再赘述。另外一些乡间士人，虽然他们没有僧人的身份，但是在佛教的影响之下，进行了佛教思想的传播和扶贫济困活动。谭仁显，居成都，以医为事，"手持佛珠，常诵佛经于闾巷聚落中，治病所得钱帛，随即分授予贫者，竟以不言。但行隐施默益之道"[③]。可见佛教对于乡村

---

① 张文：《宋朝民间慈善活动研究》，第 242—243 页。《无尽藏法略说》云："小乘法中，唯明自利；大乘法内，自利利他。是故菩萨依大悲心，立无尽藏。□六波萝蜜，檀度为切；四摄行中，布施为首。"转引自［法］谢和耐《中国五—十世纪的寺院经济》，耿昇译，上海古籍出版社 2004 年版。

② 士人习业僧寺从唐朝开始就已经比较多。（参见严耕望《唐人习业山林寺院之风尚》，《严耕望史学论文选集》，中华书局 2006 年版）南宋时士人在寺院教学和应举的更多。教学如乾道七年（1171），吴猎在潭州"城北僧舍受徒"。（魏了翁：《鹤山先生大全文集》卷八九《吴猎行状》）应举的如绍兴府的戒珠寺宇泰阁："绍兴中，为士子肄业之地，常十余人，策名巍科者相踵。"［（宋）施宿等纂：《嘉泰会稽志》卷七《宫观寺院篇》，《宋元方志丛刊》，第 7 册，第 6827 页］广州书生钱炎"居城南荐福寺，好学苦志，每夜分始就寝"。（《夷坚志补》卷二二《钱炎书生》，第 1755 页）

③ （宋）黄休复：《茅亭客话》卷一〇《谭居士》，上海古籍出版社 2001 年版。

社会救助的贡献包括物质和精神两个方面。除了寺院直接参与的扶困济贫行为外，佛教思想在乡村社会救助中的作用也不可低估，他劝导人们一心向善和相信因果报应的理论，引导人们在世间多做好事积善因，以期在来世的善果。

佛教经文劝说僧众和信徒们从事公益事业：筑路、植树、打井、修桥、清理涉水河道等。正所谓"修桥辟路，佛家以为因果世之求福田利益者，所以乐为之趋。而佛家者流，所以积心竭力勤苦奉承，而不之厌也"①。佛教僧侣深谙佛教教义，受福田思想的影响，故历来都热心于地方公益事业。及至宋代，伴随着佛教的世俗化与民众化，寺院经济的富庶，使得佛教寺院在社会上的重要性与影响力与日俱增。佛教僧侣与地方官员、士绅、社会民众的联系更加密切，他们更有能力广泛地参与地方事务中来，对地方公益事业的发展做出了一定贡献。

佛教除了从事民间慈善活动外，对造桥、修路、浚河、修堤等公共工程也积极参与。这类公共工程所需资金较为庞大，且需要经常性的维修、保护。佛寺不但拥有为数可观的土地与资金②，僧侣也拥有造桥方面的专业知识，因此地方官员多半将此一重责交付寺院处理。故这些公共工程也赖寺院出钱出力。寺院或配合地方政府，或积极主动兴建，显示其积极入世的一面。寺院最常参与的公益事业首推桥梁修造。由于一般人视僧人、道士为大公无私，因此他们不难向官吏与一般民众寻求金钱和人力上的资助，所以地方工程能够有效且迅速地达成。③在北宋时寺院僧人就已参与桥梁修造中，并且到南宋类似的行为更多。福州有浮桥：

　　由郡直上南台，有江广三里……左右维以大藤缆以挽直桥路于南北中岸，植石柱十有八而系之，以备痴风涨雨之患，靡金钱千万，一

---

　　①　（宋）文天祥：《文山先生全集》卷一〇《赞辞·龙泉县上宏修桥说》，中国书店1985年版，第258页。

　　②　提供佛教行善资本的来源，就是佛教寺院名下的大笔土地。佛教资产的主体——土地，主要来自三方面：皇家赐田，官户舍田，以及一般百姓的施舍。其中皇家赐田次数最少，且主要集中于皇家寺院，但赐田规模最为庞大。余下则为当官之人施舍的田地，以及一般百姓虔诚信仰下的舍田。（游彪：《宋代寺院经济史稿》，河北大学出版社2003年版，第73—86页）还有学者将寺院来源分为赐田、舍田、购买、开垦、规占、租佃六个来源。（黄敏枝：《宋代佛教社会经济史论集》，第19—51页）

　　③　黄敏枝：《宋代佛教社会经济史论集》，第413—414页。

出于施者。明年绍圣元年甲戌十月成，以其余钱三千九百缗，分给负郭三县僧寺以为本钱。俾岁取息以待缺敝修造。十一月落成，自为文记。之寻又为屋以覆缆柱架亭于其侧，以憩行者，中亭之北又有泗洲堂一所，命僧守之……绍兴二十三年，僧圆觉住天宁寺，募作铁缆，每钱为三百，不一月遂办，籐缆始废……仅存实庵，舍籐缆息钱，柱增诸寺船板之数。本钱虽散在三十寺，未有兴复者。石墩桥道寻又增置。今为船者六十二耳，中亭顷赁，僧户以逆税。故乾道中并折其屋，逐之泗洲堂。淳熙元年一夕焚尽，往时管干桥僧既交替，以有劳率得院主持。①

这座福州境内的浮桥，由木头建筑改为石头建筑，其中经费全由寺院出资，并将剩余的经费，留作修缮费用，寄放于寺院，由寺院管理。而且在浮桥边成立泗洲堂，让僧侣进驻，以便从事浮桥的维修管理，这些也一概由寺院出资。到了南宋绍兴年间，僧人圆觉为进一步加强浮桥的安全性，又募款将籐缆改为铁索。可见僧侣对于桥梁修葺的用心。此外，从施工到竣工全由僧人办理；建造之后的维修管理，也仰赖寺院，可见公益事业仰赖寺院人力及财力之深。有鉴于僧人对地方公益事业的功劳，政府就以"寺院主首"一职作为奖励。

浙西严州桐庐县有客星桥，"乾道中，故太师史公镇越，始告县表墓道，起精舍，曰客星庵，而为之田。长吏以时奉尝，陈山临大浦，民桥其上，旧坏，淳熙十年，僧清式大改作，甓石如虹，袤百有五十尺，石栏翼之，甚壮，六年乃成"②。临安府新城县有赵安桥，"在县西五十五里南新乡。自淳祐三年，瑞相院僧本源建石桥，架屋十七间，势甚宏壮。本源世传医疡甚神，所得酬谢，辄施以造桥"③。浙东婺州兰溪县有板桥，此桥所在"紫岩山谷绵邃，春水时至，秋淋积潦，众壑悍激汇于桥下，入于大溪，桥坏弗治，行旅病涉，广智寺僧可威，独任其事，因旧增新，靡金钱二百万，募缘仅二十万，倾竭衣钵……营于绍兴辛

① （宋）梁克家纂修：《淳熙三山志》卷五《地理》，《宋元方志丛刊》本。
② （宋）孙应时：《烛湖集》卷九《客星桥记》，文渊阁《四库全书》本。
③ （宋）潜说友纂修：《咸淳临安志》卷二一《疆域六·桥道》，《宋元方志丛刊》，第1册，第3573页。

巳之冬，成于隆兴甲申之春"①。除了由寺院出资之外，有时地方官员也会主动募款兴建桥梁，但仍然需要委托寺院帮办。盖由于仰赖寺院专业造桥知识之故。

杨文新分析宋代僧人对福建桥梁建造的贡献，列举了两宋时期福建路地区有资料可循的桥梁名称。建州7座，福州19座，泉州17座，漳州37座，汀州1座，南剑州4座，兴化军12座等，总共127座。其中以泉州、漳州、福州、兴化军四地数量超过半数。② 程广裕研究宋元时期泉州之桥梁，认为泉州因为是南宋时期重要商港，故富商、寺观数目也多，他们对于地方造桥事业贡献良多，尤其是僧侣。知名大桥大堤为僧侣与地方官员合作完成。而僧侣更是出钱出力，让泉州的造桥事业兴盛，地方官员虽然参与其中，偶尔或出钱或是带头修建，然出力最多者，仍是泉州僧侣。③此一发展与福建路佛教兴盛地刚好配合，可见寺院越多的地区，对于地方公益事业的助力越大。

总的来看，佛教徒造桥以及民众的佛教信仰造桥在江南地区，尤其是两浙及福建比较盛行，这与两地佛教信仰的兴盛有密切关系。除了佛教徒自身对造桥的身体力行之外，佛教对造桥行为的宣扬在民间有广泛的影响力。

（二）南宋地方公益事业中士人与寺院势力的消长

事实上，官员施政过程中，士人只是官员可供选择的合作人群之一。如荆湖南路宝庆府（今湖南邵阳市）有跃龙桥，庆元年间与嘉定年间曾先后两次打算重修此桥，两次都托付给僧人师宝，结果"岁久未就"，师宝也离开。剩下的由里人忠训郎萧苐继续主持，但是架梁的费用又没有着落。直至知县李大谦上任，"节缩浮蠹，靡费不举，乃市材他邦，庸工梓而卒成之"。这次司理参军汪之干实际主持，他又邀僧人应珂、智莹、德厚"参比其力"④。很明显这次修桥是政府主导的，但去落实修建的却先后是僧人师宝、里人忠训郎萧苐，以及僧人应珂、智莹、德厚。"里人忠训郎萧苐"为居住乡里的士人无疑。可见地方官员在修建桥梁时并非一

---

①　（元）吴师道：《敬乡录》卷七《重修板桥记》，文渊阁《四库全书》本。

②　杨文新：《宋代僧侣对福建桥梁建造的贡献》，《福建教育学院学报》2004年第1期。

③　程光裕：《宋元时代泉州之桥梁研究》，《宋史研究集》第六集，"国立"编译馆1998年版，第322—334页。

④　（宋）魏了翁：《鹤山先生大全文集》卷四九《宝庆府跃龙桥记》，《四部丛刊》本。

味托付士人，在僧人与士人之间并无什么选择上的界限。但因为寺院经济实力的变化，也会导致公益事业权力版图的变化。

前述南宋地方财政大为紧张，而佛教寺院由于民众的捐赠，积累了大量财富。所以在佛教兴盛地区，地方官经常会打寺院财富的主意。南宋林希逸曾指出一般官员对于佛寺的观点："僧寺之兴废以吾侪视之，若于事无所损益也。"① 因此这些看轻佛教的官员们，对于佛寺资产的使用就毫无顾忌。宋朝开国的佛教政策，已经确立以政掌教的政策。从中央到地方，佛寺主持的任命，都必须通过政府的认定才被承认，而且北宋政府将寺院继承方式，大量改为"十方主持"制度，借此税收方面提供优惠，吸引寺院由"甲乙继承"制改为"十方主持"制。② 一旦改为"十方主持"制，法律上就禁止改回"甲乙继承"制了。③ 由此可知宋朝政府对寺院的掌控之严。

南宋时不少地方为了支应中央政府的财政需求，通过寺院的"十方主持"的选举制度，向佛教收取所谓的"助军""实封"等费用。这种费用早在南宋高宗时就已经被采用，但在福建却发挥得淋漓尽致。关于此刘克庄曾说：

> 闽多佳刹，而僧尤盛。一刹虚席，群衲动色。或挟书尺竭衣盂以求之。有司视势低昂赀厚薄而升焉！先输赀后给帖，福曰："实封。"莆曰："助军"。异时大丛林、大尊宿补处，往往皆实封、助军之僧矣。④

这些经过竞价和贿赂产生的主持，在上任之后，为了回收先前支出的贿赂金，在经营寺院时必然以敛财为考虑。这类使用寺院资金的事情盛行于福

---

① （宋）林希逸：《重建敛石寺记》，《竹溪鬳斋十一稿续集》卷一〇，文渊阁《四库全书》本。

② 刘长东：《宋代佛教政策论稿》，巴蜀书社2005年版，第3—9页。

③ 《庆元条法事类》卷五〇《道释门一·户婚敕》："诸寺观改充十方主持而主首或徒弟妄诉讼，及乞改为甲乙承续者，杖一百。即私自改或不申官而私以本寺观人承续并官司故纵，各加二等。若系户绝而擅主者，准此，并许人告僧道正司，知而不举与同罪。"见《庆元条法事类》，新文丰出版公司1977年版，第476页。

④ （宋）刘克庄：《后村先生大全集》卷一五八《明禅师》，第4045—4046页。

建福州、兴化军等佛教势力兴盛的地区，对寺院造成了严重的伤害。①

　　一般官员都有这种"利用佛教"的观点；南宋道学兴起之后，对于寺院的攻击更是严重。陈淳就认为寺院的资产应该好好利用，不必可惜。

　　　　举漳州之产而七分之，民户居其一而僧户居其六。于一分民户之中上等富户岁谷以千斛计者绝少。其次数百至百斛者亦不多见。类皆三五十斛无担石之家。终岁营营为仰事俯育之计，且不能以自给。则为漳之民户者甚贫。在官司珏不可更有丝毫之扰。以六分僧户言之：上寺岁入以数万斛；其次亦余万斛或数千斛；其下亦六七百斛或三五百斛。虽穷村至小之院亦登百斛，视民户极为富衍。以灭伦败教，不耕不蚕，块然一无用之僧，独无故窃据而奄有之，闲居以安享之所与坐食之众。上寺不过百人，其次不及百人或数十人，其下仅五六人或止孤僧而已。则岁费类皆不能十之一。所谓九分者，直不过咨为主僧花酒不肖之资，是果何为也哉？故今公家几有创造，无求诸他，惟尽第彼僧门产业之高下，而画吾屋宇界分之大小之财，付之且量，支吾公帑之财，为之开端，而后取办责成焉耳。②

从陈淳的文章中，可以看出漳州地区佛教资产确实丰厚。但是陈淳认为佛教无益于地方民生，因此他认为举凡漳州所有公共支出都应由寺院供应。他以漳州赋税分等情况，作为寺院应该负责漳州一地公共支出的理由，这等于认为寺院资产是地方上的公共资金，而非寺院私有财产。一旦官员对这些资产一点都不爱惜而过度使用，反而严重冲击寺院原先负担的公益事业。这类观点在南宋确实是一般官员普遍的看法，尤其在福建、江西等佛教兴盛地区。在南宋后期道学被朝廷承认之后，道学家除了在思想观念上

---

　　① 刘克庄曾多次提到福、莆这两个地区有这种特殊的制度，而这些经过贿选的主持，本身才识也不佳。"某承下问两刹见阙主持，不知此间有好僧可充选否？某窃见莆福郡计全仰僧刹，率以献纳多寡定去留。福之谓实封，莆谓之助军。故好僧皆不肯住院，惟有衣钵无廉耻者方投名求售。"（《后村先生大全集》卷一三四《答乡守潘宫讲》，第3468—3469页）

　　② （宋）陈淳：《北溪先生大全文集》卷四三《拟上赵寺丞改学移贡院》。认为社会平白无故地供养庞大的寄生人口也是南宋时人士大夫比较一致的看法。方回曾说："诸寺观不耕而食，养顽钝庸人。披剃之余，二粥一饭，老而死，黠者为主首，以肥其私，尤为至幸之民，而无益于世教者也。"（方回：《古今考》卷一八方回附论）参见王曾瑜《宋朝阶级结构》，河北教育出版社1996年版，第368—369页。

反佛之外，在实际施政方面对佛教也不友善，甚至借着国家的佛教管理政策，对寺院资产进行掠夺。① 针对南宋官员士大夫的这种观点，寺院也会积极配合官员参与公益事业，或主动实施公益事业。② 但是寺院僧侣主动参与公益事业，在士人看来并不一定是好事。朱熹号召士人参与社仓等活动，就是想争夺寺院僧侣对公益事业的控制。③

南宋时期"官托寺办""官督寺办"公益事业的形式很盛行。真德秀在江东转运使任上设婴儿局于湖州以抚育弃婴。这些机构均委托寺僧管理。朝廷当时还规定"自今后管勾病坊僧，三年满所定之数（千人），赠紫衣及祠部牒各一道"作为奖励。④ 不仅居养院、安济坊、漏泽园这类福利设施委托寺院来主持，在灾荒战乱时更托以收容难民、施粥施药。正如王德毅先生指出的：当时政府是有意识地发动"不耕而食、不织而衣"的僧界为社会服务。⑤ 许多州县已形成惯例："凡有营缮修建等大役，官司量以钱付僧家，仍授之规模而责成焉。至有不给，亦不离公家常住之财。"⑥ 当时有人评价"官托寺办"的好处：衙门有权有财，但办不成事，而僧家"以利物为便，故不惮劳；以坚固为定力，故不作辍；无妻孥之累，故不营己私；持报应之说，故不肆欺弊"⑦。

---

① 黄敏枝：《宋代佛教社会经济史论集》，第 301—321 页。

② 何兆泉认为在"与士大夫共天下"的宋朝，僧侣们也很明白，要获得社会的真正认同，必须首先获得儒家士大夫的理解。正因为如此，各地寺院不仅广开方便，周纳来往的士大夫，而且僧人多喜欢向有名的士大夫求取文章，勒于碑刻，以广声誉。参见氏著《宋代浙江佛教与地方公益活动关系考论》，《浙江社会科学》2009 年第 10 期。

③ 美国的田浩认为：僧徒通常与乡村的领导者一起分配义仓的救济粮。这种情况已成常规，而在福建则更甚，那里的佛院特别普及和活跃。而且，僧徒从事慈善工作已达数世纪之久，他们的行为为佛教的普及做出了贡献。尽管朱熹在年轻的时候曾沉迷于禅宗，但他在 12 世纪 60 年代的早期就已转而仇视佛教了。在试图发展他所认为的真正的儒学时，从 60 年代开始，他斥责佛教引诱士人将佛教思想掺入儒家学说。在宋代，相对于其他地域，佛教对儒学的影响在福建的道学领袖看来是一种更为迫切的压力。通过动员儒者参与像社仓这样的慈善机构，朱熹为僧徒对慈善行动的控制提供了一种替代品。（见田浩《行动中的知识分子与官员：中国宋代的书院和社仓》，载《宋代思想史论》，社会科学文献出版社 2003 年版，第 482—483 页）言外之意，朱熹号召士人参与社仓等公益事业，就是要把公益事业的主导权从僧侣手里夺回来。

④ 《宋会要辑稿》食货六八之一三〇，第 6319 页。

⑤ 王德毅：《宋代的灾荒救济政策》，台湾学术著作奖励委员会 1970 年版，第 182 页。

⑥ （宋）陈淳：《北溪先生大全文集》卷四七八《上傅寺丞论民间利病六条》。

⑦ （宋）李仲光：《百丈桥记》，《古今图书集成·职方典》卷一三七二八《雷州府部·艺文》。

　　曾小璎在研究南宋福建路的佛教与地方精英之后，认为福建地方社会有许多社会势力存在，地方官员之外主要有佛教、地方士人。官员代表国家经营地方，对于中央交办的公益事业，根据地方财政能力，只能选择办理。至于大规模的公共事业，考虑地方财政问题，也只能择要建设。这些地方官员从事公益事业时，除了结合佛教力量外，主要找地方士人来共同筹划。地方官员在地方上扮演者统合社会力量的角色。因此，福建许多公益事业的实行，主要还是官员做主导，其他力量只是辅助的角色。① 福建许多桥梁、城池、浚河等，兴建主力除了寺院就是官员，地方士人参与是比较不明显的。士人的社会影响主要是短期赈济。士人与官员可以通过科举制的施行，与政权进行结合。佛教在单线流动型社会里，无法进入主流社会，面对中央政府财政的压迫，以及不友善的理学家的攻击，在"制度"与"人"的双重压迫下，逐渐减少公益事业资金的支出，对地方社会的影响就逐渐减弱。地方士人的重要性也就凸显出来。② 与福建类似的是，两浙地区和江西地区佛教也很兴盛，两地寺院在公益事业领域内的介入也很多。③ 而佛教势力不强的地方，寺院在公益事业领域内的重要性就要大打折扣了。所以，佛教寺院在公益事业领域内的重要性也依地域不同而有所不同。

　　由于佛教势力兴盛，加上行善助人又是其宗教宗旨之一，因此在许多公益事业上，具体操作中往往可以看到地方官、士人、僧侣等合作的例子。如温州有一座合湖桥，于开禧元年（1205）由静慧院僧人仲参募缘重建，当时劝募者有朝散郎赐绯鱼袋致仕宋晋之、奉议郎行太学博士钱文子、宣教郎太常博士钱易直、奉直大夫知温州事赵孟涵、朝奉大夫知温州事钱仲彪等人，而舍银者有嗣法女道士张德华、李四四娘、朱五七娘、林思信妻詹氏、孙文亨、进士刘迅、进士黄顺、进士毛进、进士钱秉直、知

----

　　① 王曾瑜先生也认为南宋寺院参与的桥梁、水利等类公共事业，都是在官府监督之下，由寺院负责，构成寺院与官府关系的一个方面。参加氏著《宋朝阶级结构》，河北教育出版社1996年版，第397页。

　　② 曾小璎：《南宋地方社会势力的研究——以福建路佛教与地方菁英为中心》，硕士学位论文，台湾政治大学，2006年。

　　③ 宋代江西、两浙等地佛教僧人参与公益事业，参见巩丽君《宋代江西佛教与社会》，硕士学位论文，南昌大学，2007年；何兆泉《宋代浙江佛教与地方公益活动关系考论》，《浙江社会科学》2009年第10期；黄敏枝《宋代佛教社会经济史论集》，第413—433页。

江阴军事王耕、江东转运判官王闻礼、江西转运判官赵选等人。① 从这些人的头衔可以看出这座桥的兴建，除了由佛教僧人劝缘外，官员也加入劝募之列，在财源的部分可说是结合了官方和民间人士的力量而成。"嗣法女道士张德华"属于道士，"李四四娘、朱五七娘、林思信妻詹氏、孙文亨"应属于当地妇女，宋代妇女往往在当乡里的地方公益事业建设中扮演主要角色。"进士刘迅、进士黄顺、进士毛进、进士钱秉直"，在宋代署"进士"头衔者并非科举及第者，而是属于当地的以科举为目标的士人，即"习进士业者皆得称进士，与登进士第者不同"。这部分士人在地方公益事业中也往往扮演着重要角色。"知江阴军事王耕、江东转运判官王闻礼、江西转运判官赵选"即是现任官员了。所以整体来说，佛教僧人、道教道士、当地妇女、当地士人、现任官员等共同支持了这座桥的兴建。当然我们应该承认，现任官员的劝募起到了重要的发起作用。

我们还可以看一座河堤的修建过程，从中看官员、士人、乡官、富民、僧人的角色。

　　　丰城为赣吉下流，地势湮甚。岁春夏，水暴至，方县数十里，汇为巨泽，县兀然居中，以堤自障，董董不没，以故傍县之田，率以夏潦退然后敢即功。夏秋之交，水势杀则治江岸，以约水归道，俾无横溢，幸得迄稽事，岁以为常。（淳熙戊戌年大水）庆元丙辰，永嘉林君仲懿来莅邑政，咨所急务，众以是告。君课吏具水所侵户以庐计者八千一百有二，田顷者六千二百六十有八，米不入民庾者为石九十万有奇，租不入公庾为石五千有奇，喟曰："是岂细事哉！"即疏请于部使者。会转运判官赵公善悉、提举常平王公容俱遣属按视，复命曰信。则共捐钱出粟，称所费委于邑而责成焉。林君于是以身总役，而分隶其地于丞若尉，又礼致乡官之贤与乡士之有信义者，枚选民之饶于财而不渔于官，浮屠氏之有干力而畏事者共集之。上率以诚，下相以力，不督自励。以是年之十一月经始，明年之二月迄事。②

　　① （清）李登云等修，陈坤等纂：《光绪乐清县志》卷三《规制·桥梁》，载《中国地方志集成·浙江府县志辑》，江苏古籍出版社1993年版，第61册，第93—94页。

　　② （宋）刘德秀：《观巷堤记》，雍正《江西通志》卷一二六。

这篇"堤记"记载了各种人群在修堤过程中的角色。知县是"总役",即总管,将地块划分下属于县丞和县尉,二人是下一管理层次,再下面是"乡官之贤""乡士之有信义者""民之饶于财而不渔于官""浮屠氏之有干力而畏事者","共集之"。用下面的示意图表示:

$$
知县
\begin{cases}
县丞 \\
县尉
\end{cases}
\begin{cases}
乡官之贤者（乡官） \\
乡士之有信义者（士人） \\
民之饶于财而不渔于官（富民） \\
浮屠氏之有干力而畏事者（僧人）
\end{cases}
$$

从这个示意图可以看出,南宋地方公益事业的参与主体不仅是士人,"乡官""富民""僧人"也会起到重要作用。只不过因为士人在社会地位上相对较高,故而在很多公益事业上都会有比较突出的参与活动。

总体上看,南宋财政的中央化,使得地方财政经常处于捉襟见肘的境地,财政的严重不足也就限制了地方官员在公益事业上的作为,从而给人一种地方政府权力弱化的假象。由此,南宋士人就经常出面填补官员所留下的公益事业领域的空间。虽然这并非政府官员主观上所期待的现状,但是客观上却使得南宋政府与社会的关系部分契合了"小政府、大社会"的现代公共管理的精神。"小政府"并不意味着"弱政府";相反,政府从繁杂的社会事务中解脱出来,可以从宏观上制定政策和战略,这反而是政府功能的强化。另外,政府的规模必须缩减,人员必须精干,同时要明确政府机构及人员的职责范围,减少行政成本,提高行政效率。"大社会"是指要扩大社会的自治功能,政府给予社会更大的自主权,培育第三部门或非营利组织,让其和政府一起,成为社会公共事务的管理主体。① 南宋政府继承了北宋"冗员"的特点,在人员规模上相当臃肿,所以并不完全符合现代公共管理的精神。同时南宋政府也并未有意识地去培养所谓第三部门或非营利组织。这就使得南宋的公益事业实施情况具有明显的不确定性,而这也是中国传统公益事业的共同特征。

----

① 曹现强、王佃利主编:《公共管理学概论》,第55页。比南宋稍晚的西欧也兴起公益事业,在王权衰落的情况下,城市兴起自治运动,这就发展出现代意义上的"小政府、大社会"。与西欧明显不同的是,南宋地方政府权力并不小,只不过地方财政的匮乏限制了地方政府职能的发挥;而西欧诸国才真是王权衰弱,是名副其实的"小政府"。

第五章

南宋在公益事业领域中之历史地位

在士族阶层彻底消亡于五代后，北宋通过科举制度开始重建"士"的传统，并且通过"右文"的政策在社会上掀起重文的风气。经由靖康南渡，南方士人逐渐达到影响基层社会的程度，从而成为南宋基层社会中一个重要的阶层。本章着重从长时段角度来探讨南宋士人在公益事业领域的历史地位。

第一节　承上启下：南宋公益事业参与主体的时代特征

中国的公益模式向来是政府为实施主体。笔者将视野放到 7—19 世纪，就是唐至清末，在这 12 个世纪里，中国基层社会势力有比较大的变化，因而地方政府之外参与公益事业的力量就有所差异。笔者将之划分为几个阶段，由此可见南宋士人在公益事业领域的历史地位。

一　唐（7—9 世纪）：政府之外庶民地主与宗教势力参与公益事业的时代

唐代前期，士族开始全面的中央化进程，与乡里的联系日渐淡薄，甚至消失。因此，最终在"安史之乱"后士族对乡里公益事业的关注消失殆尽。

综观隋唐社会，它既存在前一历史时期制度和意识形态的残余，如田制、兵制、门阀观念等，同时又出现了一些新事物，如科举制、两税法等，因此带有社会转型期的性质和特点，而以士族为主体的"门第社会"向以士人为主体的官僚社会过渡，成为社会诸多变化中的重要内容。唐中叶以后，士族子弟纷纷褪去世家子弟的印记向科举官僚转变，以士族为主体的"门第社会"向以士人为主体的官僚社会过渡，这些变化表现在：

在魏晋旧姓中，涌现出许多进士之家。尽管门荫、藩镇辟署等入仕途径同时存在，每年科举录取进士不过数十人，但士族子弟占有相当比例。这说明，大部分士族子弟已成为科举摇篮中培育出来的一代新型官僚，继续拥有政治权力和社会地位。当然，士族阶级存在达数百年之久，根深蒂固，它在隋唐政权中仍占据重要地位，如《新唐书·宰相世系表》共有宰相369人，出自98个家族，其中出宰相最多的家族仍为李、崔、裴、张、韦、王、杜、刘、杨、萧、卢。然而，士族政治影响力的持续，实际上是与士族子弟的科第化进程相一致的。到唐末，中央高官已大多为进士出身的士族所垄断，士族与士人渐趋合一。

唐前期士族势力和影响犹存，家族和门第因素还或多或少地会对科举产生影响。北宋以后，科举制度更加完备成熟，此时的士大夫已主要是从科举入仕的读书人。在宋人传记和《宋史》列传中，可以看到很多寒士由科举起家的例子，如王曾、杜衍、谢涛、范缜、欧阳修、司马光、王禹偁、张方平、王安石等，都是靠个人才智，修身行己，从而成就事功的。[①] 总之，宋代士大夫仕进依托的是个体才智而非家族背景，尽管进士起家后社会地位提高，但功名也似乎仅止于一身，不再享有自唐末以来凡进士及第者即可全家轻税免役的特权。随着取士数量的激增，官僚队伍不断扩大，以门第身份著称的士族已不再作为一个社会阶层存在，士族向士人的演进最终完成。[②]

下面对唐代江南地区水利工程的实施主体进行分析[③]：

---

① 徐红在对北宋太平兴国五年（980）的进士及第者进行研究后，亦认为北宋初期，进士科录取人员社会成分的变化开始凸显。隋唐时期的进士中，出身名门望族者所占比例较大，再加进士及第仅仅是取得了入仕的资格，要想真正为官，还需通过吏部的铨选，而在铨选过程中，官宦家庭出身者明显占有优势。入宋以后，从前名门望族在官员选拔中的特权地位已是一去不复返，出身中下级官员家庭和寒素家庭的读书人开始在科举考试中迅速崛起，成为官僚阶层的新生力量，从而也保证了官僚阶层的精英地位。这就使得社会各个阶层的读书人皆有机会进入仕途，既实现了统治权力的延伸，亦有利于社会的稳定。见氏著《北宋太平兴国五年进士研究——以精英分子为中心》，博士学位论文，山东大学，2007年。

② 王力平：《中古士族到士人的演进》，《南开学报》（哲学社会科学版）2008年第3期。亦可参见氏著《中古杜氏家族的变迁》结语，商务印书馆2006年版，第305—311页。

③ ［日］青山定雄：《关于唐代的水利工程》，《东方学报》，东京15—1，2，1944年版。英国的杜希德（Denis Twitchett），"Some Remarks on Irrigation under the Tang"，*T'oung Pao* 48，1960，pp. 175-194。国内如：李伯重《唐代江南农业的发展》，北京大学出版社2009年版；郑学檬《中国古代经济重心南移和唐宋江南经济研究》，岳麓书社2003年版；陈勇《唐代长江下游经济发展研究》，上海人民出版社2006年版，等等。

　　首先，唐代地方官员是水利事业的兴修主体。在笔者所统计到的67项水利事业中①，大部分为刺史和县令所修。其中有21项为县令所作，21项为刺史所作。还有6项史料显示为观察使所为，如嘉禾地区的水利系统为浙西观察都团练使、御史中丞兼苏州刺史李栖筠委大理评事朱自勉主之，会稽、山阴地区的水利事业好几项史载皆为观察使所作，而浙东观察使的驻地就在越州，会稽和山阴两县即是越州的附郭县，浙东观察使也兼越州刺史。观察使兼驻地刺史，故而亦可认为是刺史所作。故可认为地方官员为修建主体的至少48项，占总数的71.64%。

　　我们完全可以想象，尽管保存下来的史料并不能给我们提供完整的地方官员从事水利事业的事例，但是多数地方官员在其中并没有什么实质性的措施。在高度中央集权下，地方官员作为皇权统治的触角，最主要的一个职能就是赋税的缴纳，而其他职责被相对淡化，甚至无所作为也无如之何。杜希德教授说："尽管唐朝律令记载有像灌溉一类的活动，实质上是由这些与地方关系密切的官员们个别倡导的"②，因为这并非其中最必须做的职责。正因在赋税缴纳为旨归的大环境下，这些活动就成为官员"良政"的内容，故而在列传中也会被清楚的写上一笔。如于頔"改苏州刺史，浚沟渎，整街衢，至今赖之"③。

　　从公共管理的角度来说，市场不能或无法提供公共产品，为弥补这一市场缺陷，就需要政府采取措施，从国民经济中抽取一部分资源，以提供社会需要的公共产品。中国古代包括唐代并非市场国家，但上述官员的作为，就成为公共管理的无意识的实施者。只不过恰恰因为是无意识的实施，才造成了因人而异的水利事业的兴修活动，甚至很多官员在这一问题上毫无作为。所以说，官员职责的模糊性，致使水利事业也具有不确定性。尽管具有上述特征，从总体上看，地方官员依然是江南地区水利事业的主体。从时间上说，现存的两浙地区水利兴修绝大多数在玄宗时代之后，江南地区的人口在唐代中期之后有一个大的飞跃，造成南方人口的激增。南方人口分布重心更倾向

---

　　①　表格从略，可参看笔者《唐代江南地区公共工程的实施主体》，载《中国唐史学会第十届年会第二次会议暨唐史国际学术研讨会论文集》，西南大学历史文化学院，2009年10月。

　　②　Denis Twitchett，"Some Remarks on Irrigation under the Tang"，*T'oung Pao* 48，pp. 175 - 194，1960.

　　③　《旧唐书》卷一五六《于頔传》，中华书局1975年版，第4129页。

于江南道。① 人口增长必然对农业有较高的要求，发展农业需要水利的支撑。水利事业的增加与人口的增长某种程度上也有一个必然的联系。

其次，某些水利事业由官员之外的势力兴修。如婺州武义县西 2 里的长安堰，溉田 100 余顷，为光化元年乡民任留所筑。"任留"即是武义县人，因其有功于堰，后人为其立庙祭祀，号"任公庙"。同样在浙江上虞县南 50 里有铜山湖，元和二年"邑民叶再荣率其里人开创。始再荣语于人曰：'铜山之北，谷岭之阳，有泉滔滔不竭，可潴之，以备岁旱。'……乡贡进士张岳记"②。可见任留和叶再荣具有一定的财力和威望，具备当地事务的发言权。另外，也有僧人热心于水利事业。如健阳塘，在宁海县健跳所城外，长 500 余丈，为唐僧怀玉所筑。怀玉来历不明，但史料记载其在黄岩县飞锡落地，曾居住在临海县的延恩院③，具有很浓烈的神秘色彩。尽管唐代时佛教经文劝说僧众和信徒们从事公益工程——筑路、植树、打井、修桥、清理涉水河道和摆渡等，但这恰恰反映了唐代僧人并不是非常热心于公益事业，他们所热衷的可能仅仅是佛教道义的宣讲。

下面接着对碑铭中所见唐代江南地区的公益事业略作分析。南宋史能之纂修的《咸淳毗陵志》卷二一载有唐代《义兴长桥记》的残文，笔者将主体部分转录如下：

> ……是桥也，征之谱牒，则后汉邑令袁君所造，国朝永泰中，令丘君新之，其他无闻焉。中兴之初，有义夫吴蒙、吴须，率以私帑备加营构，人赖其利，越三十载。甲寅岁国步中梗于越寇，邑人败之，烧营而遁，飞焰旁及，宏梁木摧。甲寅岁，著作佐郎刘君来为邑长，视其制度，知非民力之所能济，乃状其事白于有司。上闻嘉之，诏赐钱八十万。……

宜兴长桥从东汉时知县袁某建造之后，一直到唐代宗"永泰"间（765—766）为县令丘某曾修缮一新。到"中兴初"又有吴蒙、吴须用私

---

① 冻国栋：《唐代人口问题研究》第五章第四节《唐代人口迁移的影响》，武汉大学出版社 1993 年版。

② （宋）沈作宾等修，施宿纂：《嘉泰会稽志》卷一〇《水》，《宋元方志丛刊》。

③ 《嘉定赤城志》卷二〇《山水门（二）》、二七《寺观门（一）》、二八《寺观门（二）》，《宋元方志丛刊》。

财修缮。此"中兴"为宪宗中兴，当在 801 年前后。"越三十载"就到 830 年之后了。"甲寅岁"为 835 年，此时才为知县刘某上报"有司"得到修缮。其实唐代宜兴县令不止一位，但真正对这座桥梁关注的则少之又少。《天圣令》中《营缮令》津桥道路条规定："诸津桥道路，每年起九月半，当界修理，十月使讫。若有坑、渠、井、穴，并立标记。其要路陷坏、停水，交废行旅者，不拘时月，量差人夫修理。非当司能办者，申请。"① 对津桥道路的修缮时间作了规定，当界修理则指所在州县。按照规定，桥梁修建是当地长官的职责，但在实际执行中就要大打折扣了。而宜兴的长桥就在刘某的申请下得到修缮。不过有意思的是，这座桥还有"义夫"吴蒙、吴须的参与。他们应该是平民，但却富有财力，他们的参与被认为是"义"的表现。他们独立修缮长桥，也是其对官员在此公益事业上"缺位"的补充。不过在社会观念上，桥梁不修，依然是刺史的责任。五代时王周"为冀州刺史。性宽恕，不忤物情。州城西桥败，覆民阻车。周曰：'桥梁不饰，刺史之过也。'乃还其所沉粟，出私财以修之。民庶悦焉"②。可见在观念上，地方官员在桥梁修建上应负主要责任。

在唐代江南地区的桥梁修建上，除了官员的修缮之外，亦有僧人参与进来。《唐文拾遗》卷三○收有《五大夫市新桥记》，摘录如下：

夫山岳降灵，非大圣无由开化；适化所有，非释教无以导心。于是会稽东不远七十里，有大泽曰虞江，江之东南廿里有草市，粤五大夫，在凤山南面。……故其地也，聚天下之民，鬻天下之货，市之南岗则德兴村，大云寺置庄於兹市之北新江路，路通於市。则黄山河，古人以彴之将接，行旅为不滞之由，缘不壮而丽，危而且险，或游童牧竖，登陟於此，多误断坠堕，以父母兄弟□噫相仆，为民所病。时大云寺僧常雅公，本吴郡富春孙氏，因宦徙居金华焉。……既见我皇帝乾元启运，布德维新，遂乃发心慕缘，造兹桥二所。其桥上临星斗，下跨洪流，资万世之妙因，旌千秋之胜善。……会昌三年岁在渊

---

① 天一阁博物馆、中国社会科学院历史所天圣令整理课题组：《天一阁藏明钞本天圣令校正》，中华书局 2006 年版，第 348 页。相关分析可参见牛来颖《〈营缮令〉桥道营修令文与诸司职掌》，载杨振红、井上彻编《中日学者论中国古代城市社会》，三秦出版社 2007 年版。

② 《新五代史》卷四八《王周传》，中华书局 1974 年版，第 547 页。

献月属无射二十有九日建。（下略）

这是会昌三年（843）在会稽附近所修之桥，为大云寺僧常雅公募缘所修。宋代僧人热心于公益事业，唐代僧人的偶尔之为可能也是个榜样。

在南北朝的基层社会中占尽风头的是强宗豪族[①]，一般来说，地方豪族大多掌握着一定数量的依附人口，拥有一定规模的宗族武装，在地方保持着一定的社会影响力。除个别成员外，他们中的大部分人或居乡为豪，或出任县令、郡守等地方官吏以及主簿、功曹等地方属佐，其家族成员一般不具备较高的文化素质，多以武干见长，因豪侠知名。由于宗族和地域的限制，他们的势力多局限于本贯，尚未突破乡里的界限。[②] 但是类似的势力在唐代江南已经不见了。[③] 能够参与公益事业的仅仅是个别的地方人物，而且如今已经很难确定他们的身份，但至少他们拥有一定的财力是不容置疑的，否则他们也无从参与公益事业中。

二　北宋（10—11 世纪）：政府之外士人、富民与宗教势力参与公益事业的时代

经由五代的乱世，北宋继承了唐末的地方势力，即以财力雄长一方的

---

① 毛汉光先生将中古（汉末至唐代）作为社会领导阶层的社会领袖分为具有社会性、全国性影响，作为社会领袖的士族和具有区域性地位，作为地方领袖或社区领袖的豪族。士族的传承依赖于学问和官品，而豪族要进于士族，关键在于学业品德和官职，大部分的豪族未能进入士族，而留在地方，成为地方领袖。中国汉末至宋以前作为社会领袖的阶层就是士族及地方豪族。国家通过多种形式不断吸收社会领袖进入统治阶层。士族和地方豪族逐步经历了由地方而中央化，由经济性而政治性，由武质而文质的转变。参见氏著《中国中古社会史论》，第 33—53 页。

② 陈爽：《世家大族与北朝政治》，中国社会科学出版社 1998 年版，第 189—194 页。陈先生将之划分为以宗族为根基、以武力为特征的地方豪族和以官宦为标识、以文化为特征的名家大姓。笔者略有不同看法，主要集中在北朝著名的山东士族。这些士族皆有乡里联系，尤其在北魏时确立自身地位的崔、卢、李、郑等士族大姓都有乡里的基础，甚至如荥阳郑羲在朝为官，其兄则横行乡里，具有典型的豪族形态。所以在魏晋南北朝门阀森严之秋，唯有政权更迭，或大变动出现，地方豪族的实力才显示出来，例如永嘉之乱后，中原战乱，地方上坞堡大行其道，形成北魏初年的"宗主督护制"；梁末侯景之乱，陈霸先集团是以南方小姓、酋豪、县姓为基础，而平乱称帝的；而隋朝末年有所谓"山东豪杰"，亦属此类。总之，在变乱之余，部分地方型的豪族才能上升，而达到社会势力与其政治地位间相应关系之新平衡。

③ 黄正建先生曾说：统计唐朝政府下发的诏令，发现唐朝基本没有实施打击"豪族"的政策。这和南北朝明显不同。参见氏著《走在唐史研究的前列——历史所唐史学科发展概述》，《中国社会科学院院报》2004 年 5 月 18 日第 2 版。

富族。① 而在动乱时代，豪富之家多不屑令子孙读书的。在北宋前期类似的社会风气依然盛行。如铜陵大姓胡氏"世以赀名。子弟豪者驰骋渔弋为己事；谨者务多辟田以殖其家。先时，邑之豪子弟有命儒者，耗其千金之产，卒无就。邑豪以为谚，莫肯命儒者。遇儒冠者，皆指目远去，若将浼己然，虽胡氏亦然"②。唯独胡叔才的父母既给他请老师，也花钱让他出门游学。结果还是没有高中，害得他不敢回家。有的地方就没有读书的风气。如桐川人沈锐不顾乡人的笑话，让儿子沈凭读书："桐川之俗，初不趋学，读书者，辄笑之。居士（沈锐）独使凭学……凭遂起家而华其乡。"③

富豪之家令子弟读书的寥寥无几，那参加科举考试的则多是将中举作为改变家庭经济状况的一条途径。如柳开说："本在魏东郡，著书以教门弟子，愿有终焉之志。不幸尔来父兄以家贫，今求禄以养生。"④ 士人的来源虽然复杂，但参加科举考试的士人家庭财力尚未达到雄长一方的地步。⑤北宋时期的有财力的地方居民并非士人，这些富豪的子弟转化为士人的尚

---

① 廖寅先生认为从产生时代来说，宋代两湖地区的富族来源有两个：一是从唐、五代一直传承下来、经久未衰者，二是入宋以来新兴的富族。二者之中，后者更重。宋代"不抑兼并"，"不立田制"，社会财富的流动性极强，有"千年田换八百主"之说。据笔者所见史料，宋代两湖地区富族以新兴者为多。新兴富族在兴起的过程中，不仅表现出极勤奋的精神，而且需要极精明的头脑。以经营产业种类而言，富族的来源也可分为两种，一是经营土地而富，二是从事商业而发达，宋代两湖地区的富族多数属于土地经营者。见氏著《宋代两湖地区民间强势力量与地域秩序》，第10页。

② （宋）王安石：《王安石全集》卷八四《送胡叔才序》，上海古籍出版社1999年版。

③ （宋）陆佃：《陶山集》卷一六《沈君墓表》，文渊阁《四库全书》本。

④ （宋）柳开：《河东集》卷七《上窦僖察判书》，文渊阁《四库全书》本。与柳开经历类似的还有很多。如范仲淹"修学时，最为贫窭。与刘某同在长白山僧舍，日惟煮粟米二升，作粥一器，经宿遂凝，以刀为四块，早晚取二块，断荠十数茎，醋汁半盂，入少盐，暖而啖之，如此者三年"（《宋朝事实类苑》卷九《名臣事迹》，第98页）。

⑤

太平兴国五年进士精英分子出身情况

	高级官员出身	中下级官员出身	寒素家庭出身	其他（高丽人）
人数	2	12	18	1
比例	6%	36%	55%	3%

徐红认为太平兴国五年进士中寒素家庭出身的18人，绝大部分都是史载出身不详者，依笔者推断，与前述状元的情况一样，既然史籍对他们的家庭出身情况语焉不详，那么最大的可能就是他们的家庭中没有可资称道的人物，因为就中国古代人们对祖辈、父辈功绩的重视程度来看，若是祖辈、父辈中有人在朝为官，正史本传或史籍中是不可能略而不记的。见氏著《北宋太平兴国五年进士研究——以精英分子为中心》，博士学位论文，山东大学，2007年。

属少数，反而是商人子弟转化为士人的较多。因此，有能力出资参与地方公益事业的多属于此类乡居富豪。下面以桥梁修建的情况来说明修建的实施主体情况。

表5—1　　　　　地方志中所见北宋东南地区的桥梁修建活动

出处	桥名	修建时间	修建者	类型①
吴郡图经续记	孙老桥	天圣初	郡守礼部郎中、直史馆孙冕重修	1
	新桥		有石氏建请出钱造桥，太守朝议章公立限督之	2
	吴江桥	北宋	郡从事夏日长建	1
	利往桥	庆历八年	县尉王廷坚建	1
正德姑苏志	状元桥	祥符元年	卫文节公（泾）建	1
	垂虹桥	庆历八年	县尉王廷坚建	1
		治平三年	知县孙觉重修	1
	七里桥	庆历七年	县尉王廷坚建	1
	剪巾桥	至和元年	朱信建	2
景定建康志	天津桥	政和中	蔡公巙建	1
	临淮桥	景德二年	句容知县史良率众钱重造	1
	南门桥	皇祐间	邑人刘应之重建石桥，僧从雅作记刻石	2
嘉定镇江志	清风桥	景祐间	郡守范文正公希文重建	1
咸淳毗陵志	状元桥	崇宁中	朱守彦建	2
	长桥	景德四年	令李若谷改造	1
		天圣六年	令贾丞相昌朝更筑	1
	周桥	治平中	令楼阅建	1
嘉泰吴兴志	骆驼桥	祥符五年	知州事刁　重修	1
	仪凤桥	天圣三年	知州事高慎交重建	1
	甘棠桥	政和中	知州事章援建木桥	1

---

① 本表的类型：1是指各级现任官员；2是有财力的本地居民（士人或富民）；3是指僧道为代表的宗教势力。

续表

出处	桥名	修建时间	修建者	类型
宝庆四明志	憧憧桥	天禧五年	僧道臻建	3
		嘉祐中	郡守钱倚修	1
	永济桥	景德四年	僧惟一修	3
	东津浮桥	开宝中	守钱亿修	1
	奉化县桥	宣和初	令周因重修	1
	广济桥	建隆二年	僧师悟始建土桥，其后邑士徐覃易为木	3
	骢马桥	皇祐中	令王泌重建	1
		治平三年	令于存修	1
	德星桥	熙宁元年	令于存修	1
大德昌国州图志	第三桥	明道初	陈氏居士文谅自开封徙居于此，捐赀建	2
	东江桥	明道初	陈文谅	2
成化宁波郡志	夹田桥	皇祐二年	令林肇建	1
嘉泰会稽志	德惠桥	崇宁五年	邑人莫若鼎创（无考）	2
嘉定赤城志	观桥	庆历七年	郡守元绛建	1
	孝友桥	元祐中	令张元仲垒石为之	1
	桐山西桥	嘉祐八年	县人应宗贵①垒石而建，乡贡进士罗适为之记	2
康熙袁州府志	大津桥	宣和年间	宗室赵朝修建	1
	惠陂桥	景祐间	邑民刘可受建	2
	石桥	景祐间	邑人教授罗山泉建	2
	馆埠桥	宣和间	知县郑强建木桥	1
	彪家桥	祥符间	乡民彪论建	2

---

① （宋）罗适：《桐山西桥记》："距县东北隅半舍之近，有聚落焉，曰桐山。一溪经其中，溪亦因山而毕会，漱啮堤址，汹汹不可御。昔为梁以木，济诸行者，曾无期月之固。由是往来之人，尝病其涉。邑有应宗贵者，集其族人与乡之强有力者，议以石易之。于是捐镪以给其用，召释子普宁以督其役。不踰月而桥成，凡植柱二十有五，镵板二十余，钱总五十万余。四方之商旅有过而观者，咸嘉其用心焉。"见《浙江通志》卷三七《关梁五》。

续表

出处	桥名	修建时间	修建者	类型
弘治八闽通志	去思桥	景德元年	郡守谢泌谋易木以石，州民陈祐奔走营集，泌去三年而桥始成	2
	通津桥	咸平中	郡守陈象舆重建	1
	乐游桥	元祐中	道士颜象环建	3
	奉真桥	元丰三年	道士颜象环建	3
	九仙桥	景德间	郡守袁逢吉易以石，元符二年颜象环亭其上	1
	万寿桥	元祐间	郡守王祖道置田备修	1
	灵源桥	元祐间	甘泉院僧德一建	3
	溪上桥	元祐间	僧德一建	3
	龙首桥	天圣五年	灵石僧洞然命其徒义韶募缘建	3
		元祐二年	僧显光及乡人林日进复募缘为梁	3
	龙江桥	政和三年	始太平寺僧守恩垒石为基，三年林迁与僧妙觉募缘成之	3
	石桥	治平三年	禅林院僧为贲始伐石垒趾为间者	3
	洞溪桥	绍圣间	净明院僧契慈建	3
	士林桥	治平元年	僧显募缘新之	3
	无患桥	熙宁七年	僧超渐建	3
	交溪桥	宣和四年	林公孙募缘建	2
	化龙桥	崇宁元年	知县黄国镇率众修之	1
	蹑云桥	元丰中	僧守恩及其甥李诚募缘建	3
	云津桥	宋初	邑人廖三益捐赀建	2
	沈尉桥	元祐二年	县尉沈姓者重建	1
	联芳桥	元祐间	里人游安世圳弟安址建，兄弟皆迪功郎	2
	瀛洲桥	庆历间	邑人虞坤建	2
	松溪桥	北宋	邑人李思建	2
	石筍桥	皇祐元年	郡守陆广为浮桥	1
		嘉祐间	郡守卢革重修	1
		元丰间	运判谢仲规复修	1
	悲济桥	皇祐中	僧法超建	3

续表

出处	桥名	修建时间	修建者	类型
弘治八闽通志	小桥	元祐中	邑人许荣又建小桥于桥南	2
	泔江桥	元符间	僧怀应甃石为路二十里许，中为桥	3
	豪溪桥	大观间	僧宗爽建	3
	万安桥	庆历初	陈宠甃石作沉桥	2
		皇祐五年	僧宗已及郡人王寔、卢锡倡为石桥，未就，会蔡襄守郡，踵而成之	2、3
	金鸡桥	宣和中	邑人江常将葬母，造浮桥以济	2
	双桥	绍圣间	僧智从重建	3
	善利桥	绍圣中	里人陈公研建	2
	西安桥	元祐八年	邑人许宣并僧人宗定建	2、3
	宏济桥	建隆初	叶记甃石为路，遇港辄为桥	2
		绍圣三年	僧智礼易之以石	3
	苧溪桥	大观中	邑人徐诚建	2
	龙津桥	熙宁中	邑令李嵩架木为桥	1
	跃津桥	崇宁中	里人谢文德建	2
	菱溪永济桥	治平二年	邑令张盖建	1
	万寿桥	元丰间	县令江渊建	1
	延平桥	宣和中	郡人范滐建	2
	无双桥	绍圣二年	张致远建	2
	无敌桥	绍圣二年	邑人邓藏用募众建	2
	翔凤桥	绍圣四年	县令谢潜初建浮桥	1
	洛溪桥	崇宁二年	县令王瓘建	1
	济川桥	元祐中	县令俞伟始建浮桥	1
	仙源桥	熙宁初	郡人徐熙春建①	2
	章公桥	崇宁二年	通判章炳文造	1
	渔沧桥	熙宁二年	太守赵彦励重建	1

---

① 《福建通志》卷六〇《方外》："宋徐熙春，邵武人。熙宁中，梦铁冠道人，仪容修伟。既寤，至城南五峰院后，遇所梦者，自云姓蔡，住武夷。遗以五华草，食之甘美，自是不复粒食，惟饮清泉。约以某日会武夷，至期而往，蔡已先至。徐以水深不能渡，止于金身院修炼，尸解而去。"

续表

出处	桥名	修建时间	修建者	类型
弘治八闽通志	新桥	宣和二年	里人朝奉大夫林一鸣①请卓道者募众建	2
	沙溪市桥	庆历初	邑人洪忠捐家赀建	2
	太平桥	庆历元年	邑人洪忠②捐赀建七桥，蔡襄为路漕，奏补本军助教	2
	通仙桥	宣和六年	长者刘宾倾家赀造，知县林涣为记	2
	仙水桥	崇宁元年	林长者造	2
	恩波桥	崇宁中	郭氏建	2
	侍者桥	天圣三年	僧大辨造	3
	九座桥	天圣二年	僧法本造	3
	赤岸桥	皇祐五年	僧文果募缘创献	3

表 5—1 共有 102 次桥梁修建活动。其中福建地区有 61 次，其他地区 41 次。

在福建地区的 61 次修建活动中，现任地方官员、地方居民、僧人道士都有参与。比例可见表 5—2。

表 5—2　　　　北宋福建地区桥梁修建参与主体比例

修建主体	现任官员	地方居民	僧人道士	居民与僧人合作
次数	16	23	20	2
比例	26.23%	37.70%	32.79%	3.28%

在福建之外的东南地区，则是现任官员、地方居民和僧人的参与。比例见表 5—3。

① 《广东通志》卷三九《名宦志省总》："林一鸣，字闻卿，莆田人。以父荫历知惠州。"

② 《福建通志》卷四九《孝义一》："洪忠，庆历初出家赀，造枫亭、沙溪诸桥凡七所。邑人陈高立石纪事。蔡襄持节本路，以劳绩奏勅赐本军助教，仍蠲其役，子范孙、处厚皆贵显。"

表5—3　　　　　　　　**北宋江南地区桥梁修建参与主体比例**

修建主体	现任官员	地方居民	僧人
次数	27	11	3
比例	65.85%	26.83%	7.32%

　　由表5—2、表5—3可以看出，福建地区的地方居民和僧道宗教势力在公益事业的版图内占有比较大的比重，两者相加占到七成多。正好相反，其他江南地区则是现任官员的修建占到近七成。自然这和福建地区佛教很早就很兴盛有密切关系。在此处使用"地方居民"而没有使用"富民"，则是出于对"郡人""里人""邑人"身份不确定性的考量。第三章第三节中曾经叙述过福建路延平府桥梁修建的情况，经考证，其中部分"邑人""里人"都曾进士及第，按照本文"士人"的标准，无论是进士及第之前，抑或居家待阙，他们都是士人。但从北宋桥梁修建的记述可见，当时尚未将"士人"这一身份当作自己的"名片"来使用，士人势力尚未达到一定高度。但上述诸种称谓是出于对居住地的认定，因此包含土著士人与富民，笔者用"地方居民"概括。

表5—4　　　　　　　　**北宋福建路桥梁修建时间分布**

时间段 修建势力	960—999	1000—1040	1041—1080	1081—1127
地方官员	1	1	4	7
地方居民	2	1	6	15
宗教势力	0	4	8	17

　　很明显，从表5—4中能看出，从庆历年间开始，政府与地方居民、宗教势力对桥梁的修建活动明显增多，但官员修建的始终居于少数，并且在北宋后期熙宁之后差距更为突出。自然这与北宋时福建地区宗教势力就已非常兴盛有很大关系。[①]

---

　　① 如北宋时福建路建州"所管六县，而建安佛寺三百五十一，建阳二百五十七，浦城一百七十八，崇安八十五，松溪四十一，关隶五十二，仅千区，而杜牧江南绝句云：'南朝四百八十寺。'六朝帝州之地，何足为多也"。（《宋朝事实类苑》卷六一《风俗杂志·建安多佛寺》，第816页）数量是相当惊人的。

表 5—5　　　　　　　　　北宋江南桥梁修建时间分布

时间段 修建势力	960—999	1000—1040	1041—1080	1081—1127
地方官员	2	8	10	7
地方居民	1	5	4	2
宗教势力	1	1	0	2

在江南地区的桥梁修建中见表 5—5，地方官员始终居于主要地位，并且在北宋中期达到顶峰。但进入北宋后期，修建活动则有所减少。这应该与北宋后期发生财政困难有紧密联系。北宋虽然号称经济繁荣，岁入赋额空前庞大，但官府却常常遭遇财政不足的问题，并且在北宋后期落到一个低谷。[①] 因此徽宗时起，地方势力在基层社会的影响力更为增强，甚至不仅地方事务及治安的维护由地方人士担任，费用也由地方政府来筹措。[②] 由此可以认为北宋是政府之外士人、富民与宗教势力参与公益的时代。只不过在北宋的桥梁修建文献仅强调修建者的居住地，士人与富民区分的并不是非常清晰。

三　南宋、元（12—14 世纪）：士人、富民与宗教势力参与公益事业的时代

与北宋不同，南宋基层社会士人的人数尽管占总人口的比例有限，但

---

① 南宋叶适曾总结北宋财政情况说："至于太宗、真宗之初，用度自给，而犹不闻以财为患。及祥符、天禧以后，内之蓄藏稍已空尽，而仁宗景祐、明道，天灾流行，继而西事暴兴，五六年不能定。夫当仁宗四十二年，号为本朝至平极盛之世，而财用始大乏，天下之论扰扰，皆以财为虑矣……是以熙宁新政重司农之任，更常平之法，排兼并，专敛散。兴利之臣四出候望，而市肆之会关津之要，微至于小商贱隶，十百之获，皆有以征之。盖财无乏于嘉祐、治平，而言利无甚于熙宁、元丰。"（《叶适集》卷四《财总论二》，第 772 页）

② 北宋彭龟年曾说："今州县例皆困匮，县之负州，州之负大农者，动以万计也。"（《止堂集》卷一一《上漕司论州县应副军粮支除书》，文渊阁《四库全书》本）参见包伟民《宋代地方财政史研究》，第 82 页；[日] 佐竹靖彦《宋代福建地区的土豪型物资流通和庶民型物资流通》，《宋史研究论文集》，第 220—235 页。至南宋时期，在福建地区更以虔州土豪陈敏的家丁及地方土兵为基础成立左翼军，陈敏在南宋初即因组织家丁讨捕走私、保卫乡土有功，而被任命为巡检，参见黄宽重《南宋地方武力：地方军与民间地方武力的探讨》，国家图书馆出版社 2009 年版，第 60—61 页。

作为掌握"文化权力"一个群体，在地方事务中的影响开始显现，"士人社会"初步形成。士人广泛参与地方公益事业，成为政府之外重要的补充力量。此阶段北方的金朝在科举制下，也开始着地方势力士人化的倾向①，但是因靖康之难时大量北方士人南迁，加之是女真族占据政治主导，地方士人群体成长的速度始终不如南宋。

赈济等活动按照惯例应是由政府占据主导，民间资本为辅。而在南宋，因为地方财政普遍捉襟见肘，官员就将目光瞄向那些拥有财力的士人和富民，所以在赈灾等政府主导的公益事业中，往往通过"劝分"的手段促使士人和富民出资。

元代一统南北，专门设置了"儒户"，因此此时的士人与南宋士人和明清士绅相比，虽仍有不及之处，但总体上经济上优待相差不是很多。② 比如对江南地主征收赋税较轻，对其兼并土地亦大加纵容，还利用一部分江南士人参政，以示拉拢。③ 正如钱穆先生所言：

> 元明之际，江浙社会经济丰盈，诗文鼎盛。元廷虽不用士，而士生活之宽裕优游，从容风雅，上不在天，下不在地，而自有山林江湖可安，歌咏宴飨可逃……④

但是元代长期没有举行科举考试，阻碍了绝大多数士人的仕进之途，多数士人沉浮乡里，造成地方士人人数继续膨胀。据周鑫博士对元代抚州儒士的研究，宋元之际的政治变动影响着抚州儒士的生活与朱子学的传布。宋元战争爆发，卷入战争的抚州儒士，尽管政治态度、行为表现各异，但他们大都依托家庭、地方社会展开行动。战争严重破坏了抚州的社会秩序，许多儒士的家庭遭受摧折。战争之后，抚州儒士几乎都处于隐居田园的状态。元初科举的停废，意味着抚州儒士无法再凭借科举的管道步

---

① 参见王德朋《金代汉族士人研究》，中国社会科学出版社 2006 年版；陈昭扬《征服王朝下的士人——金代汉族士人的政治、社会、文化论析》，博士学位论文，台湾"清华大学"，2007 年。

② 萧启庆：《元代的儒户：儒士地位演进史上的一章》，载氏著《元代史新探》，新文丰出版有限公司 1983 年版，第 1—58 页。

③ 郑克晟：《试论元末明初江南士人之境遇》，载氏著《明清史探实》，中国社会科学出版社 2001 年版，第 10—14 页。

④ 钱穆：《读明初开国诸臣诗文集》，《新亚学报》1964 年第 6 卷第 2 期。

入仕途。他们退回到地方，重新思索生活的意义。虽然仍有部分儒士为家庭、社会身份继而固守旧习，但许多人开始捐弃举业，转而攻习诗文与朱子学。因此科举入仕道路的截断，进一步将抚州儒士推向家庭、地方社会。①

苏力对元代江南地区的地方精英做了较为全面的研究。他认为地方精英包括士人与富民，但在论述的时候一概而论，并未区分士人与富民，而且也没有界定士人与富民的关系，士人肯定能够拥有文化资源，而富民就不可能拥有。由此他认为地方精英具有以文化资源为代表的"文化权力"时，就显得有些牵强。②不过据他的研究，包括士人在内的元代地方精英对地方公共设施如堤坝、城池、修桥、筑路、农田水利都有积极地参与，并且在赈灾救济等慈善活动中也体现出了社会责任，此外对地方教育、宗族建设、尊老等方面也保持了浓厚的兴趣。很明显，上述类似的活动在南宋时期都已经出现，并且在某些地区有良好的表现。因此笔者认为元代士人的来源是南宋与金朝的士人，在元朝统一全国之后得到恢复，并且在地方上得到进一步的沉淀和发展，至少在江南地区是如此。

四　明清（14—19世纪）：士绅与富民、宗教势力参与公益事业的时代

士绅（或"绅士"）是明清史研究经久不衰的题目，成果莘莘大观。③研究明清的学者多认为绅士或者士绅是具有秀才以上功名或一定职

---

① 周鑫：《儒士新地方性格的成长：以元代江西抚州儒士为中心》，博士学位论文，南开大学，2007年。

② 苏力：《元代地方精英与基层社会——以江南地区为中心》，天津古籍出版社2009年版，第243—246页。

③ 由士绅角度对中国社会结构进行研究的专著甚多，有代表性的如：张仲礼：《中国绅士》，李荣昌译，上海社会科学院出版社1991年版；张仲礼：《中国绅士的收入》，费成康、王寅通译，上海社会科学院出版社2001年版。萧公权对士绅、家族、仓储等地方控制途径分别进行了详细论述。见氏著 *Rural China：Imperial Control in the Nineteen Century*，Seattle：University of Washington Press，1960。瞿同祖通过专章讨论了清代的绅士，见氏著《清代的地方政府》，范忠信、晏锋译，法律出版社2003年版。另外，还有贺跃夫《晚清士绅与近代社会变迁——兼与日本士族比较》，广东人民出版社1994年版；王先明《近代绅士——一个封建阶层的历史命运》，天津人民出版社1997年版等。国内士绅的研究综述可见李海滨《近20年来中国绅士研究述论》，《许昌学院学报》2004年第6期；日本学者之士绅研究综述可见郝秉键《日本史学界的明清"绅士论"》，《清史研究》2004年第4期。

衔，介于官僚与平民之间，不同于官、又区别于民的封建统治阶级内部的一个在野的特权阶层，是名副其实的地方权威，并构成了封建统治的社会基础。有学者亦认为：士绅"这个集团曾在中国明清社会中起着重要作用，处于中国社会结构中关键的一环上"①。这个庞大的阶层是作为封建官僚队伍的后备力量（或曰候补力量）而存在的，它源源不断地向官僚队伍输送人才，成为封建国家机器正常运转的基础，这种有效的流动机制也使得社会政治获得大致的平衡和稳定。

明清士绅参与公益事业的活动比南宋士人更多。比如原来是宗族内部互助作用的义庄，由于功能的调整，这一原本纯粹的民间社会组织在明清时期也呈现出政治化的趋势，成为与官方或半官方基层组织互助互补的基层组织。在明清两代，无论是官方、半官方或民间基层组织，总是处于不断的变动之中，旧制衰败，新制产生，官方组织不足，半官方组织产生，半官方组织衰退，又有民间组织产生。江南义庄在明代至清代前期一直处于缓慢发展之中，是因为里甲、保甲、乡约、社学、义仓、社仓等组织还基本上能够维持基层社会的管理和保障功能。然而时至道光以后，江南便天灾不断，咸丰以后，又遭战争摧残，庚申之役，江南士绅尤受重创，而战争之后，原有的基层组织网络，诸如保甲、乡约、社仓、义仓等大多废而不举，地方官员虽也敦促甚严，如下官奉行不力，则转向士绅求助。于是，宗族的义庄（血缘性）和乡里的善堂善会（地缘性）的各类组织迎来了发展的契机，江南义庄和善堂以及公所（业缘性）在同光年间空前发展，其根本原因还在于时代的需求，官方之倡导。此点甚为学者熟知，不再赘述。

从上述分析可见，南宋士人是知识群体在基层社会的具体显现，填补了唐后期以来长时期内知识群体在地方事务中的真空。

五　结论

任何事物的出现和成熟都不是一蹴而就的，都是社会历史发展缓慢演进中的产物。士人就是科举制下基层社会缓慢产生、并逐渐相对固化的一个社会阶层。

---

① 杨力伟：《士绅的产生、衰落与消亡——一个宏观的透视》，《社会学与社会调查》1991年第5期。

　　北宋建立，一方面不能像唐朝依靠关陇集团和山东门第为其社会基础，另一方面又深恐唐末五代以来藩镇随时颠覆政权。在这种形势下，宋太祖和太宗兄弟认识到他们必须争取士人向新王朝的认同。士人阶层虽然久受摧残压抑，但仍潜布各地，无论是建立全国性的或是地方性的秩序，北宋王朝必须依靠他们的积极合作不可。这是受当时的历史条件限定的。任何社会都不能缺少一个具有实际组织能力的领导阶层，这在宋代只能求之于"士"。争取士人的支持，第一步就是恢复科举取士制度。[①] 而科举制度最大的后果就是吸引越来越多的人去读书，从而使士人群体在北宋末年有一个飞速的增长。由于士人尚少，故而科举压力并不是很大，浮沉乡里的士人相对较少。

　　南宋士人的来源复杂，但都在南宋时融合成为士人这一社会阶层。尽管南宋录取率增加，但无法满足日益增长的士人群体。滞留乡里的士人与日俱增，对乡里的关心也比前代更多。这是时代发展的必然，并非士人自身的选择。

　　南宋士人对地方事务的关注，对公益事业的热心，就改变了唐朝开始的地方势力仅有庶民地主的现状，填补了地方知识分子群体的空白，构成了官、民之间的沟通渠道。由此长时段看来，南宋参与公益事业的主体模式具有承上启下的重要地位。

第二节　南宋奠定了南宋以降公益
事业的实施模式

　　政府官员全面主持完成应是中国公益事业主要的实施模式。[②] 部分公益事业是作为官员的职责而存在，如桥梁的修建，原则上是由官员全面负责，在南宋时依然被认为是州级行政的主要职责之一。吕祖谦就

---

　　① 余英时：《朱熹的历史世界》，生活·读书·新知三联书店 2004 年版，第 206—207 页。
　　② 秦晖先生在比较中西社会的不同之后，提出了公益事业的中国模式，有政府公益、非族性民间公益、寺院宗教类公益、宗族公益。见秦晖《政府与企业以外的现代化——中西公益事业史比较研究》，第 168—228 页。很明显非族性民间公益应包括士人（士绅）的公益，但他没有强调士人（士绅）阶层在公益事业中的重要地位。作为知识群体，士人（士绅）的作用很明显是非常重要的。因为沟通官与民的桥梁，不是富民，而是这部分知识群体。这种沟通作用在政府主导的框架之下实施公益事业时往往是不可或缺的。

曾说："桥梁，郡政之一也。"① 水利建设也是官员职责所在，所以水利设施的修筑往往都是由官员出面，甚至官员全面负责，无须其他力量介入。尤其是水利设施经常突破一县的范围，需要诸县合力修缮，故而转运使等路级长官和州（府）长官就要担负起协调的责任。② 从资金来源上讲，官出资本是主要形态。③ 此种实施模式在跨越数县或数州府的情况下，尤其盛行。因为当工程的范围包括数县时，或者当费用大到使上级官吏有了参与其事的热情时，这些工程就得由地方高级长官乃至由专门设立的国家机构来监督。④ 但官员内部对公益事业的实施并非经常意见一致。如官学修建即是如此。北宋庆历四年（1044）开始推广州县学。⑤ 经过北宋后期两次大规模的兴学，"虽荒服郡县必有学"⑥。在绍兴十四年（1144），宋高宗又诏令天下兴学。修建官学的南宋地方官员多为知州（军、府）事、知县事，还有县尉、州（县）学教授等。我们看到的"学记"内容多是上下一心，或是地方长官的意志下达而作成。实际上并非知州（军、府）事等长官与教授等人态度一致，在修建官学问题上也多

----

① （宋）吕祖谦：《东莱吕太史文集》卷六《抚州新作浮桥记》。

② 淳熙元年夏，泰州东部潮水坏海堰，"诏州与两使者参治"。最后"涖役者，海陵尉朱棣；都护者，知如皋县耿汉、知海陵县穆沂"。（宋）吕祖谦：《东莱吕太史文集》卷六《泰州修桑子河堰记》。

③ 淳熙八年朱熹在知南康军任上时，曾修石堤，前后历时两年。"有司计之，厥费甚多……乃以告于转运判官王君师愈，则大喜，得钱百万，米五百斛；又以告于提点刑狱赵君烨、叶君南仲，亦喜，得钱如漕司之数。……命星子令王仲杰、司户参军毛大年职其事，兵监赵胜、郭坚董其役，元晦间亦躬行其上，劳苦勤恤者甚至。而费尚缺，转运副使徐君本中、鲁君逢继来济以千缗。"前后未见士人参与。见吕祖谦《南康石堤记》，正德《南康府志》卷八，《天一阁藏明代地方志选刊》。

④ 冀朝鼎：《中国历史上的基本经济区与水利事业的发展》，第63页。卡尔·马克思（Karl Marx）回答关于东方的问题时曾说："节省用水和共同用水是基本的要求，这种要求，在西方，例如在弗兰德和意大利，曾使私人企业家结成自愿的联合；但是在东方，由于文明程度太低，幅员太大，不能产生自愿的联合，所以就迫切需要中央集权的政府来干预。因此亚洲的一切政府都不能不执行一种经济职能，即举办公共工程的职能。"见《马克思恩格斯选集》第2卷，人民出版社1972年版，第64页。自然马克思将东方包括中国在内由政府主导的水利事业归为"文明程度太低，幅员太大"，很明显是误解。

⑤ 《宋史》卷一五五《选举志一》，第3604页。"熙宁以来，其法浸备，学校之设遍天下，而海内文治彬彬矣。"

⑥ （宋）苏轼著，孔凡礼点校：《苏轼文集》卷一一《南安军学记》，中华书局1986年版，第374页。

龃龉不合。① 这种官员内部意见不统一的情形在其他公益事业中也普遍存在，从而影响到了公益事业的实施。

总的来看，南宋士人参与公益事业的实施模式，主要有以下几种。

一　政府官员倡议，士人参与

地方官员在财政不足的情况下，多数会将资金筹集、修建事宜交付士人等来完成。

> 袁恃孚惠二王为司命，郡以宜春台为胜境，壮亭榭于林木之表，山川城郭，俯视无遗。辍燕游以奉神，敝则改为者，太守徇邦人之志也。按仰山距城七十里而远，二王既敬释氏，逊山与寺，徒庙堵田，距城三十里而近，人犹患不得朝夕致敬也。故凡水旱疾疫，迎神台上，以便祈禳，已事乃归，其来久矣。建炎中，剧盗、金虏继至，守奉像设而驻师焉。贼薄城，若有御之者，最后望见一神，黄衣白马，往来稚堞间，骇异而走。绍兴初，始即台立行祠。淳熙甲午，易亭为殿，又移慈济院于台西，奉惠寂禅师即神所敬者。初，寂归老韶州，将谢世，神往诀别，问："岂无见属乎？"寂曰："吾师灵右禅师以正

---

① 　如绍兴四年（1134）周之才就任江南东路信州州学教授，此时的州学："四顾颓屋檐败壁，风雨摧剥，圮腐之余，使人感怆。登堂而察蠹且朽者十之七。榱桷堕颓，飞瓦乱下，使人增压焉之惧。问其弗葺之由，兹学弃舍久矣。"周之才见到的州学是其前任徐佶所留下。当初徐佶上任伊始，"'士夫服儒衣冠，岂纵役夫围人黩先圣之居耶？'命徒而之他。郡将沮焉，自此不复以馆客居其间"。徐佶就任州学教授的时候，阻止他修建的是"郡将"。"郡将"是南北朝时期对州刺史的别称，宋代沿用为知州事的俗称，亦即阻止徐佶修学的即是信州知州。周之才上任后"以其事白于郡，并请少加葺焉。郡以为不急之务，弗之从也。既不得命，私自念曰：'是真不急之务乎？余之请非耶？今天子讲武之暇，留神载籍，兹无穷之基也。有官君子宜识圣意之所响。向之所请未可以为非也。'既而合诸生议曰：'是学之修端不可缓，惟协力图之，则有济矣。'众以为然。乃度材费，计工庸，资学饩之余，假诸邑之助"。［（宋）周之才：《信州新学记》，载康熙《广信府志》卷一〇］周之才请示知州事，得到的答复是"以为不急之务，弗之从也"，依然是消极的反对。这是两任教授请求修建州学都被阻挠的事例。周之才在没有知州支持的情况下，通过"资学饩之余，假诸邑之助"意图完成州学修建。当然周之才的目的是想得到知州的支持，因为州学教授属于九品末僚，甚至连俸禄都无考。［参见赵铁寒《宋代的州学》，载《宋史研究集》第二辑，"国立"编译馆中华丛书编审委员会1964年版，第348—355页］如能获得知州的批准从而得到资金的支持，则修学将顺利无比。因此我们不能忽视知州事在官学修建中的重要影响。另外，由于教授有"官"的背景，故而在地方长官消极态度之外，依然可以将官学修成。

月八日逝于沩山，宜就是日普设僧供。"神敬诺。……既迁城中，斋会滋盛，远人四集，凌虚创阁以待有众。庆元己未九月丁未，融风为灾，一夕俱烬。士民欢曰："此飞檐架空之咎也！"争辇土石，培展台基，首营正殿五间，后列沩、仰二禅师暨王之父子，又为堂以识参请，设亭以备拜享，别造斋阁于新址。总用钱八百余万，郡守李谌捐金谷倡之，阖境争趋和之。武经郎赵伯恃、乡贡进士袁简及孟公震掌其事，兵马监押赵善济董其役。揆日于是年十月，明年四月讫工。①

此次修缮是郡守捐金倡始，民众更是积极踊跃出钱出力。祠庙修缮临时组织系统为：

$$\text{郡守李谌}——\text{兵马监押赵善济}\left\{\begin{array}{l}\text{武经郎赵伯恃}\\\text{乡贡进士袁简}\\\text{乡贡进士孟公震}\end{array}\right.$$

可见士人是修建的重要参与力量。这是公益事业实施中士人主要的参与方式。

二　现任地方官员任命士人主持

南宋时，一些公益事业的资金由政府所出，但是由于各种原因，主持修建的任务就落在了士人身上。淳熙间台州修建黄岩闸：

> 台之五邑，黄岩为壮。……元祐间，罗公适持节本路，知此邑之水利为向，因其塘之大者，增置诸闸，今之常丰、石秋、永丰、周洋、黄望，皆其遗迹也。岁月之久，无所是证。前后兴修者，往往功力不至，随成随坏，遂谓诸闸终不可建，惟漕运干官谢敷经、乡士支汝绩、陈谦、徐弗如、陈纬深知其利病。淳熙甲辰之冬，蜀人勾公昌泰为常平使者，按行田野，悯闸事不修，于是用其议，有请于朝。孝宗皇帝深嘉之，出度僧牒，为直一万四千缗。勾公以本司钱六千缗成其役，乃檄宁海丞永嘉林季友、邑丞四明刘友直董其事，又委乡寓居

---

① （宋）周必大：《益国周文忠公全集》卷五九《袁州宜春台孚惠新祠记》。

与士人分领之，而武学博士蔡镐于规摹条画尤所究心。自乙巳仲春首役，至孟冬迄事。……于是置庄以守之，垦田以赡之，择人以主之……三年，提举李公太性复修周洋，及建常丰清闸。丙辰秋，大熟未获，巨潦相仍，自此闸政难于修举，民方忧之。常平使者李公洪以新职升陛，遂以本路亘所兴行者请于庙堂。时丞相谢公以元枢秉大政，因言黄岩建闸利害。李公下车未几，深注意焉。询访乡之贤德士庶，考究其实而奏闻之。圣意嘉纳，有旨：拨封桩库六千缗，修混水、鲍步，重建金青、黄望、长浦、交龙等闸。黄望易其旧址，依山之岩石，凿而为之。邑丞付坦、簿温良臣、尉徐士表、乡官新监尤藏、封桩库赵师雍、新常熟县簿鲍端亨及乡士之公勤端实者分治其事，又以军事判官赵师仅而总隶之。时郡太守直阁叶公赟以农事为重，恪于奉承，凡所施行，人不敢慢。……①

两次修缮都没见到知县的身影，第一次为淳熙乙巳年，即淳熙十二年（1185）。在淳熙甲辰年，即淳熙十一年（1184）冬天勾昌泰就任常平使者。查万历《黄岩县志》，淳熙十一年时赵思岘在任，淳熙十二年时就变成李林了。② 可能此时正是旧知县离任，新知县尚未到职之时。第二次修缮是在"己未秋"，即庆元五年（1199），结束于庚申仲春，即庆元六年（1200）。庆元三年知县是常浚孙，庆元六年为翟昀。③ 这次修缮前后有知县在任，但修缮活动亦未看到知县的活动。我们明显感觉到作为县级政权最高长官，知县在常平使者为主持者的修缮活动中没有什么作为。

这是第一次修缮时的临时组织系统：

$$\text{提举常平勾昌泰}\left\{\begin{array}{l}\text{宁海丞永嘉林季友}\\\text{县丞四明刘友直}\end{array}\right\}\left\{\begin{array}{l}\text{寓居}\\\text{士人}\end{array}\right\}$$

很明显，常平使者是路级官员，越过知州和知县，直接领导两位县丞，再由两位县丞领导寓居和士人。"寓居"是指居乡的官员。南宋冗官问题严重，许多官员占不到实缺，也就是得不到差遣，只得待阙乡居，返

---

① （宋）彭椿年：《重修黄岩诸闸记》，《赤城后集》卷八。
② 万历《黄岩县志》卷四《县官》，《天一阁藏明代方志选刊》本，第23册。
③ 同上。

回原籍者，称为"土居官"，倘若寄居外地，则称为"寄居官"或"寓公"。① 这类"寓公"经常出现在地方公益事业活动里。

第二次修缮时的临时组织系统：

$$
\text{提举常平李洪——军事判官赵师仅}
\left\{
\begin{array}{l}
\text{县丞付坦} \\
\text{主簿温良臣} \\
\text{县尉徐士表} \\
\text{乡官新监尤藏} \\
\text{封椿库赵师雍} \\
\text{新常熟县簿鲍端亨} \\
\text{乡士之公勤端实者}
\end{array}
\right.
$$

由此示意图可知，这次修缮，具体负责的有县丞、主簿、县尉等现任基层官员，乡官，新得差遣之基层官员，另外还有士人。基本上各类官员居于主导地位，士人仅是负责人之一部分。

三　士人请示，官员首肯后实施

在士人参与官学修建的过程中，官员的态度也是有决定性的。绍兴十一年（1141），胡某任知广南东路雷州府事：

> 下车之初，首谒宣庙，见其地形湫隘，殿宇隳败，喟然兴叹，窃有意于作新，念军旅之后，顾惜民力而未遑。平居燕闲，僚属宾佐之间，一语一言，未尝不以为歉。儒冠之士闻风而靡，聚语曰："贤太守留意于吾道如此，吾属学夫子之道者也，可不动心乎？"乃率诣府庭，请各出私钱，自推乡间宿学老儒者以董其事，众共协力，鸠公检材，即城之西北隅得地爽垲，愿改创焉。……胡公欣然可其请，且戒之曰："毋撤民屋庐，勿夺民三农之时。"众受命惟谨。②

这次是知县有修学之意愿，但财政无钱，士人主动提出出私钱修学，

---

① 梁庚尧：《豪横与长者：南宋士人居乡的两种形象》，《宋代社会经济史论集》，第474页。

② （宋）贾洋：《雷州府修学记》，载道光《广东通志》卷一四一，清道光二年（1822）。

知县乐得其请。还有的修建是知县就任后，当地士民请修县学，经过首肯后，士民自发成其事。事成后，知县求记立碑。如嘉泰二年，江南西路广昌县修县学：

> 盱江析临川而为军，广昌又析南丰而为邑。其地极江西，界接于闽疆，秀民为多。初立学在县狱之右，绍兴十七年徙置县南，郡丞刘嵘为之记。后五十余年，当嘉泰二年四月，奉议郎曹进之来为宰，谒先圣，殿上漏旁穿，两庑敧侧，且非其地。邑士胡岩老请改筑于县治之东，诸生相攸，佥谋为允。于是进士揭瑛之、子俨、子仪三人输财效力主其事，而黄作舟、作砺首捐钱四十万为之助，士胥和之，庀工癸亥之夏，甲子春新学成……进之，予门生也，求记勤甚。……①

知县曹进之········· { 进士揭瑛之
揭子俨
揭子仪

知县不是具体领导士人修缮，而是批准后交由士人进行，自己不再具体过问，所以笔者用虚线表示知县与三位主事者的关系。广昌县学的兴修，是由邑士胡岩老提议后，经知县表态同意，至少也是默许，然后当地士人集体合作完成。出资者是黄作舟、黄作砺等士人，与地方财政无关。最后知县求周必大作记，并立碑作为官府承认的证明。从以上两例可知，如果知县对士人的请求不"可"，则修学之事亦必定无法进行。

祠庙修建也经常需要官员的许可。如乾道四年（1168）四川大旱，郫县知县率众到善应庙祈雨，第二年继续大旱，继续祈雨，并降雨。"乡大夫士之贤者谒君，且言：'大夫为政，未几而成，士力学，农力田，工商安其业，顾俗无悍骄，吏亡猾奸矣。龙之灵抑知君之为。夫有德焉不报，非民也，固愿新龙之祠，求公一言诺。'君曰：'是德尔民者，而报之宜，予何辞？'唯唯退，合财力为之。楹以枚计者若干，广袤以丈寻计者若干。"②

---

① （宋）周必大：《益国周文忠公全集》卷六〇《广昌县学记》。

② （宋）黄夷则：《郫县善应庙记》，《成都文类》卷三三。

但在某些地区，士人亦会主动请官员出面修建官学。除了前述朱丙先后请求转运使和知州修学外，尚有不少例子。如绍兴六年（1136），左承奉郎方某为知泉州永春县事，"视事之初，诸生以旧学卑漏请于侯以新之"①。广南东路东莞"故郡也，后为监郡，监榜犹在。及为县，地轶赋伙，长材秀民之战艺有司者，倍他邑，士而馆之宜称。邑左三里许有闳于榛菅间者，曰学也。栋宇绵蕞，弦诵寂寥，今几何年哉？"知县事王中行上任数月，"士襜然前曰：'岁久室老，学宜新，莽丛兽逸，地宜革。'……于是以搏用储赢，一徙而新之"②。由此两例可见，在永春县学和东莞县学的修建中，当地士人的请求是有很大作用的，如果没有士人的主动请求，知县未必会想起来修县学的。成都府路双流县有县学，"而卑陋欹侧，剥蚀荒毁，邑大夫、士以至日奠谒于先圣，相顾骇愕，请于令君，愿合私财新之。令君用其请，鸠工合材，督视其役，浃岁而毕事"③。很明显，这也是一次士人请官府出面修建的事例，而且知县并未阻拦，反而因势修成县学。这是士人请求被认可的事例，但是士人所请的是官员的认可，如果没有官员的认可，士人私自出资修学是不被允许的，甚至会被讥讽一番。如温州瑞安县有县学，前任知县事刘龟从所修，当时"糜锱二百万，不薄矣。未久已浸敝，颓墙堕级，拣扶梁柱，岌岌摇动，如坐漏舟中。邑人以为大惭。顷岁，谋于余，将自治之，余曰：'止政在有司，非乡民所敢干也。此岂佛老氏室庐耶？又可醵而就乎？'"④此"余"乃叶适，因其即为瑞安人。而叶适讥讽这些士人的理由即官学修建乃是官府之职，士人并不适合参与这些事情，叶适即用"不在其位，不谋其政"的道理。可以想见，那些当地士人最后不仅没有修成县学，反而在叶适的讥讽下狼狈而归。从这个例子可以发现，士人虽然是官员的后备军，但在没有官的身份之时，是没有资格或理由去主动修建官学的。

尽管现任官员不关注官学兴修，某些有官员背景的人也会发挥自己的影响加以修建。福建仙游县旧有学，宣和末年罢官学养士，则县学"北之便坐位丞厅所侵，南之泮水为两邻所侵，堂庑至为造军器所，接便除折

---

① （宋）何大奎：《永春新学记》，载民国《永春县志》卷七，民国十九年（1930）铅印本。

② （宋）王中行：《东莞县迁学记》，载《广东通志》卷五九。

③ （宋）梁介：《重修双流县学记》，载《宋代蜀文辑存》卷六〇。

④ （宋）叶适：《叶适集》卷一〇《瑞安县重修县学记》。

亦为两邻所侵，房舍豢鸡豚、系牛马、暴谷帛者皆往焉，芜秽不治。……绍兴己未岁，邑有耆旧待次里闬，率士人出家赀以鼎新之"①。恰好此时谢天民上任知县事，助成之。此"耆旧"为陈可大，"待次里闬"为在家候补，他领导民间士人修建县学，亦为情理之中。因为陈可大虽无差遣，但却具备做官的资格，有着很强的官府背景（后为知肇庆府事）。所以通过上述事例我们依然可以说，修建官学必定要有"官"的背景，没有"官"的背景或支持，士人主动请缨修学也是难以进行的。

士人不能随意修学，就是有"官"之背景的"寓公"也要经由县令的同意方能修学。漳州长泰县初有学，"初创于登科山之旁，以地窄迫，不足为士子藏修之所，遂移其学于祥光寺之东偏"，自此未有重修者，为士人所病。绍定六年（1233）"邑有寓公李万言调萍乡尉，叶惟寅调番禺丞，瓜戍未及，与阴阳家相方面势，得县治之左臂，乃县之主山……闻之邑宰清源陈公纯仁，公俞其请，白之于郡，朝谒夕报，遂与邑之士友相与并力协赞……"②"寓公"一般退职官员。《福建通志》卷三五载有特奏名，李万言为龙溪县人，寓居长泰县，而叶惟寅就是长泰人，二人虽然有了差遣，但"瓜戍未及"，尚未赴任，在亦"官"亦"士"的身份下修学，尚且要请示知县事，然后经过知州的批准，才得以兴修。自然他们用自身的影响力率领当地士人一起将县学修成。从此例可以看出修建官学中，士人必定要在官员的带领下才能参与，尽管此"寓公"并无差遣，而只有"官"的背景。

四　士人自发实施③

地方士人独自参与，并且前后不须经官员支持或默许，在祠庙修建中可以体现出来。在江南西路吉州就有长庆寺：

---

①　（宋）谢天民：《仙游县重建儒学记》，载道光《福建通志》卷六三。

②　（宋）赵与坦：《长泰县新学记》，载马蓉等编《永乐大典方志辑佚》第二册《清漳志》，第1126—1161页。原文题目作"漳浦县新学记"，据内容改。

③　实际上并非如各种"记"文中所述士人富民如此主动参与各类公益事业，有部分是州县官员采取手段所致。南宋前期时人说："近来州县乃出巧谋，其有富室豪家懦子弱弟，既捃拾以负犯，遂恐吓以刑名，徐令有司，开道所欲。或仓库城隍之未备，或舍馆学校之未全，逼使缮修，悉令出备，类多竭产，仅得赔偿，实出挟持，俾称情愿，破上户为下户，坏富民为贫民。何尝朝廷一毫扰民，皆是州县倚法以削。"〔（宋）崔敦诗：《论州郡掊克疏》，载（明）黄淮、杨士奇编《历代名臣奏议》卷一〇八，上海古籍出版社1989年版，第1450页〕

　　大种长庆寺在庐陵郡城之北四十里而遥，右皆碧岑，前左绀溪，水木曲茂，望之蔚然也。旧有十八罗汉像，盖拙工为之，仪观俗下，神气昏顿，类道旁丛祠中捧土揭木之为者，岂有世外岩下之姿，遗物出尘之意哉！里中之士有罗长吉者，顾瞻不怡，捐重币，聘良工改作之。经祐者四人，渊默者四人，纳纫者一人，杖植者二人。或挥麈欲谈，或长眉曳地，或佛齿在手，或清水挈瓶。玩炉香者其意远，扰龙虎者其色暇。所谓世外岩下之姿、遗物出尘之意，其庶几不远。……①

　　很明显，这是一次民间行为，没有官府影响。士人罗长吉独自出资，聘工改作。在寺庙修建中士人的主动行为是其建立地方威望的良好手段。②

　　士人之外，僧道也是自发实施公益事业的主体之一。僧道自发实施公益事业的领域，有道桥修建、水利修缮等。黄敏枝先生对此有详细的分析③，本书不再赘述。除了僧道主动参与外，因鉴于"官强僧弱"，故官员任命的责任是推卸不易的④，加之透过协助地方政府营办地方公共设施及福利工作，亦可获得师号作为酬赏⑤，复可得信众爱戴，平添寺院的社会、经济势力，故而亦愿意尊重地方政府委托，完成各项交代建设。

　　总的来看，政府官员主导下的公益事业实施模式，虽然有士人等地方

---

　　①　（宋）杨万里撰，辛更儒校笺：《杨万里集》卷七二《长庆寺十八罗汉记》，第3019—3020页。

　　②　[加拿大]卜正民：《为权力祈祷：佛教与晚明中国士绅社会的形成》，第13—21页。

　　③　黄敏枝：《宋代佛教社会经济史论集》，学生书局1989年版。

　　④　相对于地方政府权力高涨，宋代佛教于政治影响力却远不及前代。在高度中央集权下，教权完全屈服于政权之下，僧尼向帝王敬礼亦被视为理所当然。（参见黄敏枝《宋代对佛教教团的管理政策》，载《宋代佛教社会经济史论集》，第349—411页；白文固、赵春娥《中国古代僧尼名籍制度》，青海人民出版社2002年版，第95—124页）特别到了南宋，政府对教团的管理与控制更日趋严密。（刘长东：《宋代僧尼隶属机构的变迁及其意义》，《宗教学研究》2002年第2期）在这种情况下，地方政府以政治威力强迫寺院完成各项地方建设，寺院亦不敢拒绝。

　　⑤　按僧人若有功于地方及社会，均能取得师号，如绍兴六年（1136）晋江县令洪元英命僧人祖派重修湮浦埭成功后，祖派得赐"慈惠大师"号[（清）周学曾：道光《晋江县志》卷八《水利志》，《中国地方志集成·福建府县志辑》第25册，上海世纪出版集团、上海书店出版社2000年版]又惠安僧道询一生建桥无数，遂于景炎三年（1278）赐号"灵应大师"。[（清）孙尔准、陈寿祺等：同治《重纂福建通志》卷二六三《宋方外》，国家图书馆藏]由于透过帮助地方兴办公共工程可获得师号以作酬赏，是故亦鼓励了僧侣积极营办地方公共工程。

势力的参与，但却因为民间形成依赖政府的惯性，造成公益事业得不到修缮的消极后果。如临安附近乐平畈有官埭：

　　……乐平畈，受延湖之源而属于大溪，最为斗峻。旧有官埭，溉并溪之田仅千亩，与所谓元丰塘者，盖为表里也。山溜旁冲注埭澳，奔洪暴涨，壅沙以遏其上流，溪源亦激射，而埭乃随坏。民力不能致经久之利，拱视而莫之救，溪涸立待，安于旱干，以幸蠲租而已。求之十年之近，盖未闻以下熟告也，民何乐而为此哉。以武断者，或利其私，贫弱之害固不皇恤，指其埭而名之以官，无肯出力以倡义。虽然，亦可卜知居是乡者情之不淑，而俗之趣薄也。往岁官一用其力，志于苟全，而谋或未尽，既成数月，随即废坏，禾稼就槁，特甚他所。今耆老咨嗟，求以新之。于是相与讲成败之故，得利害之实，乃伐石作址，累石为高，横绝溪流，厚丈有六尺，长十有二丈……百顷取具于官，而民不为病；贫弱喜于一遇，而役不以为难。①

上面引文中的着重号所标示的"武断者"，"指其埭而名之以官，无肯出力以倡义"，明显是推卸责任的做法。因为政府主导公益事业的模式深入人心，将修缮责任推给政府，亦无可厚非。而官员所为"志于苟全，而谋或未尽，既成数月，随即废坏"，官员的目标并不是追求尽善尽美，而是因循苟且，得过且过。面对此种公益事业的结果自然不免令人扼腕叹息。上述诸种政府之外的公益事业实施模式，尽管因地制宜经常使用，但却没有固定化的规定，因政府财政情况的好坏，以及官员素质的高低等情况而采取不同的实施模式，带有很大的随意性。

　　叶适对官员与公益事业的关系则有另一番看法。他认为"盖先王之政，以养人为大，生聚所资，衣食之有无，此上之责也。封疆道路，城郭沟池，其修补浚治之功，此民之力所能自为也；如使官亦为之，则费而难给矣。后世道失，乃以废官益民者为政之大，然吏惧其费而不复为之。或不知而一委之民也，而其劝之或不以其道，使之或不尽其术，则徒扰扰而

① （宋）邵文炳：《重筑乐平官塘序》，《咸淳临安志》卷三八《塘》，《宋元方志丛刊》，第4册，第3703页。

已矣。夫上之于下，岂必与之较哉？民以为不能者，官自为之可也"①。
在叶适的眼里，官应只是为了养民而存在，那些"封疆道路，城郭沟池，其修补浚治之功"皆应为"民"自己去完成，如果让官去做，则费用很难提供。后世"道"失，以官府出资为民求益为政之要，可是官吏在费用面前不复措手。如果官一味委托于民，劝导无方，或者其有所保留，则徒增扰扰而已。因此，叶适认为"上之于下"没必要斤斤计较，民不能自为者，官可以去做。这段话明显是为政府开脱责任。如果政府不去修建这些公共设施，本来也没什么，因为这些本来就不是政府的职责；但是应由"民"自己组织实施的工程不能很好地完成时，政府官员就没必要计较上、下的区别，而代为完成。简而言之，就是政府官员不管是没有失职，管了则是"仁"心所现。叶适此番评论，既不得罪前任知州，又奉承了现任知州，好话两头说尽。

从长时段来看，政府官员与地方士人（士绅）在公益事业领域内的地位，可以用"此消彼长"来形容。南宋财政的中央化致使地方财政普遍匮乏，由此限制了地方官员的行政能力。因此地方官员在公益事业上必须更多地依靠士人等地方势力的管理与资金支持。与此类似，明代前期中央集权加强，曾严厉打击地方豪强，造成江南地方士绅阶层的沉寂，② 地方公益事业多由官员实施。而到明代后期，由于中央不断裁减地方政府的行政经费，致使地方政府难以发挥行政职能，导致社会控制权的下移。士绅阶层趁机迅速崛起，明代后期的各种地方公益事业，大多经历了由官办向民办的转变过程。③ 士绅阶层因在公益事业领域诸如赈灾救济等方面的作为，日益成为地方官员所倚重的力量。④ 清朝一开始就对江南士绅进行科举与文字狱的双重打击。除了以暴力手段严厉摧抑江南士绅外，还从制度上削减其政治与经济方面的特权，从而使得士绅的社会地位与明代相比

① （宋）叶适：《叶适集》卷一〇《东嘉开河记》，第182页。温州此河四五十年无人维修，淳熙四年（1177）才由知州出资修缮。

② 徐茂明：《江南士绅与江南社会（1368—1911年）》，商务印书馆2004年版，第72—78页。

③ 张印栋：《明代中期的官绅地主》，《顾诚先生纪念暨明清史研究文集》，中州古籍出版社2005年版，第252—294页。

④ 冯贤亮：《明清江南地区的环境变动与社会控制》，上海人民出版社2002年版，第193—224、228—234页；张崇旺：《明清时期江淮地区的自然灾害与社会经济》，福建人民出版社2006年版，第473—542页。

更加卑微化。清朝政府在社会经济事务中的作用，比明代或明代后期以来是明显增强了。只是在太平天国兴起之后，清朝的政府在地方权力大大削弱的情况下，江南士绅权力才得到全面高涨。① 因此在中国始终存在政府对社会经济事务（包括公益事业）全面干预的权力，其实施的范围和力度的大小，既决定于不同历史时期的"客观需要"和可能条件，也取决于政府本身的意愿和能力。② 所以从南宋到明清，随着地方财政所决定的政府行政能力的强弱，演绎出公益事业领域内古代版的"国进民退"与"国退民进"之交替。

---

① 郑振满先生认为清朝后期对全省各级地方财政经费实行集中管理，统一核销，也在一定程度上限制了省以下地方政府的行政自主权。由于清代州县政府可以自由支配的财力是极其有限的，无论地方官员如何廉洁奉公，都是不可能大有作为的。因此，清代的各种地方公共事务，仍是依赖于乡族组织与乡绅阶层。见氏著《明清时代的乡族与国家——闽台地区的例证》，载《相聚休休亭：傅衣凌教授诞辰 100 周年纪念文集》，厦门大学出版社 2011 年版。

② 高王凌：《十八世纪中国的经济发展和政府政策》，中国社会科学出版社 1995 年版，第114 页。

结　　论

任何事物的出现和成熟都不是一蹴而就的，都是社会历史发展缓慢演进中的产物。士人就是科举制下基层社会缓慢产生，并逐渐相对固化的一个社会阶层。唐代后期科举制造成一个以读书为职业的阶层，在五代士族崩溃之后，经由北宋继续发展，到南宋方最终形成一个"士人阶层"。当然促成的主要原因是科举制的推动。有日本学者认为宋代是"科举社会"，但是科举制的盛行造成的直接后果是社会上士人阶层的壮大与繁荣。① 从士族离开故土，到士人成为社会上一个重要阶层，其间经过唐末五代北宋长时期的培育，最终到南宋才形成"士人"这一基层社会主要势力，"士人社会"方最终成立。

元代虽然统一南北，但是以华北为代表的北方继承了金朝发展的成果，地方士人势力并未成熟。直至明代大力推行科举制，对士绅优待加以制度化，华北为代表的北方才开始在地方上形成士绅势力。但是因为缺少元代的继续沉淀，因此明清北方的士绅势力并未达到江南士绅势力强大的程度。与九品中正制将门第固化为士族类似，明清士绅是士人的进一步固化。所不同的是，九品中正制固化的是门第血缘，所以士族最终要走向衰亡；而科举制在明清固化的仅仅是个人身份，能够保持上下阶层的流动，故而士人——士绅阶层将持续很长时间。② 南宋士人的来源复杂，但都在南宋时融合成为士人这一社会阶层。尽管南宋科举录取率增加，却无法满足日益增长的士人群体。滞留乡里的士人与日俱增，对乡里的关心也比前代更多。这是时代发展的必然，并非士人自身的选择。站在士人的角度来

---

① ［日］近藤一成：《宋代科举社会的形成——以明州庆元府为例》，《厦门大学学报》（哲学社会版）2005 年第 6 期。

② 李治安先生认为经过宋元的过渡与发展，士大夫最终演变为士绅。见氏著《宋元明清基层社会秩序的新构建》，《南开学报》（哲学社会科学版）2008 年第 3 期。笔者认为士大夫到明代依然存在，明代士绅的前身应是南宋的士人。

看，南宋时期士人已经成为公益事业的重要参与力量之一，但并非说士人已经成为地方公益事业的主导力量，只是在政府官员主导下参与的情况比前代要多一些而已，并且在公益事业领域内不同的场合参与的深度和频度都是不同的。虽仅仅是对社会公益事业的一种参与，体现了士人对地方事务的关注，但却是士人群体逐渐壮大的一个外在表现。① 日本学者重田德曾说："'乡绅'一语的一般性使用，可以上溯到明代中期，此事大致已被确认。不过，那并不意味着作为历史范畴的乡绅是在那时形成的。易言之，根据乡绅概念所包含的内容，其起源可以更进一步往上追溯，也可以向下推延。"② 笔者深为赞同。因为江南地区"乡绅"的前身向上追溯就可以追到南宋的士人，此时士人对社会公益事业诸多方面都表现出了有异于前代的做法，从现存材料看，这主要表现在参与活动的增多，以及参与的主动性大大增加。这些活动成为政府施政的合理补充，得到政府和社会的广泛认可。其中，南宋士人在参与公益事业活动中获得了舆论的好评，或者我们可以说这成为新的基层社会势力成长的标志之一。南宋士人改变了唐朝开始的地方势力仅有庶民地主的现状，填补了地方知识分子群体的空白，构成了官、民之间的沟通渠道，而这都是科举制时代发展的必然。从宋元明变革的角度看，南宋士人为代表的这种领导权缺乏晚些时候的科举制度可能使地方精英得到的那种政治资源，但某种程度上它是晚明士绅领导现象的先驱。或者我们也可以说，南宋士人是明清士绅阶层的滥觞。③ 因此，南宋"士人社会"就是唐代以降中国基层社会变化的重要一环。

公益事业领域并不单一，不同地域政府官员的施政能力不同，政府"缺位"的表现也强弱不同，因此留给士人参与的空间也大小不同。"劝分"是最为重要的公益事业领域，因此官府就负担着维护社会安定、救济灾民的责任。而其他公益领域，虽然观念上应是官府的职责，但并非关键要害，官员不实施也不至于社会动荡，进而影响统治。主动出钱参与地

---

① 参阅宋燕鹏《南宋地方官学的修建与士人参与》，《安徽师范大学学报》（哲学社会科学版）2012年第1期。

② 重田德：《乡绅支配的成立与结构》，载《日本学者研究中国史论著选译》第二卷，中华书局1993年版，第200页。

③ Paul Jakov Smith, Richard Von Glahn, eds., *The Song-Yuan-Ming Transition in Chinese History*, Cambridge：Harvard University Press, 2003, pp. 19－31.

方公益事业的士人积极配合官员的施政，以此取得官员的好感和信任，能够得到在基层社会更为有利的地位。被动出钱者却并非积极配合官员施政，尽管最后也出了钱反而令人反感。因此，笔者认为南宋士人对地方公益事业不同领域、不同地域的参与程度是不同的，并且参与的形式不一。

最后需要强调的是，南宋士人参与地方公益事业，尽管取得了很大的成绩，但却是在地方政府主导的框架下进行的，它并未能取得"主角"的地位。

附　录

南宋"士人社会"的成立及其意义

　　在欧美汉学界，几十年来一直流行着一个研究论题，那就是唐代以降中国社会的变化。1982 年，郝若贝（Robert M. Hartwell）发表了一篇著名的论文，将中国主要统治阶层概括为由唐代的世袭精英（贵族）阶层发展到北宋的职业精英（Professional elite lineages）阶层，再到南宋地域精英（Local elite）。[①] 他认为："唐初高级政府职务全被大族的后裔垄断。安禄山之乱后，所谓的唐代'贵族'不得不与大都无世袭的社会显赫地位可资夸耀的地方节度使及其部属分享权力。到 983 年宋南方巩固后，快要成为半世袭的职业精英的家族代表开始取代创业精英的子孙。到 12 世纪初，职业精英之作为集团已经消失。他们的家庭与地方士绅的家庭已不能区别。"[②] 笔者认为其中颇有可商榷处。郝若贝从统治阶层的角度来阐

---

　　① 　Robert M. Hartwell, "Demographic, Political, and Social Transformations of China, 750 – 1550", *Harvard Journal of Asiatic Studies*, Vol. 42, No. 2（Dec. , 1982）, pp. 365 – 442. 节译见《中国史研究动态》1986 年第 9 期。

　　② 　郝若贝：《750—1550 年期间中国的人口、政治和社会变迁》，《中国史研究动态》1986 年第 9 期。事实上，郝若贝是在 1982 年才发表这篇论文，虽然他没有大篇幅地继续阐述他的观点，但他的思路已经先后被他的学生们所继承和进一步发扬。他 1979 年指导了韩明士的博士学位论文。Robert P. Hymes, *Prominence and power in Sung China*: *The Local Elite of Fu-chou*, *Chiang-His*, PhD, University of Pennsylvania, 1979. 这就是后来他出版的著名的 *Statemen and Gentlemen*: *The Elite of Fu-chou*, *Chiang-His*, *in Northern and Southern Sung*, Cambridge University Press, 1986。前一年郝若贝还指导了万安玲（Linda Ann Walton）的博士学位论文，Linda Ann Walton, *Education*, *Social Change*, *and Neo-Confucianism in Sung-Yuan China*: *Academies and the Local Elite in Ming Prefecture*（*Ningpo*）, PhD, University of Pennsylvania, 1978。作者以书院为中心，从教育和科举的角度阐述了宋明之间明州地方菁英与社会变革。二者皆为地方史的研究，但是时间跨度上，前者是北宋与南宋，后者是南宋与元，基本上就建构了一个长时段的考察。其中的论点广为欧美学界所引用。但是韩明士对中古 Elites 的思考并未停止，最近他的学生谭凯 Colas Olivier Tackett 的博士学位论文就以中古 Elites 的转型为题目，贯彻了郝若贝的基本精神。见 *The Transformation of Medieval Chinese Elites*（850 – 1000C. E. ）, PhD. , Columbia University, 2006。中文译本《中古中国门阀大族的消亡》，胡耀飞、谢宇荣译，社会科学文献出版社 2017 年版。

述中国社会精英的变化，但这是不太符合唐宋时期的基层社会现实的。

第一节　南宋"士人社会"是"士族社会"
崩溃后科举制下的必然产物

如果将社会阶层分上层与下层来看，唐宋间有一个下层集团变化的渐进过程。尽人皆知两晋南北朝是"士族社会"，那是着眼于占人口少数的士族家族在婚姻、仕宦上所占据的优势地位。士族的家族发展策略是乡里与出仕相结合，进可入朝做官，退有乡里宗族的保护，出仕的士族去世后也多归葬宗族聚居的乡里。因此很多士族宗族成员具有了豪强化的特征。[①] 科举制的因素在南北朝时就已经出现，是针对九品中正制贵族化之后的又一次重大更迭。[②] 其目的就是扭转士族以血缘和中正把持选举的局面，以选拔到真正的人才。科举制不会使南北朝几百年的士族阶层和观念立刻消失，而且士族子弟凭借自身的文才也多能中举，重新依靠科举维持自身家族地位不坠。唐代尽管沿袭着"士族社会"的传统，但科举不再重视乡里品评，为了更好地利用政治资源，迫使士族向靠近政治中心的洛阳和长安转移，因此从唐代前期开始，世袭的士族家族已经逐渐中央化。[③] 客观上士族失去了乡里的基础，成为观念上的士族。在安史之乱之后，士族谱牒散失得更为严重，血缘界限逐渐模糊。依靠郡望和谱牒而存在的士族阶层在唐末的战乱中被冲击得四分五裂，五代中最终消失。在江南地区更是如此，东晋南朝的江南士族与本地的联系在唐朝统一全国后就逐渐切断。[④]

姜士彬以赵郡李氏家族为例揭示中世纪贵族没落的过程。他从谱牒、官员的名单和迁徙路线等角度追踪了李氏自北朝后期至唐末宋初的踪迹，强调了中世纪世家与帝国后期大家族的不同：赵郡李氏的没落更多地体现

① ［日］谷川道雄：《中国中世社会与共同体》，马彪译，中华书局 2002 年版，第 286—315 页。

② 阎步克：《察举制度变迁史稿》，辽宁大学出版社 1991 年版，第 297—320 页。

③ 毛汉光：《中国中古社会史论》，上海书店出版社 2002 年版，第 234—333 页；韩昇：《南北朝隋唐士族向城市的迁徙与社会变迁》，《历史研究》2003 年第 4 期。

④ 冻国栋：《六朝至唐吴郡大姓的演变》，《魏晋南北朝隋唐史资料》第十五辑，武汉大学出版社 1997 年版。

为心理上的、舆论上的过程。在政治和社会事务里，身为李氏成员不再有原来的威慑作用，依靠朝廷成了唯一出路。科举制使贵族失去了垄断官职的特权，但是贵族并没有放弃官职，而是继续追求官职，依靠朝廷。在这个过程中他们失去了地方基础以及家族以内的联系，因此也就不可避免地走向进一步的没落。①

世代聚居的士族纷纷离开故土之后，留在本土的多是雄长一方的豪强，因此在基层社会起主导权的仅有所谓"庶族地主"了。唐代科举制打破了士族占据优势的地位，庶族依靠文才亦可由科举进身。但由于录取率极低，社会上存在大批落第举子，这部分人群随着时代的变迁，人数也越来越多，并且随着动乱散布全国。在唐末五代的战乱中，中原士人四散奔逃，投奔南唐、吴越、前后蜀、闽、南汉、马楚等政权处处有之。②

北宋建立，一方面不能像唐朝依靠关陇集团和山东门第为其社会基础，另一方面又深恐唐末五代以来藩镇随时颠覆政权。在这种形势下，宋太祖和太宗兄弟认识到他们必须争取士人向新王朝的认同。士人阶层虽然久受摧残压抑，但仍潜布各地，无论是建立全国性的或是地方性的秩序，北宋王朝必须依靠他们的积极合作不可。这是受当时的历史条件限定的。任何社会都不能缺少一个具有实际组织能力的领导阶层，这在宋代只能求之于"士"。争取士人的支持，第一步就是恢复科举取士制度。③ 而科举制度最大的后果就是吸引越来越多的人去读书，从而使士人群体在北宋末年有一个飞速的增长。由于士人尚少，故而科举压力并不是很大，浮沉乡

①　David Johnson, "The Last Years of A Great Clan: The Li Family of Chao Chun in Late T'ang and Early Sung", *Harvard Journal of Asiatic Studies*, Vol. 37（1977）. 作者还认为经过最初的几个世纪，李氏从地方郡望上升到高级贵族，活动范围远远超越了赵郡故地，但是在老家的基础却逐渐衰弱。李氏分散到全国各地后，族人之间的联系越来越少，李氏没有集团性的产业，到唐末时期在赵郡已没有田产和依附农民，也没有宗庙和家族祠堂等，赵郡李氏无非只是一个概念，很多人认为自己是他的子孙而已。它不再是紧密的、限定的血亲集团，即便有重要成员被杀害，也阻断不了子嗣的延续和整个赵郡李氏的存在。伊佩霞考察了中古博陵崔氏时，发现北魏时期崔氏的生活与汉代时相同，他们居住在家乡，拥有田产，家族成员与乡里和睦相处，家族内部讲孝悌，以孝友著称乡里。但到了6世纪后期，崔氏成员大多南移或西徙，不再以家乡作为全族聚居的根据地。Patricia Buckley Ebrey, *The Aristocratic Families of Early Imperial China: A Case Study of the Po-ling Tsui Family*, Cambridge University Press, 1978. 中文译本《早期中华帝国的贵州家庭——博凌崔氏个案研究》，范非飞译，上海古籍出版社 2011 年版。

②　赵效宣：《五代兵灾中士人之逃亡与隐居》，《新亚书院学术年刊》1973 年第 5 期。

③　余英时：《朱熹的历史世界》，生活·读书·新知三联书店 2004 年版，第 206—207 页。

里的士人相对较少。因此，北宋虽然在初期就已经出现士人，但从人数和形成的地方势力上，在多数地区是远远不能达到影响基层社会的程度的。

南宋的士人阶层在不同地域或早或晚（多数在南宋后期）积淀下来一定的数量，并在地方公益事业上产生一定的影响。所以将社会分层来看，基层社会势力的变迁并不如郝若贝所论。唐后期到南宋基层社会是一个逐渐变化的过程，不一定非要用什么模式来解释。"唐宋变革"并不适用在社会阶层的变化中，这种变化是渐进的，是历史发展的必然趋势。并且在南宋与金的对峙中，南方士人阶层得到了充分发展，而北方的金朝地方士人则并未具有影响基层社会的程度。从公益事业角度来看，南宋以前的实施主体多是各级官府，士人等地方势力也仅仅是偶尔为之。只是随着南宋的建立，积极参与地方公益事业，发挥自身影响的士人的身影要比北宋多了很多，貌似士人等地方势力已经达到能够深刻影响地方的程度，这也是一种错觉。在中国式的公益事业领域内，政府官员总是处于主导地位，士人参与依然是在这一框架下进行的。

韩明士将乃师论断中的两宋地方势力的变化进一步发挥。他通过对江西抚州精英的研究，认为有三点是理解宋代需要提出的：首先是精英的纯粹的持续性；其次是在精英的社会生活和自我意识中地域变得愈加重要；最后也是最重要的是国家精英在南宋的分化，该现象某种程度上在北宋就已经很清楚了。[①] 在他所谓的精英是选择上升作"Statesmen"还是下降为"Gentlemen"的问题上，两宋是不一样的。北宋抚州精英倾向于入仕中央，并且婚姻是全国性的；而南宋精英入仕倾向于地域性，抚州精英家族的婚姻策略从北宋到南宋有一个显著的变化，从北宋时期倾向于形成面向全国的散发式婚姻网，到南宋倾向于大多在本县范围内缔结婚姻关系。这种变化被他作为两宋中精英变化的主要论断。众所周知，北宋虽然恢复了科举制，但是官员的来源途径有重大变化。北宋前期经由读书参加科举者占官僚人数的比例是很低的，所以读书中举的人数是很少的，只要读书中举则相对轻易进入中央，为了维持自身地位，必须和进入中央的其他官僚缔结婚姻；而南宋则官位有限，很多士人尽管中举，但是有差遣的机会并不多，遑论进入中央任职，所以"待阙"乡里是很自然的现象。由此带

---

① Robert Hymes, *Statesmen and Gentlemen: The Elite of Fu-Chou, Chiang-Hi in Northern and Southern Sung*, London: Cambridge University Press, 1986, pp. 210–212.

来缔结婚姻多是与同居此地之人，这就是韩明士所说的"地方化"。其实他所论的很多情况都不是主动选择的"地方化"，而是"被地方化"了。正如包伟民先生的说法，这是因北宋抚州的资料和南宋抚州现有婚姻资料的极大不对称性所造成的误解。① 自然韩明士所认为包括士人在内的南宋精英"地方化"的观点也是需要大打折扣了。这种"被地方化"迫使参加科举的士人以及科举及第者更多地考虑自身以及家庭的发展，扎根地方就成为其中一个重要的策略。但是在北宋中后期很多士人已经开始"被地方化"了，因此韩明士所谓的这种两宋精英"中央化"与"地方化"的时间界限并不明显，这只不过是随着文化普及、参加科举考试人数增多所产生的必然后果。科举考试不仅给了及第者做官的机会，也给了参加考试者以一定的社会声望和地位。②

伴随着政府财政力量的变化，公益事业领域的"国家缺位"就显现出来，这方面的真空就为各种社会势力提高影响带来机遇。③ 这些滞留在乡里的"被地方化"的士人就成为其中重要的参与力量。自然填补这部分真空的其他势力有僧侣、地方豪强等，不一而足。斯波义信认为南宋士人开始参与"中间领域"中去④，而这个"中间领域"某种程度上可以说即为各种社会公益事业。伴随着士人阶层的成长，士人参与社会公益事业中的事例从北宋开始出现，到南宋达到一个新的高度。表面上看南宋士人参与社会公益事业是"公益"，但实际上却获得社会声望和基层社会的某些主导权。

与北宋不同，南宋基层社会士人的人数尽管占总人口的比例有限，但作为一个掌握"文化权力"的群体，在地方事务中的影响开始显现，"士人社会"初步形成。士人广泛参与地方公益事业，成为政府之外重要的补充力量。此阶段北方的金朝在科举制下，也开始着地方

---

① 包伟民：《视角、史料与方法：关于宋代研究中的问题》，《历史研究》2009 年第 6 期。

② 近来魏希德（Hilde De Weerdt）也表达了一些类似的观点，当然她是在全面使用韩明士的南宋士人"地方化"的观点之后得出的结论。见氏著 *Competition over Content：Negotiating Standards for the Civil Service Examinations in Imperial China 1127—1279*，Cambridge：Harvard University Press，2007，pp. 376 – 379。

③ 秦晖：《政府与企业以外的现代化——中西公益事业史比较研究》，浙江人民出版社 1999 年版，第 168—181 页。

④ ［日］斯波義信：《南宋における"中間領域"社會の登場》，收入佐竹靖彦編《宋元時代史の基本問題》，汲古書院 1996 年版，第 185—203 頁。

势力士人化的倾向①，但是因靖康之难时大量北方士人南迁，加之女真族
占据政治主导，地方士人群体成长的速度始终不如南宋。因此有学者称金
元时期的关中为士人的黑暗期（Dark ages），确实恰如其分。②

元代专门设置了"儒户"，南北却有所不同。在元灭金之后的 1238
年就进行了一次儒户的考试，以此确定其社会地位以及经济利益。③ 而南
宋多数科第世家，在进入元代后则没有什么考试，只需乡里推荐即可入
籍，直到至元二十八年（1291）方才勘定儒户总数，此后也未发生变动。
可知南宋后期士人均是依赖儒户的地位来继续维持书香门第的地位，这种
延续，在北方却相对薄弱了许多。此时的士人与南宋士人和明清士绅相
比，虽仍有不及之处，但总体上经济优待相差不是很多。④ 比如对江南地
主征收赋税较轻，对其兼并土地亦大加纵容，还利用一部分江南士人参
政，以示拉拢。⑤ 元代对江南的政策较为"疏阔"，虽然歧视原来南宋地
区的士人，但并无过分打击，甚至为了在心理上笼络江南士人，那些州县
达鲁花赤对地方官学和孔庙还经常兴修。⑥ 正如钱穆先生所言：

> 元明之际，江浙社会经济丰盈，诗文鼎盛。元廷虽不用士，而士
> 生活之宽裕优游，从容风雅，上不在天，下不在地，而自有山林江湖
> 可安，歌咏宴觞可逃……⑦

---

① 王德朋：《金代汉族士人研究》，中国社会科学出版社 2006 年版；陈昭扬：《征服王朝下
的士人——金代汉族士人的政治、社会、文化论析》，博士学位论文，台湾"清华大学"，2007
年。

② Chang Woei Ong, *Guanzhong Literati in Chinese History*, 907 – 1911, Cambridge：Harvard U-
niversity Press, 2008, pp. 78 – 89.

③ ［日］安部健夫：《元代的知识分子与科举》，《日本学者研究中国史论著选译》第 5 卷，
中华书局 1993 年版，第 636—679 页；萧启庆：《元朝科举与江南士大夫之延续》，中国元史研究
会编《元史论丛》第七辑，江西教育出版社 1999 年版，第 1—19 页。

④ 萧启庆：《元代的儒户：儒士地位演进史上的一章》，载氏著《元代史新探》，新文丰出
版公司 1983 年版，第 1—58 页；Lao Yan-shuan, "Southern Chinese Scholars and Educational Institu-
tions in Early Yuan：Some Preliminary Remarks", in *China Under Mongol Rule*, ed. John D. Langlois,
Jr. Princeton：Princeton University Press, 1998, pp. 107 – 133。

⑤ 郑克晟：《试论元末明初江南士人之境遇》，载氏著《明清史探实》，中国社会科学出版
社 2001 年版，第 10—14 页。

⑥ 此点由李治安先生于 2008 年 7 月西安面示，谨致谢忱。

⑦ 钱穆：《读明初开国诸臣诗文集》，《新亚学报》1964 年第 6 卷第 2 期。

但是元代长期没有举行科举考试，阻碍了绝大多数士人的仕进之途，多数士人沉浮乡里，造成地方士人人数继续膨胀。多数江南地方士人，在现实的职业选择上已经不再固守儒业。如与元代相始终的黄公望，顺应时代潮流，长期为吏，此后又入教、教书、算卦，从事多种职业。[①] 在南宋以降，为生活所迫的下层士人，已经不再坚持单一的儒业，士人的选择更为多元化。

最近有学者亦对进入元代的南宋士人家族维护家族地位的方式做了充分的研究，发现宋元改朝换代以前及以后，江南精英家庭已通过兴办书院把利用教育作为维护社会地位和经济地位的战略。那些自南宋起就存在的家塾，为元代的书院奠定了基础。元初那些通过资助，兴办或以其他形式与书院联系，从而维护儒学学术传统的家族，获得入仕的有利机会。书院除了为书院山长提供潜在的仕途外，还帮助元朝指定的儒户维持特权。在元代恢复科举前，因建立和扩大书院而对当地教育有所贡献的家庭，经常受到官方的任命以作为奖赏。元代的书院，既是国家教育机构的组成部分，也是南北方汉族士人以及非汉族士人通过坚持儒家教育传统而保持地位的手段。[②] 据周鑫博士对元代抚州儒士的研究，宋元之际的政治变动影响着抚州儒士的生活与朱子学的传布。宋元战争爆发，卷入战争的抚州儒士，尽管政治态度、行为表现各异，但他们大都依托家庭、地方社会展开行动。战争严重破坏了抚州的社会秩序，许多儒士的家庭遭受摧折。战争之后，抚州儒士几乎都处于隐居田园的状态。元初科举的停废，意味着抚州儒士无法再凭借科举的管道步入仕途。他们退回到地方，重新思索生活的意义。虽然仍有部分儒士为家庭、社会身份继而固守旧习，但许多人开始捐弃举业，转而攻习诗文与朱子学。因此科举入仕道路的截断，进一步将抚州儒士推向家庭、地方社会。[③]

---

① 王瑞来：《写意黄公望——由宋入元：一个人折射的大时代》，《国际社会科学》（中文版）2011 年第 4 期；《科举取消的历史——略论元代士人的心态变化与职业取向》，《科举制的终结与科举学的兴起》，华中师范大学出版社 2006 年版。

② Linda Walton, "Charitable Estates as an Aspect of Statecaft in Southern Sung China", in *Ordering the World: Approaches to State and Society in Sung Dynasty China*, ed. Conrad Schirokauer and Robert P. Hymes, Berkeley: University of California Press, 1993, pp. 255 – 279. "Family Fortunes in the Song-Yuan Transition: Academies and Chinese Elite Strategies for Succes", *T'oung Pao*, Vol. 97 (2011), pp. 37 – 103.

③ 周鑫：《儒士新地方性格的成长：以元代江西抚州儒士为中心》，博士学位论文，南开大学，2007 年。

第二节　南宋士人阶层是明清士绅阶层的前身

研究明清的学者多认为绅士或者士绅是具有秀才以上功名或一定职衔，介于官僚与平民之间，不同于官又区别于民的封建统治阶级内部的一个在野的特权阶层，是名副其实的地方权威，并构成了封建统治的社会基础。有学者亦认为：士绅"这个集团曾在中国明清社会中起着重要作用，处于中国社会结构中关键的一环上"①。这个庞大的阶层是作为封建官僚队伍的后备力量（或曰候补力量）而存在的，它源源不断地向官僚队伍输送人才，成为封建国家机器正常运转的基础，这种有效的流动机制也使社会政治获得大致的平衡和稳定。

南宋士人与明清士绅阶层相比，所缺乏者为明清针对参加科考者的有制度化的政策设计。我们通过如下几个方面来比较南宋士人与明清士绅阶层的制度性特权的异同：

首先，经济上的赋税和徭役优免权和法外特权。在宋代，只有进士及第身份是终身的，举人只有一次参加会试的资格。②州县学生有免役的特权，并且州县学生参加科举考试的路费由州县学支付，很多州县设有"贡士庄"来负担科考路费。那些参加省试落第的举人，即"得解人"，所能得到的社会经济特权甚少，尽管他们一旦获得某种特权，与之相关联的声望亦随之而来。③但可能这两类"得解人"仍然享受蠲免丁税的特权。④

尽管南宋士人的这些特权并不是那么显著和重要，覆盖的范围也不

---

① 杨力伟：《士绅的产生、衰落与消亡——一个宏观的透视》，《社会学与社会调查》1991年第5期。

② 李弘祺：《宋代的举人》，国际宋史研讨会秘书处编：《国际宋史研讨会论文集》，台湾文化大学史学研究所1988年版，第297—314页。

③ 绍兴三年（1133），政府根据颜为的建议，令"户部立法，今修立下条：诸州未入官人、校尉、京府诸州助教免二丁，二人以上免一丁，一名者不免。得解及应免解人、助教、广南摄官、流外品官、三省守当官、守阙守当官私名以上"等官"并侍丁本身并免丁役"。《宋会要辑稿》"食货六六"，中华书局1957年版，第7册，第6208页。

④ 李弘祺：《宋代官学教育与科举》，第181—183页；Mcknight, *Village and Bureaucracy in Southern Sung China*, Chicago：Chicago University Press, 1971, pp. 106 – 107。另外可见 Mcknight, "Fiscal Privilege and Social Order in Sung China", John W Haeger, ed., *Crisis and Prosperoty in Sung China*, Tucson：University of Arizona Press, 1975, p. 92。

宽，但他们在以后诸朝却继续保存，或甚至扩大，这主要体现在明清对此的制度化和适用范围的扩大化。

明代不仅举人实行终身制，就连生员也享有此项殊荣。他们和现职、请假、退职的各种官僚一样，都享有免除徭役的特权。到明末 16 世纪以后，这些人在地方上确立了自己的统治地位，形成了所谓"乡绅"阶层。① 明清时期士绅阶层享有等级制度赋予的经济特权。士绅（甚至其部分家族成员）都可以免纳丁税、徭役。明洪武年间，规定现任官员、退职官员、官员死后其家皆可免役，国子监监生免役，府、州、县学生本身免役、户内亦优免三丁役。其他一切杂色差役，也在优免之列。清代亦明文规定，不得指派文武生员服官徭或各种杂役。② 同时，士绅还有一定赋税的优免权。清顺治五年（1648）的一道上谕中明文规定："教官、举、贡、监生、生员，各免粮二石，人二丁。"③ 而且，在等级身份的庇护下，士绅还常常以拖欠或转嫁于平民等手段，少纳或不纳田赋，享有某种意义上的"法外"特权。

其次，政治上的特殊权力和法律上的特别保障权。前述多数南宋官员在未入仕之前，与普通士人生活并无太大区别，在入仕为官后，对地方士人也多有礼遇，在法律上也多有优待。但这并非制度规定，只是地方官员的一种自发行为。明清时期的士绅具有在政治、法律上高于平民的种种特权。封建统治者利用成文法或不成文法，如律例、谕旨、成例等规定士绅在法律上的特权地位。如果士绅犯轻罪，他不会上刑。而且，对士绅犯法有减罪的规定，与官员犯法者一样。法律还特别保护士绅免受平民百姓的冒犯，如有冒犯，法律将予以严惩。大清法律规定"吏卒骂举人比照骂六品以下长官律杖七十"，而若骂的是一普通人，仅鞭责十下。对士绅的惩罚，一般是比照官吏进行的。绅士直接涉讼，本人可不必亲自听审，可派其仆人到庭，与现职官员同一待遇。④ 士绅的政治待遇远远高于平民。地方官员"见绅士"和地方绅士"见官权"之规定，从制度上保障了士绅权力的合法性。清政府有"待绅士"的规定，要求地方官员每到一任要先行拜

① 参见小山正明《中國社會の變容とその的展開》，西嶋定生編《東洋史入門》，東京有斐閣 1967 年版；吴金成《明代前期の生員政策について》，《歷史教育》10，1967 年；吴金成《明代紳士層の形成過程》，《明代史研究》8，1980 年。

② 《钦定大清会典事例》卷七二〇，文海出版社 1991 年版。

③ 《清实录·世宗实录》卷三七，中华书局 1985 年版，第 7 册，第 21 页。

④ 临时台湾旧惯调查会：《清国行政法分论》第三编，1917 年，第 42 页。

会地方有名望的绅士，平日里亦要经常接见绅士。士绅则享有特殊的"见官权"，可自由见官，具有同官府交往的某种特殊地位。很明显，这些规定在宋代尤其是南宋，已经成为地方官员就任后经常要做的事，各种民间"官箴书"也多有详细建议，只不过南宋还未上升到法规的层面。

最后，文化和礼俗上的特殊地位。南宋士人作为受基层社会尊敬的阶层已经初步实现，而明清是一个典型的身份社会，士绅阶层在文化和礼俗上的优越性比南宋更明显。在一本知县必读手册中，明确要求知县要适当对待士绅："一邑中有学行老成之绅士，有能文勤学之俊髦，有诗词古作之轶才，有闭户潜修之端人，皆邑长所宜礼接也。"① 这保证了士绅在文化礼俗上的独尊地位。清朝赋予士绅以特权，还在各种礼仪上体现出来，如士绅在拜见地方官时，可免去一切平民所必需的限制和礼仪；一般平民要称呼士绅为"老爷"；只有士绅才有可能出席一些庄重的典礼场合，如文庙的官方典礼、家族的重要祭礼活动等，并被视为一种荣誉。② 甚至士绅所穿的服饰也区别于平民，体现出鲜明的等级色彩。这些无疑也是士绅权力（或称为"权威"）和威望的重要来源，由此一来，形成了一个"假以礼貌，使有别于齐民"③ 的士绅阶层。

综上所述，划分南北朝以降中国社会变化的情形，大致可以用下表来表示：

南北朝至明清中国社会变化模型

南北朝唐前期	士族社会	唐后期	士族社会衰败期	五代十国	士族社会崩溃期	北宋	士人发展期	金	士人发展期	元	北方	士人发展期	明清	士绅社会
								南宋	士人社会		江南	士人继续沉淀期		

---

① （清）王植：《绅士》，载《牧令书》卷一六，《官箴书集成》，第 7 册，第 363 页。

② 如洪武十二年（1379）规定："自今内外官致仕还乡者，复其家，终身无所与。其居乡里，惟于宗族叙尊卑如家人礼，于其外祖及妻家，亦序尊卑。若筵宴则设别席，不许坐于无官者之下。如同致仕官会，则序爵，爵同序齿。其与异姓无官者相见，不必答礼。庶民则以官礼谒见。敢有凌侮者论如律。"见《明实录·明太祖实录》卷一二六"洪武十二年八月辛巳条"，第 5 册，"中央研究院"历史语言研究所 1966 年版，总第 2011 页。

③ （清）张寿镛：《皇朝掌故汇编内编》（一），官制一，文海出版社 1964 年版，第 78 页。

参考文献

一 古籍

（一）史籍、政典

（宋）路振：《九国志》，商务印书馆 1937 年版。

（唐）杜佑撰，王文锦等点校：《通典》，中华书局 1982 年版。

（唐）李林甫等撰，陈仲夫点校：《唐六典》，中华书局 1992 年版。

（元）马端临：《文献通考》，商务印书馆 1935 年版。

《建炎以来系年要录》，中华书局 1956 年版。

《旧唐书》，中华书局 1975 年版。

《名公书判清明集》，中华书局 2002 年版。

《钦定大清会典事例》，文海出版社 1991 年版。

《清实录·世宗实录》，中华书局 1985 年版。

《庆元条法事类》，新文丰出版公司 1977 年版。

《宋会要辑稿》，中华书局 1957 年版。

《宋史》，中华书局 1977 年版。

《天一阁藏明钞本天圣令校正》，中华书局 2006 年版。

《新唐书》，中华书局 1975 年版。

《新五代史》，中华书局 1974 年版。

《元史》，中华书局 1976 年版。

《资治通鉴》，中华书局 1956 年版。

（二）碑刻、方志

（宋）刘文富：《严州图经》，《丛书集成初编》本。

（宋）罗愿撰，萧建新整理：《〈新安志〉整理与研究》，黄山书社 2008 年版。

（宋）祝穆撰，施和金点校：《方舆胜览》，中华书局 2003 年版。

《日本藏罕见中国地方志丛刊》，书目文献出版社 1991 年版。

《石刻史料新编》，成文出版社 1982 年版。

《宋代石刻文献全编》，北京图书馆出版社 2003 年版。

《宋元方志丛刊》，中华书局 1990 年版。

《天一阁藏明代方志选刊》，上海古籍书店 1982 年版。

《天一阁藏明代方志选刊续编》，上海书店 1990 年版。

《稀见中国地方志汇刊》，中国书店 1992 年版。

《永乐大典方志辑佚》，中华书局 2004 年版。

《中国方志丛书》，成文出版社 1966 年版。

雍正《广西通志》，文渊阁《四库全书》本。

周绍良编：《唐代墓志汇编》，上海古籍出版社 1992 年版。

　　（三）文集、奏议

（明）黄淮、杨士奇编：《历代名臣奏议》，上海古籍出版社 1989 年版。

（清）董浩等编：《全唐文》，中华书局 1983 年版。

（清）傅增湘编：《宋代蜀文辑存》，北京图书馆出版社 2005 年版。

（清）顾炎武：《亭林文集》，上海古籍出版社 1996 年版。

（宋）晁冲之：《晁具茨先生诗集》，江苏古籍出版社 1988 年版。

（宋）陈长方：《唯室集》，文渊阁《四库全书》本。

（宋）陈淳：《北溪先生大全文集》，《宋集珍本丛刊》本。

（宋）陈傅良：《止斋先生文集》，《四部丛刊初编》本。

（宋）陈亮撰，邓广铭点校：《陈亮集》，中华书局 1987 年版。

（宋）陈宓：《复斋先生龙图陈公文集》，续修《四库全书》本。

（宋）陈渊：《默堂集》，文渊阁《四库全书》本。

（宋）程珌：《洺水集》，文渊阁《四库全书》本。

（宋）程洵：《尊德性斋小集》，《丛书集成初编》本。

（宋）杜大珪编：《名臣碑传琬琰集》，文海出版社 1969 年版。

（宋）范浚：《香溪集》，文渊阁《四库全书》本。

（宋）范祖禹：《范太史集》，文渊阁《四库全书》本。

（宋）韩元吉：《南涧甲乙稿》，文渊阁《四库全书》本。

（宋）洪适：《盘洲文集》，《宋集珍本丛刊》本。

（宋）胡宏：《胡宏集》，中华书局 1987 年版。

（宋）黄庭坚：《黄庭坚全集》，四川大学出版社 2000 年版。

（宋）黄震：《黄氏日抄》，文渊阁《四库全书》本。

（宋）林表民：《赤城集》，文渊阁《四库全书》本。

（宋）林光朝：《艾轩集》，文渊阁《四库全书》本。

（宋）林季仲：《竹轩杂著》，文渊阁《四库全书》本。

（宋）林之奇：《拙斋文集》，文渊阁《四库全书》本。

（宋）刘克庄：《后村先生大全集》，四川大学出版社 2008 年版。

（宋）刘宰：《漫塘文集》，《宋集珍本丛刊》本。

（宋）楼钥：《攻媿集》，《丛书集成初编》本。

（宋）陆九渊：《陆九渊集》，中华书局 1980 年版。

（宋）陆游：《陆游集》，中华书局 1976 年版。

（宋）陆佃：《陶山集》，文渊阁《四库全书》本。

（宋）吕祖谦：《东莱吕太史文集》，《四部丛刊续编》本。

（宋）马令：《南唐书》，《丛书集成初编》本。

（宋）欧阳修：《欧阳文忠公集》，《四部丛刊》本。

（宋）欧阳修：《欧阳文忠公文集》，《四部丛刊》本。

（宋）彭龟年：《止堂集》，文渊阁《四库全书》本。

（宋）史尧弼：《蓬峰集》，文渊阁《四库全书》本。

（宋）苏轼著，孔凡礼点校：《苏轼文集》，中华书局 1986 年版。

（宋）苏颂著，王同策点校：《苏魏公文集》，中华书局 1988 年版。

（宋）苏辙：《苏辙集》，中华书局 1990 年版。

（宋）孙觌：《鸿庆居士集》，文渊阁《四库全书》本。

（宋）唐仲友：《悦斋文钞》卷九，续修《四库全书》本。

（宋）汪应辰：《汪文文定集》，《宋集珍本丛刊》本。

（宋）汪藻：《浮溪集》，文渊阁《四库全书》本。

（宋）王安石：《王安石全集》，上海古籍出版社 1999 年版。

（宋）王十朋：《梅溪集》，文渊阁《四库全书》本。

（宋）王庭珪：《卢溪文集》，文渊阁《四库全书》本。

（宋）王之望：《汉滨集》，文渊阁《四库全书》本。

（宋）王质：《雪山集》，《丛书集成初编》本。

（宋）王质：《雪山集》，文渊阁《四库全书》本。

（宋）魏了翁：《鹤山先生大全文集》，《宋集珍本丛刊》本。

（宋）文天祥：《文山先生全集》，中国书店 1985 年版。

（宋）吴儆：《竹洲集》，文渊阁《四库全书》本。

（宋）徐铉：《骑省集》，文渊阁《四库全书》本。

（宋）许应龙：《东涧集》，《宋集珍本丛刊》本。

（宋）薛季宣：《浪语集》，文渊阁《四库全书》本。

（宋）杨万里撰，辛更儒校笺：《杨万里集笺校》，中华书局 2006 年版。

（宋）杨亿：《武夷新集》，文渊阁《四库全书》本。

（宋）叶适：《叶适集》，中华书局 1962 年版。

（宋）尹洙：《河南先生文集》，《四部丛刊》本。

（宋）游九言：《默斋遗稿》，《宋集珍本丛刊》本。

（宋）袁说友编：《成都文类》，文渊阁《四库全书》本。

（宋）袁燮：《絜斋集》，文渊阁《四库全书》本。

（宋）曾丰：《缘督集》，文渊阁《四库全书》本。

（宋）张栻：《张栻全集》，长春出版社 1999 年版。

（宋）张守：《毗陵集》，《丛书集成初编》本。

（宋）张孝祥：《于湖居士文集》，上海古籍出版社 2009 年版。

（宋）赵鼎臣：《竹隐畸士集》，文渊阁《四库全书》本。

（宋）真德秀：《西山先生真文忠公文集》，《四部丛刊》本。

（宋）周必大：《益国周文忠公全集》，《宋集珍本丛刊》本。

（宋）周孚：《蠹斋铅刀编》，文渊阁《四库全书》本。

（宋）周南：《山房集》，文渊阁《四库全书》本。

（宋）周星：《山房集》，文渊阁《四库全书》本。

（宋）朱熹：《朱熹集》，四川教育出版社 1996 年版。

（唐）杜牧著，陈允吉校点：《樊川文集》，上海古籍出版社 1978 年版。

（唐）韩愈著，马其昶校注：《韩昌黎文集校注》，古典文学出版社 1957
　年版。

（唐）李白著，（清）王琦注：《李太白全集》，中华书局 1977 年版。

（唐）权德舆：《权载之文集》，《四部丛刊》初编本。

《两宋名贤小集》，文渊阁《四库全书》本。

　　（四）笔记、其他

（宋）董煟：《救荒活民书》，文渊阁《四库全书》本。

（宋）费衮：《梁溪漫志》，上海书店 1990 年版。

（宋）洪迈：《容斋随笔》，上海古籍出版社 1996 年版。

（宋）洪迈：《夷坚志》，中华书局 2006 年版。

（宋）胡太初：《昼帘绪论》，《官箴书集成》，黄山书社 1997 年版。

（宋）江少虞编：《宋朝事实类苑》，上海古籍出版社 1981 年版。

（宋）李俊甫：《莆阳比事》，《宛委别藏》本。

（宋）李吕：《澹轩集》，文渊阁《四库全书》本。

（宋）李元弼：《作邑自箴》，《官箴书集成》，黄山书社 1997 年版。

（宋）陆游撰，李剑雄等点校：《老学庵笔记》，中华书局 1979 年版。

（宋）罗大经：《鹤林玉露》，中华书局 1983 年版。

（宋）施彦执：《北窗炙輠录》，《丛书集成初编》本，中华书局 1985 年版。

（宋）叶梦得著，侯忠义点校：《石林燕语》，中华书局 1984 年版。

（宋）佚名：《续墨客挥犀》，中华书局 2002 年版。

（宋）袁采：《袁氏世范》，《知不足斋丛书》本。

（宋）岳珂：《愧郯录》，《知不足斋丛书》本。

（宋）周密：《齐东野语》，中华书局 1983 年版。

（宋）朱弁：《曲洧旧闻》，文渊阁《四库全书》本。

（宋）庄绰：《鸡肋编》，中华书局 1983 年版。

（唐）孙光宪：《北梦琐言》，上海古籍出版社 1981 年版。

（五代）王定保撰，姜汉椿校注：《唐摭言》，上海社会科学院出版社 2003 年版。

《太平广记》，中华书局 1961 年版。

程毅中点校：《宋元小说家话本集》，齐鲁书社 2000 年版。

李剑国点校：《宋代传奇集》，中华书局 2001 年版。

二　今人论著

（一）著作

包伟民：《宋代地方财政史研究》，浙江大学出版社 2001 年版。

曹现强、王佃利主编：《公共管理学概论》，中国人民大学出版社 2005 年版。

陈爽：《世家大族与北朝政治》，中国社会科学出版社 1998 年版。

陈雯怡：《从官学到书院——从制度与理念的互动看宋代教育的演变》，

联经出版事业股份有限公司 2004 年版。

陈正祥编：《中国历史·文化地理图册》，东京原书房 1983 年版。

程民生：《神人同居的世界》，河南人民出版社 1993 年版。

程民生：《宋代地域文化》，河南大学出版社 1997 年版。

邓广铭、徐规主编：《宋史研究论文集》，浙江人民出版社 1987 年版。

邓云特：《中国救荒史》，上海书店 1984 年版。

冻国栋：《唐代人口问题研究》，武汉大学出版社 1993 年版。

冻国栋：《中国中古经济与社会史论稿》，湖北教育出版社 2005 年版。

费孝通：《乡土中国　生育制度》，北京大学出版社 1998 年版。

傅璇琮：《唐代科举与文学》，陕西人民出版社 2003 年版。

高楠：《宋代民间财产纠纷与诉讼问题研究》，云南大学出版社 2009
　年版。

高王凌：《十八世纪中国的经济发展和政府政策》，中国社会科学出版社
　1995 年版。

龚延明：《中国古代职官科举研究》，中华书局 2006 年版。

郭东旭：《宋代法律与生活》，人民出版社 2007 年版。

何怀宏：《选举社会及其终结——秦汉至晚清历史的一种社会学阐释》，
　生活·读书·新知三联书店 1998 年版。

何忠礼：《科举与宋代社会》，商务印书馆 2006 年版。

胡如雷：《隋唐五代社会经济史论稿》，中国社会科学出版社 1996 年版。

胡舒云：《九品官人法考论》，社会科学文献出版社 2003 年版。

黄宽重：《南宋地方武力：地方军与民间地方武力的探讨》，国家图书馆
　出版社 2009 年版。

黄宽重：《宋代的家族与社会》，东大图书股份有限公司 2006 年版。

黄宽重：《宋史论丛》，新文丰出版公司 1993 年版。

黄敏枝：《宋代佛教社会经济史论集》，学生书局 1999 年版。

黄镇伟编著：《中国编辑出版史》，苏州大学出版社 2003 年版。

黄宗智主编：《中国研究的范式问题讨论》，社会科学文献出版社 2003
　年版。

贾二强：《唐宋民间信仰》，福建人民出版社 2002 年版。

姜锡东：《宋代商人和商业资本》，中华书局 2002 年版。

瞿同祖：《中国法律与中国社会》，中华书局 1981 年版。

李伯重、周生春主编：《江南的城市工业与地方文化（960—1850）》，清华大学出版社 2004 年版。

李国钧、王炳照：《中国教育制度通史》，山东教育出版社 2000 年版。

李弘祺：《宋代官学教育与科举》，联经出版事业有限公司 1992 年版。

李弘祺：《宋代教育散论》，台湾东升出版事业有限公司 1991 年版。

梁庚尧：《南宋的农村经济》，新星出版社 2006 年版。

梁庚尧：《宋代社会经济史论集》，允晨文化实业股份有限公司 1997 年版。

林文勋、谷更有：《唐宋乡村社会力量与基层控制》，云南大学出版社 2004 年版。

林文勋等：《中国古代"富民"阶层研究》，云南大学出版社 2008 年版。

刘长东：《宋代佛教政策论稿》，巴蜀书社 2005 年版。

刘海峰、李兵：《中国科举史》，东方出版中心 2004 年版。

刘黎明：《宋代民间巫术研究》，巴蜀书社 2004 年版。

刘子健：《两宋史研究汇编》，联经事业出版有限公司 1987 年版。

陆敏珍：《唐宋时期明州区域社会经济研究》，上海古籍出版社 2007 年版。

毛汉光：《中国中古社会史论》，上海书店出版社 2002 年版。

宁欣：《唐代选官研究》，文津出版社 1995 年版。

皮庆生：《宋代民众祠神信仰研究》，上海古籍出版社 2008 年版。

漆侠：《宋学的发展和演变》，河北人民出版社 2002 年版。

漆侠：《知困集》，河北教育出版社 1992 年版。

漆侠：《中国经济通史·宋代经济卷》，光明日报出版社 1999 年版。

秦晖：《政府与企业以外的现代化——中西公益事业史比较研究》，浙江人民出版社 1999 年版。

苏力：《元代地方精英与基层社会——以江南地区为中心》，天津古籍出版社 2009 年版。

宿白：《唐宋时期的雕版印刷》，文物出版社 1999 年版。

陶晋生：《北宋士族：家族·婚姻·生活》，"中央研究院"历史语言研究所专刊之 102，2002 年。

万明主编：《晚明社会变迁问题与研究》，商务印书馆 2005 年版。

汪圣铎：《两宋财政史》，中华书局 1995 年版。

汪圣铎：《宋代社会生活研究》，人民出版社 2007 年版。

王晓龙：《宋代提点刑狱司制度研究》，人民出版社 2008 年版。

王曾瑜：《宋朝阶级结构》，河北人民出版社 1996 年版。

吴霓：《中国古代私学发展诸问题研究》，社会科学文献出版社 1996
年版。

吴松弟：《北方移民与南宋社会变迁》，文津出版社 1993 年版。

吴松弟：《中国移民史》卷三《隋唐五代时期》，福建人民出版社 1997
年版。

吴宗国：《唐代科举制度研究》，辽宁大学出版社 1997 年版。

吴宗国主编：《中国古代官僚政治制度研究》，北京大学出版社 2004 年版。

萧启庆：《元代史新探》，新文丰出版公司 1983 年版。

徐茂明：《江南士绅与江南社会：1368—1911 年》，商务印书馆 2004
年版。

严耕望：《严耕望史学论文选集》，中华书局 2006 年版。

杨联陞：《国史探微》，新星出版社 2005 年版。

杨宇勋：《取民与养民——南宋的财政收支与官民互动》，台湾师范大学
历史研究所专刊 31，2003 年。

余英时：《士与中国文化》，上海人民出版社 2003 年版。

余英时：《朱熹的历史世界》，生活·读书·新知三联书店 2004 年版。

袁征：《宋代教育》，广东人民出版社 1991 年版。

张春生主编：《〈中华人民共和国公益事业捐赠法〉释义》，法律出版社
2000 年版。

张家驹：《两宋经济重心的南移》，湖北人民出版社 1957 年版。

张静主编：《国家与社会》，浙江人民出版社 1998 年版。

张文：《宋朝民间慈善活动研究》，西南师范大学出版社 2005 年版。

张文：《宋朝社会救济研究》，西南师范大学出版社 2001 年版。

张仲礼：《中国绅士——关于其在 19 世纪中国社会中作用的研究》，上海
社会科学院出版社 1998 年版。

周扬波：《宋代士绅结社研究》，中华书局 2008 年版。

邹重华、粟品孝主编：《宋代四川家族与学术论集》，四川大学出版社
2005 年版。

［加拿大］卜正民：《为权力祈祷：佛教与晚明中国士绅社会的形成》，江
苏人民出版社 2005 年版。

［美］彼德·布劳：《社会生活中交换与权力》，孙非等译，华夏出版社1988 年版。

［美］杜赞奇：《文化、权力与国家——1900—1942 年的华北农村》，王福明译，江苏人民出版社 2004 年版。

［美］韩森：《变迁之神——南宋时期的民间信仰》，包伟民译，浙江人民出版社 1999 年版。

［美］贾志扬：《宋代科举》，东大图书公司 1996 年版。

［美］田浩编：《宋代思想史论》，杨立华、吴艳红等译，社会科学文献出版社 2003 年版。

［日］長守瀨：《宋元水利史研究》，東京國書刊行會 1983 年版。

［日］高橋芳郎：《宋—清身分法の研究》，北海道大學図書刊行會 2001年版。

［日］柳田節子：《宋元社會經濟史研究》，東京創文社 1995 年版。

［日］柳田節子：《宋元鄉村制の研究》，東京創文社 1986 年版。

［日］平田茂树等编：《宋代社会的空间与交流》，河南大学出版社 2008年版。

［日］斯波义信：《宋代江南经济史研究》，江苏人民出版社 2001 年版。

［日］斯波義信：《南宋における“中間領域”社會の登場》，收入佐竹靖彦编《宋元時代史の基本問題》，汲古書院 1996 年版。

［日］寺田綱：《宋代教育史概說》，東京博文社 1965 年版。

《宋代の社會と文化》，汲古書院 1983 年版。

《宋代の社會と宗教》，汲古書院 1985 年版。

Ebrey, Patricia Buckley and Peter N. Gregory, *Religion and Society in T'ang and Sung China*, Honolulu : University of Hawaii Press, 1993.

Ebrey, Patricia Buckley, *Family and Property in Sung China*: *Yuan Ts'ai's Precepts for Social Life*, Princeton, N. J. : Princeton University Press, 1984.

Hymes, Robert, *Statesmen and Gentlemen*: *The Elite of Fu-Chou*, *Chiang-His*, Cambridge: Cambridge University Press, 1986.

Kracke, *Rigion*, *Family and Individual in the Chinese Examination and System*, Chicago: Chicago University Press, 1967.

Mcknight, *Village and Bureaucracy in Southern Sung China*, Chicago: Chicago University Press, 1971.

Smith，Paul Jakov，*The Song-Yuan-Ming Transition in Chinese History*，Harvard University Press，2003.

（二）论文

［韩］金荣济：《浮梁에서 橋梁으로—宋代 江南의橋梁建設과景觀變化의一面》，《東洋史學研究》第 76 輯，2001 年 10 月。

［韩］李錫炫：《江南으로의人口移動—唐宋時期의戰爭과避難史》，《東洋史學研究》第 103 輯，2008 年 6 月。

［日］愛宕元：《唐代の鄉貢進士と鄉貢明経——「唐代後半期における社合変質の一考察」補遺》，《東方學報》第 45 冊，1973 年 9 月。

［日］近藤一成：《宋代科举社会的形成——以明州庆元府为例》，载刘海峰主编《科举制的终结与科举学的兴起》，华中师范大学出版社 2006 年版。

［日］青山定雄：《北宋を中心とする士大夫 の起家 と生活倫理》，《東洋學報》57. 1/2（1976）：36—46。

［日］松本浩一：《宋代の賜額賜號について：主として宋會要輯稿に見える史料から》，收入《中國における中央政治と地方社會》（東京：文部省 1986 年版）。

［日］小島毅：《正祠と淫祠：福建の地方誌における記述と論理》，《東洋文化研究所紀要》，114（東京，1991）。

［日］須江隆：《期における祠廟の賜額．封號の下賜について》，《中國—社會と文化》，9（東京，1994）。

［日］伊藤宏明：《唐末五代期における江西地域の在地勢力について》，收入川勝義雄、礪波護編《中國貴族制社會の研究》，京都大學人文科學研究所 1987 年版。

包伟民：《视角、史料与方法：关于宋代研究中的问题》，《历史研究》2009 年第 6 期。

包伟民：《中国九到十三世纪社会识字率提高的几个问题》，《杭州大学学报》1992 年第 4 期。

陈长琦：《魏晋九品官人法再探讨》，《历史研究》1995 年第 6 期。

陈国灿、陶立方：《略论南宋两浙地区的出版业》，《宁波师范学院学报》（社会科学版）1996 年第 5 期。

程民生：《关于我国古代经济重心南移的研究与思考》，《殷都学刊》2004

年第 1 期。

程民生：《宋代家庭人口数量初探》，《浙江学刊》2000 年第 2 期。

戴显群：《唐朝的南选制度》，《福建师范大学学报》（哲学社会科学版）
　　1998 年第 3 期。

戴显群、祁开龙：《唐末五代北方士人南迁及其对南方士风的影响》，《福
　　建论坛》（人文社会科学版）2009 年第 11 期。

邓京力：《"国家与社会"分析框架在中国史领域的应用》，《史学月刊》
　　2004 年第 12 期。

邓小南：《北宋苏州的士人家族交游圈》，《国学研究》第三卷，北京大学
　　出版社 1995 年版。

邓小南：《龚明之与宋代苏州的龚氏家族：兼谈南宋昆山士人家族的交游
　　与沉浮》，《中国近世家族与社会学术研讨会论文集》，"中央研究院"
　　历史语言研究所 1998 年版。

邓小南：《宋代士人家族中的妇女：以苏州为例》，《国学研究》第五辑，
　　1998 年 5 月。

刁培俊：《宋代乡村精英与社会控制》，《社会科学辑刊》2004 年第 3 期。

方彦寿：《南宋泉州官私刻书考述》，《泉州师范学院学报》（社会科学
　　版）2007 年第 5 期。

高明士：《东亚古代士人的共通教养》，《台大历史学报》第 30 期，2002
　　年 12 月。

高楠：《宋代富民的婚姻网路——从"女必嫁士人"说起》，《宋学研究集
　　刊》第一辑，浙江大学出版社 2008 年版。

高楠、宋燕鹏：《宋代富民融入士人社会的途径》，《史学月刊》2008 年
　　第 1 期。

葛金芳：《从南宋义役看江南农村治理秩序之重建》，《中华文史论丛》
　　2007 年第 1 期。

韩昇：《南北朝隋唐士族向城市的迁徙与社会变迁》，《历史研究》2003
　　年第 4 期。

何兆泉：《宋代浙江佛教与地方公益活动关系考论》，《浙江社会科学》
　　2009 年第 10 期。

何忠礼：《略论宋代的科举迷信及其对士人的影响》，《浙江大学学报》
　　（人文社会科学版）2009 年第 1 期。

黄宽重：《从中央与地方关系互动看宋代基层社会演变》，《历史研究》
　　2005 年第 4 期。

黄宽重：《科举社会下家族的发展与转变——以宋代为中心的观察》，《唐
　　研究》第十一卷，北京大学出版社 2005 年版。

黄正建：《走在唐史研究的前列——历史所唐史学科发展概述》，《中国社
　　会科学院报》2004 年 5 月 18 日，第 2 版。

李华瑞：《劝分与宋代救荒》，《中国经济史研究》2010 年第 1 期。

刘馨珺：《南宋狱讼判决文书中的“健讼之徒”》，《中国历史学会史学集
　　刊》第 33 卷，2001 年。

苗书梅：《宋代知州及其职能》，《史学月刊》1998 年第 2 期。

穆朝庆：《论南宋科举中的“类省试”》，《中州学刊》1987 年第 6 期。

宁志新、朱绍华：《门阀士族的衰落与衰亡原因》，《河北学刊》2002 年
　　第 5 期。

史念海：《两〈唐书〉列传人物籍贯地理分布》，《顾颉刚纪念学术论文
　　集》，巴蜀书社 1990 年版。

唐启淮：《唐五代时期湖南地区社会经济的发展》，《中国社会经济史研
　　究》1985 年第 4 期。

王承文：《唐代“南选”与岭南溪洞豪族》，《中国史研究》1998 年第
　　1 期。

王华艳、范立舟：《南宋乡村的非政府势力初探》，《浙江社会科学》2004
　　年第 1 期。

王力平：《中古士族到士人的演进》，《南开学报》（哲学社会科学版）
　　2008 年第 3 期。

王善军：《强宗豪族与宋代基层社会》，《河北大学学报》（哲学社会科学
　　版）1998 年第 3 期。

吴铮强：《唐宋时期科举制度的变革与社会结构之演变》，《社会学研究》
　　2008 年第 2 期。

徐吉军：《论南宋杭州的印刷业及其兴衰的原因》，《东南文化》1987 年
　　第 2 期。

许怀林：《鄱阳洪氏家族的升腾与殒落》，《江西师范大学学报》（哲学社
　　会科学版）1999 年第 1 期。

杨力伟：《士绅的产生、衰落与消亡——一个宏观的透视》，《社会学与社

会调查》1991 年第 5 期。

杨文新：《宋代僧侣对福建桥梁建造的贡献》，《福建教育学院学报》2004
　　年第 1 期。

张文：《荒政与劝分：民间利益博弈中的政府角色——以宋朝为中心的考
　　察》，《中国社会经济史研究》2003 年第 4 期。

张希清：《论宋代科举取士之多与冗官问题》，《北京大学学报》（哲学社
　　会科学版）1984 年第 5 期。

张印栋：《明代中期的官绅地主》，《顾城先生纪念暨明清史研究文集》，
　　中州古籍出版社 2005 年版。

赵世瑜：《明清史与宋元史：史学史与社会史视角的反思——兼评〈中国
　　历史上的宋元明变迁〉》，《北京师范大学学报》（社会科学版）2007 年
　　第 5 期。

赵效宣：《五代兵灾中士人之逃亡与隐居》，《新亚书院学术年刊》1973
　　年第 5 期。

祝尚书：《论南宋四川的"类省试"》，《四川师范大学学报》（社会科学
　　版）2003 年第 5 期。

Hartwell, Robert Milton, "Demographic, Political and Social Transformation of
　　China 750 – 1550", *Harvard Journal of Asiatic Studies*, 42.2（1982），
　　pp. 365 – 442.

（三）学位论文

蔡惠如：《南宋的家族与赈济：以建宁地区为中心的考察》，硕士学位论
　　文，台湾政治大学，2004 年。

陈国柱：《宋代乡村社会救助的新特点》，硕士学位论文，河北师范大学，
　　2009 年。

陈祈安：《宋代社会的名份观念》，硕士学位论文，台湾大学，2000 年。

陈昭扬：《征服王朝下的士人——金代汉族士人的政治、社会、文化论
　　析》，博士学位论文，台湾"清华大学"，2007 年。

方俪璇：《宋代浙东沿海的士大夫社会——以明、台、温三州为中心》，
　　硕士学位论文，台湾大学，2000 年。

傅俊：《南宋的村落世界》，博士学位论文，浙江大学，2009 年。

巩丽君：《宋代江西佛教与社会》，硕士学位论文，南昌大学，2007 年。

何晋勋：《宋代地方士大夫家族势力的构成——以鄱阳湖地区为例》，硕

士学位论文,台湾"清华大学",1983 年。

洪诚志:《宋代地方公共事务——以台州、温州为例》,硕士学位论文,
台湾"清华大学",1994 年。

黄玫茵:《唐宋间长江中下游新兴官僚研究(755—960 A. D.)》,博士学
位论文,台湾大学,2006 年。

黄若惠:《唐玄宗时期黄河流域中下游水患》,硕士学位论文,台湾文化
大学,2001 年。

姜修宪:《唐代士人的流迁与江淮文化的发展》,硕士学位论文,曲阜师
范大学,2003 年。

李兵:《书院与科举关系研究》,博士学位论文,厦门大学,2004 年。

廖寅:《宋代两湖地区民间强势力量与地域秩序》,博士学位论文,武汉
大学,2005 年。

刘志鸿:《宋代的祠庙与祠祀——一个社会史的考察》,硕士学位论文,
台湾"清华大学",1993 年。

史江:《宋代会社研究》,博士学位论文,四川大学,2002 年。

徐红:《北宋太平兴国五年进士研究——以精英分子为中心》,博士学位
论文,山东大学,2007 年。

曾小璎:《南宋地方社会势力的研究——以福建路佛教与地方菁英为中
心》,硕士学位论文,台湾政治大学,1994 年。

周鑫:《儒士新地方性格的成长:以元代江西抚州儒士为中心》,博士学
位论文,南开大学,2007 年。

朱倍仪:《宋代士人之义行》,硕士学位论文,台湾东海大学,2003 年。

朱开宇:《科举社会、地域秩序与宗族发展——宋明间的徽州,1100—
1644》,硕士学位论文,台湾大学,1994 年。

索　引

北宋 4，6－9，13，15，18，21，
24，28，35－39，43－45，47，
49－56，58，59，61－63，65，
68，70，72－75，79，80，83，
84，87－89，93，100，104，106，
150，151，158，172，173，176，
185，190，210，213，218－220，
224－226，228，230－232，236，
237，249，252，254－256，261，
269，271，272，275

财政 6，11，15，63，73，74，
90，92，101，105，106，125，
126，130，133，134，138，158，
161，172，190－193，213，216，
218，232，233，238，241，242，
246－248，256，267，269，270

常平仓 108

祠庙 5，15，172－176，178－
183，239，242，244，275

地方 1，6，7，9－15，18，19，
21，23－27，30，32，42，44，
47，49－51，55，59，61－63，
72－76，84－86，88－92，94，

95，97，98，100－105，108－
112，114－118，122－125，129－
134，138－146，150，152，153，
155，156，158，165－167，169－
173，175－182，184，185，187－
195，197－203，205－208，210－
219，221，223－226，230－239，
241，242，244，245，247－252，
254－261，263，267－269，271，
273，275

地域 7，9，11，13，19，26，27，
53，57，63－66，72，76，83，
101，111，116，122，144，170－
172，175，177，181－183，187，
189，202，203，215，216，224，
250－252，255，267，271，275

佛教 11，12，178，179，185，
209，210，212－217，222，231，
245，266，268，269，273，275

福建 11，19，25，26，29－31，
46，47，53，54，64，65，67，
72，74，105，108，109，111，
137，140，143，144，150，152，

156，162，167，171－173，186，
187，200，203，212－216，229－
232，243－245，247，268，270－
272，274，275

富民 7－9，14，43，44，62，77，
80－83，92，94，104，124，125，
131，151，152，157，180，203－
208，217，218，224，226，231－
234，236，244，269，272

公共工程 9，15，133，158，191，
203，210，221，237，245

公益 1，4－7，10－15，63，72，
73，77，78，88，92－94，97，
98，102－104，113，114，133，
139，141，142，144，152，156，
158，169，172，184，185，187－
190，193，194，197－199，201－
203，206－219，222－224，226，
231－239，241，244－248，250，
251，255，256，269，270，273

官学 4，15，23，24，36，38，
50－52，54，55，59，73，74，
83，101，124，158，159，164，
166，170－172，188，189，191－
193，237，241，243，244，250，
257，259，267，268

官员 3，4，6－9，11，15，22，
23，27，29，37，41－43，49，
51，60－63，73，76，77，84－
94，98，101，103，104，108，
110，111，113，114，116，121，
122，124，125，127，128，131－

138，140，142－144，151，154，
156，157，159－166，169－171，
176，179－182，184－191，193－
203，206－208，210，212－218，
220－223，225，226，230－233，
235－248，250，251，253，255，
260，261

建宁 11，54，86，106－113，
143，186，199，200，274

江南 6，12，18－20，22，24－
26，30，32，39，45，46，64，
67，68，72，77，81，93，98，
101，115，130，133－135，139，
142，150，152，154，160－162，
164－172，187，190，192，212，
220－224，231－235，237，242，
244，247－250，253，257，258，
261，267－272

教育 4，5，9，12，16，22－24，
31，36－38，42，45，50－52，
54，55，59，65，74，79，81－
83，108，124，142，158，184，
195，197，199，201，203，205，
212，214，216，234，252，257－
260，265，267－270，274

阶层 1，4－9，11，13，14，16，
18，23，27，28，32，35－39，
41－44，46，48，54，55，59，
62－64，72－78，80，81，83，
85，104，141，151，155，167，
171－173，182，185，194，201－
203，206－208，219，220，224，

234－236，247－250，252－256，258－261，269

进士 1－4，20，22，23，25，28－35，38－49，57－62，64－67，70－72，74，76，79，86，87，91，95，100，111，112，116，118－122，124，125，130，138，139，142，147，148，150－153，156－160，167，169，171，174－179，181，182，193，205，207，208，216，217，220，222，225，227，231，239，242，259，275

救济 6，8，9，11，14，61，63，102，104－106，110，111，113，115－118，187，189，200，203，204，209，215，234，247，250，270

科举 1－4，6，7，11，13，15，18，23，25，27－32，34－45，47－52，54－77，79，82，84，86，89，91，94，96，98，102，118，121，122，131，140，142，151，158，164，169，171，173，180，183，201，206，216，217，219，220，225，233－236，247，249，250，252－259，267－271，273－275

两浙 22，45，46，48，53，64，69，72，74，82，83，97，115，125，135－137，144，150，158－160，165，166，171，177，178，

181，182，190，197，203，212，216，221，272

南宋 1－17，38，41－56，59－81，83－89，93－95，98，99，101，104－107，110，111，113－116，118，121，124－128，130，131，133，134，138－141，144，150，152，154，156，158，159，164，167，169，171－173，180－182，184－190，192，193，196－198，201－206，209－216，218，219，222，232－240，244，245，247－253，255－261，267－270，272－275

桥梁 5，15，35，80，91－93，97，133，134，138－147，150－152，185－188，190，191，202，207，210－212，216，223，226，230－232，236，274

劝募 136，137，143，193，216，217

社仓 15，63，89，105－116，198，200，215，235

社会结构 5，8，16，37，41，44，201，234，235，259，273

社会流动 26，27，38，40－43，48，201，203

身份 2－4，6，14，15，26，28，29，33－35，38，55，58－63，79－81，86－88，94，97，101，103，104，109，113，119－122，126，131，143，144，151，157，

169，178，188，194，199，203，
205－207，209，220，224，231，
234，243，244，249，258－261

士大夫 4，10，11，20，21，23，
39，43，46，48，59－62，69，
74，78，86，93，100，111，117，
124，133，156，157，159，183，
196，199，205，206，214，215，
220，249，257，271，274，275

士人 1－4，6－12，14－26，28，
29，32，35－37，39，42－47，
49，51，52，54－65，67－105，
107－116，118－125，127，128，
130，131，133－144，151－167，
169－173，175－189，191，193，
194，197－203，205－209，212，
213，215－220，224－226，231－
245，247，249－261，272－275

士族 3－5，10，15，16，18，19，
26－28，34，44，57，61，63，
82，99，104，219，220，224，
234，249，253，254，261，
269，273

书院 4，24，51，52，55，59，
61，63，76，79，82，83，124，
199，202，215，252，254，258，
267，274，275

水利 5，12，15，77，95，152，
154－156，186，187，197，202，
205，216，220－222，234，237，
239，245，267

唐代 5，13，15，18，19，21，

23，24，26－29，31，32，34，
37，38，40，41，44，55，59，
105，169，179，185，197，220－
224，249，250，252－254，263，
268－271，273，275

文化 1，4－8，10，12，14，15，
18，21，23，24，26，31－34，
38，42，44－47，50，52，53，
55，57，60－63，73，75－78，
83，88，94，95，98，100－106，
109，143，158，171－173，181，
189，199，207，208，221，224，
233，234，256，259，261，266－
271，274，275

文化权力 7，15，77，78，94，95，
98，100－104，233，234，256

县学 23，36，37，50，51，56，
61，62，74－76，79，86，96，
101，139，158－170，188，189，
191，192，207，208，237，242－
244，259，260

乡里 2，4，6，13，15，26，36，
37，56，59－63，81，83，93－
103，108，110，111，122，123，
132，133，139，141－143，151，
156－158，165，176，194，201，
202，206－208，212，217，219，
224，233，235，236，249，253－
258，261

秀才 3，34，59，60，80，85，
88，180，234，258

学校 1，2，4，5，23，34，36，

37，50，51，60，70，74－76，79，84，102，158－164，169，193，202，237，244

义役 15，63，93，116，125－133，153，155，272

真德秀 114，115，139，215，265

赈灾 62，109－111，116，122，125，142，233，234，247

州学 2，3，24，50，51，65，69，74－76，88，142，154，158－

162，165－167，170，172，189，203，237，273

朱熹 22，62，77，85，86，95，96，99，100，105－115，123－125，159，164，183，189，191，192，197－200，215，236，237，254，265，270

宗族 11，77，94，95，97，99，101－104，130，202，208，224，234－236，253，261，275

后　记

　　本书原型是笔者 2010 年 6 月通过答辩的博士学位论文。由于同年 9 月开始博士后研究工作，研究兴趣"迅速"从江南转移到晋东南，学位论文随即就束之高阁了。时隔多年笔者未再跟进相关的新的学术研究，学术史回顾也就停留在 2010 年。故此次付梓，除了订正一些文字错误以外，只增加了一个附录，以示很久以前曾经有过的一点新的思考。

　　2012 年 11 月 1 日，笔者负笈南下马来亚大学访学，再次转换学术跑道。2013 年 12 月，笔者拜访吉隆坡乐圣岭天后宫，入乡随俗，掣签一枚，诗云：

> 长江风浪渐渐静，
> 于今得进可安宁。
> 必有贵人相扶助，
> 凶事脱出见太平。

于是，在签证还有半年才到期的情况下，2014 年 1 月底笔者提前返国。

　　2016 年 6 月，笔者二度拜访乐圣岭天后宫，再掣签一枚，诗云：

> 欲去长江水阔茫，
> 行舟把定未遭风。
> 户内用心再作福，
> 看看鱼水得相逢。

于是，博士毕业十年后，本书正式来到人间。

　　这本书的出版对于笔者的意义在于，它是对过往研究领域的总结和暂别。

　　感谢博士导师刘秋根教授招作入室弟子，费心栽培，亦师亦友，十年后还赐序再送学生一程。在笔者咿呀学语进入史学研究领域时，遇见硕士导师邢铁教授、秦进才教授、孙继民研究员等河北师院的先生们，感谢他们不嫌愚钝，教给本领同时也育人，情深似海。感谢河北大学宋史研究中心的姜锡东、汪圣铎、王晓龙等诸位老师和同仁给我提供了梦想起飞的起点。需要感谢的人很多，就不再一一列名，请各位海涵。

　　最后感谢我所在的中国社会科学出版社和各位评委，本书才得以纳入《中国社会科学博士论文文库》出版项目。

　　庄子云：

　　　　人生天地之间，若白驹过隙，忽然而已。

　　致意 2010 年至 2019 年这美好而充实的永远的十年……